高等医学院校教材

新编大学体育

主　编　吕梅军　王　云　张　娟
副主编　刘　京　王跃林　田　野
编　委（按姓氏笔画排序）
　　　　王　瑜　吕小龙　朱　朋
　　　　李良森　李佩伦　李　贇
　　　　邵　惠　武志浩　郑豪杰
　　　　荆益群　都　昊

北京大学医学出版社

XINBIAN DAXUE TIYU

图书在版编目（CIP）数据

新编大学体育 / 吕梅军，王云，张娟主编. —北京：北京大学医学出版社，2023.2（2024.8月重印）
ISBN 978-7-5659-2711-9

Ⅰ. ①新… Ⅱ. ①吕… ②王… ③张… Ⅲ. ①体育—高等学校—教材 Ⅳ. ①G807.4 ② G647.9

中国版本图书馆 CIP 数据核字（2022）第 153992 号

新编大学体育

主　　编：吕梅军　王　云　张　娟
出版发行：北京大学医学出版社
地　　址：（100191）北京市海淀区学院路38号　北京大学医学部院内
电　　话：发行部 010-82802230；图书邮购 010-82802495
网　　址：http://www.pumpress.com.cn
E-mail：booksale@bjmu.edu.cn
印　　刷：北京瑞达方舟印务有限公司
经　　销：新华书店
策划编辑：刘云涛
责任编辑：靳新强　　责任校对：靳新强　　责任印制：李　啸
开　　本：889 mm × 1194 mm　1/16　印张：17.25　字数：560千字
版　　次：2023年2月第1版　2024年8月第3次印刷
书　　号：ISBN 978-7-5659-2711-9
定　　价：48.50元
版权所有，违者必究
（凡属质量问题请与本社发行部联系退换）

前　言

学校体育是实现立德树人根本任务、提升学生综合素质的基础性工程，高等学校体育课程建设要符合新时代学校体育工作的整体要求，符合学生身心发展的内在规律。体育课程教学也在逐渐地发生变化，每个学龄阶段的教学目标、培养目的都有不同的侧重。大学阶段体育教学在进一步发展学生运动专长，引导学生养成健康生活方式的同时，要注重对学生体育精神的追求，注重高尚人格的培养。教材是承接教师与教法的载体，传统大学体育教材以专项运动技能为主要内容，往往忽略了学生体育意识的养成，在体育认知教育、体育人格养成、终身体育理念方面注入的内容较少，本教材编写贯彻《关于全面加强和改进新时代学校体育工作的意见》文件精神，结合高等学校体育教学开展实际，总计15章，内容涵盖了体育基础理论及运动技能两大类。

在基础理论部分八章中，第一章，体育概述，主要就体育的本质进行了描述；第二章，合理膳食与人体健康，介绍了人体健康的基本知识；第三章，身体素质与基本运动能力介绍了影响大学生身体素质与健康水平的因素，如何提高大学生身体素质；第四章主要介绍了体育锻炼的理论基础；第五章，体育锻炼与大学生身心健康的关系，主要介绍了体育锻炼与大学生生理健康与心理健康的关系；第六章，高校体育运动安全，主要介绍了如何避免体育运动损伤，体育运动与健康饮食等；第七章，体育竞赛组织与编排，主要介绍了不同类型运动竞赛的组织编排原则与方法；第八章，大学生体质健康标准，介绍了大学生体质健康测试的评价办法、测试方法等；第九章，田径运动，介绍了跑、跳、投等田径运动技术；第十章，球类运动，介绍了篮球、排球、足球、羽毛球等各类专项体育运动内容；第十一章，艺术体育运动，介绍了体育舞蹈、瑜伽、啦啦操等运动项目；第十二章，武术运动，介绍了武术概论、简化二十四式太极拳等内容；第十三章，定向运动，介绍了定向运动开展的所需器材、技能储备等；第十四章，户外拓展运动，介绍了拓展训练的内容，经常开展的拓展训练项目等；第十五章，大学生体育俱乐部，介绍了大学生体育俱乐部的组织管理、经营与赞助等内容。

在体育基础理论部分的编写中，结合编者们多年体育教学实践经验，融入了许多富有实践性的个人体育认知，不仅有体育基础知识的描述，也有编者对体育、学校体育、体育课程的独特看法，以期学生可以从不同的视角感悟体育知识的魅力。其次，运动技能篇中，为保证学生能够直观、形象地获得技术、技能学习的视觉体验，提升学习质量，各体育运动专项动作要领图解均由承担该项目教学的老师示范拍摄而成，最大程度保证动作技能的完整度。同时，在动作技能图例制作过程中，得到了曲阜师范大学部分专家的指导，排球、足球项目动作技能图示部分，由曲阜师范大学体育科学学院研究生参与拍摄，在此表示感谢。

为保证教材编写的科学性、规范性，我们参考了大量文献资料，借鉴了许多优秀学者的教学观点，在此对作者表示衷心感谢！由于水平、能力有限，书中不妥之处，敬请广大读者批评指正。

本教材的视频微课内容请扫二维码调取使用。

吕梅军

目　录

体育基础　理论篇

第一章　体育概述 ... 2
　第一节　体育的概念 ... 2
　第二节　体育的价值和功能 ... 4
　第三节　普通高等院校体育的目的、任务与实现途径 ... 7
　第四节　当代大学生应具备的体育素养 ... 9

第二章　合理膳食与人体健康 ... 11
　第一节　营养素 ... 11
　第二节　健康饮食 ... 18
　第三节　运动营养 ... 21

第三章　身体素质与基本运动能力 ... 23
　第一节　身体素质 ... 23
　第二节　运动能力 ... 25

第四章　体育锻炼的理论基础 ... 29
　第一节　体育锻炼遵循的基本原则 ... 29
　第二节　科学锻炼的方法 ... 32
　第三节　运动处方 ... 35

第五章　体育锻炼与大学生身心健康的关系 ... 42
　第一节　体育锻炼概述 ... 42
　第二节　体育锻炼对大学生的生理影响 ... 42
　第三节　体育锻炼对大学生的心理影响 ... 46

第六章　高校体育运动安全 ... 49
　第一节　高校体育运动产生伤害的常见原因 ... 49
　第二节　如何规避体育运动损伤 ... 50
　第三节　高校体育运动与饮食健康 ... 51
　第四节　高校体育运动环境的选择 ... 52
　第五节　常见的体育运动损伤与预防 ... 53

第七章　体育竞赛组织与编排 ... 55
　第一节　体育竞赛理论概述 ... 55
　第二节　球类运动竞赛的组织和编排 ... 57

第三节	田径运动竞赛的组织与编排	59
第八章	大学生体质健康标准	62
第一节	《国家学生体质健康标准》评价办法	62
第二节	《国家学生体质健康标准》实施目的	63
第三节	大学生体质健康测试方法	64
第四节	大学生体质健康测试内容	67

专项运动 技能篇

第九章	田径运动	73
第一节	概述	73
第二节	跑的基本技术	75
第三节	跳跃	81
第四节	投掷	86
第五节	田径项目规则	93
第十章	球类运动	95
第一节	篮球	95
第二节	排球	107
第三节	足球	116
第四节	乒乓球	125
第五节	羽毛球	136
第六节	网球	147
第十一章	艺术体育运动	156
第一节	健美操	156
第二节	体育舞蹈	166
第三节	啦啦操	175
第四节	瑜伽	185
第五节	健美运动	192
第十二章	武术运动	197
第一节	武术基础知识	197
第二节	武术基本功	202
第三节	初级长拳	205
第四节	24式太极拳	218
第五节	散打	234
第十三章	定向运动	239
第一节	概述	239
第二节	定向运动器材	240
第三节	定向越野所需技能	243

第四节　定向运动的比赛 245

第十四章　户外拓展运动 246
　　第一节　概述 246
　　第二节　拓展训练内容 247

第十五章　大学生体育俱乐部 252
　　第一节　概述 252
　　第二节　大学生体育俱乐部的组织与管理 258
　　第三节　大学生体育俱乐部的经营与赞助 261

参考文献 266

体育基础

理论篇

第一章

体育概述

第一节 体育的概念

一、"体育"一词的由来

体育是人类社会特有的文化现象，它是适应人类社会的产生和发展而产生的。体育作为一种社会现象，其概念是不恒定的，随着社会的发展和人类需求层次的提高，人们对体育的认识和理解也在进一步加深。

体育在中国有着悠久的历史，但"体育"一词直到19世纪末20世纪初才出现，它是一个外来词。"sport"一词一般认为源于拉丁语"disport"，它的本意是指离开工作去娱乐。后来逐渐形成一个具有新含义的概念，即竞技运动（竞技体育）。1762年，卢梭在法国出版了《爱弥儿》一书，书中他也使用"体育"一词来描述对爱弥儿的身体教育过程。由于这本书激烈地批判了当时的教会教育，在世界上引起很大反响，因此，"体育"一词也在世界各国流传开来，到19世纪，世界上教育发达的国家普遍使用了"体育"一词。

我国当时处于闭关自守的封闭状态，自19世纪中叶以后，体操才由德国和瑞典传入我国。随后在兴办的"洋学堂"中设置了"体操科"。1897年，由上海南洋公学自编的教材《蒙学读本》中提到"泰西之学，其旨万端，而以德育、知育、体育为三大纲"。1923年，《中小学课程纲要草案》正式将"体操课"改为"体育课"。在我国，"体育"经历了从译作"身体之教育""体教""身教"到翻译为"体育"的一系列的演化过程。在我国，体育是指与身体的各种活动相关联的一种教育过程。这是作为教育的一部分，与国际上的"体育"（physical education）具有一致性。伴随着西方文化涌入中国，体育活动在城市地区，逐渐与学校教育共同发展，学校体育的内容从单一体操逐渐发展、开发出各种项目，课堂上开始出现篮球、田径、足球等，随之竞赛活动也日益增多，其目的和内容远远超出了最初的"体育"的范畴。体育的概念也出现了"广义"和"狭义"的解释。

二、体育的概念

体育的概念可以从以下两个方面来理解：

广义的体育（亦称体育运动），是人们根据社会生产和生活的需要，遵循人体生长发育和功能活动规律，以身体练习为基本手段，为达到增强体质、提高运动技术水平、进行思想品德教育、丰富社会文化生活而进行的一种有目的、有意识、有组织的社会活动。体育属于社会文化教育范畴，它是伴随人类社会的发展而逐步建立和完善起来的一个专门的科学领域，是社会总文化的一部分，其发展受社会政治经济的影响和制约，也为社会政治经济服务。

狭义的体育（通常指学校体育，又称体育教育）是全面发展人的身体，增强体质，传授锻炼身体的知识、技术和技能，提高运动技术水平，培养道德和意志品质的一种有目的、有计划、有组织的教育过程。它是现代体育的基础，也是现代教育的重要组成部分。

三、体育的产生与发展

在人类发展的历史长河中,体育作为一种特殊的社会现象,它是随着人类社会的产生和发展而相始终的。考察体育的产生和发展,可追溯到原始人类社会,其历史源远流长。从发展的观点来看,体育不仅受制于政治和经济的发展,还受到社会文化和意识形态发展的影响。因此,要从各种相互作用的因素中抽出单一的因素来说明体育这一复杂文化和社会现象是不切合实际的。

(一)原始社会体育

在远古时代,体育源于强身、自卫、求生存的活动。原始人为了生存和保卫自身安全,必须经常与凶禽猛兽及自然灾害进行斗争,其中狩猎就是人类最古老的生产活动,也是人类为了生存和自卫所必需的行为。原始人迫于谋生需要,为寻找食物要跋山涉水,为追捕野兽要越沟奔跑,为杀伤猎物要掷石投棍,为逃避自然灾害而跋涉迁徙,从而发展了走、跑、跳、投掷、攀爬、游水、格斗等身体基本活动能力,这些就是人类最初的运动方式,成为原始体育萌生和发展于人类求生存的本能活动。

综上所述,原始人类在生产劳动和生存竞争中的身体活动,就是原始体育的最初形态,它是人类生存不可或缺的行为,是人类社会发展的必然产物,有着非常深厚的社会底蕴。原始社会是体育伴随着人类社会的历史进程产生和发展起来的,它为以后体育活动的专门化奠定了基础。

(二)奴隶社会体育

随着生产工具的改进、生产力的发展、剩余产品和私有制的出现,人类社会生活中就逐渐出现了教育、文化、艺术、宗教、军事、娱乐等复杂的社会现象。人的身体活动同这些社会现象相结合,体育就随之发展,从而奠定了体育产生的社会基础。例如,斯巴达人为了保持对被征服者的绝对统治和巩固自身的地位,高度重视体育运动,以便能在当时以肉搏为主的战争中处于优势地位。这个时候的斯巴达人把体育作为培养英勇善战的合格士兵的最重要的方法。在当时的斯巴达,每个儿童都属于国家,身体孱弱和畸形的儿童全被元老们弃于荒野,合格者从小就要进行严格的身体训练,直至他们成为正式士兵。在雅典社会,体育则超越了专门的军事目的,成为一种更为广泛的培养人才的教育手段。作为文明高度发达的民主制国家,为了与其国家的文明相吻合,雅典人非常重视体育教育,不仅把体育用于军事,而且还用于培养道德高尚、充满智慧、体形优美健壮的雅典公民。

(三)封建社会体育

封建社会中体育更多运用在军事中,并把体育作为一种富国强民的重要手段来看待。此时,体育内涵被逐渐拓宽,既有战争刺激起来的"军事体育",也有供统治阶级观赏、消遣的"娱乐体育",修身养性的"养生体育",或平民百姓在节日闲时开展的"民间体育"等,但由于受多种因素的制约,体育的发展进程相对较为缓慢。封建社会学校教育中,出现了重文轻武的现象,除了少数教育家(如清初的颜元,1635—1704年)坚持教授射、御、技击外,基本上没有体育课程。

(四)资本主义社会体育

资本主义社会,生产的目的在于榨取剩余价值。为了最大限度地榨取剩余价值,必须增强工人的体力,以提高生产效率,同时,作为无产者的工人,不再像农民那样,有一定的生产资料,他们唯一拥有的财产是劳动者本身的体力和智力,只有靠出卖劳动力来维持生存的需要,因此,培养和提高劳动者强壮的身体素质,使社会对体育产生了普遍的需要,体育作为社会需要的主要方式和手段而得到重视,迅速地发展起来,并逐渐形成了自身的科学体系。

(五)现代社会体育

随着生产方式的变化,人们的生活方式也出现新的变化:随着社会物质财富的极大丰富,人们的物质生活内容更加丰富多彩,消费结构进一步呈现多样化、个性化、理性化和艺术化。随着余暇时间的增多,人们享受生活的时间和空间也随之增多,生活质量大幅度地提高。社会的价值观念不断地升华,人们更加崇尚幸福健康的生活,生命质量明显提高。社会竞争和生活节奏也进一步加快,与社会和谐和个人健康有关的社会问题也急剧增多,对社会的整合、控制与调节功能的要求也会更高。体育科研、管理、立法开始出现并迅速得以发展和完善,人们的体育观念也随着发生了巨大而深刻的变化,对体育的认识也越来越全面和科学。

四、体育的构成

广义体育的概念充分地表明，不同内容和范围的"体育"的构成都以身体运动为基本手段，都要全面发展身体和增强体质，都包含有教育、教学和竞赛等因素。由于体育是人类特有的一种社会文化活动，其内容十分广泛，并随着社会的进步和人们对现代体育认识的不断深化而使活动内容越来越多。从现代体育的不同属性或关系比较出发，根据目的、对象和社会给予的影响不同，对现代体育进行分类。目前普遍认为，体育主要由学校体育、竞技体育，大众体育三个部分组成。

（一）学校体育

学校体育是学校教育的重要组成部分，同时也是全民体育的基础。它作为教育和体育的交汇点和结合部，又是国家体育事业发展的战略重点。它是按照学校的育人规律，围绕增强体质这个中心，在教师的指导下，有组织、有计划地传授体育知识、技术和方法，使学生的身体素质和运动水平都得到不断的提高和发展。并与德育、智育、美育相结合，培养良好的道德和意志品质，使学生成为德、智、体全面发展的高素质专业人才。

（二）竞技体育

竞技体育亦称竞技运动，是指在全面发展身体素质的基础上，同时深层挖掘体力、智力、运动才能，以取得优异成绩为目标而进行的科学训练和竞赛活动。其特点是技艺高超、竞争性强、有严格的规则和场地要求，同时又是人的智能和运动才能的极端表现形式。由于竞技体育易吸引广大观众、极富感染力且容易传播，它在活跃社会文化生活、振奋民族精神、提高国际威望、促进各国人民之间的友谊、团结和交流等方面都有着特殊的作用。

（三）大众体育

大众体育又称为群众体育或身体锻炼，是指以健身、医疗、娱乐为目的，其内容丰富，形式多样、因人而异的一种群众性健身体育活动。由于它的对象主要为一般民众，包括男女老幼及伤残者，活动领域遍及整个社会乃至家庭，所以具有活动内容广、表现形式新、趣味性强、参加人数多的特点。群众体育作为学校体育的延伸，可使人们的体育生涯得以延伸。随《全民健身计划纲要》和《"健康中国2030"规划纲要》的推行和落实，我国的群众体育正在蓬勃兴起和发展。当前，国民的体育意识不断提高，主动参与体育锻炼的人数也逐步增多，如全国各地争先恐后举办的马拉松比赛，参与人数可以达到几千人或者上万人的规模；再者，在当前疫情防控常态化期间，跟随互联网直播视频进行居家锻炼的热潮也席卷了全国各地，大众锻炼的意识和锻炼热情呈现出持续的增长。与此同时，国家机构、企业、学校以及社会组织的不同规模的群众性体育活动十分活跃，从而带动了更多的人参加体育运动。

第二节 体育的价值和功能

一、体育的价值

价值作为主体和客体之间的意义、效应关系，它的基础是主客体之间的相互关系和相互作用。体育的价值是体育的客体对主体生存、发展、完善等需要的满足而产生的效应，也就是说，体育的客体只有与体育的主体发生价值作用关系，才能以其自身的功能满足主体的需要，体现对主体的价值。体育的价值研究是对体育整体所进行的价值认识和理论构建，是深化体育内涵，升华体育认识，提升体育层次的系统工程。

（一）体育的社会价值

体育社会化是社会主义市场经济发展的要求，是生产力发展到一定阶段的必然结果，也是体育事业自身发展内在规律的体现。人们在体育运动的参与过程中能够学习到了解社会和适应社会的知识经验，使自身很好地融入生动的社会生活中去，随着现在各个学科的交叉研究以及各行各业的相互渗透，体育逐渐成为一种富有社会性意义的一种活动，比如赛场奏国歌、升国旗这种崇高、特殊表示胜利者荣誉的形式，唯有国际比赛中才有，它最能激发人们的情感、最能增强民族自豪感，提高民族的凝聚力。

体育运动是深入每个阶层、每个家庭甚至个人生活中的活动。随着经济和物质财富的丰富，人们从对衣食的追求，逐渐转变为对精神层面满足和健康生活方式的追求。体育活动大多具有身体的对抗以及集体的相互配合，因此正好迎合了当前社会的需求。再者体育运动具有较强的规则意识，强调了只有在规则的统治下才能更好地发挥自身和团体的能量。与此同时，竞技者必须用公正竞赛、团结拼搏的体育道德规范自己的行为，并在成功与失败，荣与辱，竞争与退缩，爱情与事业，个人与祖国，乃至生与死之间选择和定位。从古至今，唯有体育运动经久不衰、蓬勃发展，参与者络绎不绝，奥林匹克精神深入人心，亿万人强身健体、发展完善自我的参与意识，从来没有像今天这样强烈。各种体育比赛，能培养人们的顽强意志、竞争创新意识、协作精神、奋进拼搏精神，以及责任心、使命感和爱国心，并因此产生巨大的凝聚力、吸引力和感召力。

（二）体育的经济价值

体育作为一种生产性的文化事业不仅具有社会效益，还具有经济效益。马克思指出："我们把劳动力或劳动能力，理解为人的身体即活的人体中存在的、每当人生产某种使用价值时就是运用的体力和智力的总和。"从马克思的论断中我们可以明确三点，首先，劳动能力存在于活的人体中，是同劳动力所有者分不开的；再者劳动能力只有在劳动中当人生产某种价值时才能发挥出来；最后劳动能力，是人的体力和智力的总和。因此我们不难看出劳动者的教育不仅要强调智力的发展，同时还需要保持强健的体魄。从生产力的角度去理解，基本结构为教育和科学的管理，都是以人的智力和体力的结合所产生的，而体育对人智力和体力的发展具有直接性的作用。体育虽不直接参加物质生产，不产出社会物质产品，但劳动者因接受身体教育而强身健体、增长相关的科学知识、形成多种身体技能，首先是体育运动参与者明显受益，而后表现为社会劳动生产率的提高、产品数量的增加和质量的提高。因而，体育间接作用于物质生产过程所产生的经济效益是客观存在的，不可低估的。

（三）体育的精神价值

体育运动的美感不仅给人一种精神层面的享受，而且也带来了创造辉煌人生的启迪。比如体操技巧运动中凌空而起的空翻动作，双杠中强健力量的倒立支撑和腾跃，无不使看的人激动不已；此外1968年，在墨西哥城奥运会上，坦桑尼亚选手艾哈瓦里在参加马拉松比赛赛程中受伤，当他缠着绷带、拖着流血的伤腿一瘸一拐地最后一个跨过终点线时，虽然此时离枪响已经近4个小时了，天色也渐渐暗淡下来，但人们仍然向这位勇士表达了他们最崇高的敬意。当被问及为什么不索性退出比赛时，艾哈瓦里笑了笑，只轻轻说了一句："我的祖国派我到这里是要我冲过终点的。"因此体育不仅会提高我们发现美的能力，同时还能够培养我们坚持不懈、奋勇向前的精神动力。

（四）体育的健康价值

现代社会体育的价值出现多元化的发展，并且持续地增长。随着体育锻炼在人生理健康促进的研究不断地发展和内容的充实，体育运动对心理健康的研究也被提上了新的议程。美国的一项调查显示，1750名心理医生中，80%的人认为体育锻炼是治疗抑郁症的有效手段之一，60%的人认为应该将体育活动作为一个治疗手段来消除焦虑症。临床研究表明，通过参加一些如慢跑、散步、徒手操等身体练习能有效地减轻焦虑和抑郁症状，增强自信。体育锻炼作为一种心理治疗手段在国外已开始流行起来。在学生中，通过体育锻炼可以减缓或消除由于学习和其他反复的挫折而引起的焦虑和抑郁的症状，为不良情绪的宣泄提供一种合理有效的手段，防止心理障碍或疾病的发生。

二、体育的功能

功能是事物所发挥的作用，体育的功能是由体育的内在因素决定的，体育的功能是固有的，它受到各种因素的制约，其中体育本身的特点是制约体育功能的决定性因素。体育的特点主要表现在强身、健体、娱乐、竞赛等方面，围绕着体育的特点，人们对体育功能的分类存在着多种看法，具有代表性的有以下几个方面。

（一）健身功能

体育对增强体质、提高身体功能、促进生理健康具有重要的作用。通过锻炼，可使人的血液循环加快，提高心脏的功能；可以改善大脑的供血状况，消除脑力劳动后的疲劳，使头脑清醒，思维敏捷；可使呼吸肌增强，肺活量增大，肺功能增强；可使肌肉粗壮结实，肌红蛋白增多，使人丰满有力；可使骨骼坚韧，骨密质增厚，骨的抗弯、抗折能力增强；还可以提高人体的基本活动能力、适应能力和抵抗疾病的能力。

体育还可以陶冶情操，影响人的个性发展，对心理素质的发展也有着明显的促进作用。长期从事各种体育练习，可以锻炼人的意志品质、催人奋发进取、提高组织纪律观念和集体观念、协调人际关系、提高人的心理调节能力，从而给人带来欢愉、轻松的心情。

（二）医疗保健功能

从古代我国就发现了体育的医疗保健功能，并且具有"治未病"的功能。如《吕氏春秋》中提出"流水不腐，户枢不蠹，动也。形气亦然，形不动则精不流，精不流则气郁"。东汉末年的华佗也提出了"动摇则谷气得消，血脉流通，病不得生，譬犹户枢不朽是也"，他总结继承了当时"导引"方面的经验，以虎、鹿、熊、猿、鸟5种禽兽的动作创编了一套保健体操"五禽戏"用来防病治病。宋代的健身操"八段锦"，明清时代的"太极拳"以及后来的"保健功""大雁功"。清代潘蔚整理编辑的《卫生要术》中的《易筋经》十二势，在《易筋经》正文《总论》中，交代"易"是"变化"的意思，"筋"指人身的经络；认为人之身有内有外，"洗髓"能"清其内"，"易筋"是"坚其外"，洗髓、易筋之后，就可以体证佛道，得享高寿等都是在对体育的医疗保健功能有了深刻认识的基础上发展起来的。

（三）教育功能

体育和教育自产生起就联系密切。学校体育作为培养人才的必要手段，历来都是教育的重要组成部分。

1. 体育中的身体教育

身体教育就是通过身体练习来提高身体素质，是对个人身体练习能力的提高。科学证明，人出生后在本能方面比不上动物，适应环境的能力差，连最基本的坐、立、站都不会，这些基本的生活技能都要靠后天学习获得。因此，学习基本的生活技能和从事身体锻炼的过程，就是发展身体、增强体质，即"育体"的过程。

2. 体育中的思想品德教育

体育本身就是一个有章可循的社会活动，它是在一定规则下有组织地进行的，这对培养青年一代遵守社会生活的各种准则、树立良好的道德观念、增强团结合作的精神和责任感是一个很好的强化。

3. 体育中心理素质的培养

体育活动能使人进入一个超凡脱俗的境界，能陶冶情操、培养坚韧不拔的意志品质。紧张而激烈的竞赛既是对心理品质严峻的考验，也是培养良好的心理素质的有利时机。

4. 体育中的智育

体育本身就是一种社会文化现象，蕴含着丰富的科学知识，也有自己的科学体系。通过体育教学和身体锻炼，学生可以掌握一定的体育知识、技能和技术，并使思维能力、记忆力、观察力、想象力等构成智力的各种能力得到发展。因此，体育在传授知识、培养技能技巧、增强体质的过程中还包含着培养、开发和提高智能的教育因素。

（四）政治功能

体育运动能够提供一个为国争光，提高民族和国家的威望及国际地位的途径。随着竞技体育的发展，竞技场被称为"没有炮火的金牌争夺之战场"。例如，历史上我们的国人曾被侮辱为"东亚病夫"，国家的威望因此大受贬损。中华人民共和国成立后，在亚运会上连续七届金牌第一，成为亚洲第一体育强国。2008年，我国运动员在第29届北京夏季奥运会上取得金牌51块、银牌21块、铜牌28块，共计100枚奖牌，金牌总数跃居世界第一，奖牌总数跃居世界第二。以"同一个世界，同一个梦想"为主题的北京奥运会极大地提高了中华民族的国际地位，扩大了中国在世界上的影响。

加强爱国主义教育，增强民族凝聚力。在当代，一次国际体育大赛会像巨石击水一样，在国民心中产生巨大的冲击波，使百万人甚至整个民族、国家沸腾起来，使民族精神得到升华，爱国激情得到激发，为国家的腾飞、民族的昌盛提供了难以估量的精神力量。例如，1984年洛杉矶奥运会上，中国有史以来第一次突破零奖牌的纪录，这在国内引起了空前的轰动。

改善和促进国家间的关系，增进友谊。体育可以促进各国人民相互了解，尤其是现代体育运动的国际化，使体育成为国家间重要的交往手段。运动员被称为"穿着运动衣的外交家""和平的使者"和"外交先行官"。例如，我国就用"乒乓外交"与美国建立了友好关系，从而实现了运动员的互访，为中美建交创造了条件，被人们称为"用小球转动了地球"。胡锦涛主席访问日本时和具有"瓷娃娃"美称的日本乒乓球选手福原爱愉快地打乒乓球、切磋球技，就增进了中日两国人民的友谊。

（五）经济功能

体育的经济功能之一是直接地为经济建设服务。例如：举办大型运动会能促进当地各行各业的发展；提高体育场馆的使用率，促进体育器材、运动服装制造业的发展；增加体育竞赛的门票收入；出售体育竞赛的电视实况转播权；销售纪念章、纪念币等。这些都可以直接产生经济效益，为经济建设服务。

促进经济发展的成功尝试当首推1984年在美国洛杉矶举办的第23届奥运会。这届首次由民间主办的奥运会在金融界人士彼得·尤伯罗斯的领导下，一改以往奥运会亏损的局面，不仅节省了原定5亿美元的耗资，而且从中获得了2.5亿美元的盈利，为此国际奥委会特授予他金质勋章。1988年汉城奥运会再次获得更大的成功，获得4.67亿美元的巨额利润，这使人们对体育所表现出的经济价值感到震惊。

（六）军事功能

体育的军事功能主要源于战争和对士兵进行身体训练的需要中产生。从史前时代部落间为争夺土地、牧场和血亲复仇引起的暴力冲突，到原始社会末期以掠夺财产为目的的奴隶战争，都不断推动着武器的演进，这不仅为以后的健身活动提供了广泛的运动器材，也促使人们积极从事军事操练和与之有关的身体训练。进入封建社会以后，统治者为争夺领地引起的频繁战争使体育和军事的结合变得愈加亲密。

随着资本主义的发展，西方体育经"文艺复兴"时期和宗教改革运动，把跑、跳、投掷、摔跤等活动引入学校，要求学生掌握军事生活所必需的一些基本技能。在近代西方体育形成的初期，由欧洲教育改革推出的传统体操以它极具军事实用价值的体育形式风靡欧洲。这种身体运动对培养动作技能、行动整齐、掌握当时流行的线形作战方法极为有利，在美国南北战争及普法战争中曾一度发挥了重要的作用。

现代社会，由于尖端武器的发展，更需要人们在短期内掌握复杂的军事技能，而且能有效地加以应用，这就要求最大限度地动员人的精神和身体能力。为此，不仅要进行全面的体力训练，还必须掌握军事需要的专门技巧，如游泳、爬山、攀登、滑雪、划船、跳伞、摔跤、格斗、擒拿、拳击及队列操练等。特别是随着部队机动性的提高和新的战略战术的运用，体育和军事结合的项目正在不断涌现，使专门为军事服务的"军事体育"应运而生。

第三节 普通高等院校体育的目的、任务与实现途径

一、普通高等院校体育教学的目的

高等教育是现代教育的一个重要组成部分，是我国培养高技能人才的摇篮，是提高劳动者素质，为我国现代化建设提供技术技能型、知识技能型和复合技能型人才的重要基地。普通高等院校的体育是高等教育不可缺少、不可分割的一个有机部分，在整个教育体系中占有重要的位置。大力发展高等教育，加快高技能人才培养，对落实科学人才观，深入实施人才强国战略，壮大人才队伍，提升人才素质，具有重要意义，为全面建设小康社会、构建社会主义和谐社会，为德、智、体、美全面发展提供了人才保证。

普通高等院校的体育是我们培养具有高等知识人才教育系统中的一个环节，是培养德、体、美全面发展的大学生不可缺少的一部分，高等教育应该具有高等教育和体育的共同属性。一方面，普通高等院校体育是高等教育的重要组成部分，其目标应和高等教育的总目标相一致；另一方面，普通高等院校体育又是体育的一个重要方面，它应该充分体现体育的属性，即要以运动和身体练习为基本手段，提高人的潜能，

增强体质，增进身心健康，促进高校学生的全面发展。因此，综合来讲，普通高等院校体育的目标就是以运动和身体练习为基本手段，对学生集体进行科学的培育，在提高人的生物潜能和心理潜能的过程中，进德、益智、促美，从而达到身心健康和全面发展的教育总目标。

二、普通高等院校体育教学的任务

高等学校体育是高等教育的重要组成部分，是衡量一个高校办学成功与否的重要指标之一。为了达到学校体育的目的，必须完成下列几项基本任务：

（一）传授体育基本知识、技能，培养学生锻炼身体的良好习惯

掌握基本知识、技术和技能是普通高等院校体育课堂教学的根本任务。学校体育是教育的重要组成部分，而课堂教学是学校体育的重中之重。普通高等院校体育课对学生体育锻炼的基本知识、技术和技能的掌握尤为重要。

培养学生良好的锻炼习惯，增强参与体育锻炼的意识，从"我锻炼"的思想转变为"我想锻炼"，提高学生的自觉行为能力，不仅在校期间可以保持良好的学习状态，而且走向社会后具有强健的身体，并具有继续参与体育活动的热情和能力。

（二）增强学生体质，促进学生身心健康

人的体质是由先天遗传和后天获得所形成的，是个体在形态结构和功能活动方面所固有的、相对稳定的特性，与性格具有相关性。强健的体魄是我们学习、生活和工作的前提，所以毛泽东在1950年就提出了"健康第一"的论断。普通高等院校体育课不仅强调生理方面的健康而且更要注重心理方面的健康引导，以使他们在学习科技知识的同时拥有健康的身心。

（三）发展学生的竞技体育才能，提高学校运动竞技水平

高校体育应积极贯彻普及与提高相结合的方针，积极开展课余训练，充分发挥高校师资、场地设施及良好的教育氛围，发挥大学生在智能和体能上的优势，使他们成为学校开展课余体育活动的骨干力量。

（四）培养良好的思想道德品质，促进学生个性的全面发展

体育锻炼能陶冶学生的情操，锻炼学生的意志，结合学生参加体育活动的具体表现，进行潜移默化的思想品德、组织纪律性和意志品质教育，培养其爱国主义精神。在体育教学过程中培养学生的意志品质是一项十分细致而复杂的工作，我们可以通过身体练习让学生自身的本体感觉承受一定的生理负荷，以调节因受场地、器材的约束和周围环境的干扰。体育运动项目繁多，在培养意志品质方面都有着不同效果，例如，球类运动是一种集体合作的项目，能培养学生强烈的进取心、高度的纪律性、良好的体育道德风尚、同时把思想品德教育渗透到体育教学的全过程，寓德育于体育之中，全面发展学生的德、智、体水平。

三、普通高等院校体育的实现途径

根据体育工作自身所具有的特点进行分类，可以分为体育教学、课余体育锻炼、运动训练和运动竞赛。

（一）体育教学

体育教学是我国普通高等院校完成体育任务的基本组织形式和途径，体育课程是大学生以身体练习为主要手段，通过合理的体育与健康教育和科学的体育锻炼过程，达到以增强体质、增进健康和提高体育素养为主要目标的公共必修课程，是学校课程体系的重要组成部分。通过体育教学传授体育知识、技术技能，以达到磨炼学生意志、增强学生体质的目标，使其养成良好的品德。《学校体育工作条例》规定："普通中小学校、农业中学、职业中学、中等专业学校各年级和普通高等学校的一二年级必须开设体育课。普通高等学校对三年级以上学生开设体育选修课。体育是学生毕业、升学考试科目。"

（二）课余体育锻炼

课余体育活动是指学生在课余时间，运用各种身体练习方法，以发展身体、增强体质、增进健康、提高运动水平和丰富课余生活为目的的体育活动。课余体育活动包括早操、课间操、班级体育活动、课余训练、课余竞赛以及校内和校外体育活动等。

通过课余体育活动，能丰富并充实大学生的课余生活，扩大大学生的活动领域，加强大学生与社会的联系，激发大学生体育运动的兴趣和爱好，培养大学生的开拓意识和创造能力，促进大学生的个性发展。

（三）运动训练

运动训练是指为提高运动员的竞技能力和运动成绩，在教练员的指导下，组织的有计划的体育活动，它是竞技体育的重要组成部分。运动训练的主要参与者是运动员和教练员而不是一般的体育参与者，是一个有组织有计划的活动过程，其目的是提高训练水平，为取得运动成绩奠定基础。高校运动训练是贯彻普及与提高相结合方针的一项重要措施，学校要在普及的基础上积极开展运动训练。

（四）运动竞赛

运动竞赛是各种体育运动项目比赛的总称。是在裁判员的主持下，按统一的规则要求，组织与实施的运动员个体或运动队之间的竞技较量，是竞技体育与社会发生关联，并作用于社会的媒介。运动竞赛是检查学校体育教学、课外体育锻炼和运动训练的效果的重要手段之一。通过运动竞赛的参与能够很好地磨炼学生抗压、抗挫、勤动脑的能力，培养坚韧不拔的意志品质，树立正确的人生观和世界观，丰富校园生活。

第四节　当代大学生应具备的体育素养

体育素养是人们通过对体育知识的学习和对体育活动的参与而形成的各种体育能力和行为的综合表现。包括体质水平、体育知识、体育意识、体育行为、体育技能、体育个性、体育品德等。

一、树立"健康第一"的指导思想

健康是人类生存和发展最基本的自身条件，也是创造社会物质文明和精神文明的基础。健康一直是人的基本需要之一，同时也是一个民族、一个国家整体素质和社会文明的重要标志。

1978年9月，世界卫生组织和联合国儿童基金会联合在阿拉木图主持召开了国际初级卫生保健大会，通过了著名的《阿拉木图宣言》。宣言指出："健康不仅是没有疾病或不虚弱，而是生理、心理的健康和社会适应的完美状态。"并认为："健康是基本人权，达到尽可能的健康水平是世界范围内的一项最重要的社会性目标。"这就十分清楚地把健康分为生理健康、心理健康和社会适应等指标呈现给人类。

二、培养终身体育的意识

终身体育是指一个人终身进行身体锻炼和接受体育。终身体育的含义包括两个方面的内容：一是指人从生命开始至生命结束，学习与参加身体锻炼，使体育成为一生生活中始终不可缺少的重要内容；二是在终身体育思想的指导下，以体育的体系化和整体化为目标，为人在不同时期、不同生活领域中提供参加体育活动的机会。

终身体育思想是把人一生的身体锻炼问题看成一个整体，把学校体育看成为人一生身体发展和锻炼的一个阶段，把学校体育的视角从关注学生的当前扩展到关注学生的未来和终身。终身体育主张在继续提倡掌握体育和保健的理论知识、提高对体育的认识、掌握必需的体育技能、提高体力、增进健康的前提下，强调学生个性的发展、能力的培养以及锻炼身体习惯的养成。

三、制订适合自身的健身计划

（一）努力掌握体育和健康的基本知识、技术和技能，提高体育运动能力

大学生在大学的体育学习应注重与体育有关的健康知识的学习，掌握体育健身的基本原理，并能运用这些知识和原理指导自身的体育锻炼；学会体育锻炼的评价方法和身心健康的评价方法。同时，大学生还要把体育视为一种文化，不但要培养自己的体育素养，还要注重提高自己的体育活动能力。

体育活动能力的提高除了要掌握体育和健康的知识外，还要学习一定的运动技术和体育锻炼的方法，

形成一定的运动技能。要从增强体质的角度去学习运动技术，把运动技术看成增强体质和提高健康水平的手段，把运动技术和体育锻炼方法的学习过程看成增强体质、增进健康、传播体育文化的过程。

（二）养成体育锻炼的习惯，形成积极向上的行为生活方式

体育课程是大学生主要的公修课程。大学生要通过体育课程的学习，努力培养自己体育锻炼的兴趣和爱好，形成体育运动的意识，养成坚持锻炼身体的习惯，形成健康的行为生活方式，为终身体育奠定基础。

（三）提高个人道德修养，培养团结协作的精神和顽强拼搏的毅力

大学生的体育学习要注重利用体育的功能，培养自身的道德修养、协作精神和坚强拼搏的毅力。道德教育是全面和谐发展教育的重要内容，是教育的灵魂，在全面和谐发展教育中居于核心地位。正如苏联著名教育理论家和教育实践活动家苏霍姆林斯基所说："和谐全面发展的核心是高尚的道德。"个人道德修养的培养和个人体育能力的提高是相辅相成的。

思考题
1. 什么是体育？
2. 体育的功能有哪些？
3. 普通高等院校体育的实现途径有哪些？
4. 当代大学生应具备的体育素养有哪些？如何提高自身体育素养？

第二章

合理膳食与人体健康

第一节 营养素

一、营养素的构成

机体为了维持生命和健康,保证生长发育、生活和生产劳动的需要,必须从食物中获得必要的营养物质,这些营养物质称为营养素。它包括蛋白质、糖类(或称碳水化合物)、脂类、维生素、矿物质、膳食纤维和水等。每种营养素都有其特殊的营养功用,缺一不可。人体必须均衡摄取各种营养素,才能获得健康的身体(图2-1-1)。

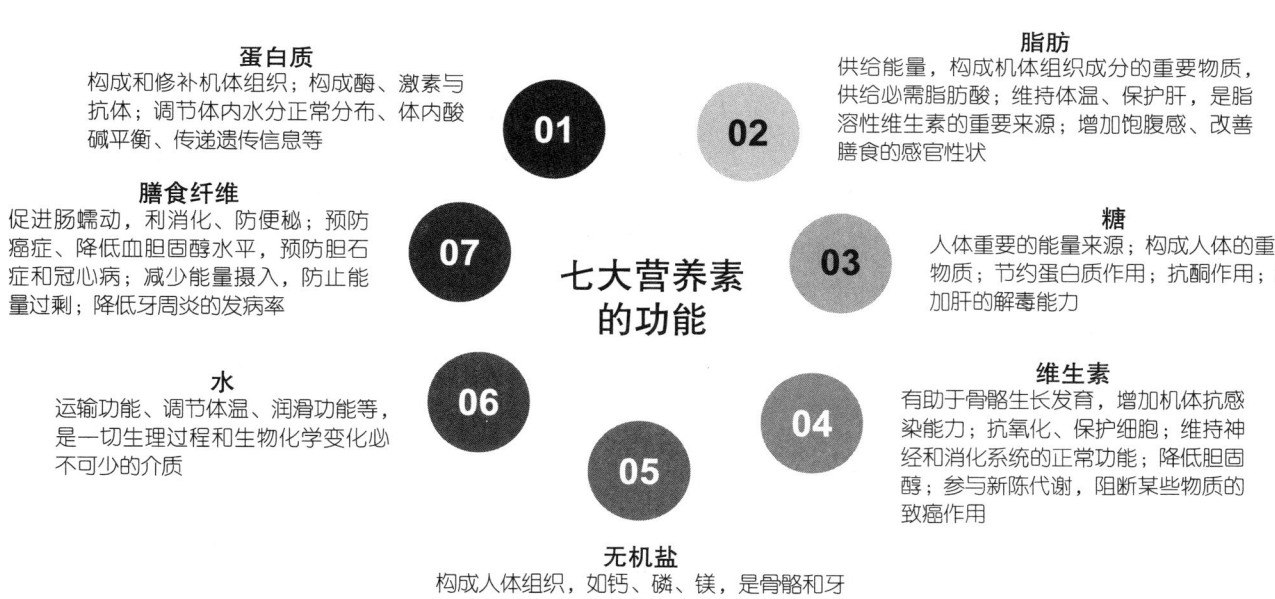

图 2-1-1 各类营养素的作用

(一)蛋白质

最好来源是各种动物性食物,如蛋、奶、鱼、肉等,其中鸡蛋中的蛋白质是营养价值最高的蛋白质。植物性食物中豆类也是非常重要的蛋白质来源,与粮谷类食物混食是获得蛋白质的最好途径。

1. 组成与分类

蛋白质是一种化学结构非常复杂的化合物,主要由碳、氢、氧、氮四种元素构成(有的还含硫、磷等元素)。当蛋白质在酸碱或酶的作用下进行水解时,其最终产物是各种氨基酸,它是构成蛋白质的基本单位。

2. 营养功用

(1)构成机体组织。蛋白质是一切细胞和组织结构的重要成分,是生命的物质基础。蛋白质占细胞内固体成分的80%以上、占体重的18%。

(2)调节生理功能。蛋白质在体内构成许多功能物质,具有多种生理功能,如酶的催化作用,激素的生理调节作用。

(3)供给热能。蛋白质的主要功用并不是供给热能,而当糖和脂肪供给的热能不足,或摄入氨基酸过多时,蛋白质便开始供给热能。

> **知识拓展**
>
> **挑食或许不是一种习惯,而是一种病症**
>
> 美国心理学研究人员计划将挑食与厌食症和贪食症列入同一范畴,都属饮食紊乱症。印第安纳州特雷霍特15岁女孩萨拉·艾尔斯只吃这些食物:特定方式烹饪的奶酪类和肉类食物;农场出产的生西兰花和胡萝卜;咸淡适中的炸薯片,薯片必须是薄片而且口感要恰到好处。艾尔斯的母亲认为,女儿长大成人后依然会是一名挑食者。虽然挑食这种行为不至于像厌食症那样严重影响身体健康,但一些医生担心,长期挑食会导致营养不良,造成骨骼和心脏问题。许多人对饮食有这样的一个误区:只要按时进餐,吃足够的食物,保证身体的能量供应就是健康的饮食。你是否也这么认为呢?下面的学习会纠正你的这种想法。

3. 蛋白质供给

蛋白质需求量受两方面因素的影响:一是人体的生理状况,如儿童、孕妇、伤病康复者和重体力劳动者等对蛋白质的需求量较多;二是蛋白质的质量,摄入生物价高的蛋白质时,需要量较少反之需要较多。

我国目前膳食中的蛋白质以植物性蛋白质为主,生物价较低,成年人的供给量为每日每千克体重1~1.5克。蛋白质供给的热能,平均应占一日膳食总热能的10%~14%,其中儿童为12%~14%,成人为10%~12%。

蛋白质广泛存在于动物性食物和植物性食物中的豆类、谷类和坚果类中。鸡蛋是最好的动物性食物蛋白质来源,生物价高达94%。植物性食物蛋白质的营养价值虽然低于动物性食物,但是由于食用量大,目前仍然是我国居民膳食中蛋白质的主要来源。

4. 蛋白质失调对人体的影响

蛋白质营养失调包括蛋白质不足与蛋白质过剩,都对人体健康有不良影响。蛋白质缺乏,可使机体生理功能下降、抵抗力降低、消化功能出现障碍、伤口愈合缓慢、精神不振,并出现贫血、脂肪肝、组织中酶活力下降等;同样,摄入蛋白质过多,也对人体有害。

5. 运动与蛋白质

运动使体内蛋白质代谢发生变化,而不同性质运动的作用又有所差异。耐力性运动使蛋白质分解加强,合成速度减慢,机体尿氮和汗氮排出量增加;力量性运动在使蛋白质分解加强的同时,活动肌群蛋白质的合成也增加,并大于分解的速度,因而使肌肉壮大。以上均反映出运动使机体对蛋白质的需要量增加。若蛋白质摄入不足,不仅影响体育锻炼的效果,而且会发生运动性贫血。但是,如果蛋白质摄入过多,不仅对肌肉壮大和提高肌肉功能没有好处,而且会对正常代谢产生不良影响。

(二)碳水化合物

1. 组成与分类

碳水化合物(carbohydrate),也称糖类,是由碳、氢、氧三种元素组成的一类化合物,营养学上一般将其分为四类:单糖(monosaccharide),包括葡萄糖、半乳糖、果糖;双糖(disaccharide),包括蔗糖、麦芽糖、乳糖；多糖（polysaccharide），包括淀粉、糖原、纤维素与果胶；寡糖（oligosaccharide）。

2．营养功用

（1）供给能量糖是人体的主要能源物质，1 g 葡萄糖在体内完全氧化成二氧化碳和水时，可以产生 17 kJ（4 kcal）的能量。糖在供给热能上有许多优点：比脂肪和蛋白质易消化吸收，产热快，耗氧少，对运动有利；在无氧情况下也能分解产热，这对于进行大强度运动有特殊意义。

（2）维持中枢神经功能。糖是大脑的主要能量来源。血糖水平正常，才能保证大脑的功能；血糖降低，脑的功能即受影响，会发生头晕、昏厥等低血糖症。

（3）维持脂肪正常代谢。

（4）降低蛋白质的分解。

（5）保护肝。糖可增加肝糖原的储存，保护肝免受某些有毒物质（如酒精、细菌毒素等）的损害。

（6）糖是构成机体的重要物质。

3．供给量与来源

糖的供给量依饮食习惯、生活水平和劳动性质等因素而定。目前我国成年人糖的供给量以占总热能的 50%~70% 为宜。

糖在自然界中分布很广，主要在植物性食物中，粮食和根茎类植物含糖量很丰富。动物性食物中只有肝含有糖原、奶中含有乳糖，但数量不多。

4．糖与运动

糖在能量代谢中十分重要，是运动中的主要能量来源，对人体运动能力有很大影响。

人体内糖的主要储备形式是糖原。肌糖原约 350 g，可供给 1400 kJ 热能；肝糖原 70~90 g，可提供 280~360 kJ 热能；血糖总量约 20 g，可提供 80 kJ 热能。

糖是运动中的重要能源。运动时肌肉的摄糖量可为安静时的 20 倍以上。体内糖原储量与运动能力成正比。运动前和运动中合理地补充糖，可以减少糖原消耗，提高血糖水平，有利于提高运动能力；运动后补充糖可促使糖原储备的恢复。据研究，运动后即刻摄入果糖对肝糖原的储备效果较好，葡萄糖与蔗糖可使肌糖原储备在 24 h 后保持较高水平。

（三）脂类

脂类物质可分别从动物性食物和植物性食物中获得。动物性食物包括猪油、牛脂、奶油、鱼油及蛋黄等。植物性食物包括菜油、麻油、花生油等植物油及坚果类食品。

1．组成与分类

脂类包括脂肪和类脂，由碳、氢、氧三种元素组成，有的类脂还含有磷和氮。脂肪由甘油和脂肪酸组成。脂肪酸的种类很多，按分子结构分为饱和脂肪酸与不饱和脂肪酸两类，不饱和脂肪酸又可分为单不饱和脂肪酸与多不饱和脂肪酸。通常把维持人体正常生长所需的而体内又不能合成的脂肪酸称为必需脂肪酸。亚油酸和亚麻酸是人体所需的两种重要的必需脂肪酸。

2．营养作用

（1）供给热能。脂肪是高热能物质，每克脂肪可供热 9 kJ。沉积在体内的脂肪是机体的"燃料库"。

（2）构成机体组织。类脂质是构成细胞的基本原料。体内脂肪组织有保护和固定器官的作用，皮下脂肪有保温作用。一般成年男性的脂肪占体重的 10%~25%，女性的脂肪含量更高。

（3）供给必需的脂肪酸。

（4）是脂溶性维生素的携带者，并促进脂溶性维生素的吸收。

（5）增加食物香味与饱腹感。

3．供给量与来源

一般来说，脂肪供给的能量占总能量的百分比，青少年以 25%~30% 为宜，成年人以 20%~25% 为宜。饱和脂肪酸、单不饱和脂肪酸、多不饱和脂肪酸的比例以 1∶1∶1 为宜。必需脂肪酸供能应达到总能量的 1%~2%。

膳食中脂肪的主要来源是烹调油，以及各种食物中所含的脂肪。目前食用的一些烹调油是按 1∶1∶1

的比例对脂肪酸进行过调配的调和油。

4. 脂肪营养失调对人体的影响

由于人体对脂肪的实际需要量不高，因而脂肪营养失调的主要问题是摄入脂肪过多。膳食中脂肪总摄入量与动脉粥样硬化症发病率、死亡率和乳腺癌的发病率呈正相关。摄入脂肪过多，还会引起大量脂肪在肝存积而形成脂肪肝。脂肪肝可引起肝细胞纤维性病变，最后造成肝硬化，损害肝的正常功能。此外，由于脂肪是高热能物质，摄入过多会导致体内热量过剩，过剩的热能转化为脂肪存于体内，使机体肥胖，容易发生心血管疾病。

5. 脂肪与运动

脂肪是长时间运动的主要能源，但必须在氧充足的条件下，一般是在运动强度小于最大耗氧量55%时，脂肪酸才能氧化供能。

训练水平与氧化脂肪的能力有关。通过训练可以增强体内脂肪代谢酶的活性，从而提高氧化脂肪的能力。

（四）维生素

维生素是机体正常生命活动不可缺少的物质。它不提供热能，也不是机体组织结构的成分。但在机体的代谢、生长、发育过程中却起着重要的作用。维生素是维护身体健康、促进生长发育和调节生理功能所必需的一类（低分子）有机化合物，其种类较多，化学性质不同，生理功能各异，虽不参与构成组织，也不供给热能，却对体内生物氧化等代谢过程有着重要的作用，它能促进机体吸收大量能源物质，调节物质代谢和能量转化等。通常按溶解性质将维生素分为两大类：一类是脂溶性维生素，另一类是水溶性维生素。脂溶性维生素包括维生素A（视黄醇）、维生素D（钙化醇）、维生素E（生育酚）和维生素K（凝血维生素）；水溶性维生素包括维生素B复合物和维生素C（抗坏血酸）。

人体所需的维生素有10多种。维生素大多不能在体内合成或合成量甚微，在体内的储存量一般很少，必须从食物中摄取。因此，合理地选择、正确地加工和烹调食物，对保证人体必需的维生素是很重要的。维生素摄入不足会影响正常代谢和生理功能，严重的会发生维生素缺乏症。

维生素对于运动十分重要，有些维生素直接影响人体的运动能力。摄入维生素必须适量，少了可引起缺乏症，多了对机体不仅无益反而有害。如维生素A、维生素D摄入过多，会蓄积于体内而致中毒；过量摄入维生素B和维生素C会引起代谢紊乱，导致不良反应。人体主要通过食物摄取维生素，不会过量。所以在食物供给充足的情况下，一般不必另外补充维生素制剂。

知识拓展

大学生必须重视对维生素的足量摄取

1. 学习任务繁重，思想压力大，容易造成神经紧张、身体疲惫等症状，因此对维生素的需要量增高。例如对维生素B的需要量就要高于常人，必须给予足量的供给，缺乏时容易导致疲劳、恢复能力下降、脾气暴躁、神经质等不良后果。

2. 切勿经常食用快餐食品，而应尽可能增加膳食中的食物种类，以保证各种维生素的足量摄取。否则极易引起维生素缺乏症，导致机体内许多酶的活性下降，免疫力低下，抗病能力差。

（五）矿物质（无机盐）

人体组织所含矿物质的元素的种类很多，总量占体重的5%～6%。其中含量较多的是钙、磷、钠、钾、氯、硫、镁七种，被称为常量元素；含量较少的是铁、碘、氟、硒、锌、铜等，被称为微量元素。矿物质对人体十分重要，各种元素都有其独特的功能，其对人体的功用可概括为：构成机体组织，调节生理功能，维持正常代谢（图2-1-2）。

人体在物质代谢中每天都有一定量的矿物质被排出体外，因此必须从食物中补充矿物质，以保持体内

矿物质的作用和来源

矿物质	作用	食物来源
钙	牙齿的组成部分 参与调节身体循环、呼吸、神经、消化系统的正常工作	牛奶，鸡蛋，鸭蛋，大虾，蚕蛹，大葱，大豆制品，瘦肉
铁	参与氧的运输 血红蛋白合成 参与组织呼吸和细胞免疫	动物的肝，或者瘦肉、蛋黄，鸡肉、鱼虾和豆类
锌	促进机体生长发育和组织再生 提高免疫力 促进食欲	海产品类：如牡蛎、蛤蜊、虾皮、海鱼等
铜	维持正常的造血功能 促进结缔组织形成 维护中枢神经系统的健康	口蘑、海米、红茶、花茶、榛子、葵花子、芝麻酱、西瓜子、绿茶、核桃、黑胡椒
镁	构成体内300多种酶 帮助维持宝宝神经和肌肉活动 强健骨骼，辅助吸收钙和钾	绿色蔬菜，比如韭菜、芹菜、油麦菜、生菜、菠菜
锰	参与宝宝身体的新陈代谢 预防贫血 协同促进骨骼生长发育	干果类食物，比如榛子、松子、开心果、核桃 谷类食物，比如小米、玉米、大米、小麦、荞麦、燕麦

图 2-1-2 矿物质的作用和来源图示

的动态平衡。若不能补充，机体的代谢和生理功能就会受影响，甚至发生疾病。但摄入过多也会对人体有害，因此必须适量。人体所需的矿物质，多数在正常膳食下都能获得，但有的容易缺乏，有的微量元素受地质化学状况的影响会发生地区性的缺乏。如果矿物质缺乏，极易导致机体产生许多疾病，如缺钙时，易发生骨质疏松；缺铁时易导致缺铁性贫血；缺锌易引起青少年性成熟推迟以及伤口愈合困难；缺钾容易引起神经传导减弱，反应迟钝；缺碘时造成甲状腺素合成不足，引起甲状腺肿大（俗称大脖子病）等。依中国营养学会2000年推荐的营养素摄入量标准，一般成年人每日矿物质的适宜摄入量为：钙 800 mg；铁：男性 15 mg、女性 20 mg；磷 700 mg；钾 2000 mg；钠 2200 mg；锌 10~15 mg；铜 2.0 mg；硒 50 μg；氟 1.5 mg。

在人体的新陈代谢过程中，每天都有一定数量的矿物质通过粪便、尿液、汗液、头发等途径排出体外，例如出汗时会有大量的钠从汗液中丢失。因此在平时的膳食过程中应经常注意适当补充矿物质，特别是食物补充，如谷类、豆类、奶类、各种蔬菜、海带、木耳、虾米、动物性肝等食物，以维持体内矿物质的动态平衡。

（六）膳食纤维

膳食纤维广泛存在于谷类、豆类、薯类、蔬菜、果皮以及人们喜欢吃的野菜等食物中。膳食纤维是可食植物的细胞壁间质的组成部分，它不被人体内消化酶分解消化，在维护健康、预防某些疾病方面有一定作用，在维持人体正常生理功能中起着不可忽视的作用，因而也是膳食中的重要营养素之一。它的生理作用是：降低血浆中的胆固醇；降低餐后血糖升高的幅度；改善大肠的功能，预防便秘，加快有毒物质的排出；改善大肠代谢。

膳食纤维，成人的供给量为每天 4~12 g，适量食用粗杂粮和蔬菜水果，不吃过分精制的食物，一般均能满足机体需要。含膳食纤维较多的食物有：麦麸、鲜豆荚、嫩玉米、草莓、菠萝、花生、核桃等。蔬菜生吃可增加摄入膳食纤维的量。需要注意的是膳食纤维摄入过多，会影响钙、镁、锌、铁等无机盐和某些维生素的吸收，还可引起刺激性腹泻。

（七）水

水是人体除氧以外赖以生存的最重要物质。人体在缺食但不缺水的情况下，可维持生命数十天；若是缺水，则仅能生存几天，由此可见水的重要性。水的营养功用具有以下作用。

1. 机体的重要组成部分

水是机体中含量最多的组成部分，约占成人体重的60%。

2. 保证和参与物质代谢过程

机体内的代谢过程是在体液环境中进行的，而体液是由水、电解质、低分子有机化合物和蛋白质等物质组成。水是良好的溶剂，营养物质的消化、吸收、生物氧化以及代谢物的排泄都离不开水。

3. 调节体温

水的比热大，体温易保持稳定。水的蒸发散热（排汗）是体温调节的一种重要方式。

4. 体内物质的运输。水的流动性大，在体内形成体液，循环运输物质。

5. 保持腺体正常分泌。各种腺体分泌物均是液体。

人体的需水量取决于排出的水量，每日摄入的水量应与机体经过各种途径排出的水量保持动态平衡。1500 ml 是成年人一般情况下每天对水的最低生理需要量。为保证安全，每日每千克体重供水 40 ml 为宜；高温、运动等出汗多时，供水量应相应增加。

水的来源包括直接饮入的水、食物中含有的水，以及蛋白质、脂肪和糖在体内代谢产生的水分。在摄取水时，除考虑水量需满足机体需要外，还应注意水的卫生状况，必须饮用清洁卫生的水，以保证身体健康，减少毒素和致癌物质的产生。

二、膳食选择

（一）食物的营养价值

食物的营养价值指的是食物中所含营养素和能量能满足人体营养需要的程度。

食物的营养价值的高低，取决于食物中所含营养素的种类是否齐全，数量的多少及其相互比例是否适宜。在自然界，可供人类食用的食品种类繁多，但是除母乳能满足 4~6 个月以内婴儿的全部营养需要外，没有哪一种食物含有人体所需的全部营养素，因为食物的营养价值是相对的。例如，米、面类及油脂食品，其糖、脂肪营养价值很高，热能也较高，而蛋白质营养价值却很低；奶、蛋类蛋白质营养价值较高，而铁的营养价值较低；蔬菜、水果能提供营养价值较高的维生素、矿物质和纤维素，但蛋白质、脂肪营养价值较低。

> **知识拓展**
>
> **运动时如何饮水？**
>
> 在开始进行运动前 10~15 min，可适量饮水，以增加体内的临时储备，对维护运动时的正常生理功能有良好作用。运动中每 15~20 min 饮水 150~200 ml，这样既可及时保持体内水的平衡，又不增加心脏和胃的负担。体育锻炼后的补水可以在运动后每 20~30 min 补水一次，每次饮水量在 250 ml 左右。夏季运动补水的水温应在 10 ℃ 左右为宜，其他季节最好补充温水。

（二）食物营养价值的选择

综上所述，不同的食物的营养价值是不同的。正确选择营养价值高的食品，特别是含有优质蛋白质和脂肪的食品，对于促进健康和预防疾病有重要意义。

1. 优质蛋白质的选择

评价蛋白质营养价值的高低，主要以人体摄入后的效果即生物利用率为依据。质量好的蛋白质，生物利用率高，容易为人体所消化、吸收和利用。选择优质蛋白质的食物一般从以下几个方面考虑。

（1）蛋白质的含量：不同种类食物蛋白质含量差异较大，一般大豆含量最高，肉类次之，再次为谷类，蔬菜、水果最少。例如，每100 g食物中，豆类含20~30 g，肉类含10~20 g，鱼类含15~20 g，蛋类含13~15 g，谷类含8~12 g，蔬菜、水果含1~2 g。

（2）蛋白质的消化率：蛋白质的消化率与食物种类和烹调加工方法有关。植物性蛋白质由于被纤维素包围，不能与消化酶充分接触，其蛋白质的消化吸收不如动物蛋白；但经过加工烹调后，其纤维素可被破坏、软化或去除，吸收率将大大提高。如整粒大豆的消化率为60%，做成豆腐、豆浆后可提高到90%，其他蛋白质在煮熟后吸收率也能提高，如乳类为98%，肉类为93%，蛋类为98%，米饭为82%。

（3）蛋白质的利用率：人体蛋白质是由20多种氨基酸不同排列组合而成，其中有8种人体必需的而自身又不能合成的氨基酸，即必需氨基酸。蛋白质被吸收后在人体的利用程度高低，要看所含必需氨基酸是否丰富，种类是否齐全，比例是否适当，与人体蛋白质氨基酸模式越接近，利用率就越高。如人们经常食用的食物中蛋白质的利用率分别为：鸡蛋94%，牛奶85%，鱼肉83%，虾77%，牛肉76%，大米77%，白菜76%，小麦67%。从这些食物中蛋白质的利用率分析得出，动物性食物和豆类营养价值较其他类高，称为优质蛋白质，建议每日摄取的优质蛋白质要占蛋白质总量的30%。若混合食用其他植物蛋白质，其利用率可提高，甚至超过单一的动物蛋白质，这是由于各种蛋白质的氨基酸可互相配合，取长补短，改善了必需氨基酸的比例，从而提高了蛋白质的利用率。这种现象称为蛋白质的互补作用。如主食谷类蛋白质的赖氨酸含量不足，蛋氨酸含量较高，而豆类食物的蛋白质恰好相反，混合食用时两者的不足可以得到补偿。总之，食物多样化，荤素搭配，粮菜同食，适量食用豆制品，发挥蛋白质的互补作用，可提高蛋白质的利用率。

2. 优质脂肪的选择

选择优质脂肪，一般从下面几个方面考虑。

（1）脂肪的消化率：脂肪主要在小肠中通过胰脂肪酶消化分解成脂肪酸和甘油而被吸收。脂肪的消化率与其熔点有密切关系。熔点越低的脂肪，不饱和脂肪酸的含量越多，越容易消化，营养价值也高。因此，植物油的消化率一般可达100%，而且含较多必需不饱和脂肪酸，可降低血胆固醇，减少动脉硬化的发生，如芝麻油、豆油、花生油、菜子油、玉米油、茶油等植物油，它们在室温下呈液态；动物脂肪，如牛油、羊油，含饱和脂肪酸多，熔点都在40℃以上，消化率较低，为80%~90%。

（2）必需脂肪酸含量：植物油中亚油酸和亚麻酸含量比较高，营养价值比动物脂肪高。

（3）脂溶性维生素含量：动物的储存脂肪几乎不含维生素，但肝富含维生素A和维生素D，特别是海产品鱼肝油中含量最高，奶和蛋类的脂肪也富含维生素A和维生素D，植物油富含维生素E，脂溶性维生素是维持人体健康所必需的。

（三）健康食品与垃圾食品

为了帮助大家对食物的营养价值做出正确的判断，世界卫生组织经过调查研究公布了最佳食物的排行榜和十大垃圾食品，供大家选择食物时参考。

1. 最佳食物

（1）最佳水果：依次是木瓜、草莓、橘子、柑子、猕猴桃、芒果、杏、柿子和西瓜。

（2）最佳蔬菜：红薯既含丰富的维生素，又是抗癌能手，为所有蔬菜之首。其次是芦笋、卷心菜、花椰菜、芹菜、茄子、甜菜、胡萝卜、荠菜、苤蓝菜、金针菇、雪里红、大白菜。

（3）最佳肉食：鹅肉、鸭肉脂肪的化学结构接近橄榄油，有益于心脏。鸡肉则被称为"蛋白质的最佳来源"。

（4）最佳健脑食物：菠菜、韭菜、南瓜、葱、花椰菜、菜椒、豌豆、番茄、胡萝卜、小青菜、蒜苗、芹菜等蔬菜、核桃、花生、开心果、腰果、松子、杏仁、大豆以及糙米饭、猪肝等。

（5）最佳汤食：鸡汤最优，特别是母鸡汤还有防治感冒、支气管炎的作用，尤其适于冬春季饮用。

（6）最佳食油：玉米油、米糠油、芝麻油等尤佳，植物油与动物油按1∶0.5的比例调配食用更好。

2. 十大垃圾食品

（1）油炸食品：此类食品热量高，含有较高的油脂和氧化物质，经常进食易导致肥胖，也是导致高脂血症和冠心病的最危险食品。食品在油炸过程中，往往产生大量的致癌物质。已经有研究表明，常吃油炸食物的人，其部分癌症的发病率远高于不吃或极少进食油炸食物的人群。

（2）罐头类食品：不论是水果类罐头，还是肉类罐头，其中的营养素都遭到大量的破坏，特别是各类维生素几乎被破坏殆尽。另外，罐头制品中的蛋白质常出现变性，使其消化吸收率大为降低，营养价值大幅度"缩水"。还有很多水果类罐头含有较高的糖分，并以汁液为载体被摄入人体，使糖分的吸收率因之大为增高，可在进食后短时间内导致血糖大幅攀升，胰腺负荷加重。同时，由于能量较高，有导致肥胖之嫌。

（3）腌制食品：在腌制过程中，需要大量放盐，这会导致此类食物钠盐含量超标，造成常进食腌制食品者肾的负担加重，发生高血压的风险增高。还有，食品在腌制过程中可产生大量的致癌物质亚硝胺，导致鼻咽癌等恶性肿瘤的发病风险增高。此外，由于高浓度的盐分可严重损害胃肠管黏膜，故常进食腌制食品者胃肠炎症和溃疡的发病率较高。

（4）加工的肉类食品（火腿肠等）：这类食物含有一定量的亚硝酸盐，故可能有导致癌症的潜在风险。此外，由于添加防腐剂、增色剂和保色剂等，造成人体肝负担加重。还有，火腿等制品大多为高钠食品，大量进食可导致盐分摄入过高，造成血压波动及肾功能损害。

（5）肥肉和动物内脏类食物：虽然含有一定量的优质蛋白、维生素和矿物质，但肥肉和动物内脏类食物所含有的大量饱和脂肪和胆固醇，已经被确定为导致心脏病最重要的两类膳食因素。现已明确，长期大量进食动物内脏类食物可大幅度地增高患心血管疾病和恶性肿瘤（如结肠癌、乳腺癌）的发生风险。

（6）奶油制品：常吃奶油类制品可导致体重增加，甚至出现血糖和血脂升高。饭前食用奶油蛋糕等，还会降低食欲。高脂肪和高糖成分常影响胃肠排空，甚至导致胃食管反流。很多人在空腹进食奶油制品后出现反酸、胃灼热等症状。

（7）方便面：属于高盐、高脂、低维生素、低矿物质一类食物。一方面，因盐分含量高增加了肾负荷，会升高血压；另一方面，含有一定的人造脂肪（反式脂肪酸），对心血管有相当大的负面影响。加之含有防腐剂和香精，可能对肝等有潜在的不利影响。

（8）烧烤类食品：含有强致癌物质三苯四丙吡。一只烤鸡腿等于60支烟的毒性；导致蛋白质炭化变性（加重肝肾负担）。

（9）冷冻甜点：包括冰激凌、雪糕等。这类食品有三大问题：因含有较高的奶油，易导致肥胖；因高糖，可降低食欲；还可能因为温度低而刺激胃肠管。

（10）果脯、话梅和蜜饯类食物：含有亚硝酸盐，在人体内可结合胺形成潜在的致癌物质亚硝酸胺；含有香精等添加剂可能损害肝等脏器；含有较高盐分可能导致血压升高和肾负担加重。

大学生应理智地选择既新鲜、营养又健康的食品，尽量避免或减少食用垃圾食品。

第二节 健康饮食

大学生正处于生长发育期，每天都要从事紧张的学习、生活和体育锻炼等活动。在这个过程中，其体能消耗量是很大的，这些能量要从饮食中得到补充。如果营养不足或营养不良，就会影响身体健康，使精力、体力、记忆力减退，学习效率降低，甚至还可能产生一些疾病。为了保持健康，必须讲究合理的饮食和养成良好的饮食习惯。

一、合理的饮食结构

（一）保证人体所需的最基本的营养成分

1. 要摄入充足的糖以补充热能

据统计，我国高校学生每天的耗热量，男生为 2500 kJ，女生为 2100 kJ，经常参加体育活动的男生的热量消耗可达 3300 kJ，因此，要从每日三餐中摄取养分，以补偿脑力劳动和体力劳动中所消耗的能量。糖是人体最主要的热能来源（如前所述，占人体热能来源的 60%），我们日常食用的米、面等主食含糖量最高。储存在人体内的脂肪也属于备用的能源物质,日常饮食中也应食用一定量的肉类以保证体内脂肪的来源。一般情况下,青年学生每日约需从食物中摄取热量 11715~12552 kJ,其中,主食可供应约 7531 kJ 的热量,其余的热量需要从副食中补足。

2. 要注意补充优质蛋白质

细胞主要是由蛋白质组成的。如果饮食中蛋白质不足,就会直接影响健康。所以,在饮食中要注意蛋白质的供给。蛋白质的营养价值取决于所含的氨基酸的种类。氨基酸的种类很多,其中有 8 种是人体必需的,称为"必需氨基酸"。这些氨基酸在人体内不能自动生成或合成,而要从每天的饮食中供给。肉、蛋、鱼和豆类等都含有丰富的优质蛋白质,含人体所必需的氨基酸,因此,有条件者应注意在每日三餐的副食中适量补充蛋白质。

3. 注意摄取富含维生素的食物

维生素是人体不可缺少的有机化合物。它具有广泛的生理功能,虽然需求量不大,但对保持健康极为重要。当人体缺乏维生素时,会引发如代谢紊乱、发育迟缓、维生素缺乏症等相应的症状和疾病。目前所知的维生素有 20 多种,需要由食物中摄取的有 10 多种,平时应多吃些富含维生素的新鲜蔬菜和水果。

4. 注意矿物质及微量元素的摄入

钙、磷、碘等元素都是人体所必需的营养素。在饮食中,要适当多吃富含这些无机盐的食物,例如,豆腐、鸡蛋、虾皮、绿叶蔬菜等均含有丰富的钙,豆制品、蛋黄等食物含磷量较高。海带、紫菜等食物含碘量最多。

5. 膳食纤维

膳食纤维是指芹菜、甘柚、玉米、甘薯等食物中所含的植物纤维(肉眼可见的由纤维素组成的细丝)。膳食纤维能促进胃肠的蠕动和排空,促进消化,还有利于降低人体内过高的血脂和血糖,有利于维护心脑血管的健康,预防糖尿病等。因此,日常生活中应多吃粗粮、海藻和果蔬等富含植物纤维素的食品。

(二)各种营养素的合理比例

糖类、脂肪和蛋白质同为人体所必需的营养物质,其合理的摄入比例对机体的代谢情况和健康运作有很重要的影响。我国营养学家认为,这三者的比例应为 5:0.7:1。对于体能消耗量较大的人(如运动员、体力劳动者)来说,应适当提高糖和脂肪的比例,糖、脂肪和蛋白质的比例以 7:1:1 为宜。

随着我国人民生活水平的日益提高,一般人的饮食习惯已由以谷物为主的高糖膳食向提高动物性蛋白质的方向发展,这一改变,将在一定程度上增强人民体质。

为了指导人们科学膳食,我国营养学家将食物分为五大类,并形象地用金字塔形表现出来,称为"平衡膳食宝塔",提倡国民每天均衡地食用这五类食物,以避免营养不足或营养过剩(图 2-2-1)。

图 2-2-1 平衡膳食宝塔图示

二、科学的饮食方式

饮食制度包括饮食时间、饮食质量和食物搭配、进食方式。

(一)饮食时间

我国人民的饮食习惯和传统是一日三餐。营养学家指出,为了保持身体健康,必须保证每日按时进餐;在每日摄入的总能量中,早、中、晚餐应分别占30%、40%和30%左右。但在我国的高等院校中,学生早餐营养普遍较差,有的学生甚至不吃早餐就去上课,以致上课时饥饿无力,影响学习效果和身体健康。这一习惯应该予以纠正。如果在上午第二节课后和晚自习过后,适当加餐,则对补充能量、保持身体健康有更好的作用。

(二)饮食质量

饮食质量是指从营养的角度选择符合身体需要的食物。有些所谓的名贵食品的营养价值并不高,有些加工精细的食品虽然口味很好却由于加工过细而损失了营养成分。因此,选择食物时,应首要考虑营养价值,同时再兼顾食物的味道。当然,应尽可能地食用新鲜食品。

(三)食物搭配

食物搭配是指注意食物多样化,充分利用食物之间的互补作用。不同食物经消化吸收后,可表现为酸性、碱性和中性。肉类、米、面等属于酸性食物;豆腐、青菜等属于碱性食物;水果、鸡蛋和大豆等属于中性食物。酸性食物可使体内酸性物质增加,机体容易产生疲劳,碱性食物则相反,所以饮食中要注意食物酸碱性的合理搭配和平衡。

(四)进食方式

吃饭时,切忌狼吞虎咽,暴饮暴食,要细嚼慢咽,这样有利于营养物质的消化和吸收。

(五)膳食营养

1. 平衡膳食

所谓平衡膳食,就是指膳食中所含有的营养素数量充足、种类齐全、比例适当。平衡膳食由多种食物构成,它提供足够数量的热能和各种营养素,以满足人体正常的生理需求。

平衡膳食的基本要求是充足、适量、多样。种类既要丰富多样,摄取量达到人体的基本需求,同时又要注意减少食用高脂、高糖、高盐类食物,同时要足量饮水,注意食物的新鲜程度。健康饮食金字塔就很清晰地表述了平衡膳食的基本要求。

2. 大学生的膳食营养

大学生是以脑力劳动为主的青年群体,他们用脑时间长、思维能力活跃、记忆力旺盛,因此,根据大学生的生理需求,从能量、蛋白质、无机盐等多方面考虑营养平衡配餐。根据我国新近修订的每日膳食营养素供应标准规定,男性大学生每天需要蛋白质90 g,女性大学生为80 g,其中优质蛋白质应占总蛋白质摄入量的30%~40%。大学生男性每日需要能量为2500 kcal,女性为2100 kcal,同时还需要摄入各种维生素、无机盐和微量元素等。

从目前我国各地大学生膳食营养调查报告来看,普遍存在营养不合理,优质蛋白质比例仅占总蛋白质的14.9%~15.9%。能量也只有标准的80%左右,各种维生素普遍不足,在不同的地区、习惯和季节等因素的影响下,摄入量相差悬殊。据我国首次向世界公布营养调查的结果表明,男、女大学生营养不足分别占28.98%和36.16%。

大学生要身体好、学习好,首先做到有良好的饮食习惯:重视早餐、饮水充足、三餐有序;其次是要科学合理地安排营养饮食,合理搭配各种食物,保持一种平衡的营养状态。

第三节 运动营养

饮食与运动营养的配合极为重要,科学合理的饮食,能更好地提高运动成绩和锻炼效果,有利于消除疲劳和恢复体能,快速实现健身目标(图2-3-1)。

力量、速度、耐力、灵敏性等练习是大学生最基本和常用的身体锻炼方法。下面将分别介绍各种练习对营养的不同需求。

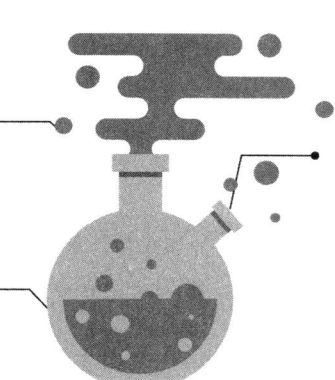

运动中饮食
进食量不能超过平时饭量的1/3,即≤30%饱度,食物要以高糖为主,如面包、麦片、糕点、水果等。进食15~30 min后再进行运动锻炼

运动后饮食
运动后应在30 min内补充足够的糖。胰岛素在这段时间内活性最高,有利于糖的转化储备和被肌肉利用。最好以糖盐水的形式补充。补糖量以每kg体重1 g糖标准为宜。运动后大量进食应在运动停止半小时到1 h以后进行。进食量不应超过平时饭量的80%。如果运动后即刻感到明显饥饿,稍休息几分钟后也可以少量进食,进食量不超过平常饭量的1/3。食物应松、软、易消化,避免辛辣等刺激

运动前饮食
饱食后2 h、60%饱食后1 h、40%饱食后半小时才可进行运动,如果食物以肉食为主,饭后运动的间隔时间还应当延长。运动前适量进食,能有效提供运动时所需的能量和水分,防止因能量不足而引起的虚脱症状,有利于身体功能在运动中的提高

图2-3-1 运动饮食注意事项

一、力量练习的营养需求

力量性运动对肌肉质量的要求较高,而肌肉力量与肌肉蛋白质的增长有关,为了使肌肉发达,需要大量增加蛋白质的供给。营养学研究表明,青年男子对蛋白质的需求量约56 g/d,青年女子为45 g/d;进行力量性练习则要求更高,一般每天不少于2克/千克体重,且应占每日摄入总热量的20%左右。维生素B可以促进肌肉蛋白质的合成,因而需要多食含维生素B的食物。此外,还应补充适量的镁、钾、钙、钠等元素。

二、速度练习的营养需求

速度的快慢与肌纤维的兴奋性、快肌纤维的百分组成、肌肉力量的大小有关,剧烈运动时的能量来源主要由糖的无氧酵解供应。因此,速度素质的提高在营养上需要增加蛋白质、糖、维生素C、维生素B族、磷、镁及铁等营养素的摄入量,一般而言,蔬菜、水果、牛肉和兔肉等碱性食物可以很好地补充速度训练所需的营养,应占一日总食入量的15%~20%为宜。

三、耐力练习的营养需求

耐力性运动所需要的能量来源是体内储备的能源物质——糖原,体内糖原储备的多少直接影响人体的运动能力。膳食中糖占总热能供给量的60%~70%,成人每日每千克体重需4~6 g糖,运动者需8~12 g。如果耐力运动中出现抽筋症状,还应加补矿物质元素镁。

四、灵敏性练习的营养需求

灵敏性运动的特点是神经系统在运动中处于紧张的状态，虽然机体总的能量消耗不大，但神经系统的消耗却很大，因此热量供给虽然不宜过多，还是要加强神经系统的营养。

磷与神经系统的活动有密切关系，磷和脂肪合成磷脂是维持中枢神经系统正常状态所必需的物质。磷的需求量为成人每日 15 g，运动者需要则更多。

不同的练习对营养的要求不尽相同，但由于运动过程中体内物质代谢旺盛，因此无论哪种性质的运动项目，都应多供给机体维生素 B 和维生素 C。

总之，合理地安排膳食营养是补充运动消耗、提高运动成绩、维护身体健康的重要措施。对体育锻炼膳食的基本要求是：热量合理，酸碱平衡，维生素和矿物质充足，各种营养素比例恰当。

第三章

身体素质与基本运动能力

第一节 身体素质

一、身体素质概述

传统上，身体素质一般是指人体在活动中所表现出来的力量、速度、耐力、灵敏度、柔韧性等功能。身体素质是一个人体格的外在表现。

身体素质往往潜在地表现在人们的生活、学习和工作中，自然也会表现在体育锻炼中。一个人的身体素质与遗传有关，但更与后天营养和体育锻炼密切相关。通过正确的方法和适当的锻炼，可以从各方面提高身体素质水平。

1. 身体素质分为哪些内容

身体素质主要有五个方面：速度素质，是人体在单位时间内移动的距离或对外界刺激的快速反应；力量素质是指身体某些肌肉收缩时所产生的力量；耐力素质，是指人体长期进行肌肉活动和抵抗疲劳的能力；灵敏素质：指快速变换位置、变换动作和应变的能力；柔韧性是指人体在活动时关节肌肉和韧带的弹性和伸展性。

2. 与身体素质相关的因素

（1）身体形态：身体形态是指身体的外在形态和特征，主要包括形体、身体姿态、营养状况和身体成分，反映人体的生长发育水平。一般通过测量身高、体重、胸围、皮下组织来调查体型发育水平，其中身高、体重、胸围是测量体型发育最基本的三个指标。

（2）生理功能：是指人体在新陈代谢的作用下，各器官系统工作的能力。其常用的测量指标有脉搏、血压、肺活量等。脉搏是由于心脏收缩时血液输出量的影响而引起的动脉跳动。通过测量脉搏频率，可以间接知道心脏的活动情况。血压是指血液在血管内流动时，血管壁所受的侧压力。它是反映心血管系统功能状态的重要指标。肺活量是指人体用力吸入，然后用力呼出的空气总量。它是人体呼吸功能的主要指标，也是人体生长发育水平的重要指标之一。

良好的身体形态和生理功能为身体素质奠定扎实的基础，良好的身体素质也能促进个体身体形态的塑造和提升个体的生理功能。

3. 当代大学生身体素质现状

随着时代的进步，人们生活水平的提高，人们的身体素质也出现了一些新的问题，尤其是当代大学生，处于刚刚成年的阶段，自我控制能力不足，当时间能够自由支配时，个人的一些观念和不健康的生活习惯对身体素质产生了较大的影响。

以饮食方面为例，大学女生的身体素质问题较为严重，受到网络平台和媒体的影响，为了保持过度的苗条，不按时吃饭，选择不够健康的饮食内容，更有甚者购买网络推销的减肥产品，丝毫不考虑这些产品对身体带来的毒副作用，导致身体成长所必需的营养不够，面黄肌瘦，抵抗力较差。根据多年来的大学生体质测试也反映出，大学女生平时的锻炼非常匮乏，大部分女生除了体育课外并不会主动运动，甚至在体育课上都不能完成教师安排的内容。相比较而言，大学男生情况相对较好，一周平均锻炼时间能够达到 3~8 h，平时周末也愿意出去打球或者跑步，在速度，灵敏度方面比女生乐观，但是，为数较多的男生生活作息并不规律，抽烟，喝酒，经常熬夜打游戏等阻止了身体素质的健康发展，尤其表现在睡眠严重不足，眼镜度数快速上涨，肺活量不正常等。因此，大学生身体素质的提高已经刻不容缓。

二、影响大学生身体素质与健康水平的因素

（一）传统的应试教育思想影响

我国现阶段由于教育体制上主体还是应试教育，特别是小学、初中、高中 3 个阶段对体育重视程度很低，尽管近些年国家对于体育开始了较大幅度的扶持，部分地区对于体育分数的占比有了不少提升，但是由于以往对体育的不重视导致的惯性，很多学生包括一些家长对学生身体素质方面的要求很低，只要不得病，学习成绩好就行。据北大、清华对 570 名学生进行调查，发现这些学生升入高校之前，62% 的人每天做功课时间长达 4~5 h；每周能从事 1~2 次体育活动的学生仅占 41%。很显然，人们都是围绕考试这个指挥棒转的，对素质教育还没有引起足够的重视。

（二）大学体育教学年限短、学时少；学生的课外活动缺乏统一管理

现在全国大部分普通高校只开设 2 年体育课，专科生只开设 1 年体育课。在这样短的时间内，要完成体育教育任务，有效提高学生的身体素质是很困难的。教师课外的群体工作得不到重视。群体工作复杂辛苦，而负责群体活动既无补贴，也不计入工作量。体育教师业务水平和工作成绩的评定，也很少看他在开展群体活动中的表现。因此，体育教师喜欢训练科研工作，不愿意负责群体工作。课外活动体育锻炼无组织与管理现象在各大学比较突出，加上学生对体育锻炼的认识不够，自觉性不强，场地器材达不到国家规定的数量和要求，影响了学生锻炼的积极性。

（三）《国家学生体质健康标准》实施不力

《国家学生体质健康标准》已颁布。由于各种原因，部分学校至今仍然实施不力，早操和课外活动的考勤工作大都是各班体育委员负责，其负责程度可想而知。在达标工作中很多学校也不能做到严肃对待，致使不少学生对《国家学生体质健康标准》达标工作认识不够。

三、如何提高大学生身体素质

（一）提高认识，更新观念

体育锻炼的内容是丰富多彩的，每个人都可选择自己较喜爱的运动项目和形式并有意识地培养自己的锻炼兴趣，使之逐渐形成一种自觉行动和良好的体育锻炼的习惯。在体育教学中坚持向学生进行终身体育教育，使学生养成自觉锻炼的习惯。

（二）建立学校体育协会、俱乐部

俱乐部的建立，能加强体育教育中各环节的联系，增加学生的兴趣，激发学生学习体育的自觉性，有利于体育教学、训练、群体和竞赛一体化，有效地锻炼学生体质，同时能发挥学生的体育才能，挖掘其体育潜力。

（三）加强场地器材建设和利用

场地器材建设是学校体育工作的一个重要先决条件。领导必须重视，加大对场地器材的经费投入，并切实使现有的场地器材得以充分利用，满足课堂及课外活动的需要。

（四）竞赛活动经常化、系统化

体育竞赛是学校体育的一个组成部分，经常系统、小型多样有趣的竞赛活动，可以将更多的学生吸引到运动场，使他们有机会投身于体育锻炼和竞赛中，从而产生体育锻炼的欲望，形成自觉的行为。

（五）进行晨练活动

晨练活动既能全面锻炼身体，也能全面提高身体素质，长期进行晨练活动，可以提高肌肉的力量和耐久力，增强肌肉的弹性。尤其能够使人体的肌肉组织结构和功能发生积极性变化，从而可以大大减缓肌肉的老化过程，预防肌肉的衰退，消除"肌肉饥饿"现象的发生。增加关节与韧带活动的幅度和柔韧性。通

过晨练各种健身、健美操的运动，能提高身体的协调性和节奏感。长时间的成套健身、健美操练习，不但对内脏各器官系统有良好的影响，而且还能发展耐力素质。此外，长期从事晨练活动，还可增强人体对疾病的抵抗能力和基本活动能力，以及对自然界气象变化的适应能力；还可以改善情绪，调节精神状态，从而提高人们的身体素质和生活质量。

（六）注意饮食健康与生活节律

多吃些蔬菜水果，特别可多吃些豆制品、菇类（香菇、草菇、金针菇），它们有增加免疫力的功效。适当吃些肉类，每天都要锻炼身体半小时以上，可在晚饭前最好四五点，跑步游泳打篮球都很好。要戒掉恶习如：吸烟，熬夜。生活节律方面，每天坚持适量运动；补充营养和平衡营养；生活要有规律；要保持愉快的心情。

第二节　运动能力

一、运动能力的概念

运动能力是指人在成功地完成某项活动时的身心统一协调能力。它是一种特殊的能力，是由知识、技术、技能和智力等组成的个体身心素质的综合。这种综合表现在体育上，就是能够顺利成功地完成一系列的体育活动的实践。大学生的体育能力水平反映了高校体育的质量。在高校体育教学中，突破单纯体育技术教学，加强体育能力的培养，适应现代社会进步的需要，迫切要求提高每个大学生的素质，这些素质包括每个人对自己的身体能够正确培养、锻炼和保持的能力。如何培养大学生的体育能力，这是需要在理论和实践教学中，逐步形成和提高的。体育活动的组织越多样，掌握的知识就越丰富，体育能力的发展就越全面；运动技能的训练越复杂，运动能力的提高就越多。

二、提升运动能力要从运动素质入手

运动素质指人体在从事体力劳动或体育运动时，各器官系统表现出的各种功能能力。它主要包括速度、力量、耐力、灵敏和柔韧等方面。

1. 速度

它是指在单位时间里完成动作的次数或是身体快速位移的能力，可以反映人体中枢神经系统的功能状态和神经与肌肉的协调功能，也可以综合地反映人体的爆发力、灵敏性、反应能力、柔韧性等素质。其表现形式有反应速度、动作速度和中期性运动中的位移速度。测试指标有 50 m 跑、4 s 冲刺跑等。

2. 力量

它是指整个身体或身体某个部分肌肉在收缩和舒张时所表现出来的能力，是肌肉耐力增长和增加跑速的一个重要因素，有助于灵敏性的发展。测试指标有跳远、仰卧起坐、引体向上、俯卧撑、握力、背肌力、腹肌力、腿肌力等。

3. 耐力

它是指人体长时间进行肌肉活动的能力，也称抗疲劳能力。耐力素质体现了肌肉耐力、心肺耐力和全身耐力的综合状况，它与肌肉组织的功能、心肺系统的功能以及身体其他基础系统功能的提高密切相关。耐力的训练能促进心血管系统功能的改善和肌肉耐力的增强。测试指标有 1000 m（男）、800 m（女）等。

4. 灵敏性

它是一种复杂的素质，是人体活动中的综合表现，指人体在复杂多变的条件下，对刺激做出快速、准确的反应，灵活完成动作的能力。灵敏性是一种综合性的能力，需要速度、平衡能力、柔韧性等多种能力要素的共同协调作用才能达到一定的水平。测试指标有立卧撑、4×10 m 往返跑、反复横跨等。

5. 柔韧性

它是人体各个关节的活动幅度、关节周围组织（跨过关节的韧带、肌腱、肌肉、皮肤及其他组织）的

弹性和伸展性的表现，是人体运动时加大动作幅度的能力。它对掌握运动技术、预防受伤的预感性和可能性、保持肌肉的弹性和爆发力、维持身体姿态等方面都具有很重要的意义。柔韧性的好坏，不仅取决于结构方面的特点，而且也取决于神经系统支配骨骼肌的功能状态。测试指标有坐位体前屈、纵劈叉等。

三、如何培养和提高大学生体育运动能力

（一）培养大学生体育锻炼兴趣

兴趣是个人对事物所持的选择态度，它是属于感情和情绪的状态，兴趣是产生注意的源泉，二者关系密切，互为因果。在体育教学中，体育兴趣是影响学生学习自觉性和积极性的重要因素。因为每个学生对体育产生的兴趣与爱好不尽相同，有的学生好动，那么他就对一些竞争激烈的项目产生兴趣，好静的学生就对一些竞争不激烈的项目感兴趣。所以体育教学应根据不同学生的自身需要而进行有计划有针对性的教学，这对促进学生体育兴趣的发展具有深远的意义。在体育教学中有兴趣与没有兴趣产生的结果是不同的，对于感兴趣的活动可以持久和集中注意，学习时主动积极，即使遇到困难，也会努力地去克服，产生愉快的情绪。在没有兴趣时，会使学生的情绪低落，感到厌烦。教师在体育教学实践中要善于科学灵活地安排教材，采用多种教法和组织措施，把课上得生动活泼，充分发挥学生的学习积极性。使学生能够利用体育课这个平台，更好地进行体育锻炼，并养成自觉进行锻炼的习惯。

（二）培养大学生身体锻炼能力

大学生身体锻炼能力，是指学生能运用所学的科学锻炼的理论和方法，结合环境和自身条件加以创新，养成独立进行体育锻炼的能力。

随着中国体育的社会化、终身化，以及经济的不断发展，越来越多的人自觉地、经常地进行身体锻炼，这就给高校体育提出培养大学生具备能独立地进行体育锻炼能力的问题，使他们毕业走上社会后，能够更好地进行自我身体锻炼，并充当家庭和社会锻炼活动的指导者。为此，就必须在大学体育中加强对他们身体锻炼能力的培养，这不仅是大学生本人的事，也是关系到增强我国民族体质和提高民族文化素养的大事。这就要求在体育教育教学过程中，一方面，要培养学生明确体育锻炼的意义，学习有关体育知识和方法，使学生能够结合环境和自身条件，制订锻炼计划和方法，坚持经常持久地锻炼，养成良好的锻炼习惯。使锻炼活动成为日常生活、学习中不可缺少的一部分；另一方面，使学生在身体锻炼的活动中，能够根据自己的身体条件，健康水平，掌握和合理安排运动负荷，运动强度及运动的时间、并能进行自我调节。并且还要养成执行锻炼计划的自我控制能力，即在身体锻炼效果自我评价基础上不断修正并实施锻炼计划的能力。这里需要强调的是，在体育教学中，培养自觉锻炼能力是主要的，但是，不可忽视各要素之间相互联系、相互制约，互为补充的关系，体育教学中必须有意识地进行身体素质的全面培养。

（三）培养大学生掌握运动技能

体育运动技能，是指人在社会生活中，在掌握一定的体育知识、技术和技能的前提下，所获得从事各种运动的本领。运动能力是反映体育运动总体特征的一种能力，是锻炼身体和参加劳动、军事活动及各种文化活动的基础，培养大学生的运动能力，应贯穿体育课程的始末。这就要求：第一，在体育教学中要不断改进体育课的教学方法，丰富课堂内容，多给学生练习的时间，同时也要避免运动教学走过场或只注重学生的技术，而不顾学生实际锻炼的情况。体育教学应从学生的实际情况出发，遵循因材施教、循序渐进、身体全面发展等教学原则。正确地引导学生进行科学的身体锻炼，使学生的身体素质得到全面的发展。从而提高学生的体育锻炼能力。第二，在体育教学中要创造良好的运动环境，提供足够的体育设施，使每个学生有条件、尽可能地多参加体育锻炼，有更多的时间参与运动，以发展他们的体育运动能力。第三，在体育教学中，培养学生的体育兴趣，激发学生的自觉性和积极性。促使学生主动、积极地参加各项体育锻炼活动，这对提高运动能力具有重要作用。在体育教学中，教师应正确地运用启发、鼓励、表扬和批评的教育方法。

（四）培养大学生开拓创新能力

在体育的教学活动中，学生是主体，是独立的行为活动，体育课教学有着较广阔的天地。发展学生个性与提高学生的心理素质，与培养学生开拓创新思想和能力有着极其密切的关系。学生在较广阔的领域中

学习技术、技能，进行各种身体活动、游戏竞赛，并通过人与人的频繁交往，人的兴趣、性格和气质等个性心理特征容易表现出来，对培养和发展良好的个性心理素质是有利的。在体育运动中，学生要根据自己的身体条件勇于创新，科学地系统地进行体育锻炼。在强调培养和提高学生个性心理素质的同时，学校的体育活动与竞赛应广泛开展，发扬学生拼搏、进取的体育精神。

（五）培养大学生自我管理与组织管理能力

是指在组织群体活动时，能向一个共同目标奋斗，按照明确的计划，充分发挥每个人的积极性，协调地进行工作，并达到预期目的的能力。有许多的运动项目是集体进行的，都有一定的组织形式。在体育教学中，既要训练学生在运动中与同伴协调合作，加强纪律观念，又要训练学生学会做体育活动的组织与管理工作，要使学生有组织管理的知识和意识，还必须具备组织管理的能力。为了培养学生的组织管理能力，在体育课和课外体育活动中的一些组织管理事务，在可能的情况下，尽量让他们自己去做，以此来培养他们的组织管理能力，同时，尽可能让学生承担校办运动会的各项事务性工作。对于系或年级所承办的运动会，应让学生去组织和承担，教师可在一旁指导，这样，可以提高学生组织与管理的能力，使他们能更快地适应未来工作的需要。

（六）培养大学生体育保健能力

在体育教学中培养学生的自我保健能力，是体育教学中的一项任务，而且，也是增强体质的需要。同时，也反映一个国家和民族文化教养的程度和社会的良好风尚。在当今社会发展中，每个人都应该有讲究卫生自我保健的行为和习惯，为此，在体育教学中必须做到：第一，体育教师必须做学生的表率，同时还要认真地向学生传授体育锻炼的卫生保健知识，培养学生养成讲究体育卫生、科学地锻炼身体的习惯。第二，在体育锻炼中，要使学生自己能运用所学的课程知识，掌握和控制运动量，运动负荷，防止在教学中产生运动损伤，同时，还必须培养和提高学生在做练习时的自我保护的能力。同时，要注意运动场地的环境卫生，创造良好的环境，以利于学生进行体育锻炼。

（七）培养大学生适应体育锻炼环境和条件能力

在体育教学中，应提高学生在不同的环境、条件下进行体育锻炼的能力，培养学生科学地进行体育锻炼。为他们今后走上社会打下良好基础。在体育教学中应善于引导和教育学生，根据不同的地理环境和场地器材的具体情况变化，因地制宜，因陋就简地充分利用，以达到锻炼身体的目的。

（八）树立大学生终身体育理念

改革开放以来，随着高等教育改革的深化，大学体育教学从应试教育向素质教育转轨。体育教学的目标也由传授运动技能向促进学生身心健康方向转换。按照"全民健身计划"的要求，高校体育不仅是作为促进学生身心全面发展，保证学生有一个健康的身体和充沛的精力去完成学习任务，而且还应使学生在毕业后能够根据主客观情况的变化，不间断地独立地从事科学的身体锻炼，从而获得终身的效益，成为贯穿一生的主要生活内容。随着人们生活水平的不断提高，余暇时间的逐渐增多，人们对生活的意识由工作第一，转变为工作、余暇生活并立。体育运动不仅是人生某一阶段的生活内容，也是在不断提高自身的努力中，持之以恒以至终身从事的活动。高校阶段是大学生生长发育和个性形成的重要时期，高校体育是学生在校学习的最后一站，也是学校体育教育的最高层次，是学生从学校体育走向社会体育的转折点。也是奠定学生终身体育思想的重要阶段，培养和发展学生从事体育活动的能力和学习的主体积极性，是让学生在学生时代，学会有"一技之长"，养成与掌握终身进行体育锻炼的习惯和意识，让学生认识到体育的价值，生活中离不开体育，体育给他们带来无穷的乐趣。所以，学校体育教育是终身体育意识培养的关键，是潜移默化的，它不仅是为学生终生体育打好体质基础，更重要的是培养学生终身体育的意识、习惯和能力。

在《全国普通高校体育课程教学指导纲要》中把"增强体质，增进健康，全面提高学生的体能和对环境的适应能力，促进其身心全面发展"作为中国大学体育教学目标的首要任务。体育锻炼能力的培养，在教学中分两个过程，即一教一学，一学一用，把已学的知识、技术用于体育之中，才是形成体育能力的关键所在。因此，教学中应注意强调体育知识的传授，让学生了解和掌握人体生理变化规律，使他们懂得科学锻炼的原理、方法以及体育锻炼对人体产生的影响。并且要多欣赏体育比赛，多参加体育文化娱乐活动。

所以，学校体育要为终身体育打好基础，关键就是要培养和提高学生的体育运动能力。

四、体育运动对大学生社会适应能力的影响

（一）体育活动为大学生提供了自由的人际交往空间

社会的发展离不开人们之间的活动，和谐稳定的人际关系可以满足人们对各种情感的需求，有益于人的身心发展。体育活动是以群体形式展开的活动，离不开人与人的交流、合作和配合，为锻炼人们的人际交往能力提供了一个自由的交际平台，有利于建立友好的伙伴关系，能够丰富人与人之间的情感体验，从而满足人们的情感需求，对于培养人与人之间的和谐相处的能力有积极的促进作用。所以，体育活动对于培养大学生的人际交往能力具有不可忽视的特殊作用。高校的体育课程既体现了一个学习过程，同时也是一种人际互动过程，所以其被视为是一种特殊的社会交往活动形式。除了体育课堂教学，户外活动、体育比赛、社会实践课也同样为大学生提供了交往平台，使学生在交往的过程中获得知识、经验、信息等多方面的资源的同时提高了自身的社会适应能力。另外，很多人也把体育运动作为一种缓解心理压力的主要途径，所以高校要充分挖掘体育锻炼的功能性，使其成为提高青少年适应社会能力的主要手段之一。

（二）体育锻炼可以给大学生提供一个角色体验机会

体育活动种类繁多，体育比赛和体育游戏是体育活动的重要组成部分，参与者需要通过扮演不同的角色去完成角色任务。大学生在参与体育活动时，需要遵守相应的规则，明确自身的位置和作用，同时也要掌握一些与队友配合的技巧，只有这样才能顺利地完成体育任务。在参与体育活动的过程中，大学生通过主动地适应角色而获得不同的心理体验，还会自觉地对自己的行为进行适当的调整以满足角色的需求。社会作为一个综合的交互场所，每个人都在生活中承担着多种社会角色，需要在不同的场合呈现出不同的行为，还要根据环境的变换来调整自己去适应环境的变化，这就是社会适应能力。在体育活动中，大学生的角色体验和互换与社会角色承担大同小异，它同样体现了角色学习的社会化，为大学生今后的发展提供基础性的保障。

（三）体育活动中包含着影响大学生社会适应能力的因素

体育运动是对人的意志的一种磨炼，有利于培养大学生形成顽强的毅力，使其在心理和生理上能够承受得住较大的负荷，并在运动完成时获得丰富的情感体验，使其从中获得自信和自尊。体育运动项目不同，对大学生各方面的要求也不同，但都能够有效地提高大学生的心理稳定性。通过体育运动，可以使学生养成百折不屈的精神，其在自控能力、自信心、顽强性等方面都较不经常参加体育运动的同学具有一定的优势。所以，在高校体育教学中，教师要注意对学生意志力的培养，以帮助学生养成良好的意志品质。在体育运动过程中，学生既能够体验到成功的喜悦，也会尝到失败的挫折，这时需要学生保持积极向上的态度面对问题，使自己养成健康的心态，有利于大学生树立正确的人生观和价值观。同时，大学生所掌握的相关的技术和方式，有利于帮助学生在今后的社会和生活中得心应手地完成相应的社会生产和生活活动。另外，体育可以提高人体对快节奏生活的应变能力，能够有效地帮助学生克服对社会的恐惧、抵触、焦虑等心理障碍，也能够帮助大学生宣泄不良的消极情绪，有利于大学生抵制身心紧张，稳定心理情绪，以提高对社会生活的应变能力。体育项目要求个人是体育活动的基本单位，而个人要服从集体的利益，学生只有拥有较高的集体意识才能达到完美的配合，这样更有利于培养大学生的合作能力。社会的发展需要全方位的合作配合，合作能力也是衡量人才的重要准则之一，它是影响个人社会发展的决定性因素。体育运动对于提高大学生的社会适应能力有着积极的促进作用，而且体育运动的负荷强度和锻炼次数与社会能力指数成正比。同时要避免选择单人项目活动，因为团体项目更有利于培养大学生的团队意识和协作能力，还能够增强学生的抗挫折能力，是磨炼意志、激发斗志、提高大学生心理承受力的有效途径。学生通过遵守体育规范和道德准则强化了自身的社会角色意识，从而提高了自身的社会适应能力。但教师在组织体育活动时还要考虑到不同年级学生的心理特征以及男女学生间的差异，还要根据学生的实际情况选择使用的体育活动项目，体育教师要能够合理地安排教学内容，巧妙地选择教学方式和方法，以通过体育活动使大学生的社会适应能力得到有效的提升。

第四章

体育锻炼的理论基础

第一节 体育锻炼遵循的基本原则

一、自觉积极性原则

自觉积极性原则要求锻炼者在充分理解体育健身的目的、意义的基础上，自愿、主动、积极地进行体育健身。健身体育不同于人们劳动和日常生活中的一般躯体活动，更区别于动物所具有的走、跑、跳、攀登等本能动作。人们所从事的健身体育是有一定的目的和意识的身体活动过程，因此，尤其需要发挥自觉积极的主观能动性。

现代社会，人们越来越关注健身体育，对体育运动本身和健康的要求越来越高。与竞技体育相比，健身体育已不再把夺取优异成绩作为主导目标，而是谋求人类自身的健康完善和身体潜能的开发。因此，健身体育对个体而言就要求有十分明确的身体完善方案。单纯以消遣娱乐或打发闲暇时光为目的和动机，不可能形成积极有效的健身锻炼活动。

自觉积极性原则要求锻炼时首先要有明确的健身目标，懂得"生命在于运动"的道理，树立起锻炼有益于学习、工作和生活的信念。如果能把个人的切身需要和体育健身的功效与民族体质、人口质量以及国家的兴旺发达结合起来，这样就能更好地激发自己锻炼的热情。在这个基础上，还应认真选择适宜的身体锻炼的内容和方法，以及安排适宜的运动负荷，使自己在锻炼之后能获得一种精神上的满足，感到有乐趣、心情舒畅，实现身心的统一。总之，体育健身的效果与锻炼者的信心和兴趣三者是相辅相成的，只有密切配合才能做到自觉积极地进行体育健身。

另外，定期检测健身锻炼的效果可以使自己经常看到锻炼的进步，增强自信心，克服盲目性，提高针对性，从而有助于不断巩固和提高自觉健身锻炼的积极性。在健身锻炼中还可以通过医务检测、素质和成绩监测、定量符合检测、自我感觉、参加比赛等多种形式，对锻炼效果加以评价。对于各项检测结果，要运用体育专门知识和科学态度进行正确的分析，客观地评价。要注意总结个人锻炼中的经验教训，摸索适合自身特点的锻炼内容、负荷、手段和方法。

二、超量恢复原则

超量恢复原则是指在进行体育锻炼时，身体或特定肌肉受到的刺激程度强于不锻炼时或已适应的刺激程度。在进行体育锻炼时只有遵循超负荷原则，身体健康素质才能逐渐得到提高。

要提高有氧耐力水平，可以通过增加每周的练习次数、延长每次练习的持续时间和加大每次练习的强度来达到超负荷锻炼的目的。

发展肌肉力量练习的超负荷，可通过增加器械的重量、增加练习的次数或组数，以及缩短每组超量恢复练习的间歇时间来实现。

超量恢复原则同样适用于发展关节和肌肉的柔韧性练习，可通过增加肌肉的拉伸长度、延长拉伸持续的时间和加大关节活动的幅度来实现。

虽然按照超量恢复原则进行锻炼可以使身体健康素质逐渐得到提高，但这并不意味着每次必须练得筋疲力尽。事实上，即使不进行超负荷的练习，一般性的锻炼也能保持和提高身体健康水平，只不过要花更多的时间进行锻炼才能取得良好的锻炼效果。

三、持之以恒原则

持之以恒原则，是指体育健身必须持续地系统地进行，使之成为作息制度和日常生活中不可缺少的内容。

从生物学角度看，人体质的增强是一个不断积累、逐步提高的过程，不可能一劳永逸。人体功能水平的提高和发展、各种运动素质的强化和巩固、运动技能的完善和更新都有赖于较长时期的经常性锻炼。这样才能使机体在解剖形态、生理功能、生化过程等方面产生一系列的适应性变化。人体结构和技能的变化都是通过机体活动反复多次的强化来实现的。从社会发展角度看，现代人越来越需要健身运动。在现代生活中，由于电器化、机械化、自动化已进入了人们的工作环境和家庭，与上几代人相比，我们大约可少消耗 1/3 的体力，加之休闲时光和娱乐方式已经被电子游戏机、电脑、电视、DVD、网上生活所占据，人们就更缺乏应有的运动了。随着现代化程度的不断提高，生活方式和工作方式的改变，缺乏体力劳动和体育运动的现象将会更加严重，人们的健康将受到很大威胁。

缺乏运动可使人体新陈代谢功能下降，此类人患肥胖症、糖尿病、高血压病、脑中风、心脏病的可能性要比坚持合理运动的人高出 5~8 倍；心脏功能要早衰 10 年以上；动脉硬化、肾病、胆石症、骨质疏松症、癌症、精神抑郁症的发病率也明显升高。一项医学研究表明，常年采用静坐体位生活和工作的人，其死亡率明显高于保持运动的人；身体总是保持相对静止状态对健康的危害，相当于每天吸一包烟。

作为明智的现代人，如果意识到自己缺乏相应的运动量，就应给自己加一项任务——每天抽出 30~60 min，用来进行适合于自身的体育运动。

如果一个人想要健康、精力充沛地生活和工作，想要推迟衰老、延长寿命，想要充分享受生命，那么就要在自己的日常生活中，加入运动这一任务。

> **知识拓展**
>
> **最佳运动时间**
>
> 一天内，人体血小板的含量有一定的变化规律，下午和傍晚的血小板含量比早晨低 20% 左右，血液黏稠度降低 6%，早晨锻炼易造成血液循环不畅和心脏病发作的危险，而下午以后这个危险的发生率则降低很多。傍晚时分，人体已经过了大半天的活动，对运动的反应最好，吸氧量最大。另外，心脏跳动和血压的调节以下午 5~6 时最为平衡，机体嗅觉、触觉、视觉也在下午 5~7 时最敏感，不过，说运动的最佳时间在傍晚，并不是说大家只能在傍晚活动。运动是人性化的活动，融合了人的生理、心理、习惯等多方面的因素。而这些都会对运动的效果产生影响，我们上面所说的一天中的最佳时间是指一般生理因素而言的。每个人的性情、作息习惯及工作性质有别，不能要求人人都在这个时间锻炼。运动的关键是要形成习惯，如果能根据自己的心理和作息规律，选择在一天中固定的时间进行运动，并形成运动的习惯，持之以恒地坚持下去，就会对身体有益。如果条件许可，形成在傍晚锻炼的习惯，将是最佳的选择。

由于锻炼效应具有不稳定性，当锻炼的系统性和连续性遭到破坏而出现间断或停顿时，已获得的全锻炼效应（功能水平的提高和发展、各种运动素质的强化和巩固、运动技能的完善和更新等）就会逐渐消退以至完全丧失，体质也会逐渐下降。因此，在人们体力劳动缺乏、脑力劳动过多、生活各方面的压力越来越大的现代社会中，要保证从体育锻炼中获得有益于健康的锻炼效果，就有必要坚持持之以恒的原则。为了贯彻这项锻炼原则，应注意以下两点。

（一）坚持安排合理的锻炼间隔时间

锻炼间隔时间长，锻炼的效果就不明显，因此，每次锻炼的间隔时间安排要合理。显然，要有长期计划、短期安排，计划安排要根据身体适应运动负荷的能力而定。

（二）持之以恒

持久锻炼、日积月累可使锻炼兴趣逐渐产生，健身益心的效果显著，进而养成经常锻炼的习惯。

四、全面锻炼与发展原则

全面锻炼与发展原则是指体育锻炼应全面发展身体的各个部位和各个器官的功能，提高各种身体素质和基本活动能力，从而达到身心全面和谐的发展。

人们对体育锻炼的崇尚与其对身体全面发展的追求紧密相连。古希腊雕塑家米隆的作品"掷铁饼者"，以其身体全面协调、线条清晰、垒块分明征服了一代又一代的体育锻炼者，这与现代社会的审美理念相吻合。身体的全面锻炼和发展正是健身体育锻炼所追求的终极目标。

人体是在大脑皮质调节下的有机统一的整体，人体各部位、各器官系统的功能，各种身体素质和基本活动能力之间相互联系、相互制约。身体素质是人体在运动过程中所表现出来的力量、速度、耐力、柔韧和灵敏等功能能力，它们通过肌肉活动表现出来，同时反映着内脏器官功能、肌肉工作功能情况以及运动器官与内脏器官活动的配合、协调状况。

对于处在生长发育关键时期的青少年来说，全面发展尤为重要。因为各个运动项目对身体发展都有其独特的锻炼作用，但同时也有一定的侧重性，如长跑锻炼有益于发展心血管系统和呼吸系统，能很好地加强中枢神经系统的调节功能，所以可结合自己的兴趣爱好，选择1~2个项目作为每天必练的主要内容，同时加强其他项目的锻炼，以弥补主项之不足。全面锻炼的过程中还应注意心理素质的发展，如群体意识、个性的发展等。

各种身体锻炼手段都能对人产生某种特定的影响，但同时又具有一定的局限性。例如，长跑练习对内脏器官和下肢的锻炼效果稍差，这就要求在选择锻炼内容时统筹安排，全面照顾。一方面要注意选择那些对身体各方面有全面影响的项目，发挥其全面锻炼效能；另一方面，也可将某些锻炼项目加以组合搭配，发挥其互补作用，保证身体的全面锻炼；此外，还可根据一年的不同季节，交替采用某些运动项目，促进身体全面发展，如在冬春季节从事滑冰、打球、长跑等，夏秋季节进行游泳、体操等。

五、安全第一原则

安全第一原则是进行体育锻炼的前提和先决条件。它要求在体育锻炼的过程中，要始终注意保护自己，做到安全第一。

安全第一原则的主要内容包括：①在制订或实施锻炼计划前，一定要进行体检，得到医生的许可。如果患有某种疾病或有家族遗传病史，就需要找医生咨询，按照医生的建议进行锻炼。②有条件的情况下，请运动医学专家根据个人的体质健康状况开出运动处方，用于指导自己有目的、有计划、安全地进行锻炼。③每次锻炼前必须做好充分的准备活动，以克服内脏器官的生理惰性，防止出现运动损伤。④饭后、饥饿或疲劳时应暂缓锻炼，疾病初愈不宜进行较大强度的锻炼。⑤每次锻炼后，要注意做好整理、放松活动，以利于促进身体的恢复。⑥在锻炼过程中不要大量饮水，以免加重心脏的负担或引起肠胃不适，运动后也不宜立刻洗冷水澡。

六、环境监控原则

环境对体育锻炼影响很大，加强环境监控对体育锻炼至关重要。实施环境监控原则，应做好以下五个方面的工作。

（一）对太阳射线的监控

在体育锻炼时，强烈阳光中的紫外线和红外线会对暴露在外的皮肤造成很大的伤害。紫外线可使局部皮肤毛细血管扩张充血，使表皮细胞遭到破坏，导致皮肤发红、水肿，出现红斑；过量紫外线照射还可引起光照性皮炎、眼炎、白内障、头痛、头晕、体温升高及精神异常等症状。红外线的穿透力较强，常用于消炎、镇痛，改善局部营养，治疗运动创伤、神经痛和某些皮肤病。但是，过强的红外线照射对机体是有害的，它会使局部组织温度过高，甚至造成灼伤。当头部受强烈阳光照射时，红外线会使脑组织的温度上升而引起全身功能失调。因此，要尽量避免在强烈的阳光下进行体育锻炼，同时还应选择在反射率低的场地进行锻炼。

（二）对热环境的监控

人体运动时，不管外界的温度如何，体内产热量都会大幅度增加，剧烈运动时的产热量比平时增加100倍以上。体内产生如此多的热量，在高温环境下很难在短时间内向外散发，于是便会蓄积在体内，使体温升高，引起一系列的功能失调，甚至导致死亡。因此，应尽量避免在高温下锻炼。如在热环境下锻炼，要控制练习的强度和时间，并及时补充水分，通过增加排汗量来促进体内热量的散发，以防止热疾病的发生。

（三）对冷环境的监控

在寒冷的环境条件下进行锻炼可以提高人体对外界环境变化的适应能力和对疾病的抵抗能力。但是，冷环境可使肌肉的黏滞性增大，伸展性和弹性降低，工作能力下降，容易出现运动损伤。为了避免冷环境给运动带来不利影响，运动前，一定要做好准备活动并延长其时间，保证体温逐步升高；运动中不要张大嘴呼吸，避免冷空气直接刺激喉咙而引起呼吸道感染和咳嗽等。注意耳、手、足的保温，防止这些部位被冻伤。另外，在运动时不要穿太厚的服装，以免在运动中出汗较多，导致运动后感冒。在运动后要及时穿好衣服保持体温。

（四）对湿度的监控

在气温适中时，空气的湿度对人体的影响不大，而在高温或低温时，较大的湿度对人体十分不利。湿度越大，人体通过蒸发散热的途径就越容易受到阻碍，人体产热和散热的平衡就越容易被打破，机体的正常功能就越来越多地受到不良的影响。在一般情况下，进行体育锻炼的适宜湿度为40%~60%。在气温过高或过低的情况下，空气湿度越低越好；当气温高于25℃时，空气湿度以30%为宜。

（五）对空气污染的监控

大气污染物的种类很多，有100多种，其中对人类有较大威胁的是烟雾尘、硫化物、氧化物、氮化物、卤化物和有机物等。大气中的污染物一般通过呼吸系统进入人体，也可以通过接触皮肤、黏膜、结膜等危害人体。大气中的臭氧和一氧化碳是影响体育锻炼效果的两种主要污染物，它们可导致胸腔发闷、咳嗽、头痛、眩晕及视力下降等，严重的还会导致支气管哮喘。当空气中的臭氧含量达到400~1500 $\mu g/m^3$ 时，不应再进行户外锻炼。一氧化碳可减少血液中血红蛋白的数量，降低血液运输氧的能力，从而直接影响锻炼效果。汽车排放的尾气中含有大量的一氧化碳，因此，应避免到车流量大的马路边散步或跑步。出现沙尘暴、可吸入颗粒物较多或大雾天气时，也应停止户外锻炼。

第二节　科学锻炼的方法

体育健身非常强调通过正确的体育运动方法来实现机体的健康，体育健身不仅要遵循体育锻炼的基本原则，还应掌握正确的锻炼方法。体育健身的方法是指在身体锻炼过程中，为达到预期效果而运用体育健身的途径和方式。

体育健身方法一般是在明确了身体锻炼的目标和任务，安排好锻炼内容之后确定的。普通的体育锻炼者往往对锻炼内容和手段的选择十分关注，而对方法的选择不太重视。事实上，方法选择正确与否，直接关系到锻炼内容的实施和健身目标的实现。许多健身手段本身对人体具有多种功能，但由于方法运用不当，也可能达不到应有的效果，有时甚至会带来危险。特别是在组织一定规模的群众性体育健身活动时，方法的选择和运用具有影响全局的作用。从历史上看，人们在找寻体育健身手段时，从来没有放松对锻炼方法的探索，从而产生出了许多传统的健身方法。这些方法又和传统健身手段密切结合在一起，如导引术和太极拳，既是一种传统的健身手段，又是特殊的体育健身方法。在现代，既有与锻炼手段日益分野的专门性的锻炼方法，也有与其他手段融合在一起的锻炼方法，选用体育健身方法要考虑多种因素：首先，它要以健身目的和任务为前提，例如，要提高自身的意志品质，就可以采用各种重复性与间歇性的锻炼方法。其次，要考虑锻炼者自身的特点，例如，有的锻炼者性格活泼，喜欢交友，就可以采用游戏和比赛法；锻炼者的年龄偏大，可采用气功、太极拳等单纯重复性的传统健身方法。再次，锻炼者所处的环境条件，也是运用健身方法时必须考虑的物质条件。最后，要根据健身锻炼的项目特点和要求选择相应的方法。

知识拓展

倒立——最佳健身方法之一

倒立，又称"拿大顶"，俗称"顶功"，是一项简便易行、有益于身心健康的运动。早在 1000 多年前，我国古代医学家华佗就曾用此法治病健身，并取得了神奇效果。华佗创编了"五禽戏"，其中"猴戏"，就将倒立动作列于其中，人在日常生活、工作、学习、运动和娱乐中，几乎都是直立着身体进行活动的。大的骨骼、内脏和血液循环系统在地球引力的作用下，产生下坠的负重感，易导致胃下垂、心血管和骨关节病变等疾病的产生。而人体倒立时，人体各关节、器官所承受的压力发生了改变，肌肉的紧张度也发生了变化，特别是关节间压力的减弱和消除，以及某些部位肌肉的松弛，对于防治腰背痛、坐骨神经痛和关节炎都有一定的效果。倒立对于减去某些部位——比如腰腹部的赘肉也有很好的效果，是有效的减肥方法之一。倒立不但能够使人的体形更加健美，而且能够有效地减少面部皱纹的产生，延缓衰老。倒立还能增加大脑血液供应和各种条件下的支配传感能力，有助于人的智力和反应能力的提高。据报道，日本的某些小学为提高学生的智力，每天让学生保持 5 min 的持续倒立，倒立后学生们普遍感觉眼明、心爽、脑清。正因为如此，医学家高度评价倒立运动："倒立 5 min，相当于睡眠 2 h。"其他国家如印度、瑞典、美国也积极倡导人们每天进行倒立运动。

一、重复锻炼法

在运动锻炼的过程中，多次重复同一练习，两次（组）练习间安排相对充分的休息，从而增加负荷的锻炼方法叫重复锻炼法。这种方法适合于：①运动负荷较小、用时较短的项目，重复练习可增加练习强度和时间，有助于提高练习效果；②动作技术比较复杂、难以掌握的项目，通过反复练习，有助于学习和巩固动作技术；③运动负荷安排较大、难以一次完成的练习。例如，健美锻炼中举哑铃 300 次，可分解为几组反复进行，每组间歇中安排一定的休息，就可以保证锻炼计划能很好地得到落实。

重复锻炼法的关键是一次练习完毕后，应当有充分的间歇时间，这样可有效地提高锻炼者的无氧、有氧混合代谢能力，提高各种技术应用的熟练性与机体的耐久性。重复次数的多少不同，对身体的作用就不同，重复次数越多，身体对运动反应的负荷量就越大。但如果重复次数不断地增加，可能使身体承受的负荷达到极点，以至破坏有机体的正常状态而造成伤害。

重复锻炼是从增强体质的目标出发来锻炼身体，为追求必要的负荷而去一次又一次地反复做动作的过程。这个过程中主要是负荷强度，而不在于改正错误动作。因此，运用重复锻炼法的关键是掌握好负荷的有效价值范围（最有锻炼价值负荷量下的心率），并据此调节重复次数。在重复锻炼中，对负荷量如何控制和怎样去重复才能达到理想效果的负荷强度，应视实际情况而定。通常认为，普通大学生的负荷心率在 130~170 次/分的范围内是较适宜的。在这个范围内，心室血液充盈，每搏输出量以及氧气的运输量等均达到最佳状态，并可以持续地运动，心率低于 130 次/分则健身效果不大，应增加重复次数。超过 170 次/分则须减少重复次数或安排足够的间歇时间。

运用重复锻炼方法时应注意：

（1）合理确定练习重复的要素。其中包括：重复练习的总次数，每次重复练习的时间，每次重复练习的强度（速度或质量等），各次重复练习的间歇时间等。

（2）切实保证每次重复练习的质量。不能因为重复次数多而降低动作要求等，也不能因为出现疲劳而减少计划所规定的练习数量。

（3）要克服单纯重复所造成的枯燥感。在采用这一方法时，一方面要加强意志锻炼，克服厌烦情绪；另一方面，可安排调整措施，如在练习前后穿插轻松活泼的辅助练习等。

二、间歇锻炼法

间歇锻炼法是指在两次练习之间，有一个严格规定的休息时间，在锻炼者机体尚未完全恢复的情况下，接着进行下一次练习的方法。该方法的关键是严格控制间歇时间，使机体处于不完全恢复状态，但每次练习的负荷强度要适中。人们过去认为体质增强的过程是在运动中实现的，其实，体质内部的增强过程主要是在间歇中实现的，在休息过程中取得了"超量恢复"。若是抛开在休息中取得的"超量恢复"，运动就变成对增强体质毫无意义的事，甚至起不了作用。间歇对增强体质的作用并不亚于运动本身，人类已清楚地认识到在间歇时间内机体的各种变化，认识了保持同化优势的重要性，故把间歇作为一种健身的基本方法。该方法可使锻炼者的心脏功能明显增强，通过调节负荷强度，可使机体各功能产生与锻炼项目相匹配的适应性变化，提高有氧代谢供能能力，改善体质。

间歇锻炼法与重复锻炼法的区别在于两次练习之间有无严格规定的时间间歇。间歇锻炼法由于练习之间的休息时间较短，机体尚未完全恢复，后一次练习在前次锻炼的痕迹上进行，故对提高机体运动负荷起到了推动作用，使人更经济地达到个人适宜的负荷，能够有效地提高人体功能能力，故对青少年锻炼者最为适宜。

同重复锻炼法一样，间歇的时间也要依据负荷的有效价值标准去调节。一般说来，当负荷反应指标（心率）低于有效价值标准时应缩短间歇时间，而在高于有效价值标准时则可延长间歇时间。总之，通过适当的间歇，应把负荷量调节到负荷有效价值范围以追求良好的锻炼效果。实践中，一般心率在130次/分左右时，就应再次开始锻炼。间歇时，不要做静止休息，而应边活动边休息，如慢速走步、放松手脚、伸腰或做深而慢的呼吸等。因为轻微活动可使肌肉对血管起到按摩作用，帮助静脉血流流回心脏，排除代谢所产生的废物，保证机体的氧气供给等。

另外，由于间歇锻炼法对机体承担负荷的能力要求较高，所以应加强对负荷承担情况的监测，如有不适，可及时调整锻炼方案。

三、持续锻炼法

在运动锻炼的过程中，为了保持有价值的负荷量而不间断地连续进行运动的方法叫持续锻炼法。该方法要求负荷强度较低、负荷时间较长、无间断地连续进行运动。从增强体质出发，需要间歇就停一会儿，需要连续就接二连三地进行下去，所以不能仅讲究间歇，还要讲究连续，连续、间歇、重复都是在整个锻炼过程中实现的。连续、间歇、重复等因素各有其特有的作用，连续的作用在于负荷量持续不下降，维持在一定的水平上，使身体充分地受到运动的作用。

持续锻炼时间的长短，同样要根据负荷的有效价值范围来确定，通常认为在140次/分左右心率下连续锻炼20~30 min，可使机体的各个部位都长时间地获得充足的血液和氧的供应，从而有效地发展有氧代谢能力和耐力素质。实践中，用于持续锻炼的内容主要是那些比较容易并已为锻炼者所熟悉的运动，如跑步、游泳，也可以是跳迪斯科舞等。持续锻炼法的特点是：①运动持续时间长，一般至少应持续20~30 min。②运动强度较小，一般控制在最大强度的50%~60%（心率控制在110~135次/分）。③锻炼过程中一般无间歇时间，练习密度较大，对身体的持续锻炼效果较好。因此，该练习方法主要用于增强锻炼者的体力，发展一般耐力，提高有氧代谢能力。常用的持续锻炼法的运动项目有：快走、慢跑、自行车、游泳、舞蹈、健美操、爬山等。

采用持续锻炼法应注意：所选择的锻炼项目要考虑锻炼者的年龄、生理特点和体质基础，例如，中青年可选择有一点技术难度、强度可大可小的游泳、舞蹈、健美操等项目，老年人则优先选择慢跑、散步等；初次锻炼者或体弱者，练习的持续时间不宜过长，开始可以每次15~20 min，持续锻炼一段时间后，等体力有明显提高，再延长练习时间，提高到 40~60 min，待适应后还可增加练习量。

四、循环锻炼法

循环锻炼法由几个不同的练习点（或称作业站）组成，练习者按照既定顺序和路线，依次完成每点练习任务，即一个点上的练习一经完成，练习者就迅速转移到下一个点，下一个练习者依次跟上，练习者完成了各个点上的练习，就算完成了一次循环。循环锻炼法的结构因素有：每点的练习内容、每点的运动负荷、练习点的安排顺序、练习点之间的间歇、每次循环之间的间歇、练习的点数与循环练习的组数。

循环锻炼法既是一种练习方法，又是一种教学组织形式。循环锻炼法的特点是：①练习手段多样化，对身体影响全面；②练习交替依次进行，符合学生的心理特点，能够激发学生的学习兴趣，提高练习量而不至于过度疲劳；③练习独立进行，能培养学生的独立锻炼能力。循环锻炼法对技术的要求不高，且各项目都采用比较轻度的负荷练习，因此练起来简单有趣，可有效提高不同层次和水平的练习者的运动情绪和积极性；可以合理地增大锻炼过程的练习密度；可以随时根据具体情况因人制宜地加以调整，做到区别对待；可以防止局部负担过重，延缓疲劳的产生，交替刺激不同体位，有利于综合锻炼，从而达到全面发展的效果。

运用循环锻炼法时，关键是要按照全面性原则去搭配项目。就大学生而言，锻炼时既要发展四肢，也要发展躯干；既要运动胸背部，又要运动腰腹部；既要追求形态的健美，也需注意功能、素质的全面发展。为此，就必须科学地搭配项目。根据已有的经验，一般选择 6~12 个已为锻炼者掌握的简单易行的项目。搭配时注意上肢动作与下肢动作、剧烈的跑跳练习与静力憋气动作之间的合理交替。在健身锻炼中，可根据锻炼项目安排循环练习的各练习点，还可分队比赛，增加竞争性，以提高练习兴趣。

采用循环锻炼法时，要根据身体锻炼的任务，选定练习组合的各项内容，使之互相配合，取长补短；要合理确定各项练习的数量和次序。

五、变换锻炼法

通过不断变换运动负荷、练习内容、练习形式以及条件，以此提高锻炼者的积极性、适应性及应变能力的方法称作变换锻炼法。此法可以有效地调节生理负荷，提高兴奋性，强化锻炼意识，克服疲劳和厌倦情绪，以达到提高锻炼效果的目的。

如刚参加锻炼时，可多做些诱导性练习和辅助性练习。随着锻炼水平的提高，应加大练习的难度，如用越野跑代替在田径场的长跑等。由于锻炼条件的变化，可使锻炼者的大脑皮质不断地产生新异刺激，提高兴奋性，激发锻炼的兴趣，从而提高机体对负荷的承受能力，增强锻炼效果。另外，不断地对锻炼的内容、时间、动作速率等提出新的要求，可有效地调节生理负荷，使机体不断产生适应性变化而达到更好的锻炼身体的目的。

有下列情况之一时，一般应采用变换锻炼法。

1. 出于某种需要（如参加比赛）改进和提高技术时，或为尽快掌握技术要领而有必要调整练习要素（如降低速度、减少负荷）时。

2. 精神饱满、体力充沛或健康欠佳、疲劳累积，而需要调整锻炼计划或调节体力时。

3. 连续采用同一锻炼内容，长期在同一地点锻炼，有单调、乏味的感觉时。

第三节　运动处方

一、运动处方概述

（一）运动处方的概念

早在 20 世纪 50 年代美国生理学家卡波维奇就曾提出过运动处方（exercise prescription）的概念。1969 年，世界卫生组织使用了运动处方术语，从而在国际上得到确认。运动处方的完整概念可概括为："对从事体育锻炼者或病人，根据医学检查资料（包括运动试验及体力测验），按其健康、体力以及心血管功能状况，结合生活环境条件和运动爱好等个体特点，用处方的形式规定适当的运动种类、时间及频率，并指出运动中的注意事项，以便有计划地经常性锻炼，达到健身或治病的目的，即为运动处方。"

运动处方由四个要素构成：即合理的运动项目——选择什么运动项目最适合？合理的运动强度——运动的激烈程度应有多大？合理的运动时间——每次运动应持续多长时间？合理的运动频率———周应锻炼几天？

（二）运动处方的分类

随着运动处方应用范围的不断扩大，运动处方的分类方法也在不断改进，用不同的方法，可将运动处方分为不同的种类。

1. 根据运动处方的对象分类

（1）康复治疗性运动处方：康复治疗性运动处方的对象，是经过临床治疗达到基本痊愈，但遗留有不同程度的身体功能下降或功能障碍的患者，如冠心病、脑卒中患者，手术后患者，以及已经得到一定控制的慢性病患者，如高血压病、高血脂、糖尿病、肥胖症患者等。这类运动处方的目的是通过运动疗法帮助患者提高身体功能，缓解症状，减轻或消除功能障碍，恢复肢体功能，尽量提高患者的生活自理能力和工作能力。

（2）健身性运动处方：健身性运动处方的对象是全民健身运动的参加者，包括身体基本健康的中老年人；长期从事脑力劳动，缺乏体育锻炼，处于亚健康状态的人群；中青年人和在校学生等。运动处方的主要目的是，指导人们采取适当的体育活动，科学地进行锻炼，以便更有效、更科学地提高健康水平，增强体质。

2. 根据运动处方的锻炼作用分类

（1）全身耐力运动处方：全身耐力（区别于肌肉力量、耐力）运动处方以提高心肺功能为主要目标。在健身运动中，全身耐力运动处方被用于科学地指导健身，以提高锻炼者的耐力素质，维持合理的身体成分，消除亚健康状态，预防冠心病、高血压病、高血脂、糖尿病等疾病的发生。

（2）力量运动处方：力量运动处方的主要目的是提高肌肉的力量和耐力。在健身运动中，力量运动处方用于指导健身者科学地进行增强肌力的训练，以达到提高力量素质，减缓中年以后肌肉萎缩的速度，预防骨质疏松等作用。

（3）柔韧性运动处方：柔韧性运动处方的目的是提高身体的柔韧性素质。在健身运动中，柔韧性运动处方用于指导健身者采用科学的手段和方法，提高身体的柔韧性素质，预防随年龄增长而导致关节活动幅度下降。

全身耐力运动处方、力量运动处方、柔韧性运动处方对保持良好的健康体能状态，都可起到良好的作用。

（三）制订运动处方的基本原则

1. 个性化原则

由于每个人的身体条件千差万别，所以不可能有通用的处方。因此，必须根据每个人的具体情况而定，做到因人而异、区别对待。

2. 动态性原则

每个人的身体或客观条件都经常处于动态性变化中，严格地说，上周的处方就不一定适合本周。因此，制订出的运动处方要依据情况变化不断地进行调整，使之符合变化了的实际情况。

3. 体质的基础性原则

在制订运动处方时，体力要素比性别和年龄要素更为重要。以体质情况为基础制订的运动处方才是最适宜的。

4. 安全和有效性原则

为了提高全身耐力水平，运动必须达到改善心血管和呼吸功能的有效强度、这就是靶心率范围。如果运动超过这个上限，就可能有危险，此运动强度或运动量界限被称为安全界限，而达到这个最低效果的下限被称为有效界限。安全界限和有效界限之间，就是运动处方安全而有效的范围。

二、运动处方的内容

（一）运动目的

由于个人的情况千差万别，运动处方的目的也多种多样，这其中有健身、娱乐、减肥和治疗等多种目的。

（二）运动内容

在运动处方中，为锻炼者提供最合适的运动项目关系到锻炼的有效性和持久性。

1. 运动项目的分类

从运动生理学中氧的代谢程度来看，对健康有效的运动项目可分为三类，即有氧运动、无氧运动和混合运动（图4-3-1）。

有氧运动
步行、慢跑、自行车、高尔夫球、徒步、瑜伽、慢节奏健身操、趣味游戏等

无氧运动
短距离跑、举重、拔河、短距离游泳、短时间大强度肌肉力量训练等

混合运动
篮球、足球、排球、羽毛球、网球、中长跑、间歇性力量练习等

图4-3-1　有氧、无氧及混合运动项目示例

在运动实践中，不少运动项目是有氧和无氧运动不规则地混合存在。同一项目由于方法不同而成为有氧运动或无氧运动。例如，长跑、轻松慢跑是有氧运动，而竞赛时全力跑即为无氧运动。按体力水平（尤其是有氧运动）也不一样，同样以200 m/min的速度跑步，体力强的人为有氧运动，而体力差的人则为无氧运动。因此，不能只按运动项目一概判断是有氧运动还是无氧运动。

2. 运动种类的选择

现代新兴的运动处方要求包括三种运动种类，即有氧运动、伸展运动和力量性运动，以达到全面锻炼的最佳效果。

第一类为有氧运动的耐力性运动项目：步行、慢跑、走跑交替、游泳、自行车、滑冰、越野滑雪、划船、跳绳、上下楼梯及室内功率自行车、步行车、活动平板（跑台）等。

第二类为伸展运动及健身操：广播体操、太极拳、五禽戏、八段锦、健身迪斯科、跳舞及各种医疗体操和矫正体操等。

第三类为力量性锻炼：采取中等强度的、足以发展和维持去脂体重（用皮褶计测量皮下脂肪厚度，利用相应公式推算人体脂肪含量，人体体重减去人体脂肪重量即为去脂体重）的力量训练，必须成为成人身体素质训练计划的一个组成部分。美国运动医学会推荐的力量训练主要是肌群参与，每次8~10组，每组重复8~12次，每周至少2次。

3. 运动项目的选择

选择运动项目，要考虑运动的目的，如是健身还是治疗等；要考虑运动的条件，如场地器材、余暇时

间、气候等；还要结合个人的体育兴趣、爱好等（表4-3-1）。在运动处方中，为锻炼者提供最适宜的运动项目可以说是最终的目标。

表4-3-1 运动处方的项目选择

类别	作用	方法	项目
健身运动	能促进身体的正常发育，使身体各部位协调发展，增强机体各器官、系统的功能，提高身体素质，提高人体的运动能力	一般采用能增强心肺功能的锻炼项目进行练习	走、跑、健身操、游泳、划船、骑自行车、球类运动等
健美运动	可以促进形体健美	一般采用使肌肉发达、增强肌肉力量的锻炼项目进行锻炼	俯卧撑、仰卧起坐、健身操、跑步、器械力量练习等
娱乐性体育	调节精神、丰富文化生活	一般采用能使身心得到愉快的体育项目	游戏、体育舞蹈、保龄球、台球、钓鱼、轮滑等
格斗性体育	可以提高人的积极进取、不畏困难的精神，以达到强身健体和自卫的目的	一般采用以身体接触为主的锻炼项目进行锻炼	擒拿、散打、跆拳道、拳击、自由搏击、武术等
医疗和康复体育	预防疾病	一般在医生或专门教师的指导下，采用一些保健体育的方法进行锻炼	太极拳、广播操、健身气功、简单负重肢体练习等

选择运动种类的条件：①经过医学检查已许可；②运动强度、运动量符合本人的体质；③过去的运动经验、本人喜爱的项目；④有进行运动的环境、有就近场所；⑤运动设备、用具齐全，有同伴；⑥有指导者。

但不一定所有条件都具备，①、②是必须具备的、多数情况下③~⑥不可能完全具备，结果导致部分人虽然有运动的意愿，然而不能付诸实践。从运动医学的角度来说，以增进健康为目的所进行的运动应考虑三个条件：①恒常运动；②有一定节律的持续运动，无呼吸紊乱或憋气现象；③近于全身运动，不是局部运动。

（三）运动强度

运动强度是单位时间内的运动量，反映的是运动的剧烈程度。它是运动处方定量化与科学性的核心问题。运动强度可用每分钟的心率来表示。一般认为，大学生心率120次/分以下为小强度，120~150次/分为中强度，150~180次/分或180次/分以上为大强度。测量运动强度的简单办法是，测量运动后10 s内的脉搏数再乘以6，就是1分钟的运动强度。

适宜运动强度范围可用靶心率来控制，即以本人最高心率的70%~85%的强度作为标准。靶心率为：（220－年龄）×（70%~85%）。例如，20岁的靶心率是140~170次/分。

最适宜运动心率为：心率储备×75%+安静时心率。其中心率储备＝最大心率－安静时心率；最大心率＝220－年龄。

（四）运动时间

运动时间指每次持续运动的时间。由于运动时间和运动强度的乘积决定运动量，因此即使等量的运动量，因运动目的不同也会有运动强度和时间都不同的处方。以健身为目的的运动，强度小而时间长的处方效果较好（特别适合中老年人），而对于大学生来说，反复多次、短时间激烈运动的处方对增进健康有很好的作用。

从运动生理来说，5 min是全身耐力运动所需的最短时间，60 min对于坚持正常工作的人是最大限度的时间。库珀研究认为，心率达到150次/分以上时，最少持续5 min即可开始收到效果；如果心率在150次/分以下，则需要5 min以上才会有效果。

一次必要的运动时间，也是根据运动强度、运动频度、运动目的、年龄及身体条件的不同而不同，不能一概而定。还要看为了给予呼吸、循环系统有效的刺激，使各种生理功能充分发动起来，从运动开始至达到恒常运动所需要的时间。一般达到恒常运动的时间，轻运动时为 5 min 左右，强运动时需 3 min 左右。由此可见，5 min 以内的运动对呼吸、循环系统的刺激还是不充分的。因此，在达到恒常运动以后需要继续运动一段时间，这样合计运动时间则为 10 min 以上，再加上准备活动及整理活动至少需要 5~8 min，所以实际所需要的时间为 15~20 min，这是比较可行的运动时间的最低限度。

一般来说，每次进行 20~60 min 的耐力性运动是比较适宜的。如考虑时间与强度的配合，健康成年人宜采用中等强度、长时间的运动；体力弱而时间充裕的人，可采用小强度、长时间的配合；但体力中好而时间不多的人，就可采用大强度、短时间的配合（表 4-3-2）。

表 4-3-2 运动时间与运动强度（%VO-max）的配合

强度	5 min	10 min	15 min	30 min	60 min
小强度	70	65	60	50	40
中强度	80	75	70	60	50
大强度	90	85	80	70	60

日本体育科学中心建议人们采用三种中等运动量的锻炼，即 15 min 70%VO-max、30 min 60%VO-max、60 min 50%VO-max（VO-max 指最大摄氧量）。

（五）运动频率

运动频率指每周的锻炼次数。每周锻炼几次为好？有研究结果认为：当每周锻炼多于 3 次时，最大摄氧量的增加逐渐趋于平坦；当锻炼次数增加到 5 次以上时，最大摄氧量的提高就很小；而每周锻炼少于 2 次时，通常不引起改变。由此可见，每周锻炼 3~4 次是最适宜的频率。但由于运动效应和蓄积作用，间隔不宜超过 3 天。作为一般健身保健，如果能坚持每天锻炼一次当然更好。

关于必要的运动频率，据日本池上教授的研究结果：一周运动 1 次时，运动效果不蓄积，每次都发生肌肉酸痛和疲劳，运动后 1~3 天，身体不适且易发生伤害事故；一周运动 2 次，疼痛和疲劳减轻，效果一点一点蓄积，但不显著；一周运动 3 次，基本上是隔日运动，不仅效果可充分蓄积，也不会产生疲劳。如果频率增加为每周 4 次或 5 次，效果也相应提高（表 4-3-3）。

表 4-3-3 可以取得效果的运动方案

运动指标	取得相同效果的方案				
锻炼持续时间（min）	180	90	45	20	10
运动强度/最大用力（%）	20	30	40	50	60
心率/（次·分钟）	110	120	130	140	150

三、运动处方的制订

（一）制订运动处方的步骤

第一步，一般体检。①了解运动的目的及对运动的期望；②询问病史，如既往病史、家族病史；③运动史，如运动爱好、现在的运动情况等；④社会环境条件，如职业、工作与劳动条件、生活环境、经济、营养等条件，周围能够利用的运动设施，有无指导等。

第二步，临床检查（包括人体测量和体脂测定），这里所指的临床检查相当于所谓成人病的检查。检查的目的：①对现在的健康状况进行评价；②判断能否进行运动；③是否有潜在性疾病或危险因素，以预防事故。总之，医学检查的基本目的在于掌握个人的状况，为制订运动处方提供必要的信息。

第三步，运动负荷试验和体力测验。运动负荷试验是制订运动处方的基本依据之一。运动负荷试验的方法很多，可根据检查的目的、被测者的特点来选择适合的方法。现在最普遍的方法是"递增负荷运动试验"。这个试验利用活动平板或功率自行车等，在试验过程中逐渐增加运动负荷强度，同时测定某些生理指标，指导受试者达到一定的用力程度。

需要明确的是，只有运动负荷试验无异常的人才能接受体力测验，即进行肌力、爆发力、柔韧性等运动能力和全身耐力测验。根据库珀和日本学者浅见的实验研究，12 min 跑测验与最大摄氧量的相关系数最高。所以，库珀提出的有氧代谢运动的体力测验包括走、跑、游泳三种方式，可以任选其中之一用来检查和衡量心血管系统功能。由于是测验，它们的运动强度就比平常锻炼的高，并要求尽全力而为之，因此参加测验的人必须符合三个条件之一：①35 岁以下，身体健康；②有半年以上运动经历；③按库珀介绍的锻炼计划至少运动了 6 周（表 4-3-4）。

表 4-3-4　12 min 跑体力测验评定标准

男子 12 min 耐力跑测试成绩				
体力级别	30 岁以下	30~39 岁	40~49 岁	50 岁以上
1 极差	1600 m 以下	1500 m 以下	1400 m 以下	1300 m 以下
2 差	1600~1999 m	1500~1799 m	1400~1699 m	1300~1599 m
3 稍好	2000~2399 m	1800~2199 m	1700~2099 m	1600~1999 m
4 好	2400~2799 m	2200~2599 m	2100~2499 m	2000~2399 m
5 极好	2800 m 以上	2600 m 以上	2500 m 以上	2400 m 以上
女子 12 min 耐力跑测试成绩				
体力级别	30 岁以下	30~39 岁	40~49 岁	50 岁以上
1 极差	1500 m 以下	1400 m 以下	1200 m 以下	1000 m 以下
2 差	1500~1799 m	1400~1699 m	1200~1499 m	1000~1399 m
3 稍好	1800~2199 m	1700~1999 m	1500~1799 m	1400~1699 m
4 好	2200~2599 m	2000~2399 m	1800~2299 m	1700~2199 m
5 极好	2600 m 以上	2400 m 以上	2300 m 以上	2200 m 以上

第四步，制订运动处方，安排锻炼计划。通常根据以上的检查结果，结合个人的健康状况、体力水平及运动能力的限度等具体情况制订运动处方，处方中主要规定运动强度和保证安全的一次必要运动量（运动时间）及一周的运动频率等内容。一般按照初定的运动处方试行锻炼，对不适当的地方可进行调整。待适合后要坚持锻炼 3~6 个月再做体力测验，并重新制订长期的运动处方，以不断提高锻炼效果。

第五步，善后工作和复查。原则上医生要当面为个人制订运动处方、不宜只按体检资料或由别人代办。首先，医生要向个人说明医学检查结果的概要，要正确对待体检异常的结果。其次，指出注意事项，进行运动教育和咨询指导。再次，是隔一段时间要与被检查者接触，询问其运动情况，判断有无副作用或疲劳。最后，由于有些人中途停止运动，故可要求做运动处方锻炼日记，并每隔 1~2 周到门诊咨询一次。最后，至少一年全面复查一次，总结一年的运动实施情况，评价这期间的运动效果，必要时进一步改善运动处方。

（二）一次锻炼课的安排

一次运动通常分三部分进行，即准备部分、锻炼部分和结束部分。

准备部分的作用是使机体组织"暖和"起来，使身体逐渐适应运动强度较大的运动，以避免心肺等内脏器官和骨关节功能不能适应而导致意外。一般都采用活动强度小的步行、伸展性体位或太极拳等。锻炼部分也称基本部分，其内容是运动处方的主项运动欲达到的目标，例如耐力项目要达到靶心率，并要求至少维持 12 min 以上。主项运动的运动强度一般定为最大能力的 40%~60%。同时还要求达到一定活动范围的肌力训练，其训练强度为最大能力的 80% 左右。结尾部分是指在训练结束后，要使高负荷活动的心肺和肢体逐渐安静"冷却"下来，不要突然停止运动。因为此时血流仍大量集中于四肢，若突然停止不动，使回心血量锐减，可能会出现"重力性休克"，即由于每搏输出量不足，引起脑贫血而发生休克症状。所以运动结束时，通常做一些放松式体操、散步或自我按摩最为适合。

在不同的锻炼阶段，这三个部分的时间划分各不相同。在早期阶段，准备部分时间要长些，一般为

10~15 min，锻炼部分 20~25 min，结束部分 5~10 min。在中期和后期阶段，则准备 5~10 min，然后进入主项运动（即锻炼部分），最后 5 min 整理活动。这样，一次课表现为"开始缓慢的，中间爽快的，终了微火似的运动过程"。以健身为目的的运动时间合计为 30~45 min，各部分锻炼内容的安排各有侧重，并且运动负荷的分配各不相同。

四、增强耐力的运动处方示例

姓名：××× 性别：男

年龄：21 岁

日期：2006 年 5 月 11 日

身高：170 cm

体重：57 kg

基础代谢（BMR）：6423 kJ（1559 kcal）

体脂百分比：10.89%

身体质量指数（BMI）：19.7，肥胖程度（OBD）：91%

心脏功能能力（F.C.）：14.0 METs，F.C. 属于良好水平，您的心脏每分钟可供给全身的最大氧气量约为 2.8 L

您的心脏每分钟可以供给每千克体重的最大氧气量约为 49 ml，根据以上评定，建议如下。

运动强度：

①运动能力（E.C.）：8.4~11.2METs，主观疲劳感觉 RPE：13。

②靶心率（THR）：锻炼时心率保持在 145~174 次/分，低于 24~29 次/10 秒这个强度，锻炼效果不佳；超过这个强度，有可能会出现一些意外情况，给身体造成损伤。

锻炼项目：周期性有氧运动

①您适合跑步锻炼，速度为 7.8~10.7 km/h，或 130~178 m/min。

②健身功率车：功率为 118~170 W。

③其他锻炼项目：足球、篮球、跳绳（60~80 次/分）等。锻炼时应随时按照靶心率进行调整，短时间内允许心率超过靶心率 1~2 次/10 秒，但应及时降低运动强度、使心率回到靶心率范围之内。

锻炼时间：每次 30~60 min。一次锻炼至少要持续 30 min，除准备活动和整理活动外，至少要有 20 min 使心率保持在 145~174 次/分之间。

锻炼次数：3~5 次 1 周。坚持每周按照运动处方进行周期性有氧运动 3 次（隔日一次），即可收到锻炼的效果，如有时间，可每周增加 1~2 次您所喜爱的活动。

热量消耗：按照运动处方锻炼，每次活动可以增加热量消耗 848~2257 kJ（206~548 kcal）；一周活动 3~5 次，可增加热量消耗为 2542~11292 kJ（617~2741 kcal）；相当于减少脂肪 0.06~0.36 kg；通过锻炼可以减少身体内脂肪的含量，增加肌肉的质量。

注意事项：

①请在锻炼时监测自己的心率或脉搏，使其保持在靶心率范围内。

②心率测量方法：在运动 5~10 min 后，暂停运动，由桡动脉或颈总动脉测量 10 s 脉搏的次数并乘以 6，按此及时调整运动强度。如果经济条件许可，可使用电子心率计，设置靶心率的上下限，可随时了解运动中的心率，并可在低于或高于靶心率时，及时得到提醒。

③注意平衡饮食，保持健康、乐观的心理状态。

④以上建议供锻炼时参考，如出现异常现象，请及时向专业人员咨询。

第五章

体育锻炼与大学生身心健康的关系

第一节 体育锻炼概述

一、什么是体育锻炼

体育锻炼是促进人体新陈代谢的一种外界刺激，它能使人体组织系统兴奋，加快物质代谢和能量转换。身体活动必然增加能量消耗，所以要保持机体摄取更多的能量，以便维持机体需要，并将机体产生的废物排出体外，从而保持机体旺盛的代谢平衡机制。研究证明，体育锻炼之所以能增强体质，是由于身体活动而引起的能量物质消耗，随后便能引起同化作用的加强，加速恢复过程，可使体内组织内部得到更多的补充，合成新的物质，使有机体具有更加旺盛的活力，从而促使机体得以发展和发达。另外，人体在适应外界环境中所表现的机体能力（适应能力），包括了对客观环境的适应能力和对疾病的抵御能力。科学地进行身体锻炼能使机体内部的产热和散热过程更加旺盛，体温调节功能更加灵敏，从而使机体在适应外界环境的过程中产生动态的平衡。

二、为什么说体育锻炼会影响到大学生身心健康

随着国家经济发展水平的不断增高，社会对于人才的要求越来越高，社会竞争也日益激烈。在校大学生由于受到学业、就业、经济、情感、人际交往以及家庭环境压力的影响，承受的压力越来越大，心理问题日益突出，自虐、自杀等情况逐年增加。社会对如何帮助大学生解决身心健康问题，也研讨了许多方法，对学生进行运动干预促进其体育锻炼也成为主要手段之一。

体育锻炼之所以对身心健康具有重要作用，那是因为人体是一个结构复杂且具有多种功能的有机体，又是一个完整的统一体，而且人体各个组织、器官以及系统是相互影响、相互作用、相互促进的，因此，无论我们做什么样的运动，各组织、器官、系统都会受到不同程度的影响。

第二节 体育锻炼对大学生的生理影响

人体是一个有机的整体，是由神经系统、心血管系统、呼吸系统、运动系统、消化系统、泌尿系统、生殖系统、内分泌系统等组成，各个系统之间彼此联系又相互制约，它们在神经和体液的调节下，协调地执行着不同的功能，使人体成为一个统一的整体。

一、体育锻炼与呼吸系统

（一）呼吸系统的结构与功能

呼吸系统包括呼吸道和肺。呼吸道是传送气体的管道，肺是进行气体交换的器官。呼吸道包括鼻、咽、

喉、气管和支气管等器官。通常将鼻、咽、喉称为上呼吸道，气管、支气管及其分支称为下呼吸道。呼吸道能分泌黏液、浆液，具有过滤尘埃异物、湿润净化所吸入的空气、抵抗病菌等功能。肺在人体中是进行气体交换的重要器官，也是积极参与某些物质代谢和影响体循环的器官。肺表面的浆膜深入肺内将肺分隔成许多肺小叶。每个肺小叶是由壁径在 1 mm 以下的细支气管及所属的肺组织构成，呼吸系统的主要功能是执行人体与外界的气体交换，即不断地吸入外界的新鲜空气、呼出体内的二氧化碳，从而使人体的新陈代谢得以顺利进行。肺泡是半球形的囊泡，是肺组织的基本构成单位，是气体交换的场所。肺泡膜表面有毛细血管网，对气体有很大的通透性，因此血液在流经肺组织时可与肺泡内的气体进行气体交换。人体肺泡的总面积很大，大约有 100 m^2，足以满足体内气体交换的需要，在一般情况下，仅有部分肺泡开放进行气体交换。

（二）体育锻炼对呼吸系统有良好的影响

1. 呼吸肌得到锻炼，力量得到增强

呼吸肌主要由膈肌、肋间肌以及腹壁的肌肉组成。在深呼吸时，肩部和背部的肌肉都起辅助作用，因此，经常参加体育锻炼能使呼吸肌发达，胸围增大。由于呼吸肌发达、强壮有力，所以能提高呼吸功能。呼吸的深度与胸廓有关，呼吸肌发达，胸围会显著增加。例如，一般人的胸围呼吸差只有 5~7 cm，而经常参加体育锻炼的人，呼吸慢且深，胸围呼吸差可达到 7~11 cm。

2. 肺活量增大

一般人肺活量只有 3000~4000 ml，而经常参加体育锻炼的人，其肺活量能达到 5000 ml。因此，不经常运动的人呼吸肌不发达，肺活量小，肺泡中有一部分没有参加呼吸，是肺泡的"死角"；而经常参加体育锻炼的人肺活量大，是因为肺能扩大到最大限度，这样肺就能保持健康。根据瑞典学者安德森等的研究，在青春期接受游泳训练的女孩较一般女孩的肺的总容量可增长 12%，肺活量可增长 13.4%，最大吸氧量可增长 10.2%，正常成人安静时呼吸次数为 16~20 次/分，每次吸入和呼出的气体量约为 500 ml，称为潮气量。当人用力吸气，一直到不能再吸的时候为止，然后再用力呼气，一直呼到不能再呼的时候为止，这时呼出的气体量称为肺活量。正常成年男子的肺活量为 3500~4000 ml，女子为 2500~3500 ml。

3. 呼吸深度加深

从呼吸频率来看，由于深度不同，呼吸的频率也不同。一般人的呼吸短而急促，每分钟 8~12 次，这样，呼吸肌容易疲劳且工作不能坚持长久。经常参加体育锻炼的人，呼吸缓畅，每分钟 6~8 次，由于吸进的氧气多，就能使呼吸肌有较长的时间休息。在紧张而剧烈的运动时，肌肉工作大量需氧，一般人是靠增加呼吸频率来供应氧气，运动时经常气喘吁吁；而运动员由于呼吸系统功能好，呼吸慢且深，因此在同等条件下，只要呼吸频率稍稍加强，就可以满足气体交换的需要。

4. 肺通气量增加

体育锻炼加强了呼吸的力量，可使呼吸深度增加，从而有效地增加了肺的通气效率。如果在体育锻炼时过快地增加呼吸频率，导致气体往返于呼吸道中，结果使进入肺内的气体量反而减少；如果适当地增加呼吸频率，可以使运动时的肺通气量大大增加。研究表明，一般人在运动时的肺通气量能增加到 60 L/min 左右，而有体育锻炼习惯的人运动时肺通气量可达 100 L/min 以上。

5. 利用氧的能力增加

体育锻炼不仅可以提高肺的通气能力，更重要的是可以提高机体利用氧的能力。一般人在进行体育活动时只能利用其氧的最大摄入量的 60% 左右，而经过体育锻炼后，可以使这种能力大大提高，而且体育活动时，即使氧气的需要量增加，肺的通气能力和换气能力也能满足机体对氧的需要，而不致机体过分缺氧。

二、体育锻炼与神经系统

（一）神经系统的结构与功能

神经系统是指调节人体各器官的活动，从而使人体成为有机整体，并与外界保持相对平衡的器官系统。神经系统是一个不可分割的整体，为了便于认识，我们人为地将神经系统分为中枢部和周围部。中枢部包括位于颅腔内的脑和椎管内的脊髓，也称中枢神经系统。周围部又称周围神经系统，是脑和脊髓以外的神经成分，其一端同脑和脊髓相连，另一端通过各种末梢结构与身体其他器官和系统相连。与脑相连的神经为脑神经，与脊髓相连的神经为脊神经。根据神经分布部位的不同，周围神经又可分为躯体神经和内脏神经两部分。躯体神经是指分布于体表、骨、关节和骨骼肌的神经；内脏神经是指分布于内脏、心血管和腺体的神经。按照构成神经的神经纤维传导神经冲动方向的不同，躯体神经和内脏神经都有感觉神经和运动神经两种。所谓感觉神经，是指将神经冲动自感受器传向中枢的神经；所谓运动神经，是指将神经冲动自中枢传向效应器的神经。因此，感觉神经又叫传入神经，运动神经又叫传出神经。内脏运动神经又称为自主神经，自主神经可分为交感神经和副交感神经。在人体内，每一个器官、每一种功能活动都是在神经系统的调节下进行的，而且都要遵循对立统一规律。如进行体育活动时，人体肌肉的活动加强，与此同时，消化系统的活动减弱。心跳和呼吸频率加快，其他器官系统的活动也发生相应的变化，以适应肌肉工作的需要。这些错综复杂的变化都是在神经系统的调节下有条不紊地进行的。

（二）体育锻炼如何影响神经系统

1. 神经系统的反应能力得到提高

体育锻炼时中枢神经系统被迅速动员起来指挥协调人体的各个器官，以适应人体其他系统的活动需要。随着神经系统功能的改善，机体内各器官系统，尤其是运动系统的控制和调节能力也可得到不断的提高和完善。经常参加体育锻炼的人可以提高神经系统的兴奋性和灵活性，使各种各样的动作协调，不必要的多余动作就会消失，对外界刺激反应会更快、更准确，能够有效地节省体力和减少体能的消耗，使之从容不迫而又迅速地完成各种动作。通过体育锻炼，能使神经系统得到锻炼，提高神经系统工作过程的强度、均衡性、灵活性和神经细胞工作的耐久力，能使神经细胞获得更充足的能量物质和氧气的供应，从而使神经系统在紧张的工作过程中获得充分的能量物质保证。研究表明，当脑细胞工作时，大脑耗氧量占全身耗氧量的20%~25%。体育锻炼能使大脑的兴奋与抑制过程合理交替，避免神经系统过度紧张，因而可以消除疲劳，使头脑清醒，思维敏捷。

2. 消除大脑疲劳，使学习效率得到提高

进行体育活动时，与肌肉运动有关的脑细胞处在兴奋状态，使大脑皮质管理思维学习的部分得到了休息，有利于缓解大脑疲劳。运动还能锻炼神经系统对疲劳的耐受能力和对外界环境的适应能力。这是因为，体育锻炼加强了大脑中供应能量的高磷酸化合物的再合成能力，从而保证了大脑的正常功能，并延缓了疲劳的出现。由于体育活动促进了血液循环和呼吸，脑细胞也可得到更多的氧气和营养物质的供应，代谢加速，脑的活动也就灵活起来，工作效率就会提高。有学者研究发现，运动员的神经细胞衰老的趋向不明显，锻炼有助于推迟和减轻随衰老过程而出现的大脑迟钝、记忆力下降等现象。经常参加体育锻炼，可以提高神经细胞的反应性和灵活性，使思维更加敏捷，大脑的指挥功能更加熟练和稳定，从而使机体的动作更加迅速、准确、灵活。

3. 预防和治疗神经衰弱

人的大脑具有兴奋和抑制两种基本神经活动过程，它的兴奋和抑制能力都是有一定限度的，如果超过了这一限度，就会造成大脑工作能力下降；时间久了，还会导致兴奋和抑制功能失调，引起大脑的功能紊乱或大脑的功能障碍，进而发生神经衰弱。产生神经衰弱的原因有很多，其中长时间的脑力劳动、使大脑长期持久地高度兴奋而引起过度疲劳是引起神经衰弱的主要原因。体育运动对神经衰弱的人来说是一种动员身体内部的生理力量来调节大脑功能的好办法。在进行体育活动时，肌肉的、关节的神经感受到的冲动持续传入中枢神经系统，这有助于调整神经系统的功能活动；体育活动能通过对以大脑为高级中枢的神经系统的刺激，调整神经系统的活动状态，加强对大脑全身各部位的调节，使人振作精神、心情愉快，从而减轻神经衰弱的症状。

三、体育锻炼与心血管系统

（一）心血管系统的结构与功能

心血管系统包括心脏、动脉、静脉以及毛细血管。心脏主要是由心肌构成的中空器官。心脏中隔将心脏分为左右两侧，左右两侧又各分为心房和心室两部分。这样，心脏实际分为左心房、左心室、右心房、右心

室四部分。心脏的左右两侧不直接相通，而心房、心室之间借房室瓣相通，右侧是三尖瓣，左侧是二尖瓣。心脏是血管系统的动力器官，在神经系统的调节下，通过心肌的收缩和舒张活动推动血液参加血液循环，以满足机体各组织细胞对氧气、营养物质的需要和代谢产物的排除。根据血液在体内的流动过程，可将血液循环分为体循环和肺循环。体循环的血液流动途径为：左心房接受来自肺静脉含氧丰富的血液，压入左心室，再由左心室泵入主动脉，经主动脉运送血液到全身各部的血管，经过多次分支，最后移行于毛细血管；毛细血管是连接动脉与静脉之间的微细血管，血液与组织之间的物质交换在此进行。肺循环的血液流动方向为：右心房接受来自身体各组织的含氧量较少的静脉血，然后压入右心室。再进入肺动脉至肺组织；在肺组织中，血液中的二氧化碳得到释放，而肺组织的氧气进入血液，完成气体交换，血液再由肺静脉流入左心室。人体内的血管可分为动脉、静脉和毛细血管，不同类型血管的功能也不同。大动脉的管壁厚而坚硬，管壁内含有丰富的弹性纤维，因而富有弹性，称为弹性血管，它可以缓冲血压波动，并保证在心脏舒张期继续推动血液循环；小动脉管壁富有平滑肌，通透平滑肌的收缩可以改变血管的口径从而改变血流阻力，又称阻力血管。毛细血管口径小、数量多、通透性强，是血液与组织液的交换部位，被称为交换血管。静脉血管的口径大、易扩张，体内多数血液存在于静脉系统中，因此静脉血管又被称为容量血管。

（二）体育锻炼如何影响心血管系统

1. 使心脏更加强壮

经常从事适宜的体育锻炼，对心血管的形态和结构会产生不同程度的影响。体育锻炼时，由于肌肉的紧张活动使心脏的工作量增加，因此经常从事体育锻炼会使心肌增厚、心腔扩大，形态上大于一般人，即通常称为功能性增大。这种肥大的心脏可以增强心脏的工作能力。一般人与经常参加体育锻炼者相比，一般人的心脏重量约为 300 g，而经常参加体育锻炼者的心脏重量则为 400~500 g；一般人的心脏容积为 700~780 ml，而经常参加体育锻炼者的心脏容积则为 1000~1025 ml；一般人的心脏横切面直径为 11~12 cm，经常参加体育锻炼者的心脏横切面直径则为 13~15 cm。

2. 使心脏跳动从容不迫，不但有力而且更加节省

一般人安静时心跳每分钟在 70~80 次，经常参加体育锻炼的人安静时心跳每分钟在 50~60 次。例如，优秀运动员每分钟心跳在 30~40 次，由于它使运动员每搏输出量增加，因而减少心跳频率仍能满足全身代谢需要。如果一般人每搏输出量为 60 ml，则每分钟要跳 75 次；而经常参加体育锻炼的人每搏输出量为 90 ml，因此心脏每分钟只要搏动 50 次就能满足需要。进行轻度运动时，在运动量相同的情况下，经常参加体育锻炼的人，心跳频率和血压变化幅度比一般人小，不易疲劳，而且恢复较快；而一般人就需要较大幅度地提高心跳频率，从而使心脏休息时间缩短，既容易疲劳，恢复周期又较长。究其原因，是经常参加体育锻炼的人心脏收缩能力强，每搏输出量大，只要稍增加心跳频率就能满足需要。由于体育锻炼能使心血管保持很好的弹性，因而在剧烈运动时，训练有素的运动员每分钟心跳可高达 200 次左右，而一般人做不到，只有心脏具备了承担紧张工作的潜在能力，一旦需要才可以承担高强度的工作。与此同时，经常锻炼的人在进行轻度运动或工作时，在负荷相同的条件下，心脏和血压的变化却又小于一般人，这叫心脏工作"节省化"现象，是身体锻炼给机体带来的好处。

3. 坚持体育锻炼能够影响血管壁的结构，改善血管在器官内的分布

我国有人通过动物试验证明，体育锻炼能使动脉血管壁的中膜增厚，平滑肌细胞和弹性纤维增加，而在大动脉（主动脉）处，弹性纤维增长占优势，在中等动脉（股动脉）处，平滑肌细胞增长占优势。通常弹性纤维的改变所需要的时间比平滑肌长。也有人通过动物试验研究证实，体育锻炼能使骨骼肌的毛细血管分布数量增加、行程迂曲、分支丰富，这些变化都是很好的适应性反应，有利于器官的供血和功能的提高。

四、体育锻炼与血液成分

（一）血液的组成

血液是存在于心血管系统内的流动组织，它包括细胞和液体两部分。细胞部分是指血液的有形成分，总称为血细胞；液体部分称为血浆。人体内的血液总量约占体重的 7%~8%，在正常情况下，每公斤体重的血量，男性多于女性，幼儿多于成年人。

（1）血浆。血浆是血液的液体成分，占全血量的50%~60%。血浆中除含水分外，还有各种血浆蛋白、无机盐、葡萄糖、激素等物质。血浆具有维持渗透压、保持正常血液酸碱度、防御和体液调节等多种功能。

（2）血细胞。血细胞又分为红细胞、白细胞和血小板。①红细胞。是血细胞中数量最多的一种。正常成年男子的红细胞数量为450万~550万个/ml，平均为500万个/ml；成年女子为380万~460万个/ml，平均为420万个/ml。红细胞的主要功能是运输氧气和二氧化碳，缓冲血液酸碱度的变化。红细胞中含有一种重要的蛋白质——血红蛋白，红细胞的主要功能是由血红蛋白完成的。正常成年男子每100 ml血液中含血红蛋白12~15 g；女子为11~14 g。血红蛋白与红细胞数量有密切关系，如果红细胞或血红蛋白数量低于正常值就称为贫血。②白细胞。白细胞体积比红细胞大。正常人安静时血液中的白细胞数量为毫升5000~9000个，其数量生理变动范围较大，进食后、炎症、月经期等都可引起白细胞数量的变化。白细胞又分为有颗粒的中性粒细胞、嗜酸性粒细胞、嗜碱性粒细胞和无颗粒的淋巴细胞以及单核细胞。白细胞的主要功能是防御病菌、免疫和清除坏死组织等。③血小板。血小板无核，又称血栓细胞。正常人的血小板含量为10万~30万个/ml。血小板数量也随不同的功能状态有较大的变化。血小板的主要功能包括促进止血作用和加速凝血两个方面，同时还有营养和支持作用。

（二）体育锻炼如何影响血液成分

1. 体育锻炼对红细胞数量的影响

体育锻炼对红细胞数量可产生良好的作用，主要表现为体育锻炼可使红细胞偏低的人红细胞含量增加。研究证实，运动员和经常参加体育锻炼的人在安静时的红细胞数量比不参加体育锻炼的人略高。然而，人体内的红细胞数量并不是越多越好，红细胞数量过多，会增加血液的黏滞性，加重心脏负担，对机体也是不利的。因此，体育锻炼可使红细胞数量偏少的人红细胞数量有所回升，但不会使红细胞数量过多。

2. 体育锻炼对白细胞数量和免疫功能的影响

体育锻炼能否提高机体的抵抗疾病能力，主要与白细胞数量及免疫蛋白含量有关。研究证实，合理的体育锻炼可以提高白细胞的数量和功能，特别是可以提高白细胞中具有重要作用的淋巴细胞的数量，这对提高机体的抵抗疾病的能力是至关重要的。另外，体育锻炼还可以提高体内的自然杀伤细胞数量和免疫球蛋白水平，也可有效地提高机体抗病、防病的能力。

第三节　体育锻炼对大学生的心理影响

一、什么是心理健康

世界卫生组织给健康下的定义为："健康是一种身体上、精神上和社会适应上的完好状态，而不是没有疾病及虚弱现象。"从世界卫生组织对健康的定义中可以看出，其与我们传统的理解是有明显区别的，它包含了三个基本要素，即躯体健康、心理健康、具有社会适应能力。具有社会适应能力是国际上公认的心理健康的首要标准。

1946年，第三届国际心理卫生大会对心理健康的定义为：所谓心理健康，是指在身体、智能以及情感上与他人的心理健康不相矛盾的范围内，将个人心境发展成最佳状态。它的具体表现有以下几个方面：①身体、智力、情绪十分协调；②适应环境，在人际关系中能谦让；③有幸福感。

综上所述，我们认为心理健康一般有三个方面的标志。第一，心理健康的人，人格是完整的，自我感觉是良好的，情绪是稳定的，积极的方面多于消极的方面，有较好的自控能力，能保持心理上的平衡，有自尊、自爱、自信心，而且有自知之明；第二，在自己所处的环境中有充分的安全感，而且能保持正常的人际关系，能受到别人的欢迎和信任；第三，有明确的生活目标，有理想、有追求。

二、心理健康的标准

同生理健康一样，人的心理健康也是有标准的，只是心理健康的标准没有生理健康的标准那么具体、客观。国内外的许多学者对心理健康的标准做了大量的研究，他们给出的标准也不尽相同。

（一）马斯洛和米特尔曼共同提出的衡量心理健康的10条标准

1. 有充分的适应能力。
2. 能充分地了解自己，并能对自己的能力做出恰当的评价。
3. 生活目标、理想切合实际。
4. 与现实环境保持接触。
5. 能保持人格的完整和谐。
6. 具有从经验中学习的能力。
7. 能保持良好的人际关系。
8. 能适度地发泄情绪和控制情绪。
9. 在不违背集体意志的前提下，能有限度地个性发挥。
10. 在不违背社会规范的情况下，个人基本需求能恰当满足。

（二）世界卫生组织提出的心理健康标准

1. 心理健康的人，人格是完善的，自我感觉是良好的，情绪是稳定的，积极情绪多于消极情绪，有良好的自控能力，能保持心理平衡，能自尊、自爱、自信，而且有自知之明。
2. 人在自己所处的环境中有充分的安全感，而且能保持正常的人际关系，能受到他人的欢迎和信任。
3. 心理健康的人对未来有明确的生活目标，并能切合实际地不断进取，有理想和事业上的追求。

三、学生心理健康问题的诱发因素

人的心理健康是一个极为复杂的动态过程。影响心理健康的因素是各种各样的，既有个体自身心理素质的影响，也有外界环境因素的影响。就当前大学生的具体现状而言，影响其心理健康的因素主要表现在以下几个方面。

（一）环境变迁

心理学研究表明，个体所处的环境的巨大变迁会使个体产生心理应激。虽然环境变迁也是生活事件的一部分，但这种变化对个体适应的影响比较突出。生活环境的变迁对大学新生是个不小的挑战，其变化的主要方面就是要自己独立生活、应付一切生活琐事，对大多数刚踏进大学校门的学生来讲，他们所面对的是一个非常新奇而又非常陌生的环境，正是这种环境的变迁在很大程度上决定了新入学大学生的适应和调整问题。例如，几个同学共住一个寝室，彼此的生活习惯、作息安排，包括语言隔阂等，都需要去面对和适应。尤其是很多新生有远离家乡、亲人的问题，要适应起来还需一段时间。但相对来讲，大学生对新的人际关系的适应远比对学习和生活环境的适应困难很多。

（二）人际关系

人际关系是指社会人群中因交往而构成的相互联系的社会关系，属于社会学的范畴，中文常指人与人交往关系的总称，也被称为"人际交往"，包括亲属关系、朋友关系、学友（同学）关系、师生关系、雇佣关系、战友关系、同事关系及领导与被领导关系等。孔子曾说："独学而无友，则孤陋而寡闻"。人际关系问题不仅在新生中才有，它在大学生活中始终都是重要的心理影响因素。大学生的人际关系问题主要是处理与周围同学、老师以及家庭、亲人、朋友之间的关系。在人际交往过程中，一些不良的心理因素会影响大学生人际交往的正常进行，使有的大学生不敢与人交往、不愿甚至不能与人交往。与中学生相比，大学生的人际关系更为广泛与深刻，角色呈多元化。大学生来自不同的地域，具有不同教育背景和不同的家庭经济状况，带着各自的生活习惯与学业期待来到大学，因而新型人际关系的适应是大学生面临的重要问题，一般来说，在人际关系交往中，出现一些困难是难免的，但如果个体的人际关系严重失调、人际交往时常受阻，则表明个体存在某些不良的心理素质。

（三）自我认知

大学生活始终是丰富多彩、令人向往的，然而大学生进入大学以后，由于学习生活的转变，自身所具备的特长等诸因素的影响，大多数人对自我的评价也在逐渐发生转变。这不仅表现在学习成绩和生活起居上，还表现在知识面、社会经验、人际交往以及个体综合能力等方面。大学生作为同龄人中学业优秀的群体，现实自我与理想自我总有相当差距，对这一客观事实认识不足，就会引起认知上的矛盾，从而严重影响大学生的心理状态。在客观现实面前，有的大学生能及时调整对自身的认识，重新确立目标，以符合客观现实的要求；而有些大学生则企图逃避与现实的矛盾冲突，出现消沉、颓废、苦闷、抑郁等心态，或耽于玩乐，放纵发泄对现实的不满，以此来麻痹自己的心灵。因此，综合、全面的自我认知对大学生来说是极为重要的。

四、体育锻炼对心理健康的积极作用

许多学者通过研究和实践证明，体育具有健身、教育启智、发展情感、美育、娱乐等功能，对人们的健康，特别是心理健康水平的提高具有重要的作用。随着社会的发展，体育的作用越来越被人们认可。国内的研究者一般认为，体育对心理健康的促进作用主要有以下五个方面。

（一）体育锻炼能让人精神振奋

心情差、精神不振的人常可以从体育锻炼中获益，这是因为人在体育活动中，各种感觉信息输入机体，激发了全身机能的运动活性，由内而外产生出一种兴奋状态，继而精神振奋。

（二）体育锻炼能够降低焦虑反应

这是因为体育锻炼可以降低肾上腺素受体的数目或敏感性。此外，由于经常从事体育锻炼降低了心率和血压，从而减轻了特定的应激原对生理的影响。

（三）体育锻炼能够使人建立完整的自我概念

所谓自我概念，是指一个人对自己的身体、思想和感情等的整体评价，它是由许许多多的自我认识组成，包括我是什么人、我主张什么、我喜欢什么、我不喜欢什么等。由于坚持体育锻炼可使体格强健、精力充沛，因而体育锻炼对于改善人的身体的自我概念的作用是毋庸置疑的，特别是对改善人的身体表象和身体自尊至关重要。研究表明，经常参加体育锻炼的学生比不经常参加体育锻炼的学生对自己的评价更为积极。

（四）体育锻炼能够培养人的坚强的意志品质

意志品质是指一个人的果断性、坚韧性、自制力以及勇敢顽强和主动独立等精神。意志品质在克服困难的过程中表现出来，又是在克服困难的过程中培养起来的。体育锻炼中要不断克服客观困难（如气候条件的变化、动作的难度或意外的障碍等）和主观困难（如胆怯和畏惧心理、疲劳和运动损伤等），锻炼者越能努力克服主、客观方面的困难，也就越能培养良好的意志品质。这种坚强的意志品质能够潜移默化到日常的学习、生活和工作中去。

（五）体育锻炼对心理疾病的治疗有很大的帮助

1990年，美国科克凯尔迪等指出：体育锻炼已成为治疗心理疾病的一种很好的方法。心理医生们普遍认为，体育锻炼可以消除焦虑症和治疗抑郁症。在大学生中，由于学习和其他方面的挫折而引起的有焦虑症和抑郁症的人并不少，而体育锻炼就可以减缓或消除这些心理疾病。

大学生无论在生活上还是心理上都处于一个迅速变化的过程中，处于从不成熟到逐渐成熟、迅速向成人过渡的时期，因而各方面都在发生着巨大的变化。他们虽然生理上逐渐成熟，但由于阅历浅、社会经验不足、独立生活能力不强，对自己缺乏正确而全面的认识，同时又受到社会上各种各样的思潮的冲击，因此很容易产生各种各样的心理上的问题，而积极健康的心理能够给大学生的学习和今后的工作带来积极正面的影响。

第六章

高校体育运动安全

随着我国社会阶段的快速发展,党和国家对体育事业也越发地重视,人们对于强身健体和健康的要求也越来越高,体育运动开始大范围地普及,学校体育课程也随之增加,内容也变得更加丰富。但是,体育运动有着一定的风险因素,如果不能顺从人体的生理变化规律,没有计划地进行体育锻炼,那么运动伤害就容易成为高校大学生最常见的安全事故。因此,重视运动安全,强化安全意识,时刻关注与防范运动风险因素,成为了目前高校体育必须重视的一个问题。

第一节 高校体育运动产生伤害的常见原因

一、学生身体素质较差,个别学生伴有特定疾病

从年龄上看,高校学生处于身体的巅峰期。但是由于成长环境、个人饮食、家庭遗传以及运动习惯等因素,导致不同的学生体质上有较大的区别,某些学生出于个人心理因素,可能将身体情况进行隐瞒。在体育课堂上,不能如实地将身体状态或者隐藏疾病及时地告知体育教师,这就极大地增加了出现运动伤害的概率。

二、学生自我安全保护意识不够

由于多年来对文化课程的过度重视和对体育课程的轻视,导致许多高校学生在初、高中阶段,没有完整的体育知识学习和锻炼,大部分学生并不能掌握与体育安全相关的专业知识,所以他们的体育安全意识非常不健全,不能够做到在体育锻炼中科学、合理地开展自我保护工作。

三、学生的自律性不足

学生在参与体育课程中,如果缺乏自律性,不遵循教师的安排进行训练。而是开展一些与课堂内容不符的活动,或者不能循序渐进地进行体育练习,也会增加运动损伤的概率。

四、体育教师缺乏安全意识

作为高校体育课堂的组织者和学生学习的引导者,体育教师能否严格地根据教学规定和要求来履行教学职责,是非常重要的。高校教师除了要传授给学生体育运动知识,同时也需要承担保护学生参与运动时不受伤害的义务,教师是保护学生不受运动伤害的首要防线。如果不能在上课前做到对运动设备、场地进行检查,及时解决安全隐患,那么运动安全事故发生的概率就会增加。

五、教学组织的内容是否合理

在高校体育教学中,教师必须选用最佳的教学模式来组织学生的课堂活动,要根据学生的实际情况合

理地组织内容和方法。在进行动作教学和讲解时，不但动作示范要准确，而且要及时地细心纠正学生的错误动作，最大限度地防止运动伤害的产生。

第二节 如何规避体育运动损伤

一、提高体育运动安全意识

体育运动从本质上来讲，本身就有一定的风险性。只有正确地了解和重视风险，才能有效地进行规避。高校学生应该多关注与自己体育运动相关的安全防护知识与技能，对自己选择的运动项目进行一些基础的了解，对这项运动容易产生的损伤和自身的身体情况有一个简单的评估。

二、做好运动前的准备活动

准备活动是在运动或比赛前所做的各种身体练习。其目的主要是使人体为即将进行的运动或比赛做好功能上的动员和准备。准备活动的作用：

（一）能克服机体的生理惰性

人体的各器官都具有一定惰性，一般来说，运动器官的发动能力较快些，而内脏器官则需 3~5 min 动员才能进入工作状态。运动前做好准备活动，能提高心血管系统和呼吸器官的功能，使机体逐步适应剧烈运动的需要。

（二）能加速肌肉组织的新陈代谢，提高氧的利用率

准备活动使体温升高，增强了肌肉组织的新陈代谢过程，进而提高氧的利用率，为人体进入运动状态提供良好的物质基础。

（三）能调节运动情绪

节奏快、强度大的练习，可提高锻炼的兴奋性；节奏慢、强度小的练习，可降低其过高的兴奋性，适当的准备活动能使机体进入适宜的运动状态。

（四）能预防运动损伤

准备活动能增强肌肉、肌腱和韧带的弹性和伸展性，使关节滑膜液分泌增多，关节活动范围加大，从而避免运动损伤和肌肉痉挛。准备活动的要求，准备活动有两种：一种是一般准备练习，如跑步、徒手操等；另一种是专项准备练习，如在打篮球前先做投篮、传球、运球等练习，在游泳之前先在陆地上练习划臂、蹬腿、呼吸等。准备活动的运动量和时间的长短，应根据锻炼的项目、内容、气候变化和自己的身体状况而有所区别，一般使身体发热或微微出汗为宜，心率上升到 130~160 次/分钟，使内脏器官、肢体的活动幅度和肌肉力量等方面达到适宜工作状态。

三、做好运动过后的整理活动

整理活动是运动或比赛结束后做一些放松和整理的肢体和心理活动。其目的在于使人体由紧张的运动状态逐步过渡到相对安静的身体状态。

（一）整理活动的作用

1. 有助于人体功能尽快恢复常态。由运动引起的一系列生理、心理变化需要有一个逐步恢复的过程，整理活动可促使这一过程的转化。

2. 整理活动是一个轻松、活泼、柔和的活动过程，有助于肌肉的血液畅流，排出二氧化碳，消除代谢产物，以达到减轻肌肉酸痛、消除疲劳的效果。

（二）整理活动的要求

整理活动应着重于全身性放松。尽量采用轻松、活泼、柔和的练习，活动量逐渐减少，节奏逐步减慢，以促使呼吸频率和心率下降。如在长跑到达终点后，再慢跑一段或边走边做深呼吸和放松徒手操。特别在

紧张剧烈的运动之后，一定要进行全身放松活动，以免身体受到损伤。整理活动之后，还要注意使身体保暖，以防身体着凉，引起感冒。

第三节　高校体育运动与饮食健康

一、运动与营养

体育运动中会消耗大量的能量，如果不能得到及时的补充，就会对身体产生损害，所以体育运动前后如何正确地补充营养是非常重要的。人体所需要的营养素主要有糖、脂肪、蛋白质、维生素、矿物质和水。这些营养素各有独特的营养功能，在代谢过程中又密切联系，共同参与，推动和调节生命活动。营养供给不足或过量都不利于健康。常见的运动食物有以下几种：

（一）粮食类食物

粮食类食物是热能供给的主要来源，每天进食的数量应与一天热能的消耗相适应，并以粗细搭配为宜，多种粮食混合食用。据调查，我国男大学生每天能量消耗约 10.4×10^3 kJ，女生约 8.7×10^3 kJ。积极参加体育锻炼的男生可达 13.8×10^3 kJ，女生为 10.4×10^3 kJ。如长期热量供给不足，会引起身体瘦弱、抵抗力减弱，但摄取热量过多，也易引起脂肪过多。

（二）蛋白质食物

蛋白质是人体肌肉的主要原料，其中主要来自瘦肉、鱼虾、蛋类、乳类和豆制品等。一般成人每天每千克体重需蛋白质 1.2~1.5 g，经常从事锻炼者比一般人高 50%~80%。如果长期蛋白摄入量不足，可引起营养不良和贫血等症。

（三）蔬菜类食物

蔬菜类食物是维生素的主要来源。维生素对经常锻炼的人来说非常重要，它不仅是保证身体健康所必需，而且还直接影响人体活动的能力。维生素主要存在于新鲜蔬菜中，最好每人每天能吃 400~500 g 蔬菜，有条件者每天食用一定量的水果。

二、运动饮食的习惯与常见误区

高校学生对于运动营养补充，容易产生想当然的情绪，往往跟着自己的感觉走，渐渐地形成了一些不好的习惯，这就造成了许多运动营养补充误区，长此以往就会对身体造成伤害，下面列举几个常见的误区。

（一）运动前要多补充营养

人体在正常情况下，体内储备的能量足够支持一般强度的运动。在运动前如果进行过量的饮食补充，就可能会导致恶心、呕吐、腹痛等症状。而人体在饮食后进行运动，血液会大量供给消化器官，运动器官的血液供应就很难得到满足，不但会影响到食物的消化，还会影响到人体的运动能力。进食后进行运动，还有可能导致脏器下垂。因此，运动前如果要进食，要选择一些易于消化而且含纤维素较少的食物，食用量也要适中。

（二）空腹运动更有利于健康

很多人认为，既然饮食后运动不利于身体健康，那么空腹运动是不是更合适呢。这其实是又一种误区，空腹运动会导致血糖的消耗不能得到及时的补充，当血糖浓度降低时，人体神经组织就只能依靠氧化糖来供能，非常容易出现头晕、心慌、眼黑等症状。因此，运动前可以适度补充食物，不要超过平时食物量的 1/2。同时也要避免饱腹状态下运动，建议饭后 1.5 h 后再运动。

（三）运动时喝冰水有利于降温

很多人在运动时，喜欢选择喝凉的水或者饮料，认为这样可以做到在补充水分的同时，给身体进行降温。这也是一种误区，人体在运动时，随着运动量的增加，会产生大量的热能，体温也会随之增高，如果不能及时充分地散热，就会对身体器官和功能产生损害。人体的排汗机制是最主要的散热手段，大量的排汗会导致身体的缺水，在运动中及时地补充水分是非常有必要的。但若饮水水温过低，则会导致肠胃的血管遇冷收缩引起痉挛，甚至发生消化系统紊乱，不但不利于水分的吸收，还有可能导致其他病患。因此，运动中的补水，要控制温度适中，最好不要低于14℃，这个温度对于肠胃的吸收最为合适。

（四）为了减肥的目的，运动后只吃水果

当大量运动后，人体会感觉到饥渴程度增加。为了达到减肥的目的，很多人会选择通过只吃水果来降低热量供给，以达到通过高消耗热量来燃烧脂肪的目的。这是一种可行的减肥辅助方法。但是，水果中含有的主要成分是糖和维生素，它所能提供的营养物质和能量是相当有限的，并不能满足运动后机体的需要。当剧烈运动后，人体需要的营养物质还包括蛋白质、矿物质以及脂肪等。从补充营养的角度来说，水果远达不到这个要求。所以说运动后只通过吃水果来补充能量是不行的，还需要搭配其他的食物。

（五）大量出汗后要大量补水

如果运动时气温较高，或者运动强度较大，人体会大量出汗。如果补水不及时，就容易出现脱水现象。脱水会导致血流量减少，使血液循环产生障碍，还会导致出汗量降低，身体产生的热能不能及时排出体外，随之带来的是体温增加，尿量降低，新陈代谢产生的废物不能及时排出。需要注意的是，及时补充水分并不是在运动后进行大量补水，人体对于水的需求是根据机体的消耗量来决定的，正常情况下机体对于水的摄取和排泄有一种动态的平衡。当摄入小于排泄时，人体会缺水。当摄入大于排泄时，则容易发生水中毒。所以说运动后大量饮水是非常不科学的。科学的运动饮水方法是在运动中就进行及时的补充，遵循少量多次的原则，每次饮水控制在200 ml左右，时间间隔在20 min到30 min，每小时的饮水量最好不要超过600 ml。

（六）运动后要多吃点甜食

很多人认为，运动时身体消耗了大量的能量，当运动结束后，喝一些浓度较高的糖水或者吃一些糖和甜食，就可以起到既补充水分又补充能量的效果。殊不知，运动后吃糖会导致人体的体力恢复过程"雪上加霜"，不但不能消除疲劳，还容易引起倦怠和食欲缺乏。正确的补充方法是，当结束剧烈运动后，先休息半小时左右，等身体状态平静下来，再进行营养物质的补充，对补充量的控制要遵循适度原则。

（七）运动后多吃饭就可以补充运动消耗

很多人认为，运动时产生的能量消耗可以通过运动后的大量进食来补充。当运动后，胃口有所增加，进食的量也随之增加。这也是一种误区，人体在不同的年龄阶段、不同的性别及生理状态下的饮食营养需求是不一样的，运动后的食欲也会随着运动项目和运动量的不同有所区别。正常情况下，运动会消耗人体能量，导致胃口增加，使得人们的饭量也随之增加。但是，如果摄入过量，会导致消耗低于摄入，长此以往，就会导致脂肪堆积，发生肥胖现象，这就违背了我们通过运动保持身体健康的初衷。正确的运动后饮食习惯，要根据能量消耗的情况和自身运动后身体的状态来判断，只要补充到维持正常体能的效果即可。

第四节　高校体育运动环境的选择

良好的运动环境，可以激发锻炼者的运动情绪和锻炼效率。反之，可抑制锻炼情绪，还可引起生理异常反应或诱发运动损伤。

一、运动与空气

空气是人类赖以生存的条件之一，氧是人体生命活动的重要物质。新鲜空气中含有大量负离子，它能调节大脑皮质功能，促进腺体分泌，改善呼吸功能，振奋精神，消除疲劳，有效地提高锻炼效果。然而，空气中一旦存在有毒气体，被人体摄入后，常引起某些器官、系统的损害和病变。如一氧化碳与体内血红蛋白结合，会形成碳氧血红蛋白，而导致人体缺氧；二氧化碳会损害肝。因此，体育锻炼时应注意：

1. 避免在空气污浊和恶劣的环境中锻炼。如气压过低、空气湿度过大，易使机体的散热功能受到阻碍；气温过高易中暑；风速过大，会影响运动进行。

2. 尽可能在室外锻炼。特别是在空气新鲜、环境幽雅的地方锻炼。在室内锻炼时，要开窗通风，室内禁止吸烟。

二、运动与噪声

卫生噪声是一种环境污染因素。它主要来自机器、汽车、高音喇叭、爆炸以及人群喧闹等。噪声会严重影响人的情绪和正常的生理活动。体育锻炼时常因受噪声干扰而影响运动技术的形成和锻炼效果，甚至造成运动损伤。因此，锻炼环境应保持相对的安静，理想的噪声强度不超过 35 dB。

三、运动与采光

合理采光既使环境气氛和谐，有利于健康，也有利于锻炼活动的顺利进行。不合理采光会直接影响锻炼者的视力，妨碍锻炼活动的顺利进行，还容易发生运动损伤。

四、运动与场地

1. 田径场地卫生。跑道应当平坦、坚实而有弹性，无灰尘并保持一定的湿度；跳跃沙坑要有 50~60 cm 厚度的沙，保持松软，没有杂物。沙坑周围宜用木质制作，并用橡皮包扎与地面齐平；投掷区应有明显的标记，以免造成伤害事故。

2. 球类场地卫生。足球场最好铺有草皮，场地平坦、整洁、无杂物。篮球、排球、网球场地要平整，硬度适中，没有浮土，球场周围应有余地。

3. 游泳池卫生。游泳池卫生最重要的是水质要符合卫生部门的要求，水中含氯量应达到 0.2~0.4 mg/L，细菌总数（CFU/ml）<100，大肠菌属（CFU/100ml）不行检出。水质透明度应达到静水时能看到池底的任何地方的要求。为了保持池水清洁，游泳前必须全身淋浴，并通过消毒脚池后入池。此外，深浅水区要有明显的标记。

第五节 常见的体育运动损伤与预防

体育运动存在着偶然性和意外性，在做好充分的预防措施的前提下，我们也需要了解一些运动急性损伤的急救和处理原则。当运动损伤发生时，既可以保护伤者的生命安全，又可以减轻伤者痛苦，减少损伤恢复时间。

一、常见运动损伤的处理

1. 擦伤。处理方法：用生理盐水清洗创伤面，再进行消毒，以免发生感染，大面积的擦伤要用消毒纱布覆盖或包扎。

2. 扭伤、拉伤。轻度的受伤应立即冷敷和加压包扎，24 h 后才可进行热敷或按摩治疗，注意在刚受伤时切勿进行按摩和搓揉，以免造成受伤部位充血肿胀，形成瘀血，从而加重伤情。严重的受伤（如韧带或肌肉断裂）包扎后应立即送往医院治疗。

3. 脱位、骨折。首先固定伤患部位，尽量避免移动患肢，立即送往医院；若发生休克时，应迅速使伤者复苏，如刺激人中、合谷等穴位。

4. 脑震荡。首先要让伤者安静、平卧，不要随便移动位置，勿摇晃，牵扯，对头部进行冷敷，对昏迷者应进行复苏抢救；伤者清醒后再度昏迷或发生剧烈的头痛、呕吐者，应立即送医院抢救。

5. 中暑。中暑是当气温过高时，体温调节发生紊乱，进而导致机体内环境紊乱，从而引发一系列的病理征象（头晕、乏力、胸闷、口渴、大汗、高热甚至昏迷或痉挛），处理时使患者迅速脱离高温环境，移到阴凉处休息，口服十滴水、仁丹或涂清凉油，同时补充含盐的清凉饮料；若是重症中暑，在急救的同时尽快送医院救治。预防中暑应避免在高温时段进行耐力性或剧烈性的户外体育比赛；同时运动时补充低糖含盐的饮料。

二、运动损伤的急救

（一）止血出血

分外出血、内出血和皮下出血型3种，一般多发生混合型出血；止血的方法有高抬伤肢、指压、加压包扎、止血带和冷敷等方法。在采取应急止血措施的同时尽快送医院救治。

（二）处置休克

一般让休克者平卧，下肢抬高，保持体温，使呼吸畅通，掐人中等使其尽可能苏醒，在一般处理后，应立即送往医院进行抢救。

（三）溺水

溺水者被救上岸后，首先迅速清理口鼻内的分泌物，立即进行控水，马上进行人工呼吸或胸外心脏按压等复苏方法。注意：在发生有生命危险的事故时，应在第一时间拨打120急救电话，以最快速度得到专业救治，在有关医生没到场时，还要进行现场的应急处理。

第七章

体育竞赛组织与编排

第一节 体育竞赛理论概述

一、体育竞赛的基本组织程序

（一）组委会和办事机构的职责

成立组织机构、领导组织机构的规模要与竞赛规模相适应，其机构范围要根据竞赛规模大小而定。市、县一级单位或学校竞赛组织机构的规模，可结合具体情况、简化领导组织机构，主要从保证完成比赛任务来安排。较大规模的赛会设立组织委员会（竞赛委员会），一般还设仲裁委员会。组织委员会设主任、副主任、委员等。组织委员会下设竞赛处和秘书处。竞赛处下设竞赛组、裁判组、场地组和调研组等。秘书处下设宣传组、会务组、保卫组、医务组、后勤组等。各级组织主要职责范围：

1. 组织委员会

组织委员会简称组委会，一般由下列成员组成：

（1）承办单位负责人；

（2）有关办事机构负责人；

（3）各参赛队负责人；

（4）大会总裁判长。

组委会是体育竞赛组织工作的中枢，是整个竞赛具体组织工作的领导机构，要直接对竞赛的各项具体工作负责。成立组委会的目的是为体育竞赛活动起保证作用，并提供良好竞赛条件，确保竞赛工作顺利进行。组委会的任务是：全面负责竞赛工作，制订竞赛中的各种计划，审批有关竞赛报告、计划、通知等文件，根据工作需要设立各个办事机构。

2. 办事机构

（1）秘书处

秘书处是组委会的常设执行机构，具体任务有以下几条：

1）主要负责整个比赛活动的组织和安排、起草和发放文件、组织开幕式和闭幕式。

2）召开组委会会议，执行组委会决议，检查、督促各项工作的进行。

3）制订大会工作日程，包括比赛、休息、会议、娱乐等。

4）负责广告宣传、寻求赞助、筹措经费。

5）主持体育竞赛期间的日常工作。

（2）宣传处

宣传处主要负责思想教育、宣传报道工作，印发有关学习文件、参考资料等，协助有关部门组织报告会、参观访问等活动。

（3）竞赛处

竞赛处主要负责比赛的组织工作，负责编排秩序册、成绩册，组织裁判员、记录比赛成绩，统计评定、审查成绩记录等工作，并及时召开有关会议，解决比赛中的有关问题。竞赛处是比赛中业务工作的核心单位，其工作主要由具有专业知识的人员来承担。竞赛的编排要按编排的有关原则和方法进行。

（4）后勤处

后勤处负责编排预算、保证比赛的物资器械设备供应、安排生活（食宿、搞好医务卫生和防伤、急救等）。

（二）制订竞赛规程

竞赛规程是指运动竞赛的法规性文件，是竞赛工作的重要依据。竞赛规程要提前发给有关单位，以便各单位做好比赛前的准备工作。在拟订竞赛规程、考虑每项竞赛的具体办法时，应立足于吸引更多的人参加竞赛，同时也要鼓励创最佳成绩。为此，应根据竞赛的具体任务和要求，灵活地运用分组、比赛和评定名次的方法。竞赛规程的内容一般包括以下几个方面。

1. 竞赛（运动会）的名称。
2. 举办竞赛的目的、任务和要求（或总则）。
3. 竞赛日期及地点

要根据比赛的性质、规模、参加人数、场地、设备、项目多少、季节性等特点来确定。

4. 参加单位

根据竞赛任务或性质确定参加单位，在学校的竞赛（运动会）中一般以学院、系或班级为单位参加。

5. 竞赛项目

明确规定比赛的项目或表演项目。

6. 参加办法

根据竞赛的规模和性质，规定各单位参加的总人数（运动员、领队、教练员工作人员等）、每个项目的规定参加人数、年龄组划分（级别组）、运动员年龄、报到日期及地点等。

7. 竞赛方法

根据比赛任务、时间、参加队的数量确定比赛的方法、评定比赛成绩和名次方法以及采用的竞赛规则等。

8. 奖励办法

根据竞赛（运动会）的要求，在比赛成绩的基础上确定奖励名额（如前六名、前八名或前十名等）、奖励方式（如物质奖及荣誉奖等）。

9. 特别规定及注意事项

如运动员的报名成绩，运动服装的规定，各单位旗帜的样式和大小、号码顺序和尺寸、食宿标准、自选动作（体操、武术、艺术体操等）的要求等。

二、体育竞赛的编排方式

体育竞赛编排原则

1. 编排工作由竞赛处具体负责，重大问题请示组委会决定，编排工作要按全面性和规则的有关规定进行，在运动员分组、场次的安排等问题上要本着公正的原则，尽量做到机会均等。

2. 常用的比赛制度

通常采用的比赛制度有淘汰制和循环制两种。选择和确定比赛制度时，应考虑举办比赛的目的任务、比赛的期限、参加队数的多少及场地和运动员的学习、工作等情况。具体的体育竞赛编排，将在下面两节进行阐述。

第二节 球类运动竞赛的组织和编排

球类竞赛的编排要根据规程规定的竞赛办法来进行，而规程中竞赛办法的选择又要根据参加比赛队（人）的数量和比赛的时间来确定。这里以篮球、排球、足球这三大球为例，是由于它们的竞赛办法基本相同，为避免重复，因此特将这几个项目合并编写。根据比赛的宗旨、性质，参加比赛的队数、场地和比赛时间等因素，这几个项目的竞赛组织编排均采用循环制，其中单循环和分组循环使用较多，双循环则使用较少。

一、单循环比赛的编排方法

单循环比赛是指所有参加比赛的队之间均要轮流相遇一次，然后根据各队胜负场次的积分多少来决定名次。

单循环比赛一般是在参加比赛的队数不太多、场地和时间又能保证安排所有参加队在同一天（或两三天内）有比赛机会的情况下才会采用。这种方法能使所有参加队有相遇的机会，有利于互相学习、互相交流和共同提高。同时，排列出来的名次也比较符合实际，能反映出各队的技术水平。

（一）单循环比赛轮次与场数的计算

计算轮次与场数的目的是计算比赛所需的时间和所需场地的数量，以便于竞赛的日程和场地的安排与经费的预算。

1. 计算比赛的轮次

参加循环赛的各队均比赛一场（包括轮空）则为"一轮"。参加比赛的队数为偶数时，计算轮次的方法为：轮次＝队数－1（若8个队参加单循环比赛，则轮次为8－1）；参加比赛的队数为奇数时，计算轮次的方法为：轮次＝队数（若7个队参加单循环比赛，则轮次为7轮）。

2. 计算比赛的场数

计算比赛场数的公式为：场数＝队数×（队数－1）/2

例如，若有9个队参加单循环比赛，则比赛场数为：9×（9－1）/2=36（场）

（二）逆时针轮转法

该轮转方法是先将1号位置固定不动，第一轮次序是将比赛队数的前一半号码依次写出，排在左侧，再将后一半号码，从下向上依次写出排在右侧，并用横线连起来即可。第二轮次序的轮转方法是1号固定不动，其他号码按逆时针方向轮转一个位置，即可排出。第三轮次序按第二轮次序的位置，逆时针轮转一次，依此类推可排出其他各轮比赛秩序。

例如：有6个队（人）参加比赛，比赛顺序如表7-2-1所示。

表 7-2-1　单循环比赛对阵表

第一轮	第二轮	第三轮	第四轮	第五轮
1——6	1——5	1——4	1——3	1——2
2——5	6——4	5——3	4——2	3——6
3——4	2——3	6——2	5——6	4——5

如果是5个队参加赛，还用表7-2-1，只需将6号换成"0"作为轮空。

（三）"贝格尔"编排法

从1985年起，世界性排球比赛多采用"贝格尔"编排法。其优点是单数队参加时可避免第二轮的轮空队，从第四轮起每场都与前一轮的轮空队比赛的不合理现象。采用"贝格尔"编排法，编排时如果参赛队为双数时，把参赛队数分一半，前一半由 1 号开始，自上而下写在左边；后一半的数自上而下写在右边，然后用横线把相对的号数连接起来，这即是第一轮的比赛。第二轮将第一轮右上角的编号（"0"或最大的一个代号数）移到左角上，第三轮又移到补角，以次类推（表 7-2-2）。

表 7-2-2　个队比赛的编排方法

第一轮	第二轮	第三轮	第四轮	第五轮	第六轮	第七轮
1——0	0——5	2——0	0——6	3——0	0——7	4——0
2——7	6——4	3——1	7——5	4——2	1——6	5——3
3——6	7——3	4——7	1——4	5——1	2——5	6——2
4——5	1——2	5——6	2——3	6——7	3——4	7——1

无论比赛队是单数还是双数，最后一轮时，必定是"0"或最大的一个代号在右上角，"1"在右下角。

（四）分组循环赛制编排方法

分组循环比赛一般是在参加队数较多的情况下所采用的方法，既为了不过多地增加比赛的场次和延长比赛的日期，同时每队又能参加一定的比赛场次，而且排列出的各队名次也比较客观，所以运用这种编排方法比较多。

分组循环比赛可根据参加比赛的队数，将其分成若干个平行小组，先在组内进行单循环比赛，并排出各小组的名次。根据具体情况，分组循环可分两个阶段（预赛阶段和决赛阶段）或三个阶段（预赛阶段、复赛阶段和决赛阶段）进行。

1．分组办法

（1）根据上届比赛成绩或实际水平，采用蛇形编排法分组（表 7-2-3）。

（2）16 个队分成 4 组；8 个队分成 2 组。

（3）根据过去成绩和现在发展情况，经协商确定种子队。先用抽签的方法将种子队安排在各组内，然后再用抽签的方法确定各队所在组的位置。

表 7-2-3　分组办法

组别	代号			
一	1	8	9	16
二	2	7	10	15
三	3	6	11	14
四	4	5	12	13

2．决赛阶段的比赛方法

以 16 个队参加比赛为例，有以下几种比赛方法。

（1）将预赛各小组同名次的队编为一组，进行决赛。预赛各小组的第 1 名决定 1~4 名，预赛各小组的第 2 名决定 5~8 名，预赛各小组的第 3 名决定 9~12 名，预赛各小组的第 4 名决定 13~16 名。

（2）将预赛各小组前 1 名、2 名划为一组，决定 1~8 名；将预赛各小组前 3 名、4 名划为一组，决定 9~16 名。

（3）将预赛前 1 名或前 2 名划为一组参加决赛，决定前 4 名或前 8 名，其他各队不再比赛。

（4）在预赛中已经相遇的队，决赛中不再比赛，按两队在预赛阶段的成绩来排列名次。

二、双循环赛

双循环是指参加比赛的队伍先后进行两次单循环的比赛方法，使参加比赛的队伍均能相遇两次。最后按各队在全部比赛中胜负场数的积分多少排列名次。双循环赛的编排方法与单循环一样。第二次循环赛的编排可以重复，也可以重新抽签编排。

总之，篮球、排球、足球等项目的竞赛方法均采用单循环或分组循环。淘汰制和混合制因很少采用，这里就不再阐述。

第三节　田径运动竞赛的组织与编排

田径运动会，由于竞赛项目、参赛运动员多和赛期时间短的特点，因此组织编排工作的好坏将直接关系到运动会是否能顺利进行和运动员技术水平能否很好发挥的问题。

田径运动会的组织编排工作包括组织与接受报名、编印竞赛秩序册、准备与绘制各种比赛表格、比赛过程中的临场编排、名次录取与成绩公告、编印成绩册等。

一、编排前的准备工作

（一）组织与接受报名表

根据竞赛规程的要求，向各单位印发报名表，收到报名表后要按单位逐项进行审核，如有不符合规程的地方，应立即通知有关单位及时更正。审核报名单的内容有：

1. 报名单上的姓名、项目是否填写清楚。
2. 每个项目的报名人数是否符合规程要求。
3. 每个运动员的报名项目是否超过规定。

（二）编写与抄写代表队名单

1. 审核完报名单位后，按分配给该单位的运动员号码，按人逐个编号。
2. 填写运动员姓名、号码对照表，并根据报名先后顺序，按下列格式抄写代表队名单：

×××代表队

领队：×××

教练：×××

男运动员：A01：×××；A02：×××

女运动员：A20：×××；A21：×××

3. 填写径赛卡片与各项田赛运动员名单。根据报名名单，把运动员所参加的组别、径赛项目、单位、姓名、号码等填写在"径赛成绩记录卡片"和"全能成绩记录卡片"上，运动员每参加一项填写一张。如果是接力赛，每队要填写一张"接力赛成绩记录卡片"。

田赛项目则分项将运动员号码、姓名、单位填入"田赛高度成绩记录表"和"田赛远度成绩记录表"。

4. 统计参加人数和填写运动兼项统计表。

二、编排竞赛秩序

（一）编排运动会竞赛日程

根据运动会的天数，将所有径赛与田赛项目按上、下午时间编排成一个秩序，使比赛有计划地顺利进行。编排竞赛秩序时，需考虑下列原则：

1. 每天（节）的项目，根据每项参加人数的多少以及竞赛所需时间长短均衡安排。
2. 径赛的长、短距离，田赛的跳、掷类项目以及男、女项目和不同组别交叉编排。
3. 照顾兼项的一般规律，对某些项目分开编排，以减少兼项的矛盾。
4. 跨栏项目一般安排在每个单位时间的第一项，也可以排在长距离比赛的后面进行，以减少摆栏的时间。
5. 决赛项目和精彩项目分开排列。

6. 田赛场地的布局，应照顾全场观众。
7. 短距离项目如 100 m、200 m 等，采用预、决赛两个赛次时，最好安排在同一天进行。

（二）各项竞赛的分组编排方法

1. 径赛项目的分组要求

（1）根据各项参加人数和跑道数确定组数，每组人数力求平均。

（2）径赛项目，一般是采用按成绩录取的办法，因此应把成绩好的运动员编在一组，以创造好成绩，且最好安排在第二组或第三组进行。

（3）同一单位的运动员应尽量避免编在同一组。

（4）运动员道次的分配，一般采用运动员抽签或按成绩顺序分配两种方法。若按成绩顺序分配道次，以 8 条跑道为例，直道项目为 4，5，3，6，2，7，1，8；弯道项目为 3，2，4，5，6，7，8，1。

（5）不分道跑的径赛项目，如人数多需分组时，应将成绩好的编在第一组进行，其起跑的位置排列可按成绩优次由内向外排列，或抽签决定。

根据上述原则，将分好组的运动员姓名填入竞赛分组表。

2. 田赛项目的分组要求

田赛项目一般不分组，其比赛的先后顺序由运动会编排人员抽签决定。如果参加人数过多，可在正式比赛前举行及格赛；若必须分组时，则比赛场地条件和方向必须相同。对于比高的项目，其每次上升高度，两组必须相同，直至比赛结束。

3. 全能项目的分组要求

根据规则要求，全能径赛项目的分配首先由全能编排人员抽签决定，其次由运动员在检录处抽签决定；田赛项目比赛的先后顺序，也由大会编排抽签决定。

三、编排秩序册

田径运动会的秩序册，一般包括下列内容：

1. 运动会主席团名单。
2. 运动会组织委员会名单。
3. 仲裁委员会名单。
4. 运动会办事机构名单。
5. 体育道德风尚奖评选条件。
6. 运动会竞赛日程。
7. 运动会开、闭幕式程序。
8. 裁判员名单。
9. 运动员人数统计表。
10. 各代表队名单。
11. 竞赛日程与运动员竞赛分组表。
12. 国家等级运动员标准。
13. 世界、全国、省、市、学校田径最高纪录表。
14. 竞赛场地平面图。

四、竞赛期间的编排记录工作

1. 每一单元比赛前将运动员检录单连同运动员成绩记录卡片交检录处。
2. 临场编排：比赛过程中，根据径赛的预赛结果按成绩及时公布决赛名单。
3. 及时公布各项决赛成绩（一式三份：一份张贴，一份交成绩宣告，一份留存）。
4. 登记成绩与计算各单位团体总分。
5. 核对全能运动员的成绩与得分。

6. 统计打破纪录的人数。

五、竞赛结束后的工作

（一）编排记录组提供的资料

全部竞赛项目结束后，编排记录组应及时提供下列资料：

1. 各项前 6 名或前 8 名运动员成绩记录表。
2. 各单位团体总分记录表。
3. 打破纪录人数统计表。

（二）编印运动会成绩册

根据编排记录组提供的资料，编印运动会成绩册，并发放、存档。

总之，田径运动会的编排工作是一项繁琐的工作，随着现代科学技术的发展，计算机已经进入各行各业，把计算机技术应用于田径运动会的编排，可以节省时间，操作起来也比较简单。目前田径运动会编排软件已被科技人员开发出来，以供在不同层次的田径运动会的编排中合理应用。

第八章
大学生体质健康标准

2007年教育部、国家体育总局联合发布关于实施《国家学生体质健康标准》的通知，印发《国家学生体质健康标准》及《国家学生体质健康标准》实施办法，要求在全国各级各类学校中全面实施。在此基础上，2014年教育部对其进行修订，印发了《国家学生体质健康标准（2014年修订）》，同年，印发了《学生体质健康监测评价办法》《中小学校体育工作评估办法》和《学校体育工作年度报告办法》等文件，引导学校深化体育教学改革。《国家学生体质健康标准（2014年修订）》明确了各学段测试对象、测试指标、测试方法及单项指标与权重等内容。

第一节 《国家学生体质健康标准》评价办法

一、实施依据

《国家学生体质健康标准》（以下简称《标准》）是国家学校教育工作的基础性指导文件和教育质量基本标准，是评价学生综合素质、评估学校工作和衡量各地教育发展的重要依据，是《国家体育锻炼标准》在学校的具体实施，适用于全日制普通小学、初中、普通高中、中等职业学校、普通高等学校的学生。

本标准的修订坚持健康第一，落实《国家中长期教育改革和发展规划纲要（2010—2020年）》《国务院办公厅转发教育部等部门关于进一步加强学校体育工作若干意见的通知》（国办发〔2012〕53号）和《教育部关于印发〈学生体质健康监测评价办法〉等三个文件的通知》（教体艺〔2014〕3号）有关要求，着重提高《标准》应用的信度、效度和区分度，着重强化其教育激励、反馈调整和引导锻炼的功能，着重提高其教育监测和绩效评价的支撑能力。

二、实施细则

1. 本标准从身体形态、身体功能和身体素质等方面综合评定学生的体质健康水平，是促进学生体质健康发展、激励学生积极进行身体锻炼的教育手段，是国家学生发展核心素养体系和学业质量标准的重要组成部分，是学生体质健康的个体评价标准。

2. 本标准将适用对象划分为以下组别：小学、初中、高中按每个年级为一组，其中小学为6组、初中为3组、高中为3组。大学一二年级为一组，三四年级为一组。

3. 小学、初中、高中、大学各组别的测试指标均为必测指标。其中，身体形态类中的身高、体重，身体功能类中的肺活量，以及身体素质类中的50 m跑、坐位体前屈为各年级学生共性指标。

4. 本标准的学年总分由标准分与附加分之和构成，满分为120分。标准分由各单项指标得分与权重乘积之和组成，满分为100分。附加分根据实测成绩确定，即对成绩超过100分的加分指标进行加分，满分为20分；小学的加分指标为1 min跳绳，加分幅度为20分；初中、高中和大学的加分指标为男生引体向上和1000 m跑，女生1 min仰卧起坐和800 m跑，各指标加分幅度均为10分。

5. 根据学生学年总分评定等级：90.0 分及以上为优秀，80.0~89.9 分为良好，60.0~79.9 分为及格，59.9 分及以下为不及格。

6. 每个学生每学年评定一次，记入《〈国家学生体质健康标准〉登记卡》。特殊学制的学校，在填写登记卡时可以按规定和需求相应地增减栏目。学生毕业时的成绩和等级，按毕业当年学年总分的 50% 与其他学年总分平均得分的 50% 之和进行评定。

7. 学生测试成绩评定达到良好及以上者，方可参加评优与评奖；成绩达到优秀者，方可获体育奖学分。测试成绩评定不及格者，在本学年度准予补测一次，补测仍不及格，则学年成绩评定为不及格。普通高中、中等职业学校和普通高等学校学生毕业时，《标准》测试的成绩达不到 50 分者按结业或肄业处理。

8. 学生因病或残疾可向学校提交暂缓或免予执行《标准》的申请，经医疗单位证明，体育教学部门核准，可暂缓或免予执行《标准》，并填写《免予执行〈国家学生体质健康标准〉申请表》，存入学生档案。确实丧失运动能力、被免予执行《标准》的残疾学生，仍可参加评优与评奖，毕业时《标准》成绩需注明免测。

9. 各学校每学年开展覆盖本校各年级学生的《标准》测试工作，《标准》测试数据经当地教育行政部门按要求审核后，通过"中国学生体质健康网"上传至"国家学生体质健康标准数据管理系统"。测试和数据上传时间由教育行政部门确定。

第二节 《国家学生体质健康标准》实施目的

一、增进健康，增强学生体质

学校教育，特别是学校体育直接肩负着"增强全体学生体质"和"促进全体学生健康"的使命。2016 年国务院办公厅印发《关于强化学校体育促进学生身心健康全面发展的意见》要求以"天天锻炼、健康成长、终身受益"为目标，改革创新体制机制，全面提升体育教育质量，健全学生人格品质，切实发挥体育在培育和践行社会主义核心价值观、推进素质教育中的综合作用，培养德智体美全面发展的社会主义建设者和接班人。目前学校体育与学生体育锻炼标准在适应学生"健康成长、终身受益"的教育标准上还存在不足。例如，身体运动素质的测试指标来反映学生的健康水平是否合理？如何解决测试项目过于繁杂、重复，以及如何将测试内容的科学性、合理性和可操作性相结合的问题等。

为了解决上述问题，使学生体质健康的评价在学校体育工作中起到正确积极的导向作用，2007 年教育部、国家体育总局联合发布关于实施《国家学生体质健康标准》的通知，印发《国家学生体质健康标准》及《国家学生体质健康标准》实施办法，要求在全国各级各类学校中全面实施。《标准》作为促进学生体质健康发展、激励学生积极进行身体锻炼的教育手段，是学生体质健康的个体评价标准，也是学生毕业的基本条件之一。它的实施必然会促进学生积极锻炼，不断纠正和改变目前学生体质健康状况出现的突出问题，从而使学生拥有健康的体魄和健全人格，将"健康第一"的指导思想落到实处，充分发挥学校体育在素质教育中的作用。

二、经济社会发展对人体健康提出的新要求

现代文明在带给人们充分物质享受的同时，也给人类的健康带来了新的威胁。由于精神紧张、营养过剩、运动不足、环境污染等因素所引发的非传染性疾病在全球不断蔓延，处于"亚健康状态"的人群不断扩大，人们对于健康的要求越来越高。随着科学研究的不断深入，人类对于健康的认识发生了深刻变化，在世界卫生组织推动下，健康的新概念在全球得到了传播并日益为人所接受，普遍认识到健康不再仅是没有疾病或不虚弱，而是生理上、心理上的健康和社会适应能力的整体完美状态，这就是生理—心理—社会三维健康观。体育对于促进健康有着不可替代的作用。同时人们对如何通过体育锻炼提高体质健康水平在理念和认识上也有了进一步的提高，在手段和方法上也有所改进和创新，在测量与评价方面也发生了一些

新的变化。

《标准》中选择的测试内容，突出了对发展和改善学生健康有直接影响且关系密切的身体成分、心肺循环系统功能、肌肉力量和耐力以及柔韧性，体现了现代社会对健康的具体要求，从而满足社会发展对体质健康评价的要求。

三、健全学校体育评价体系

《标准》是在认真总结了《国家体育锻炼标准》《大学生体育锻炼标准》执行过程中所取得的成绩和存在的问题基础上，根据学生体质调研所反映出来的体能素质和心肺功能下降、近视眼患病率增高等现状，参考国际上有关研究的成功经验和先进做法，建立了以健康素质为主要指标的新的评价体系。

《标准》是激励学生积极进行体育锻炼的教育手段，不是为了测试而测试，特别是《标准》采用个体评价标准，能够清晰地看出学生个体差异与自身某些方面的不足，这十分有利于通过测试促进学生积极参加体育锻炼，通过锻炼改善健康状况，促进健康发展。与以往的学生体质评价标准相比，这一评价体系将更加有助于促进青少年学生积极参与体育锻炼，成为具有正确的体育意识和健康的生活方式的高素质人才，使学校体育在促进国民健康方面起到应有的作用。

学生体质健康评价是学校体育工作中的重要环节，也是学校教育评价体系中重要组成部分。正确、合理地对学生进行体质健康评价，对于促进学校体育和教育工作有着重要意义。《标准》从建立和完善我国学校体育评价体系的目标出发，体现了学校体育的价值，回答了学校体育为什么要以"健康"为本和怎样以"健康"为本的问题，明确了"健康"不仅应是学校教育和学校体育追求的目标，而且还是学校体育课存在的根本理由。

第三节　大学生体质健康测试方法

一、身高

身高是反映学生生长发育水平的常用指标，与体重配合使用，可以有效地评价学生身体的匀称度与营养状况。该指标的测试适用于小学至大学的各个年级。

（一）测试方法

测试时，受试者赤足，背向立柱站立在身高计的底板上；躯干自然挺直，头部正直，两眼平视前方，保持耳屏上缘与眼眶下缘呈水平位。上肢自然下垂，两腿伸直，两足跟并拢，足尖分开约60°。足跟、骶骨部、两肩胛间与立柱相接触，呈"三点一线"站立姿势。

记录时，以厘米为单位，精确到小数点后一位。

（二）常见错误

1. 受试者头顶上的发辫、发结未放开，饰物未取下，应让其放开发辫、发结，取下饰物后再测。
2. 受试者头过低或过高，耳屏上缘与眼眶下缘未呈水平位，或足跟、骶骨部及两肩胛间未与立柱相接触，或穿鞋站立于身高计上，应纠正后再测。

二、体重

体重是反映学生身体重量的常用指标，与身高配合使用，可以有效地评价学生身体的匀称度与营养状况。该指标的测试适用于小学至大学的各个年级。

（一）测试方法

测试时，男性受试者身着短裤，女性受试者身着短裤、短袖衫，赤足，自然站立在体重计中央，保持身体平稳。测试人员读数时，以千克为单位，精确到小数点后一位。记录员复述后进行记录。使用电子体重计时，受试者按要求站立在体重计中央，3～5 s后，显示屏显示体重数值，测试人员记录数值。

(二)常见错误

受试者没有站立在体重计中央，穿鞋站立于体重计上或持物品站立于体重计上，应纠正后再测。

三、肺活量

肺活量是指人在尽最大努力吸气后，再尽最大努力呼气所能呼出的气体量，是反映学生肺容积和通气功能的常用指标。它的大小与年龄、性别、身高、体重、胸围及体育锻炼程度有关。该指标测试适用于小学五年级至大学的各个年级。

(一)测试方法

使用电子肺活量计时，测试人员打开电源开关，待显示屏上的闪烁信号定格在"0"时，表明肺活量计进入了工作状态。

测试前，测试人员首先要将口嘴装在文式管的进气口上，交给受试者；向受试者讲解测试要领，嘱其不必紧张。

测试时，受试者呈自然站立位，手握文式管手柄，使导压软管在文式管上方，头部略向后仰，尽力深吸气直到不能吸气为止；然后，将嘴对准口嘴缓慢地呼气，直到不能呼气为止。此时，显示屏上显示的数值即为肺活量值。

(二)常见错误

受试者测试时，导压管朝下或手堵住了出气口，应纠正再测。

四、50 m 跑

50 m 跑可以有效地反映学生移动速度、反应速度、灵敏素质及神经系统灵活性，是评价学生速度素质的常用指标。其成绩与体育锻炼程度有关。该指标的测试适用于小学至大学的各个年级。

(一)测试方法

50 m 跑应在平坦地面上进行，地质不限；测试时，需使用发令旗，发令哨和秒表。测试前，应在平坦地面上画长 50 m、宽 1.22 m 的直线跑道若干条，跑道线要清晰。设一端为起点线。另一端为终点线。受试者至少 2 人一组，站立式起跑；当听到起跑信号后，立即起跑，全力跑向终点线。

发令员站在起点线的侧面，在发出起跑信号的同时，挥动发令旗。

计时员位于终点线的侧面，视发令旗挥动的同时，开表计时；当受试者胸部到达终点线垂直面时停表。

记录以秒为单位，保留小数点后 1 位。小数点后第二位数按非"0"进"1"的原则进位。如 7.53 s 应读成 7.6 s。

(二)常见错误

受试者踩、跨起跑线，抢跑或途中串道，应召回重跑。

五、立定跳远

立定跳远是反映学生下肢爆发力及身体协调能力的常用指标，其成绩与体育锻炼程度有关。立定跳远测试适用于初中至大学各个年级。

(一)测试方法

立定跳远采用丈量尺在沙面与地面平齐的沙坑或土质松软的平坦地面上进行测试。起跳地面要平坦，不得有凹陷，起跳线至沙坑近端距离不得小于 30 cm。

受试者两脚自然分开，站在起跳线后，双脚原地同时起跳。

丈量起跳线后缘至最近着地点后缘之间的垂直距离。

(二)常见错误

受试者起跳前两脚尖触线、过线或起跳时有垫跳、助跑、连跳等动作，应判犯规，须重跳。

六、引体向上

引体向上是反映学生上肢肌肉力量和耐力的常用指标,其成绩与体育锻炼程度有关。该指标的测试适用于初中至大学各个年级的男生。

(一)测试方法

引体向上采用高单杠或高横杠进行测试,杠的粗细以受试者手能握住为准。

受试者面向单杠,自然站立;然后跃起正手握杠,双手分开与肩同宽,身体呈直臂悬垂姿势。待身体停止晃动后,两臂同时用力,向上引体;引体时,身体不得有任何附加动作。当下颌超过横杠上缘时,还原,呈直臂悬垂姿势,为完成1次(图8-3-1)。测试人员记录受试者完成的次数。以次为单位。

图 8-3-1　引体向上标准动作示意图

(二)常见错误

1. 受试者反手握单杠,应纠正。
2. 下颌达不到横杠上缘或引体时身体有摆动、屈膝、挺腹等动作,该次不计数,立即纠正,继续测试。

七、1min 仰卧起坐

1 min 仰卧起坐是反映学生腰腹部肌肉耐力水平的常用指标,其成绩与学生参加体育锻炼程度有关。该指标的测试适用于小学三年级至六年级的男女学生,以及初中至大学各个年级的女生。

(一)测试方法

1 min 仰卧起坐采用软垫、秒表进行测试,测试应在平坦、整洁的场地进行,地质不限。

受试者仰卧于软垫上,两腿稍分开,屈膝呈90°,两手手指交叉贴于脑后。同伴按压其踝关节,以固定下肢。测试人员发出"开始"口令的同时开表计时,记录 1 min 内受试者完成次数。受试者坐起时,两肘触及或超过双膝为完成一次。1 min 到时,受试者虽已坐起但肘关节未触及双膝者不计该次数。

记录受试者 1 min 完成的次数,精确到个位(图 8-3-2)。

图 8-3-2　仰卧起坐姿势

(二)常见错误

受试者仰卧时,两肩胛没有触垫、双手没有抱头、膝关节没有屈曲成90°、借用肘部撑垫或臀部起落的力量完成起坐时,该次不计数,立即纠正后,继续测试。

八、800 m 跑(女)和 1000 m 跑(男)

800 m 跑和 1000 m 跑是反映学生耐力素质的常用指标,可以有效地反映学生心血管、呼吸系统的功能及肌肉耐力。其成绩与体育锻炼程度有关。800 m 跑测试适用于初中至大学各个年级的女生,1000 m 跑测试适用于初中至大学各个年级的男生。

(一)测试方法

800 m 跑、1000 m 跑采用发令旗、口哨和秒表进行测试。

测试应安排在 400 m、300 m、200 m 田径场跑道进行,若场地不正规,必须丈量准确,地面要平整,跑道线要清楚,地质不限。

受试者至少2人一组,站立式起跑。当听到起跑信号后,立即起跑,全力跑向终点线。

发令员站在起点线的侧面,在发出起跑信号的同时,挥动发令旗。计时员位于终点线的侧面,视发令旗挥动的同时,开表计时;当受试者跑完全程,胸部到达终点线的垂直面时停表。

记录以秒为单位,保留小数点后1位。小数点后第2位数按非"0"进"1"的原则进位。

(二)常见错误

1. 受试者踩、跨起跑线或抢跑,应判犯规,需重跑。
2. 受试者测试完毕后,立即坐卧休息,应扶起慢走。

九、坐位体前屈

坐位体前屈是指人体在相对静止状态下,躯干、髋、膝等关节可能达到的最大活动幅度,是有效地反映学生关节灵活性以及韧带和肌肉的伸展性与弹性的常用指标。其成绩与学生参加体育锻炼程度有关。该指标的测试适用于小学至大学的各个年级。

(一)测试方法

坐位体前屈采用坐位体前屈测试仪与软垫进行测试。

测试前,应将坐位体前屈测试仪与软垫放置在平坦的地面上。

受试者面向仪器,坐在软垫上,两腿向前伸直;两足跟并拢,蹬在测试仪的挡板上,脚尖自然分开 10~15 cm。

测试时,受试者双手并拢,掌心向下平伸,膝关节伸直,身体前屈,用双手中指指尖匀速推动游标平滑前行,直到不能推动为止。

记录时,游标超过"0"点,记录为正值;游标未超过"0"点,记录为负值。

(二)常见错误

受试者单手向前或双臂突然发力向前推动游标;身体前屈时,受试者膝关节弯曲或足跟与挡板分离,应纠正,并重测。

第四节 大学生体质健康测试内容

《标准》规定了大学一年级至大学四年级的测试指标,分别为体重指数、肺活量、50 m 跑、坐位体前屈、立定跳远、引体向上(男)/1 min 仰卧起坐(女)、1000 m 跑(男)/800 m 跑(女)。其中,身体形态类中的身高、体重,身体功能类中的肺活量,以及身体素质类中的 50 m 跑、坐位体前屈为各年级学生共性指标。本标准的学年总分由标准分与附加分之和构成,满分为120分。标准分由各单项指标得分与权重乘积之和组成，满分为100分。附加分根据实测成绩确定，即对成绩超过100分的加分指标进行加分，满分为20分；初中、高中和大学的加分指标为男生引体向上和1000 m跑，女生1 min仰卧起坐和800 m跑，各指标加分幅度均为10分。根据学生学年总分评定等级：90.0分及以上为优秀，80.0~89.9分为良好，60.0~79.9分为及格，59.9分及以下为不及格。

一、测试指标及权重

见表8-4-1。

表8-4-1 大学一年级至大学四年级测试指标及分值占比

测试对象	评价指标	权重系数
大学一年级至大学四年级	体质指数（BMI）	15
	肺活量	15
	50 m跑	20
	坐位体前屈	10
	立定跳远	10
	引体向上（男）/1 min仰卧起坐（女）	10
	1000 m跑（男）/800 m跑（女）	20

注：体质指数（BMI）= 体质（kg）/身高 m^2。

二、大学生体质健康测试单项指标评分表

（一）各单项指标评分表

见表8-4-2~表8-4-6。

表8-4-2 大学一年级至四年级体质指数（BMI）评分表

等级	单项得分	大学男生	大学女生
正常	100	17.9~23.9	17.2~23.9
低体重	80	≤17.8	≤17.1
超重	80	24.0~27.9	24.0~27.9
肥胖	60	≥28.0	≥28.0

表8-4-3 大学一二年级男生各测试项目评分表

等级	单项得分	肺活量/ml	50 m跑/s	坐位体前屈/cm	立定跳远/cm	引体向上/次	耐力跑1000 m/(min.s)
优秀	100	5040	6.7	24.9	273	19	3'17"
	95	4920	6.8	23.1	268	18	3'22"
	90	4800	6.9	21.3	263	17	3'27"
良好	85	4550	7.0	19.5	256	16	3'34"
	80	4300	7.1	17.7	248	15	3'42"
及格	78	4180	7.3	16.3	244		3'47"
	76	4060	7.5	14.9	240	14	3'52"
	74	3940	7.7	13.5	236		3'57"
	72	3820	7.9	12.1	232	13	4'02"
	70	3700	8.1	10.7	228		4'07"
	68	3580	8.3	9.3	224	12	4'12"
	66	3460	8.5	7.9	220		4'17"
	64	3340	8.7	6.5	216	11	4'22"
	62	3220	8.9	5.1	212		4'27"
	60	3100	9.1	3.7	208	10	4'32"

(续表)

等级	单项得分	肺活量 /ml	50 m 跑 /s	坐位体前屈 /cm	立定跳远 /cm	引体向上 / 次	耐力跑 1000 m/(min.s)
不及格	50	2940	9.3	2.7	203	9	4'52"
	40	2780	9.5	1.7	198	8	5'12"
	30	2620	9.7	0.7	193	7	5'32"
	20	2460	9.9	−0.3	188	6	5'52"
	10	2300	10.1	−1.3	183	5	6'12"

表 8-4-4　大学三四年级男生各测试项目评分表

等级	单项得分	肺活量 /ml	50 m 跑 /s	坐位体前屈 /cm	立定跳远 /cm	引体向上（次）	耐力跑 1000 m/(min.s)
优秀	100	5140	6.6	25.1	275	20	3'15"
	95	5020	6.7	23.3	270	19	3'20"
	90	4900	6.8	21.5	265	18	3'25"
良好	85	4650	6.9	19.9	258	17	3'32"
	80	4400	7.0	18.2	250	16	3'40"
及格	78	4280	7.2	16.8	246		3'45"
	76	4160	7.4	15.4	242	15	3'50"
	74	4040	7.6	14.0	238		3'55"
	72	3920	7.8	12.6	234	14	4'00"
	70	3800	8.0	11.2	230		4'05"
	68	3680	8.2	9.8	226	13	4'10"
	66	3560	8.4	8.4	222		4'15"
	64	3440	8.6	7.0	218	12	4'20"
	62	3320	8.8	5.6	214		4'25"
	60	3200	9.0	4.2	210	11	4'30"
不及格	50	3030	9.2	3.2	205	10	4'50"
	40	2860	9.4	2.2	200	9	5'10"
	30	2690	9.6	1.2	195	8	5'30"
	20	2520	9.8	0.2	190	7	5'50"
	10	2350	10.0	−0.8	185	6	6'10"

表 8-4-5　大学一二年级女生各测试项目评分表

等级	单项得分	肺活量 /ml	50 m 跑 /s	坐位体前屈 /cm	立定跳远 /cm	1 min 仰卧起坐 / 次	耐力跑 800 m/(min.s)
优秀	100	3400	7.5	25.8	207	56	3'18"
	95	3350	7.6	24.0	201	54	3'24"
	90	3300	7.7	22.2	195	52	3'30"
良好	85	3150	8.0	20.6	188	49	3'37"
	80	3000	8.3	19.0	181	46	3'44"
及格	78	2900	8.5	17.7	178	44	3'49"
	76	2800	8.7	16.4	175	42	3'54"
	74	2700	8.9	15.1	172	40	3'59"
	72	2600	9.1	13.8	169	38	4'04"
	70	2500	9.3	12.5	166	36	4'09"
	68	2400	9.5	11.2	163	34	4'14"
	66	2300	9.7	9.9	160	32	4'19"
	64	2200	9.9	8.6	157	30	4'24"
	62	2100	10.1	7.3	154	28	4'29"
	60	2000	10.3	6.0	151	26	4'34"
不及格	50	1960	10.5	5.2	146	24	4'44"
	40	1920	10.7	4.4	141	22	4'54"
	30	1880	10.9	3.6	136	20	5'04"
	20	1840	11.1	2.8	131	18	5'14"
	10	1800	11.3	2.0	126	16	5'24"

表 8-4-6　大学三四年级女生各测试项目评分表

等级	单项得分	肺活量 /ml	50 m 跑 /s	坐位体前屈 /cm	立定跳远 /cm	1 min 仰卧起坐 / 次	耐力跑 800 m/min.s
优秀	100	3450	7.4	26.3	208	57	3'16"
	95	3400	7.5	24.4	202	55	3'22"
	90	3350	7.6	22.4	196	53	3'28"
良好	85	3200	7.9	21.0	189	50	3'35"
	80	3050	8.2	19.5	182	47	3'42"
及格	78	2950	8.4	18.2	179	45	3'47"
	76	2850	8.6	16.9	176	43	3'52"
	74	2750	8.8	15.6	173	41	3'57"
	72	2650	9.0	14.3	170	39	4'02"
	70	2550	9.2	13.0	167	37	4'07"
	68	2450	9.4	11.7	164	35	4'12"
	66	2350	9.6	10.4	161	33	4'17"
	64	2250	9.8	9.1	158	31	4'22"
	62	2150	10.0	7.8	155	29	4'27"
	60	2050	10.2	6.5	152	27	4'32"
不及格	50	2010	10.4	5.7	147	25	4'42"
	40	1970	10.6	4.9	142	23	4'52"
	30	1930	10.8	4.1	137	21	5'02"
	20	1890	11.0	3.3	132	19	5'12"
	10	1850	11.2	2.5	127	17	5'22"

（二）加分指标评分表

见表 8-4-7，表 8-4-8。

表 8-4-7　大学一年级至四年级引体向上/仰卧起坐评分表

分数	男生（引体向上/个数）		女生（仰卧起坐/个数）	
年级	一二年级	三四年级	一二年级	三四年级
10	10	10	13	13
9	9	9	12	12
8	8	8	11	11
7	7	7	10	10
6	6	6	9	9
5	5	5	8	8
4	4	4	7	7
3	3	3	6	6
2	2	2	4	4
1	1	1	2	2

注：引体向上、1 min 仰卧起坐均为高优指标，学生成绩超过单项评分 100 分后，以超过的次数所对应的分数进行加分。

表 8-4-8　大学一年级至四年级耐力跑 1000 m/800 m 评分表

分数	男生（1000 m）		女生（800 m）	
年级	一二年级	三四年级	一二年级	三四年级
10	−35"	−35"	−50"	−50"
9	−32"	−32"	−45"	−45"
8	−29"	−29"	−40"	−40"
7	−26"	−26"	−35"	−35"
6	−23"	−23"	−30"	−30"
5	−20"	−20"	−25"	−25"
4	−16"	−16"	−20"	−20"
3	−12"	−12"	−15"	−15"
2	−8"	−8"	−10"	−10"
1	−4"	−4"	−5"	−5"

注：1000 m 跑、800 m 跑均为低优指标，学生成绩低于单项评分 100 分后，以减少的秒数所对应的分数进行加分。

专项运动

技能篇

第九章

田径运动

第一节 概　述

田径或称田径运动是田赛、径赛和全能比赛的全称。"田"是指广阔的空地，在跑道所围绕的中央或邻近的场地上举行的跳跃、投掷统称为田赛，田赛是用米尺丈量所跳的高度、远度和所投器械的远度的项目。"径"是指跑道，在跑道上举行的竞走和各类形式的赛跑都属于径赛，是以时间计算成绩的竞走和跑的项目。简单来说，田赛用距离来衡量，径赛用时间来衡量。这些都是比速度、比高度、比远度和比耐力的体能项目。田径项目或要求在很短的时间内表现出最大的速度和力量，或要求在很长的时间内表现出最大的耐力，最能体现奥林匹克"更快、更高、更强"的精神。

公元前776年，在希腊奥林匹克村举行的第一届古代奥运会上进行的项目只有一个短距离赛跑，跑道为一条直道，长192.17 m。

1894年，在英国举行了最早的现代田径运动国际比赛，比赛共分9个项目。真正的大型国际比赛是1896年开始举行的现代奥运会。它沿用古代奥运会每隔4年举行一次的制度，每届奥运会上，田径运动都是主要的比赛项目之一。从1928年第9届奥运会起，才增设了女子田径项目，此后女子便参加了田径项目的比赛。

目前，田径运动仍然是体育比赛中观赏性极强的运动项目之一。田径与游泳、射击被视为奥运金牌三大项目，是产生奥运金牌最多的项目，"得田径者得天下"也由此而来。远在上古时代，人们为了获得生活资料，在和大自然及禽兽的斗争中，不得不走或跑相当长的距离，跳过各种障碍，投掷石块和使用各种捕猎工具。在劳动中不断地重复这些动作，便形成了走、跑、跳跃和投掷的各种技能。随着社会的发展，人们开始有意识地把走、跑、跳跃、投掷作为练习和比赛的形式。

一、田径运动的特点

田径运动项目作为人类最古老的运动项目能延续至今，正是由于它有自己的特性。田径运动项目是在走、跑、跳、投等基本活动技能的基础上演变而来的，而且也是由这些基本活动技能构成的。田径运动具有以下几种特点。

（一）广泛的群众性

田径运动是由基本生产、生活技能演化发展而来，具有浓厚的生产、生活色彩。田径也被公认为普及性最大、参与人数最广的运动项目。在学校体育教学中是教学的重中之重，同时也是群众体育非常受欢迎的项目，总结其原因主要分为以下几点：①自由选择性大，体质的提高具有针对性；②受场地、器材等条件的影响较小；③参与性强，适宜各个年龄段人群的选择。

（二）激烈的竞争性

田径运动竞赛是能力、技术和心理的较量。这在高水平的比赛中表现得更为明显，尤其是运动员的成绩越来越接近，你追我赶、相持不下，经常以微弱之差决定胜负。田赛项目的成败取决于运动员瞬间发挥的水平；而径赛项目运动员在同一条起跑线开始，进行全程的拼搏。因此，田径运动竞赛非常紧张而激烈，运动员不仅要精力高度集中，还要不畏强手，充分表现出自己的最高水平，在实力的较量中将激烈的竞争气氛贯穿全过程。

（三）严格的技术性

田径运动项目有周期性和非周期性两种。就其各项技术动作而言，不同于技巧性项目，也不同于其他一些直接对抗性的项目。比赛中的田径技术相对稳定，动作结构也不是非常复杂，但是它对技术的要求却特别高。人的潜力在一定意义上讲是有限度的，要创造更好的成绩，必须依靠先进合理的技术。

（四）能力的多样性

田径运动的基本动作形式为走、跑、跳跃、投，有个人和集体项目，它们反映了人的速度、力量、耐力三方面的能力。而每个项目都有其本身的特点，突出地反映了某一方面的能力，优秀运动员的训练和比赛大多围绕某一个专项。较全面地参加田径项目，可使人的运动能力普遍得到提高。不同的运动能力形成了运动员较大的形态差异。

二、田径运动的分类和项目

田径运动是人类在长期的社会实践的基础上发展起来的，包括男女竞走、跑、跳跃、投掷等40多个单项，以及由跑、跳跃、投掷部分项目组成的全能运动。以时间计算成绩的竞走和跑的项目叫"径赛"；以高度和远度计算成绩的跳跃、投掷项目叫"田赛"。田径运动是径赛、田赛和全能比赛的全称。田径运动的分类和项目如表9-1-1所示：

表9-1-1 田径运动的分类和项目

类别	项目	成年		少年			
		男子组	女子组	男子甲组	男子乙组	女子甲组	女子乙组
竞赛	竞走	20 km	5 km				
		50 km	10 km				
	短距离跑	100 m	100 m	100 m	60 m	100 m	60 m
		200 m	200 m	200 m	100 m	200 m	100 m
		400 m	400 m	400 m	200 m	400 m	200 m
					400 m		400 m
	800 m	800 m	800 m	800 m	800 m	800 m	800 m
	1500 m	1500 m	1500 m	1500 m		1500 m	
	3000 m	3000 m	3000 m	3000 m		3000 m	
	跨栏跑	110 m	100 m	110 m	110 m	100 m	100 m
		400 m	400 m				
	障碍跑	300 m					
	马拉松	42195 m	42195 m				
	接力跑	4×100 m	4×100 m	4×100 m	4×100 m	4×100 m	4×100 m
		4×400 m	4×400 m				
田赛	跳跃	跳高、撑杆跳高、跳远、三级跳远	跳高、跳远	跳高、撑杆跳高、跳远、三级跳远	跳高、撑杆跳高、跳远、三级跳远	跳高、跳远	跳高、跳远
	投掷	铅球、标枪、铁饼、链球	铅球、标枪、铁饼、链球	铅球、标枪、铁饼、链球	铅球、标枪、铁饼、链球	铅球、标枪、铁饼、链球	铅球

（续表）

类别	项目	成年		少年			
		男子组	女子组	男子甲组	男子乙组	女子甲组	女子乙组
全能运动		十项（100 m、跳远、铅球、400 m、110 m 栏、铁饼、撑杆跳、标枪、1500 m）	七项（100 m 栏、铅球、跳高、200 m、标枪、跳远、800 m）	五项（跳远、标枪、200 m、铁饼、1500 m）	三项（100 m、铅球、跳高）	五项（跳远、标枪、200 m、铁饼、1500 m）	三项（100 m、铅球、跳高）

第二节　跑的基本技术

一、短跑的基本技术

短距离跑是田径径赛项目中的一类，一般包括：50 m 跑、60 m 跑、100 m 跑、200 m 跑、400 m 跑、4×100 m 接力跑、4×400 m 接力跑等。

短跑可分为起跑、起跑后加速跑、途中跑和终点跑四个阶段。

（一）起跑

起跑技术任务是获得向前冲力，使身体迅速摆脱静止状态，为起跑后加速创造有利的条件。

1. 起跑器的安装

起跑器安装的方法有"普通式""拉长式"两种。通常采用"普通式"，前起跑器安装在起跑线后一脚半（40~45 cm）处，后起跑器距离前起跑器一脚半；前、后起跑器的支撑面与地面分别成 40°~45°和 70°~80°；两个起跑器的中轴线间隔约 15 cm（图 9-2-1）。

2. 起跑技术包括"各就位""预备""鸣枪"（或"跑"）三个阶段（图 9-2-2）。

听到"各就位"口令后，做 2~3 次深呼吸，轻快地走到起跑器前，两手撑地，两脚依次踏在前、后起跑器的抵足板上，后膝跪地，两手放在紧靠起跑线后沿处，两臂伸直，肩与起跑线平行，两手间隔比肩稍宽，四指并拢和拇指成八字形支撑，颈部自然放松，两眼视前下方 40~50 cm 处，注意听"预备"口令。

听到"预备"口令后，随之吸一口气，平稳地抬起臀部，与肩同高或稍高于肩，重心适当前移，肩部

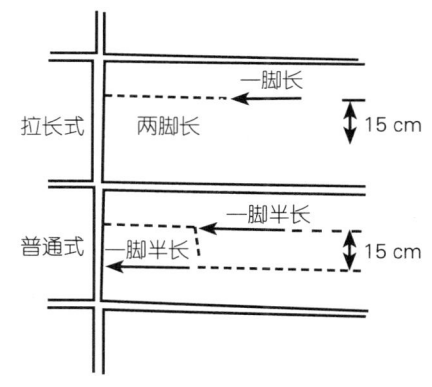

图 9-2-1　起跑器安装方式图

"各就位"　　　"预备"　　　"鸣枪"

图 9-2-2　起跑三个阶段分解图

稍超出起跑线，这时体重主要落在两臂和前腿上。"预备"姿势应该稳定，两脚贴起跑器抵足板，注意力高度集中。

听到枪声（鸣枪），两手迅速推离地，两臂屈肘有力地做前后摆动，两腿迅速蹬起跑器，使身体向前上方运动，前腿快速有力地蹬伸髋、膝、踝三个关节。

（二）起跑后的加速跑

起跑和起跑后的加速跑是一个不可分割的整体。起跑开始后，当后腿前摆脚着地的瞬间即开始了起跑后的加速跑。起跑后的加速跑第一步不宜过大，身体要保持适当的前倾，后蹬充分、积极有力，大小腿折叠较小，前摆积极、幅度较大，同时两臂积极有力地摆动，且幅度也较大，步频较快；随着跑速的加快，上体逐渐抬起，步长也逐渐加大。起跑后加速跑的距离一般为 20~25 m，而后即进入途中跑阶段。如图 9-2-3 所示。

图 9-2-3　起跑后的加速跑动作分解示意图

（三）途中跑

途中跑是全程跑的主要部分，也是全程跑中距离最长、速度最快的一部分。途中跑能否一直发挥和保持较快的速度，是决定全程跑成绩的关键。

途中跑时，头、上体保持正直或稍前倾；摆动腿时，大腿高抬、屈膝积极前摆，带动同侧髋向前；然后大腿积极下压，小腿自然前伸；以前脚掌向后扒地着地、略有缓冲；当身体移过着地点时，即开始后蹬；后蹬时，快速有力蹬伸膝、踝关节，推动身体向前；两臂屈肘，以肩为轴、协调前后摆动，如图 9-2-4 所示。

着地缓冲后蹬　　后蹬　　　　　后摆　　　　　　　　　前摆

图 9-2-4　途中跑技术动作图

（四）终点跑

终点跑一般是指全程跑最后 15~20 m 的距离。此时体力下降，在保持途中跑技术和速度的基础上，应有意识地加大上体的前倾，加强摆臂，尽量保持最快的速度冲过终点（图 9-2-5）。

（五）提高短跑技术的方法策略

1. 短跑的训练手段

（1）高速大幅度地前后摆动腿练习，要求在快速摆动中完成合理的折叠技术；摆动腿时，大小腿折叠得越紧、半径越小，摆速就越快。

（2）加快脚掌着地速度练习，要求尽可能地缩短腾空时间。

（3）快速摆臂、摆腿练习，要求腿臂动作协调进行。

图 9-2-5　终点跑技术图

2. 短跑的训练方法

（1）20~40 m 行进间快跑练习。

（2）4×（25~50）m 接力跑、加速跑、追赶跑练习。

（3）下坡跑 30~60 m,（3~4）次×（2~3）组。

（4）顺风跑 30~60 m,（3~4）次×（2~3）组。

（5）短距离变速跑 100~150 m（30 m 快跑 +20 m 惯性跑 +30 m 快跑 +20 m 惯性跑），3 次×（2~3）组。

（6）胶带牵引跑 30~60 m,（4~5）次×（2~3）组。

（7）反复跑 30~60 m,（4~5）次×（2~3）组。

（8）听信号站立式、蹲踞式起跑 10~20 m，练习 5~6 组。

（9）加速跑、让距跑、追赶跑 30~60 m，练习 3~5 组。

（10）站立式、蹲踞式起跑，再进行起跑后的加速跑 30~60 m，练习 5~6 组。

（11）放松大步跑 60~120 m，练习 4~6 组（高重心，富有弹性，全身放松）。

（12）水中高抬腿跑、水中车轮跑 30~40 m，练习 5~6 组（水深齐膝关节）。

（13）短距离组合跑（20 m+40 m+60 m+80 m+100 m+80 m+60 m+40 m+20 m），练习 2~3 组。

（六）跑的专门性练习方法

1. 小步跑

上体正直肩放松，两臂前后自然摆动；髋、膝、踝关节放松，迈步使膝向前摆出，髋稍有转动；在摆腿的膝向前摆动的同时，另一条腿的大腿积极下压，足前掌扒地式着地，着地时膝关节伸直，足跟提起，踝关节有弹性（图 9-2-6）。

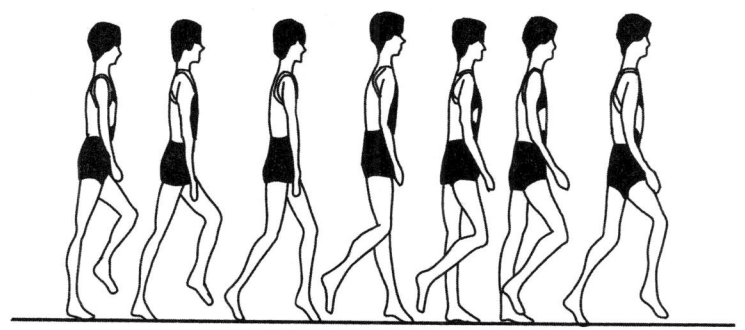

图 9-2-6　小步跑技术分解图

2. 高抬腿跑

上体正直或稍前倾，两臂前后摆动，大腿积极向前上摆到水平，并稍稍带动同侧髋向前，大小腿尽量折叠，脚跟接近臀部；在抬腿的同时，另一腿的大腿积极下压，直腿足前掌着地，重心要提起，用踝关节缓冲（图 9-2-7）。

3. 后蹬跑

上体正直或稍前倾，两臂自然摆动；摆动的腿积极向前上方摆出，由于躯干扭转，同侧髋带动大腿充分前送；在摆一条腿的同时，另一条腿的大腿积极下压，足前掌着地，膝、踝关节缓冲，迅速转入后蹬；后蹬时摆腿送髋动作在先，膝踝蹬伸在后，腾空阶段重心向前性好，腾空时要放松，两腿交替频率要快（图9-2-8）。

图 9-2-7 高抬腿技术动作图

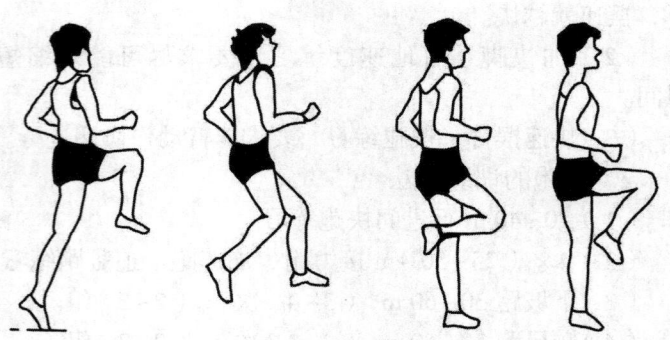

图 9-2-8 后蹬跑技术动作

4. 后踢小腿跑

上体正直或稍前倾，两臂前后自然摆动；足前掌着地，离地时足前掌用力扒地，离地后小腿顺势向后踢与大腿折叠，膝关节放松，足跟接近臀部。

5. 折叠腿跑

上体正直或稍前倾，两臂前后摆动；后蹬结束立即向前上方抬大腿和收小腿，膝关节放松，大小腿充分折叠，边折叠边向前摆动；在摆动的腿折叠前摆的同时，另一条腿的大腿积极下压，足前掌着地，膝关节缓冲（图 9-2-9）。

图 9-2-9 折叠跑技术动作

6. 小车轮跑

前三点要领同折叠腿跑；加大大腿的幅度，当大腿摆到一定程度时，小腿随惯性向前摆出，随着大腿积极下压，小腿主动做扒地式的动作，用足前掌扒地式着地。

7. 大车轮跑

要点同高抬腿跑；摆动大腿抬到水平，小腿随惯性向上方摆出，然后随着摆动大腿积极下压，小腿积极向下刨扒，着地时膝关节可以稍有弯曲，上体可以稍有后仰，特别是做的距离比较长时；用踝关节缓冲，有扒地动作（图 9-2-10）。

图 9-2-10 车轮跑技术动作

二、接力跑

接力跑是由几个人组成接力队，每人跑完一定的距离，用接力棒或接力带进行传递，相互配合跑完全程的集体径赛项目。

（一）传接棒方法

1. 上挑式

接棒人的手臂自然向后伸出，手臂与躯干成 40°~50° 角，掌心向后，拇指与其他四指自然张开，虎口朝下；传棒人将棒向前上方送入接棒人的手中，如图 9-2-11 所示。

这种传棒方法的优点是接棒人向后下方伸手臂的动作比较自然，传棒人传棒动作也比较自然，容易掌握；缺点是接棒后，手已捏在接力棒的中部，如不换手再传给下一棒时，则只能握住接力棒的前部，容易造成掉棒和影响快速前进。

图 9-2-11 上挑式和下压式传棒技术

2. 下压式

在传棒时，手臂不要太高，而是用手腕动作将棒向前下方推送入接棒队员手中，传棒人可以用手腕动作来调整传棒动作的准确性；在做此动作时，接棒人的手臂向后伸出，手臂与躯干成 50°~60° 角、手腕内旋，掌心向上，拇指与其他四指自然张开，虎口朝后，传棒人将棒的前端由上向下传给接棒人手中，优点：每一棒次的接棒，都能握住棒的一端，便于持棒快跑。缺点：接棒时，接棒人的手臂紧张，不自然。

（二）各棒队员的配合与传接时机

4×100 m 接力跑在安排各棒队员时，必须考虑发挥每个人的特长。一般第一棒应安排起跑好、善于跑弯道的运动员；第二棒应是速度快、专项耐力好，善于传、接棒的运动员；第三棒除应具备第二棒的长处外，还要善于跑弯道；通常把全队成绩最好、冲刺能力最强的运动员放在第四棒。对于 4×400 m 接力跑，由于 400 m 后程的路速明显地降低，传接棒的技术比较简单；各棒之间的配合以第一棒和第四棒的安排为主；一般将速度较快的运动员放在第一棒，争取获得领先地位；第四棒安排速度耐力好、意志品质较顽强的运动员,一旦前三棒落后,可奋起直追,一拼到底。

接棒人站在预跑区内或接力区后端,待看到传棒人跑到标志线(做一标记)时,便迅速起跑。当传棒人跑到接力区内离接棒人1.5 m左右时,便立即向接棒人发出"嗨"(或"接")的传、接棒信号,接棒人听到信号后迅速向后伸手接棒。传棒人完成传棒动作后逐渐减低速度,待其他道次运动员跑过后离开跑道(图9-2-12)。

图9-2-12 传接棒技术

(三)练习方法

传接棒传送的流畅性,关键的环节在于队员之间的默契配合,只有形成稳定的技术动作和传接配合,才能够游刃有余,减少掉棒和失误,获得理想的运动成绩,因此练习分为以下三个方面:

1. 个人练习

(1)单臂支撑的站立式起跑练习,跑距10~20 m。第2、第4棒队员在跑道外侧用右手支撑;第3棒队员在跑道内侧用左手支撑,分别持棒练习起跑。

(2)持棒练习蹲踞式起跑,并在起跑后快速跑,跑完20~30 m。

(3)助跑区内单臂支撑练习站立式起跑,在起跑后再快速跑完25~30 m。

(4)在直、弯道上快速跑完60~100 m,并模仿传接棒动作。

2. 双人配合练习

(1)原地摆臂传、接棒。

(2)慢跑过程传、接棒。

(3)50~80 m分段的传、接棒。

(4)3~4人的起跑、加速跑。

(5)3~4队分队用快速跑50~80 m练习传、接棒技术。

3. 模拟比赛传接棒场景练习

(1)4×50 m、4×60 m、4×80 m最快速度的接力跑。

(2)最快速度在接力区做传、接棒。

(3)数队最快速度的接力跑。距离可用4×50 m、4×60 m、4×80 m。

(4)数队在接力区内做模拟比赛的接力跑传、接棒练习。

三、中长距离跑

中长距离跑运动是一项需要速度和耐力的综合性项目。一般把800~10000 m统称为中长跑项目,它需要人体能在较长时间内保持较高的跑步速度。

(一)呼吸方式

呼吸必须有一定的频率和深度,还必须与跑的节奏相配合,一般采用两步两吸,两步两呼;呼吸时采用口进行呼吸的方法;随着速度的加快和疲劳的出现,呼吸的频率有所增快。

(二)起跑方式

中长距离跑采用站立式起跑。各就位时，运动员从集合线走到起跑线处，两脚前后开立，将有力的腿放在前面，前脚尖紧靠起跑线后，后腿距前脚1脚距离左右，两脚的左右距离自然开立。上体前倾，两膝弯曲，两臂一前一后，身体重心主要落在前脚上，保持稳定姿势，集中注意力听发令枪声（图9-2-13）。

图9-2-13 站立式起跑图

(三)训练方法

1. 持续跑的方法

要求在60%~85%的强度下匀速跑完2~3 km。

2. 重复跑的方法

在规定时间内完成，间歇5 min；采用重复跑练习，选择的段落应短于专项距离，如800 m×2。

3. 间歇跑的方法

间歇跑与持续跑、重复跑的区别在于训练的休息时间不同。间歇跑的休息时间短，体力不能充分恢复。例如，6×200 m，要求每200 m在一定时间内完成，两次跑之间慢跑200 m作为间歇。

4. 法特莱克跑方法

这是一个瑞典名词，意为跑的游戏。它是跑步锻炼方法的一种。它主要是以变速越野跑游戏的形式，采用快、慢、间歇跑等不同强度的跑和越野走等相结合运用的一种锻炼手段。"法特莱克"跑给锻炼者打开了欣赏野外大自然景色的窗口，给锻炼者创造了一种"愉快"的锻炼心境。这种锻炼方法有两大特点：一是在大自然中进行。无论是在树林、沙滩、平原或公园均可进行；二是跑、走的持续时间、间歇以及休息形式，取决于锻炼者的体质和本人锻炼的自我感觉。

5. 高原训练方法

长期生长于高原地区的运动员，在平原地区参加比赛时成绩可以提高2%~4%，因此研究表明长居平原的运动员被送往高原地区训练，经过一段时间，可以增加机体的耐力，血液中血红蛋白的含量明显增加，血液运输氧气的能力提高。

第三节 跳 跃

一、跳高

跳高作为一种田径项目具有悠久的历史，最早起源于中世纪的英国，主要作为一种游戏进行流行，现代跳高技术起始于1896年，男子跳高在第一届奥运会上被列入正式比赛项目，到了第九届奥运会，女子跳高才被正式列入。

跳高技术的发展经历了跨越式、剪式、滚式、俯卧式，直到后来1968年由美国运动员福斯伯里首创背越式技术，并以2.24 m成绩夺得墨西哥奥运会金牌，背越式技术相比于其他几项技术具有明显的优势，也更符合人体力学。总结下来，跳高是由有节奏的助跑、单脚起跳、腾空过杆与落地等四个环节动作组成，本节重点介绍背越式跳高。背越式跳高采用的是弧线助跑，其距离长、速度快、动作自然。

(一)助跑

背越式跳高的助跑路线为直线加弧线。弧线一般呈不等半径的抛物线形，弧线上起跳点处的切线与横杆基本成20°~30°角。助跑的步数在8~12步之间，用远离横杆一侧的脚起跳。前段的助跑与普通加速跑差不多，重心较高，加速要快，动作幅度要大，轻松自然地进入弧线助跑；后段助跑的跑法近似于弯道跑技术，身体要向圆心倾斜，随着弧度半径的逐渐减小，身体倾斜度加大。前脚掌沿弧线落地，着地动作采用滚动式。这段助跑摆动腿前摆不要太高，落地更为积极，节奏要比前段更快。助跑至倒数第二步时，助跑速度达到最高，身体的内倾角度达到最大限度。到起跳时身体由倾斜转为垂直，使重心轨迹与足迹线在起跳点处重合，这样可以增加起跳效果（图9-3-1）。

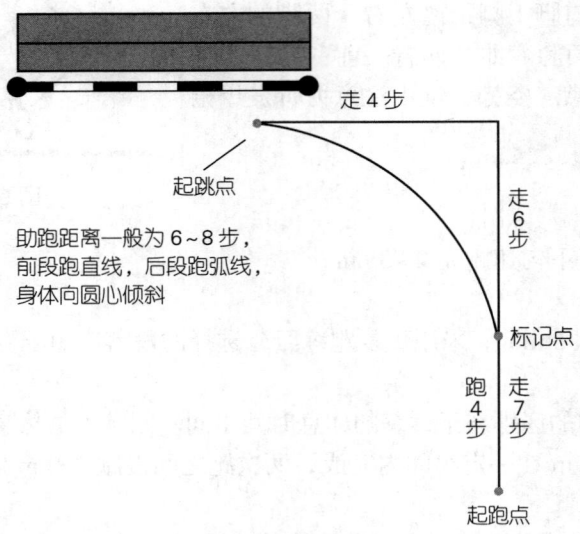

图9-3-1 助跑路线及步伐丈量动作图

（二）起跳

1. 手臂摆动姿势

起跳过程中两臂的摆动起着协调和引导作用。背越式跳高的摆臂方式一般有双臂摆动和交叉单臂摆动两种：

（1）双臂摆动。当起跳腿蹬伸时，双臂同时向前上方摆起，带动躯体伸展。为了加速身体围绕纵轴旋转和防止上体过早倒向横杆，摆动腿同侧臂应略高于另一侧臂。

（2）交叉单臂摆动。随着起跳腿的蹬伸和摆动腿的摆动，起跳腿同侧臂由后向前上方上摆，随即摆动腿同侧臂迅速顺着腾起的方向上举。

2. 起跳动作过程步骤

（1）迈步放脚：身体保持向心倾斜。

（2）起跳脚向助跑切线方向落放。

（3）紧腰挺髋、以全脚掌快速滚动落地。

（4）缓冲：在摆动腿前摆配合下，起跳腿屈膝、屈踝、稍屈髋，伸肌拉长，准备蹬伸动作。

（5）蹬伸起跳：摆动腿和两臂同时前上摆，伸展起跳腿的髋、膝、踝关节。

（6）身体由向里倾斜转为正直；起跳结束时，拔腰提肩、摆动腿大腿抬平并稍向里，起跳腿充分伸展，脚跟内转，用脚尖蹬离地面，身体半背向横杆。

（三）腾空过杆

1. 身体背向横杆。

2. 抬头，肩下潜，展腹挺髋，两腿分开，膝放松，小腿自然下垂，身体成背弓形；上体过杆后，低头，收腹屈髋，落腰，使臀部过杆。

3. 伸膝上提小腿过杆。

4. 过杆时臂部配合动作：置于体侧或自然平伸张开，或从头上伸出向杆后下潜（图9-3-2）。

（四）落垫

以肩、背落在海绵包上缓冲，如图9-3-3所示。

图 9-3-2　腾空过杆技术图

图 9-3-3　背越式跳高落垫技术图

（五）背越式跳高完整技术动作的演示图（图 9-3-4）

（六）技术动作训练方法

1. 沿直径为 15 m 的圆圈做加速跑。
2. 直线助跑转弧线助跑练习。
3. 迈步助跑跑向起跳点。
4. 助跑 2~3 步的起跳练习。
5. 弧线助跑起跳练习。
6. 走步法丈量步点。

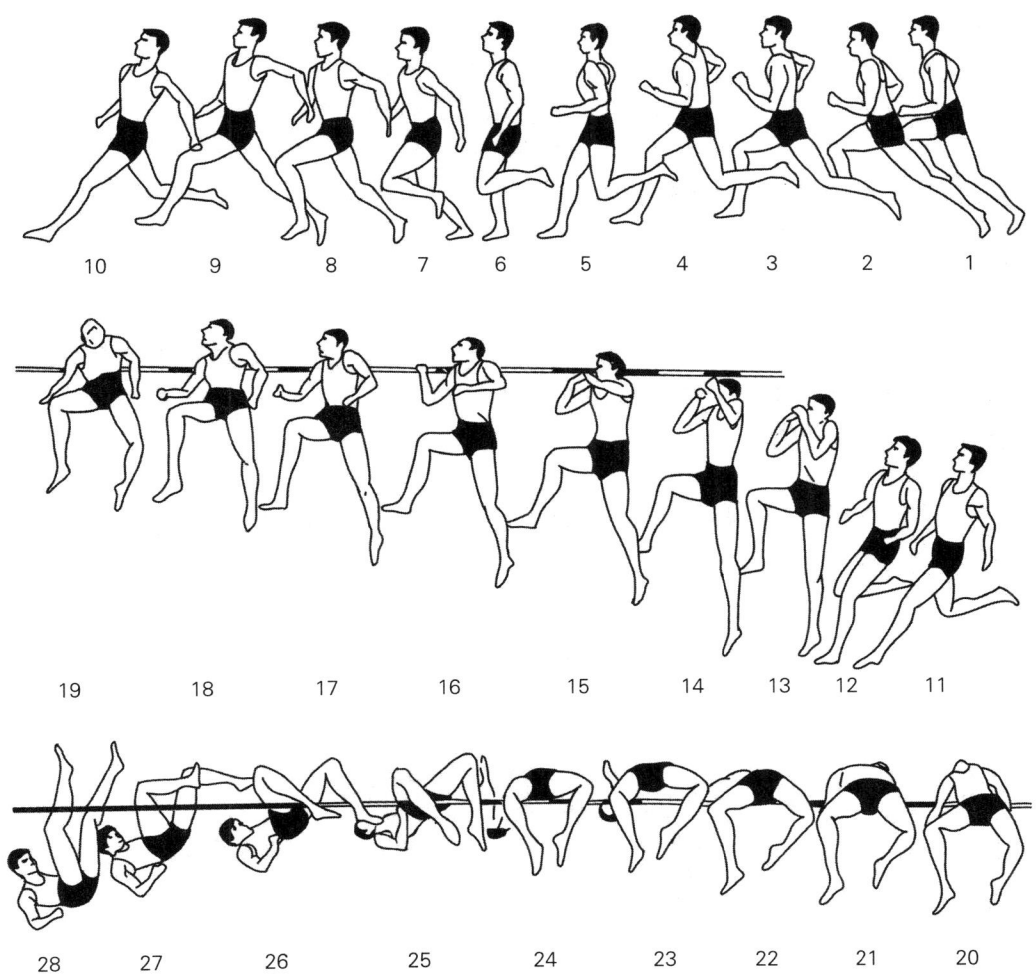

图 9-3-4　背越式跳高完整技术动作图

7. 全程助跑练习。
8. 全程助跑起跳练习。
9. 杆上动作练习：原地站立后倒背弓形倒向海绵包的练习。
10. 短助跑过杆练习。
11. 加长助跑的过杆练习。
12. 蹬地跃起后倒练习。
13. 垫上做"桥"。
14. 跳"高包"练习。
15. 发展弹跳能力的练习：单脚跳、分腿跳、全蹲跳，助跑后起跳用手、头、肩触悬挂物。

二、跳远

跳远作为最高古老的竞技运动项目之一，早在古希腊奥林匹克的"五项运动"中就有跳远项目。跳远最初为人类猎取或逃避野兽时跨越河沟等的活动，后成为军事训练的手段，现代跳远项目起源于英国，并随着技术动作的不断的发展，按照空中动作可以分为蹲距式、挺身式和走步式。

跳远技术动作组成主要为助跑、起跳、腾空和落地，它们之间相互联系，不可分割。快速、准确地助跑是获得优异跳远成绩的前提。如何利用助跑速度，正确地完成起跳，创造合理的腾起角度和尽可能大的腾起初速度，是跳远技术的关键，也是跳远技术教学训练的重点和难点，由于在初高中阶段都已经涉及过蹲踞式跳远技术，在此不再赘述，而走步式跳远更多适用于职业运动员，需要更好的身体素质做支撑，因此，本节主要介绍挺身式跳远技术。

（一）助跑

助跑的任务是获得最大的水平速度并为准确踏板起跳创造条件。为了获得较高的助跑速度，必须有相应的助跑距离，而助跑距离（步数）的确定与运动员短跑能力密切相关。助跑距离的长短还要受运动员助跑方法和步长大小以及跑道、风向及身体状况的影响。要学会适应各种条件并具备随机应变的能力，以保证在任何情况下都能正确地进行助跑起跳；加大起跳前倒数第二步的步长、缩短起跳前倒数第一步的步长是顺利进入起跳前的一个关键环节。

（二）起跳

起跳的任务就是在保持助跑速度的前提下，获得尽可能大的腾起初速度和适宜的腾起角度。在起跳时，起跳腿几乎是伸直上板（腾起关节角度170°），当稍稍屈膝后，充分蹬伸，此时上体保持正直，摆动腿快速向前摆出，接近水平；缓冲时，膝关节弯曲角度要适宜，一般为135°~145°。此时，上体要保持正直，使身体重心处于相对较高的位置。

（三）腾空动作

空中动作的任务是减缓由于起跳所产生的身体向前的旋转力，有限度地利用身体重心抛物线轨迹，为合理落地做好准备，如图9-3-5所示。

图9-3-5　挺身式跳远腾空动作示意图

为了维持身体平衡，起跳腾空后，摆动腿下放、伸髋与稍稍顺势前移的起跳腿靠拢。在腾空最高点时，身体充分伸展，形成"挺胸展髋"的姿势，两臂上举或后摆，然后收腹举腿，双腿前伸，完成落地动作。挺身式空中动作的优点在于：落地前能充分地拉长躯干前面的肌肉群，有利于完成收腹举腿和落地伸腿动作；在腾空后，由于摆动腿不需要在体前久留，有利于身体伸展维持身体的平衡。缺点是空中动作的形式和用力特点与起跳动作的衔接不太紧密。

（四）落地

落地的任务是选择合理的落地技术，充分利用身体重心腾起的远度，创造尽可能远的跳跃距离，防止伤害事故的发生。落地的方法有折叠式和滑坐式两种。

1. 折叠式落地法

运动员在腾空阶段经过最高点后，开始将两腿向上、向前伸出，上体向下折叠，两臂从上面向前并在落地前向后快摆。使用蹲踞式和挺身式动作的运动员多采用这种方法。

2. 滑坐式落地法

在腾空最高点就开始做折叠动作。及早做折叠动作，不影响和改变腾空路线，到最后把腿及骨盆前移，上体稍后仰。因为落地时好像坐着，故称滑坐式。

（五）跳远技术动作的教学与训练

1. 助跑技术教学

（1）练习 30~80 m 不同段落的加速跑，培养学生跑的速度感和放松技巧。

（2）练习 20~30 m 行进间计时跑，速度控制在最高速度的 80%~90%，反复体会快速跑时的肌肉感觉。

（3）练习 15~20 m 固定助跑步数的高频率行进间跑，逐渐提高跑的频率（计时或不计时）和助跑的准确性。

（4）进行设立标志物的助跑练习。

2. 起跳与助跑相结合的教学

（1）原地模仿起跳：原地模仿起跳时的摆臂、摆腿和起跳腿的蹬伸动作，注意体会起跳时起跳腿的着地蹬伸和臂与腿的摆动路线和用力顺序，理解和掌握跳远起跳中的蹬伸与摆动技术。

（2）上步起跳

1）预备姿势。摆动腿伸直在体前约 30 cm 处用全脚掌支撑，起跳腿在后用前脚掌撑地，两臂相应屈肘于体侧；由摆动腿积极支持，起跳腿向前迈出做放腿起跳，以体会摆动腿积极前摆和起跳腿快速着地蹬伸的完整起跳动作，强化起跳过程中各主要环节的配合与神经通道的沟通。

2）练习要求。摆动腿要积极蹬伸，快速摆动；起跳腿迅速前摆，积极下压，小腿和脚向下扒地，并迅速转入蹬伸，两臂协调配合，规格同（1）。

3）连续 3 步助跑起跳。连续进行每跑 3 步做一次起跳，以强化助跑与起跳相结合的技术和建立正确的起跳动力定型，提高快速起跳的技能。

3. 空中动作教学

学习挺身式跳远的手段与方法一般有以下 3 种。

（1）原地模仿空中挺身动作：原地模仿起跳腾空步后，接着完成摆动腿下放、两臂绕摆与挺身的动作，以学习和强化挺身式跳远空中动作的用力顺序和动作路线；要求上下肢要协调配合，摆动腿下放与挺胸展髋和双臂下放绕环同步进行，髋部充分伸展，用摆动腿支撑成反弓形；此时头可略向后仰，目视前上方；然后用双臂向上向前绕摆，与起跳腿的前摆上踢做相向运动，到手脚相触为止；最后的动作应用摆动腿蹬离地面，两腿同时迅速前摆并向前上举腿，同时收腹，上体略前倾，双臂加速向前上绕摆，在两脚落地前瞬间用力向后甩摆，跳入沙坑或海绵垫上。

（2）助跑腾空下放摆动腿练习：助跑 3~4 步起跳，以学习和强化挺身式跳远的空中技术和空中完成放腿挺髋展体动作。练习中要求助跑起跳成腾空步后迅速下放摆动腿、挺胸展体、双脚落地。

（3）起跳触吊球练习：4~6 步助跑起跳、保持腾空步，用手触吊球后开始放腿，使身体在空中伸展，以强化空中展体动作的运动条件反射，发展快速起跳能力，改进起跳技术。练习中要求 4~6 步助跑，快速完成起跳与腾空步，接着摆动腿向后下方摆动、挺胸展髋，两腿自然下放在空中，上体保持正直，双脚落地。吊球的高度和远度以腾起至最高点时手触到为宜。练习时必须严格遵循助跑起跳的技术要求，尽量向前上方跳出，切勿只贪图高度而破坏正常的助跑起跳技术。

三、三级跳远

三级跳远起源于18世纪中叶的苏格兰和爱尔兰，两地跳法不同，苏格兰采用单足跳、跨步跳、跳跃，而爱尔兰采用单足跳、单足跳、跳跃。现规定必须使用苏格兰跳法。三级跳远是田径运动中发展较晚的一个项目，男子三级跳远于1896年被列为首届奥运会比赛项目，女子三级跳远于20世纪80年代初逐渐广泛开展，1992年被列为奥运会比赛项目。男子三级跳远世界纪录是英国人乔纳森·爱德华兹在1995年8月7日创下的18.29 m；而女子三级跳远世界纪录是乌克兰人伊纳萨·克拉维茨在1995年8月10日创下的15.50 m，至今未被打破。

常用的三级跳远训练方法和手段有快速力量练习手段和快速跳跃练习方法（图9-3-6）。

图9-3-6 三级跳远示意图

（一）快速力量练习手段

快速力量练习手段有壶铃蹲跳、杠铃蹲跳、杠铃弓步跳、负重沙背心单脚跳栏架、负重沙背心双脚跳栏架、负重沙背心跳跳箱、负重沙背心跳深坑、负重沙背心跨步跳、负重沙背心单足跳、负重沙背心双脚跳台阶、负重沙背心单脚跳台，以及负重沙背心在沙坑中做各种跳跃练习等。

（二）快速跳跃练习方法

快速跳跃练习方法有助跑五级跨步跳、助跑五级单足跳、助跑十级跨步跳、助跑十级单足跳、50~60 m计时跨步跳、50~60 m计时单足跳、50~60 m计时两单一跨等。

第四节 投 掷

一、推铅球

（一）原地侧向推铅球

握球手的手指自然分开，把球放在示指、中指和环指的指根上，大拇指和小指支撑在球的两侧，以防止球滑动和便于控制出球的方向，掌心不触球（图9-4-1）。

握好球后，身体左侧对着投掷方向，两脚左右开立比肩稍宽，左脚尖指向斜前方并与右脚弓在一条直线上；右膝弯曲，上体向右倾斜扭转，重心落在右腿上；左臂微屈于胸前，使球的垂直线离开右脚外侧，以加长用力距离和拉紧左侧肌肉。

推球时，右脚迅速用力蹬地，脚跟提起，右膝内转，右髋前送，使上体向左侧抬起，朝着投掷方向转动；当身体左侧接近与地面垂直一刹那，以左肩为轴，右腿迅速伸直，身体转向投掷方向，挺胸、抬头、

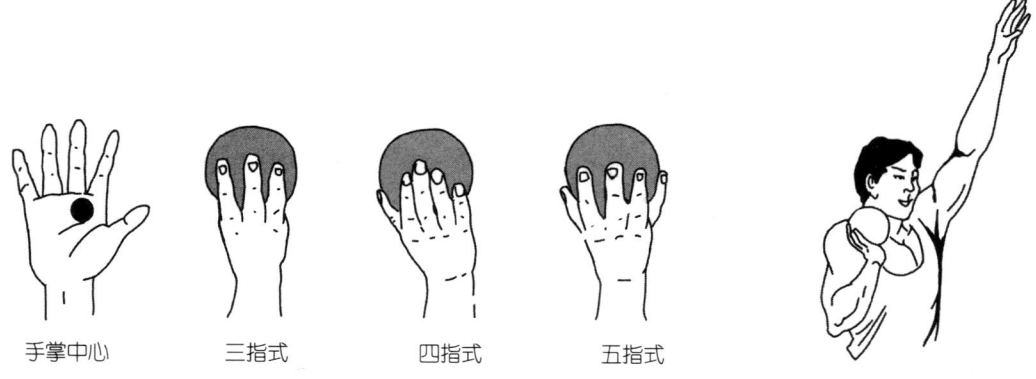

图 9-4-1　握球手型与握球姿态示意图

右肩用力向前送，右臂迅速伸直将球向前上方 40°~42° 角推出；球离手时手腕要用力，并用手指拨球，在推球的同时，左腿用力向上蹬直，以增加铅球向前和向上的力量；球出手后，右腿迅速与左脚交换，左腿后举，降低身体重心，以缓冲向前的力量，维持身体的平衡（图 9-4-2）。

图 9-4-2　原地侧向推铅球示意图

（二）背向滑步推铅球

以右手推球为例的背向滑步推铅球技术动作分解如图 9-4-3 所示。

图 9-4-3　背向滑步推铅球动作步骤示意图

1. 握持铅球

（1）握球方法：五指自然分开，把铅球放在示指、中指和环指的指根上，拇指和小指扶在球体两侧，手腕背屈。

（2）持球方法：握持好铅球后，将铅球放在肩上锁骨窝处，贴紧颈部，示指、中指和环指处在球体的后面，拇指处在锁骨窝的上面与球体的下面，小指处在球体的前上方，掌心向前，右臂屈肘。

2. 滑步前的预备姿势

滑步前的预备姿势分为高姿势和低姿势两种。

（1）高姿势：持好球后，背对投掷方向，站在投掷圈内靠近后缘处，两脚前后站立，右脚指向投掷相反方向并靠近投掷圈后部的内缘，左脚位于右脚后 20~30 cm 处，用前脚掌或脚尖着地，体重放在自然伸直的右腿上，左臂位于体前平举或上举，持球臂的肘略低于肩，目视投掷相反方向。

（2）低姿势：持好球后，背对投掷方向，站在投掷圈内靠近后缘处，两脚前后站立，右脚尖指向投掷相反方向并靠近投掷圈后部的内缘，左脚位于右脚后 50~60 cm 处，以前脚掌或脚尖着地。两腿弯曲，体重基本上落在右腿上，上体前俯，左臂自然下垂，目视前下方。

3. 预摆与准备滑步

做好预备姿势后，眼看前下方，肩部稍右转，上体前俯，使躯干接近水平位置，左腿向后上方抬起，右腿微屈，使体重均匀地分布在整个右脚掌上；运动员完成预摆动作并维持好身体平衡后，紧接着低头、扣左肩、含胸收腹、前俯上体，右腿屈膝下蹲，左腿左膝回收至靠近右腿处；随着屈腿团身动作，准备向投掷方向平移臀部，完成准备滑步动作。

4. 滑步动作

在完成准备滑步动作且当臀部向投掷方向开始平移、身体重心移离支撑点时，左腿向抵趾板方向有力摆伸；与此同时，左膝和左脚稍向外转动，右腿积极有力地向投掷方向蹬伸；躯干仍保持很好的前倾姿势，左臂向投掷方向的后下方伸出，低头、眼看投掷方向的后下方；当右腿蹬直、右脚跟或右脚掌即将离地时，两大腿的分腿夹角约为 125°，躯干与大腿夹角约为 80°；紧接着向投掷方向收拉右腿和右脚，以右脚掌着地于投掷圈中心附近，右脚尖方向与投掷方向约成 120° 角；右腿弯曲，右膝方向同右脚方向，体重落在弯曲的右腿上；左腿稍弯曲，左脚很低但尚未着地；左髋稍外转，腹部微收，肩部稍右转；稍低的头部仍然尽力目视投掷的相反方向，完成滑步动作。

5. 过渡阶段动作

完成滑步动作后，从右脚着地至左脚着地为过渡阶段。右脚以前脚掌着地，右脚顺势内扣；左脚低而快地以前脚掌内侧贴紧抵趾板内下缘处压插着地；左脚尖与右脚跟在一条直线上，左膝微屈适度用力支撑；投掷者仍微收腹、稍含胸，肩部开始右转；左臂前臂内旋，扣紧左肩并稍向前运动，但仍指向投掷方向的后下方，两眼则仍目视投掷方向的后下方；此时，身体左侧肌群适度拉紧，肩、髋扭紧右腿压紧整个身体为形成一个良好的后继"侧弓形"姿势打下了坚实的基础。

6. 最后用力动作

完成过渡动作后，左脚一着地立即开始了最后用力动作。投掷者首先用右腿用力蹬转，右脚随之前滑；左腿支撑住，加速髋部向前转送动作；上体仍保持左脚着地时的姿势，左臂前臂内旋经体前向前稍向上方运动；头部与躯干保持一致、目视投掷反方向的稍侧方向；随即继续蹬转右腿，髋部前转并牵拉肩部上起并稍前转；由于身体重心前移，用力支撑的左腿开始被迫压弯，内旋的左臂继续向投掷方向的前上方向运动，带动原扣紧的左肩逐渐打开，并向前上方运动，左肩高于右肩，头与躯干在一条直线上，目视投掷方向的右侧稍后方；身体形成用力前蓄势待发的良好的"侧弓形"用力姿势，接着右腿继续蹬转，微屈的左腿用力支撑，髋部转推到正对投掷方向，并继续牵拉肩部向前上方运动，继而也转至正对投掷方向；此时，左肩仍稍高于向上运动的右肩，然后内旋向前运动的左臂，并稍向下运动，头稍后仰，目视投掷方向的前上方，这一瞬间的身体形成一个"反弓形"姿势；紧接着两腿爆发式向上蹬伸、顶髋、拔腰、挺胸，左臂急剧下压，上臂贴紧躯干，固定左臂；同时迅速向前上方推伸右臂，头后仰，在球即将离手时，甩腕、拨指，使铅球沿着适宜的出手角度向投掷方向飞出；球出手瞬间，两腿要五分蹬直到脚尖，右手指拨球后指向右外侧，完成最后用力动作。

7. 铅球出手后维持身体平衡动作

铅球离手后为了避免犯规，以获得有效的运动成绩，投掷者左右腿应及时换步，并降低身体重心，维持身体平衡；在铅球落地和人体稳定后，运动员再从投掷圈的后半圈走出。

8. 摆动腿的摆动练习

左手拉住同肩高的固定物或同伴的手，左腿回收接近右腿时，快速向抵趾板方向摆出；腿向投掷方向摆动前，身体重心略向后移，接着左腿摆动、右腿蹬伸，推动身体向投掷方向移动；当右脚收至重心下快着地时，左腿快速向后挪步，形成最后用力前的姿势。滑步结束时，右脚比左脚先着地。右脚着地后，右腿积极蹬伸，推动右髋向投掷方向转动；上体在转动中逐渐抬起，同时躯干的肌群积极收缩；左臂和左肩高于右肩，铅球尽可能保持较低位置，体重大部分仍在弯曲而压紧的右腿上；右腿蹬伸，进一步将右髋向投掷方向送出，右臂迅速而有力地将球推出；铅球快出手时，手腕稍向内转同时屈腕，快速而有力地拨球，使铅球从手指离开；铅球离开后，两腿弯曲或交换，降低重心，以缓冲向前的冲力，维持身体平衡，防止出圈犯规。

二、掷铁饼

掷铁饼是一项技术较为复杂、对运动员身体素质要求较高的运动项目。完整的投掷铁饼技术（以右手投掷为例）是由握饼、预备姿势和预摆、旋转、最后用力和维持身体平衡等环节组成。

（一）握饼

五指自然分开，拇指和手掌平靠铁饼，其余四指末节扣住铁饼的边缘，手腕微屈，铁饼上缘靠于前臂，铁饼的重心垂线在示指和中指之间。铁饼握好后，持饼臂自然放松下垂于体侧（图9-4-4）。

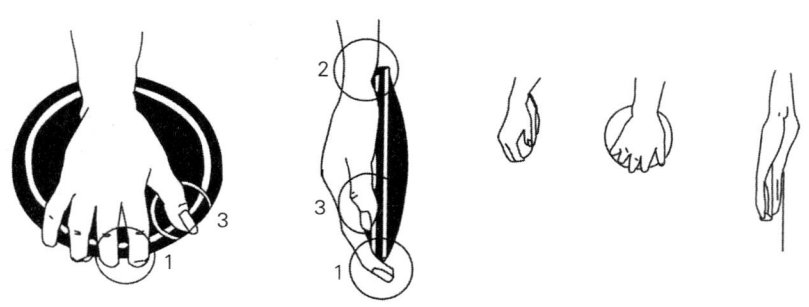

图9-4-4　铁饼的握饼方式简图

（二）预备姿势和预摆

1. 预备姿势

背对投掷方向，两脚左右开立约一肩半距，站于圈内靠后沿处的投掷中线两侧；两脚平行开立或左脚稍后，持饼臂自然下垂于体侧，眼睛平视。

2. 预摆

预摆是为了获得预先速度，为旋转创造有利条件。目前常见的预摆有两种，即左上右后摆饼法和身体前后摆饼法（图9-4-5）。

（1）左上右后摆饼法：开始时，持饼臂在身体前后自然摆动，当铁饼摆到体后时，重心靠近右腿，接着以躯干带动持饼臂向左上方摆起；当铁饼摆到左上方时，左手在下托饼，重心靠近左腿，上体稍左转。回摆时，躯干带动持饼臂将铁饼摆到身体右后方，身体向右扭紧，重心处于右腿上，上体稍前倾，左臂自然微屈于胸前，眼平视、头随上体的转动而转动。

（2）身体前后摆饼法：开始时，持饼臂在体侧前后自然摆动；当铁饼摆向体前左方时，手掌逐渐向上翻转，右肩稍前倾，体重靠近左腿。铁饼回摆到体后时，手掌逐渐翻转向下，体重由左向右移动，上

图 9-4-5 掷铁饼预摆姿势示意图

体向右后方充分转动,使身体扭转拉紧。这种方法动作放松、幅度大,因而目前大多数优秀选手都采用这种方法。

(三)旋转

预摆结束后,弯曲的右腿蹬地,上体向左转动,同时左膝外展;重心由右脚向边屈边转的左腿移动;接着两腿积极转动,并以左脚前脚掌为轴向投掷方向转动,身体向投掷方向倾斜,投掷臂在身后放松牵引铁饼;当左膝、左肩和头即将转向投掷方向时,右膝自然弯曲,以大腿发力带动整个腿绕左腿向投掷方向转扣(右脚离地不能过高);这时左髋低于右髋,身体成左侧单腿支撑旋转,接着以左脚蹬地的力量推动身体向投掷圈的中心移动,右腿、右髋继续转扣;当左脚蹬离地面,右腿带动右髋快速内转下压,左腿屈膝迅速向右腿靠拢,左肩内扣,上体收腹稍前倾;接着,左脚积极后摆,以脚掌的内侧着地,落在投掷圈中线左侧、圆圈前缘稍后的地方,身体处于最大限度的扭转拉紧状态,铁饼远远留在右后方,左臂自然微屈于胸前,为最后用力做好准备(图9-4-6)。

图 9-4-6 旋转动作示意图

(四)最后用力和维持身体平衡

当左脚着地时,右脚继续蹬转,使右髋积极向投掷方向转动和前送;接着,头向投掷方向转动,左臂微屈于胸前,胸部开始向前挺出,重心逐渐移向左腿;当重心移向左腿时,右腿继续蹬伸用力,以爆发式的快速用力向前挺胸挥饼;与此同时,左腿迅速用力蹬伸,左肩制动,成左侧支撑,使身体右侧迅速向前转动,将全身的力量集中在铁饼上;当铁饼挥至右肩同高并稍前时,用小指到示指依次用力拨饼出手,使铁饼顺时针方向转动向前飞行;铁饼出手后,应及时交换两腿,身体顺惯性左转,同时降低身体重心,以维持身体平衡(图9-4-7)。

图 9-4-7 掷铁饼完整技术示意图

三、掷标枪

投掷标枪起源于远古时代，为了人类的生存和发展，标枪作为一种打猎的工具使用，当进入奴隶制社会，标枪成为战争武器，公元前古代奥运会中的五项运动就有投掷标枪比赛。近代掷标枪运动大约开始于 18 世纪末 19 世纪初。在瑞典人的建议下，男子标枪于 1908 年首次列为现代运动会正式比赛项目。随着训练的科学性和技术动作的不断完善，1984 年民主德国选手霍恩以 104.80 m 超越了百米大关。这一成绩迫使国际田联重新考虑修改子标枪的构造，以限制投掷远度，解决运动成绩迅速提高与运动场地局限之间的矛盾。同时女子标枪运动在 20 世纪 20 年代后期开始成为正式比赛项目。

掷标枪的技术动作分为握枪和持枪、助跑、最后用力和缓冲三个技术环节。

（一）握枪和持枪

1. 握枪

标枪斜放于掌心，拇指和中指握在标枪缠绳把手末端第一圈的上缘，示指自然弯曲斜握在枪杆上，环指和小指自然地握在缠绳把手上。

2. 持枪

采用肩上持枪，持枪手与前额同高，枪尖稍低于枪尾或枪的纵轴平行于地面。目前大多数运动员都采用这一方法（图 9-4-8）。

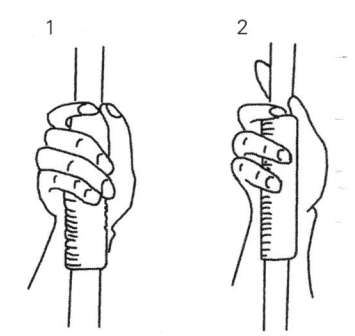

图 9-4-8 标枪握枪的方式示意图

（二）助跑

助跑的目的是在最后用力前获得预先速度，并在助跑中做好引枪动作，为最后用力创造条件。助跑的距离一般为 25~35 m（图 9-4-9）。

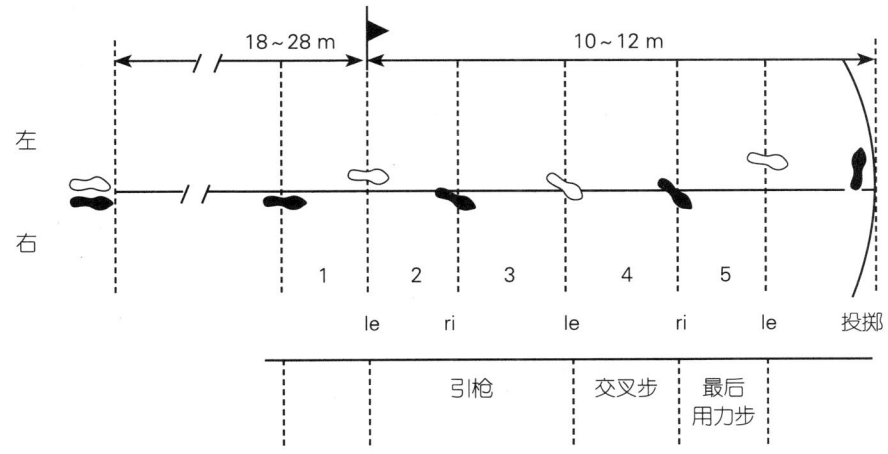

图 9-4-9 掷标枪助跑步伐各个阶段的示意图

1. 预跑阶段

从第一标志线到第二标志线为预跑段，16~20 m。跑双数步约 8~12 步；预跑时动作自然，上体微前倾，逐渐加速，用前脚掌着地，持枪臂随跑的节奏自然前后摆动，从容地进入投掷步阶段。

2. 投掷步阶段

从第二标志线到起掷弧线为助跑的第二阶段。投掷步一般采用 5 步，也有采用 6 步或 7 步的。

投掷步的第一步：左脚踏上第二标志线，右脚积极向前迈步，脚掌落地部位稍偏右，右肩向右转动并开始向后引枪，左肩向标枪靠近，左臂在胸前自然摆动，眼睛前视。

投掷步的第二步：当右脚落地、左脚离地前迈时，髋轴向右转动，右肩继续向右转动并完成引枪动作；上体转成侧对投掷方向，左脚掌落地后，与投掷方向成较大的角度，左臂摆至身体左侧，上体正直，眼睛前视。

投掷步的第三步（交叉步）：投掷步第二步左脚落地时，右腿自然弯曲，大腿带动小腿积极向前迈步，左腿猛蹬伸，使右大腿加速前迈，成交叉步，左臂自然摆至胸前，投掷臂伸直充分后引，右脚尖与投掷方向成 45°角左右，躯干与右腿成一条直线。

投掷步的第四步（从助跑过渡到最后用力的衔接步）：交叉步结束前，左腿积极迈第四步，用脚掌内侧落地。

（三）最后用力和缓冲

1. 最后用力（图 9-4-10）

投掷步第四步落地后，右腿积极蹬地转髋，肩轴向投掷方向转动，投掷臂上臂向上转动，带动前臂和手腕向上翻转；当上体转到正对投掷方向时，投掷臂翻到肩上，左肩内转，成"满弓"姿势；然后，上臂带动前臂向前做爆发式的"鞭打"动作，使标枪向前飞出；在标枪离手的一刹那，甩腕指使标枪沿纵轴顺时针方向转动。

图 9-4-10 掷标枪最后用力阶段正面与背面示意图

2. 缓冲（图 9-4-11）

标枪出手后，运动员随着向前的惯性继续向前运动，为了防止犯规，应及时向前跨一至两步，身体稍向左转，并降低身体重心，以维持平衡。

图 9-4-11 掷标枪缓冲阶段示意图

第五节 田径项目规则

田径有"体育运动之母"的称谓,包括跳跃、投掷、竞走、跑和全能五个部分。跳跃和投掷项目统称为田赛;竞走和跑的项目统称为径赛;而由跑、跳跃、投掷这三部分项目组成的项目称为全能运动,如男子十项全能和女子七项全能。

田赛:"田"是指广阔的空地。田赛项目包括男、女的跳高、跳远、三级跳远、撑竿跳高、铅球、铁饼、标枪和链球。

径赛:"径"是指跑道和道路,是在田径场的跑道上或场外规定的道路上进行不同距离的竞走和各种形式赛跑的统称。一般按规定的距离比赛,并以运动员所跑(走)出的时间来决定名次。长距离跑项目通常采用集体出发的形式,一次计时评定出名次。短距离和中距离跑、跨栏跑、接力跑则因参赛者较多而采用分组淘汰制,经过预赛、复赛、半决赛后,选出前8名进行最后决赛。

径赛项目包括男、女的100 m、200 m、400 m、800 m、1500 m、5000 m、10000 m、3000 m障碍、400 m栏、4×100 m接力、4×400 m接力、马拉松跑、20 km竞走,以及男子110 m栏、50 km竞走和女子100 m栏。

男子十项全能运动:这是奥运会田径比赛的男子项目,运动员需在两天之内完成十项比赛,第一天的项目为100 m跑、跳远、铅球、跳高和400 m跑,第二天进行110 m栏、铁饼、撑竿跳高、标枪和1500 m跑。

女子七项全能运动:这是奥运会田径比赛的女子项目,要求运动员在两天之内完成七项比赛,第一天的项目是100 m栏、跳高、铅球和200 m跑,第二天要完成的是跳远、标枪和800 m跑。

一、田赛项目规则

田赛项目的比赛通常先分两组进行及格赛,凡通过及格赛标准的选手直接进入决赛。远度项目决赛前三轮比赛的顺序由抽签决定。决赛前三轮比赛结束后,按成绩取前8名运动员进行最后三轮比赛,第四、第五轮比赛排序按前三轮比赛成绩的倒序排列,第六轮比赛排序则按前五轮成绩的倒序排列,即成绩最好的在最后。

在远度和高度项目的比赛中,除犯规外,运动员每次试跳或已跳过的成绩都为有效成绩。但在投掷比赛中,除犯规以外,运动员只有将投出的器械完全落在落地区内才算有效;丈量成绩时,从距离投掷区最近的落点算起。其中,标枪必须是枪尖首先触地成绩才有效。

远度比赛结束后以运动员最好的一次试跳(投)成绩作为最后成绩,并以此判定最后名次。如成绩相等,远度比赛按第二好成绩确定名次;如果还是相同,涉及第一名的运动员需继续比赛,直到决出名次。第一名以外的名次,则可以并列。

高度比赛如果出现最好成绩相等,需按以下规定解决:第一,出现在成绩相等的高度上,试跳次数较少者名次列前;第二,如成绩继续相同,以试跳失败次数比较少者名次在前;第三,如成绩仍然相同,当涉及第一名时再进行决定名次的比赛,其余名次并列。

二、全能项目规则

全能项目比赛需按各项顺序进行,比赛规则与单项基本相同,但也有一些小差别。例如:在单项赛跑项目中,第二次及之后抢跑的运动员都要被罚出比赛,而全能比赛是个人两次抢跑犯规后才被处罚;此外,新的世界纪录和奥运会纪录要求比赛时风速不能超过2 m/s,而全能比赛则不能超过4 m/s;在跳远和投掷项目中,每个运动员只能试跳(投)3次;在跳高单项比赛中的每轮比赛后,横杆升高不得少于2 cm,而全能跳高比赛中始终升高3 cm;撑竿跳高单项比赛每次至少升高5 cm,而全能比赛中始终升高至少10 cm。

全能比赛按所有项目的总积分排定名次。如果总分相等，则以得分较高的单项数量多者名次在前；如果再相等，则以任何一个单项得分高者为胜；如果再次出现相同，则以第二得分高的单项分数较高者排名在前，并以此类推。

三、径赛项目规则

在径赛项目中，所有项目参赛者的名次都取决于身体躯干（不包括头、颈、臂、腿、手和足）抵达终点线后缘垂直面为止时的顺序。比赛中要比较 1/1000 s 的成绩，成绩好的进入下一轮。如果成绩相同，则都应进入下一轮。决赛中如果第一名成绩相同，裁判长有权决定是否重赛，若无条件重赛，则并列第一；若其他名次成绩相同，按并列处理。

在国际赛事中，所有 400 m 或以下距离的径赛项目必须采取蹲踞式起跑；400 m 以上（不含 400 m）的径赛项目均采取站立式起跑。对第一次起跑犯规的运动员必须给予警告（出示黄牌）；之后，无论哪位选手再起跑犯规都将被取消比赛资格（出示红牌）。

在分道跑和部分分道跑的径赛项目中，参赛者越出跑道并获得实际利益或者冲撞、阻碍其他参赛者，也将被取消资格。如果参赛者是被推出、挤出指定的跑道，而且并未获得实际利益，也未影响他人，则不被取消参赛资格。同样，任何参赛者在直道中越出其跑道或在弯道中越出其跑道的外侧，只要没有得益或阻碍他人，都不算犯规。

4×100 m 接力跑是分道进行的，接棒者可在接力区前 10 m 起跑。在接力区内，运动员必须在 20 m 的接力区内完成交接棒。

跨栏跑运动员必须在自己的跑道内完成比赛，当跨越栏架时，如果他（她）的腿或足从低于栏架顶的水平线跨越，或跨越并非自己赛道上的栏架，都将被取消资格。若裁判员认为参赛者故意以手或足撞倒栏架，均取消其资格。

在 100 m 跑、200 m 跑和 100 m 跨栏、110 m 跨栏比赛中，如果顺风超过 2 m/s，所创成绩都不能成为新纪录。

奥运会的公路赛包括男、女马拉松跑以及男、女 20 km 竞走和男子 50 km 竞走。在这些比赛的途中，每 5 km 处都设有提供水和其他饮料的饮料站。

竞走比赛是田径比赛中最复杂的赛事，它有两个核心规则：一是竞走运动员必须始终保持至少一只脚与地面接触。二是运动员的前腿从着地的一瞬间起直到垂直位置，必须始终伸直，膝关节不能弯曲。

思考题
1. 简述田径运动概况。
2. 试述田径运动的特点。
3. 接力跑传接棒的方法有几种？
4. 跳远的完整技术动作由哪几部分组成？
5. 掷标枪的技术动作分几个技术环节？

第十章

球类运动

第一节　篮　球

一、篮球运动概述

篮球运动最早出现在美国。1891年，在美国马萨诸塞州一所基督教青年训练学校里，一个叫詹姆斯·奈史密斯（1861—1939）的体育教师，为了帮助学生们度过漫长而寒冷的冬季，创编了一种游戏。把两只水果篮分别钉在运动房的阳台上，离地3 m多高，让学生将足球往高处篮筐里投。于是，人类历史上第一项面对高空的运动就这样产生了。这项运动也因此取名叫"篮球"。

1892年，詹姆斯·奈史密斯先生又制订了一个比赛规则，并组织师生进行了世界上第一场篮球比赛；1904年，在第三届奥运会上首次进行篮球表演赛；1908年，美国制订了全国统一的篮球规则；1936年，第十一届奥运会把篮球列为比赛项目；1948年，国际业余篮球联合会决定四年举办一届世界男篮锦标赛；1976年女子篮球被列为奥运会比赛项目。从此，篮球运动逐渐走向世界。我国篮球运动的发展是令人瞩目的，特别在学校，篮球运动的开展尤为普及，深受学生的青睐。经常参加篮球运动能促进速度、灵巧、敏捷、耐力以及柔韧性等身体素质的发展，提高中枢神经系统的灵活性，增强心脏、血管、呼吸和消化系统的功能，促进肌肉和骨骼的生长发育，使身体得到全面发展。

二、篮球运动的价值

篮球运动是在固定场地内、双方以投篮为中心的竞赛项目，并以投中得分获得乐趣，由此可见篮球运动始终具有浓厚的游戏性。篮球运动不受年龄、性别和技术的限制，因而开展得十分广泛，成为丰富人们业余文化生活的重要内容。

篮球比赛是在攻防不断变化中进行的，因此运动员应具有良好的身体素质。在场上既要不断地快速奔跑，又要能急起急停，所以经常参加篮球运动，通过跑、跳、投的锻炼，对促进人体的协调性、灵活性和应变能力都会起到良好的作用。

篮球运动要求运动员对场上各种变化情况具有精细的感受能力。运动员在场上完成许多复杂的动作时，动作要十分准确，而这在很大程度上要靠人体运动分析器对肌肉感觉做精确分析才能实现。如篮球运动员能够在没有视觉参加的情况下完成运球动作，就是靠运动及触觉两种分析器的精确判断来实现的。

经常参加篮球运动的人，不仅肌肉会变得更加结实有力，而且内脏器官的功能也会得到明显提高。就以心脏功能为例，正常成人安静时每分钟心跳71次左右，并且每次心跳只能输出50~60 ml的血液。而篮球运动员安静时，心脏每分钟跳50~60次，每次心跳输出的血液量可达80~100 ml。安静时心跳次数减少，说明篮球运动员的心脏肌肉强壮有力，收缩一次输出的血液大大超过一般人，是功能良好的一种现象，确实有助于改善人体的心肺功能。

三、篮球基本技术

篮球技术主要由移动、传接球、运球、投篮等动作组成。每个技术环节又包含了不同的动作方法，比如传球是由单手传球、双手传球、击地传球等技术组成，投篮也包含了单手肩上投篮、行进间单手高手投篮、跳投等技术，各种方法和方式的组合运用构成了篮球进攻技术和防守技术两大部分。

（一）移动技术

移动技术的练习，应根据篮球运动的特点，做到快、活、稳。快是指启动速度快、脚步移动快、抢断球移动要快；活是指进攻与防守脚步移动要灵活、场上战术配合要灵活、进攻时处理球的方法运用要灵活；稳是指传接球要稳、投篮要稳、比赛过程中控制球要稳。正因为篮球运动的各种技术都要配合移动来完成，所以移动技术在篮球比赛中是非常重要的。移动技术很多，其目的就是摆脱对方的防守，跑到有利的位置去接球；而防守时脚步要提前抢位进行断球，不断地给对方造成威胁。

1. 突然快速启动

突然快速启动是摆脱防守最简单的方法，一般在对方防守较紧时，为了迅速抢断篮球或接同队的传球，才运用突然快速启动，并进行各种配合。持球队员也可用突然快速启动，摆脱对方防守，切入篮下投篮或进行配合。

（1）动作要领：启动前应保持两脚左右分开做原地小碎步跑，重心下降成屈膝姿势。启动时用一只脚的前脚掌的内侧做短促有力的蹬地动作，以腰部力量带动身体重心迅速向启动的方向前进。启动后两臂迅速摆动，前三四步跑要短而快，然后再逐渐加大步伐，进入正常快速奔跑。

（2）进攻时练习方法：队员在球场端线上面向或背向或侧向站立，根据教师的信号，队员凭听觉做突然启动，向场内快速跑过半场或全场。两人一组，各持一球，相对站立，相距5~6 m，各人同时将球向自己右或左侧上方抛去，双方立即启动交换位置，并将对方抛出的球接住。区域联防阵容的进攻与退守的启动练习以每五人一组，如图10-1-1所示站位；教师发信号，队员听信号后，做集体启动跑至对方篮下或过中线后，快速启动退守至本篮下，如此反复进行3~5次后轮换另一组做。

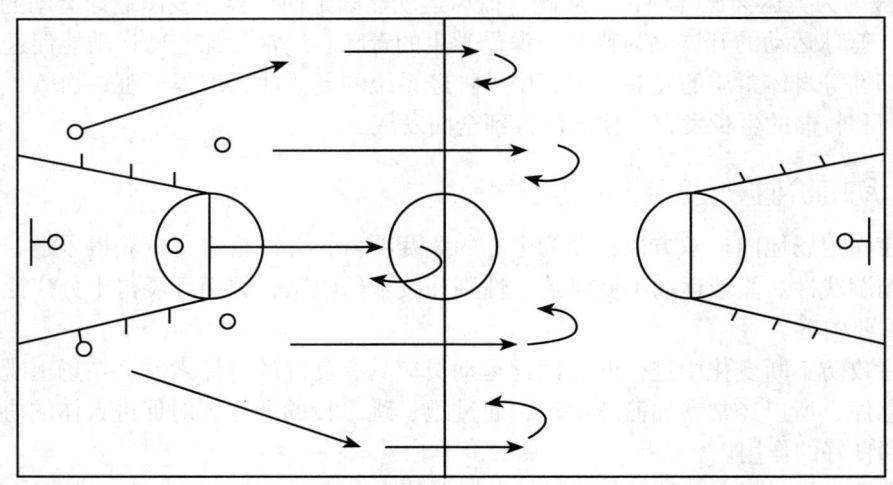

图 10-1-1 区域联防阵容的进攻与退守示意图

（3）防守时练习方法

1）全场曲线做后滑步，听信号做手触地的练习，做2~3组。

2）全场曲线做后滑步，突然听信号做上步后跳起抢断球的练习，可做2~3组。

3）三人一组，两人做传接球进攻，一人做抢断球防守，练习手脚移动迅速和判断球的意识能力，可做2~3组。

2. 急停

当进攻队员在急速跑动中无法摆脱防守者的紧跟时，可利用急停的动作把防守者甩开。急停与突然启动结合运用,会更有效地摆脱防守。急停的动作有两种,即跨步急停和跳步急停。

(1)跨步急停(两步急停):在急停时的瞬间先跨出一大步,后脚跟先着地,同时降低重心,上体稍后仰以减少向前冲力;第二步跨出着地时,身体侧转(左脚跨第一步身体左转)脚尖稍向内转,用脚掌内侧蹬地,同时两腿深屈,上体前倾,急停后身体重心落在两脚上。这种急停一般在运球过程中运用,也适用于由进攻转为防守的快速跑动中。

(2)跳步急停(一步急停):急停前,单脚或双脚跳起离地,上体稍后仰;接着两脚同时平行或前后落地;落地后两膝弯曲,重心下降,两臂屈肘微微张开帮助维持身体平衡。这种急停一般适用于跑动中向前接球。

(3)练习方法

1)慢跑或快跑中做两步和跳步急停练习。

2)运球中做两步和跳步急停练习。

3)接球时做两步和跳步急停练习。

3.无球移动

(1)侧身跑:即在跑动中为了更好地观察场上情况所采用的一种方法。其动作要领是:侧身跑时,头部和上体放松地向球的方向扭转,同时侧肩,脚步朝着跑的方向;既要注意观察,又要保持速度。

(2)变向跑:即队员在跑动中突然改变方向,摆脱防守的一种移动方法。其动作要领是:变向时(以从右向左跑为例),上体稍向前倾,同时右脚前脚掌内侧用力蹬地,随之腰部扭转,上体向左前倾,移动重心,左脚向左前方跨出一小步后,右脚迅速向左脚的侧前方跨出一大步,继续跑动。

(3)侧滑步:即队员防守时重要的移动方法。其动作要领是:由两脚平行站立开始,向左侧滑步时,左脚向左跨出,落地的同时,右脚蹬地滑动,跟随左脚移动,保持屈膝低重心的姿势;注意身体不要上下起伏,两脚不要交叉,重心要落在两脚之间。

(4)跨步:跨步主要是用于持球突破超越防守的一种步法。其动作要领是:以一脚为中枢轴,另一脚向侧前方跨步,但不改变身体方向。跨步与转身动作结合运用,可以摆脱防守和保护球。

(5)练习方法

1)沿篮球场直线慢跑,听口令急停后加速跑,再听口令急停。

2)沿直线跑,听信号变侧身跑,再听信号变向摆脱跑。

3)教师喊口令做各方向的滑步练习,也可结合手势做练习。

4)两人一组,一攻一守,徒手练习变向、变速跑。

5)两人一组,一人持球一人防守,持球者做跨步摆脱过人后运球前进,两人交替练习。

(二)传、接球技术

传、接球是篮球比赛中运用最多的基本技术,是组织进攻的纽带,是战术配合的必要手段。

1.双手胸前传、接球

动作要领:双手持球于胸前,五指自然分开握球的后侧方,两肘自然下垂于体侧,两腿自然地前后(或左右)开立,两膝微屈。传球时,两脚蹬地重心前移,两臂向传球方向伸出,用手腕外翻和拇指、示指、中指力量加速,直到手心向前将球传出,身体重心随球前移(图10-1-2);接球时,两臂前伸迎球,手指

图10-1-2 双手胸前传球动作分解示意图

自然分开，两拇指成八字形，两手呈半球状，当手指触球时，两臂随球迅速收回，减缓球速的冲击力，然后将球握住置于胸前；行进间接球时要跨步迎出接球。

2. 双手击地传、接球

动作要领：将球向斜前方地面传出，球击地点两人间距靠近接球人的1/3处，球弹起高度在接球人的腰腹部，接球时，掌心向着来球反弹的方向，屈膝弯腰伸手迎球，接球后手腕上翻持球于腹前。

3. 单手肩上传、接球

单手肩上传、接球是比赛中经常运用的一种远距离传球方法，因其速度快、准确性高，在快攻长传中经常应用这种方法。

（1）动作要领：以右手传球为例，双手持球于胸前，两脚平行开立，左脚向前迈出半步，身体右转重心后移，同时把球引至右肩上方，手指分开，手腕后屈托球后下部。传球时右脚蹬地转体，右臂前挥，手腕前屈，用手指拨动的力量将球传出，如图 10-1-3 所示。接球时，手臂伸向来球方向，掌心微凹正对来球，当手触球后顺势后引，翻腕，双手持球于腰腹前。

图 10-1-3　单手肩上传球动作分解示意图

（2）练习方法

1）原地五角形传、接球练习。如图 10-1-4 所示，五人站成五角形，A 传球给 C，C 传球给 E，E 传球给 B，B 传球给 D，D 传球给 A。如此反复进行。

2）迎面跑动传、接球。如图 10-1-5 所示，分成两组，相距 8 m 成纵队相对站立，用一球做迎面跑动中传接球。

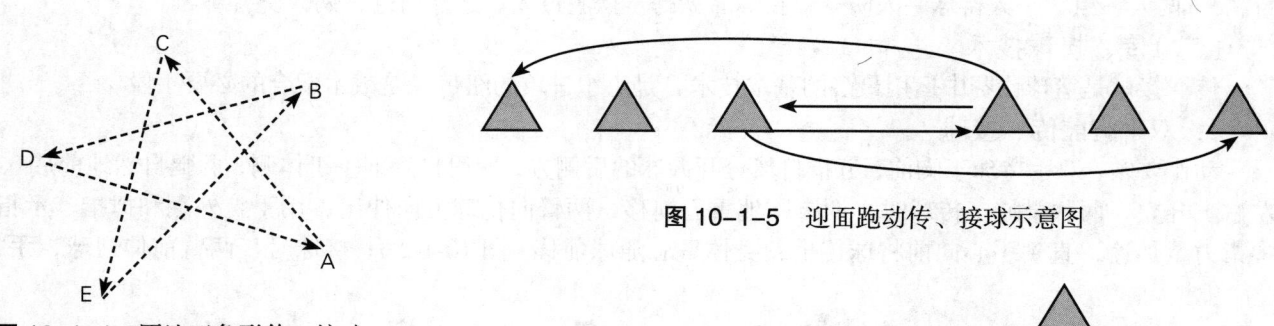

图 10-1-5　迎面跑动传、接球示意图

图 10-1-4　原地五角形传、接球练习示意图

3）三角形传、接球。如图 10-1-6 所示，三人保持三角形，进行传接球的练习。如果中间加上两个防守者，则传球者可运用双手胸前传球、击地球、单手肩上传球等方法，这样就练习了接近比赛情况下所需要的传接球技术。如果传球时被防守队员接触到了球，即算传球者失误，谁失误谁就去做防守队员。

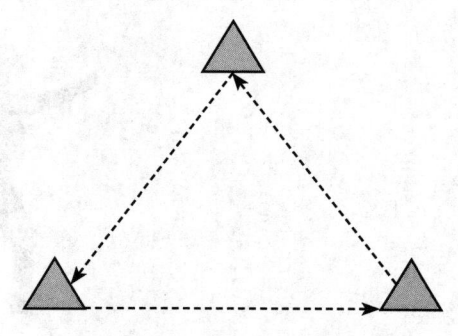

图 10-1-6　三角传球示意图

4．行进间传、接球

（1）动作要领：主要是传接球动作和脚步配合要协调、连贯，一般是跨出第一步接球，最迟在第三步落地前传出球。根据传球人的速度，将球传至同伴身前一步左右的距离和胸部位置。

（2）练习方法

1）如图 10-1-7 所示，将学生分为人数相等两队，跑动中两队排头做对角线传球，练习单手肩上传球和跑动中击地反弹传球，传球距离逐渐增加至 10 m 左右。

2）全场跑动传、接球练习。如图 10-1-8 所示，两人一组在同一端线的两侧站好，相距 4~5 m，两人曲线跑动斜线传接球。要求在快速奔跑中完成传、接球。

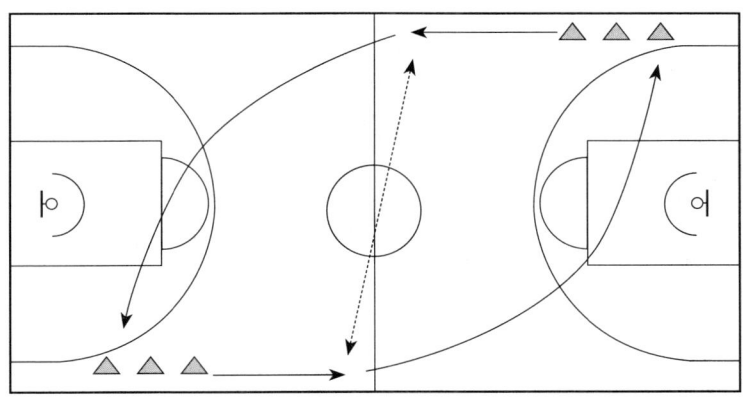

图 10-1-7　两队学生跑动传、接球示意图

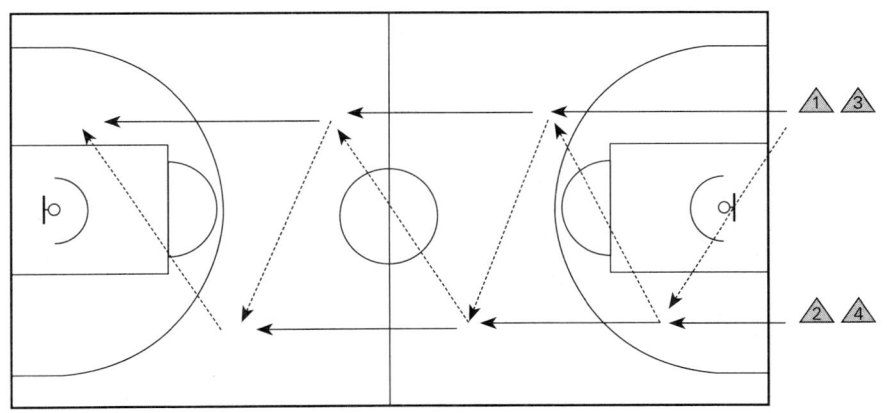

图 10-1-8　全场跑动传、接球练习示意图

（三）运球技术

持球队员在原地或移动中有单手连续拍按和迎引从地面反弹起来的球叫运球。运球是篮球比赛中个人控制球、支配球、突破防守的重要手段，是组织全队进攻配合的桥梁。

1．高运球

高运球的动作要点是：抬头，目视前方，上体稍前倾，以肘关节为轴，手按拍球的后上方，球的落点在身体的侧前方，球反弹高度约在腰胸之间，如图 10-1-9 所示。

2．低运球

低运球的动作要点是：抬头，目视前方，两膝深屈，身体半蹲，重心下降，上体前倾手按拍球的后上部，球的落点在身体侧面，球的反弹高度在膝部以下，如图 10-1-9 所示。

图 10-1-9 多种运球技术图解

3. 运球体前变方向

运球体前变方向动作要点是：运球队员从防守队员右侧变方向时，用右手按拍球的右侧后上方，使球反弹至左手外侧，右脚迅速向左前跨步，向左侧转体探肩，及时换手继续向前运球，如图 10-1-10 所示。

图 10-1-10 运球体前变方向示意图

4. 运球背后变方向

运球背后变方向的动作要点是：运球队员从防守队员右侧变方向。变向前开始运球时，要把球控制于身体右侧后方，左脚前跨，右手按拍球侧后方，球经身后拍到左前方，右脚迅速前跨，换用左手运球继续前进，如图 10-1-11 所示。

5. 运球的练习方法

（1）成体操队形原地做高运球、低运球和左右手体前变换（左右手变向）运球。

（2）将队员分成若干组在全场做迎面接力运球比赛。

（3）看教师手势，做全场的变向和转身运球练习。

（4）全场一对一练习，要求防守要积极。

图 10-1-11　背后运球示意图

（5）从底线运球到中线，在罚分线设一固定防守者，做两次变向或转身运球上篮练习。

（四）投篮技术

原地投篮一般在远距离投篮和罚球时运用较多。远距离投篮不仅可以增强个人和全队的攻击力度，而且具有较大的战术意义。

1．单手肩上投篮

单手肩上投篮的动作要领是：持球手五指自然分开，用手指根以上部位托球后下方置于肩上，另一手扶住球的内侧方；两脚前后或左右站立，两膝微屈，重心在两脚之间，上体自然正直，两眼注视球篮。投篮时，投篮手臂随下肢伸直和脚蹬地力量向前上方伸出，球出手时手臂完全伸直，身体重心随出球方向上升，脚跟提起，用手腕前压的动作使球从示指、中指指端飞出，如图 10-1-12 所示。

图 10-1-12　单手肩上投篮示意图

2．跳投

（1）原地跳起投篮：原地跳起投篮具有突然性强、出球点高和不易防守的优点，可以与传球、突破和其他假动作相结合，在不同距离情况下都可运用。其动作要领是：跳投的手法与原地肩上投篮相同，其区别只是跳起在空中将球投出，即两手持球上举的同时，两脚用力蹬地使身体垂直向上跳起；当腾空至最高点时，扶球手离开，持球手迅速向前上方仰臂，用手腕和手指力量将球投出；落地时要屈膝来保持身体平衡。

（2）急停跳起投篮

急停跳起投篮的动作要领如下：

1）接球急停跳起投篮。移动中跳起腾空接球后，两腿同时或先后落地，脚尖对篮筐，两膝弯曲，迅速跳起投篮，投篮出手后动作同原地跳起单手肩上投篮。

2）运球急停跳起投篮。运球过程中及时降低重心，用跨步急停或跳步急停，持球屈膝跳起投篮，投篮动作同原地跳起单手肩上投篮。急停跳起投篮的动作如图 10-1-13 所示。

图 10-1-13 跳起投篮示意图

3. 行进间投篮

（1）行进间高手上篮：行进间单手高手投篮一般在快攻与切入篮下时采用较多，因为投篮出手点高，接近篮圈容易投中。其动作要领是：以右手投篮为例，右脚大步跨出接球，左脚步伐小些；随即蹬地起跳，右腿提膝，左手保护球，当身体跳至最高时，右臂和身体充分向上伸展，掌心向上，用手腕和手指的力量将球投出（一般称为"跑篮"），如图 10-1-14 所示。

图 10-1-14 行进间高手上篮示意图

（2）行进间低手上篮：这种投篮适用于在摆脱防守后切入篮下或与防守者平行时，利用速度和空中身体伸展动作进行投篮。其动作要领是：以右手投篮为例，当右脚前跨在空中时，双手接球，接球后两臂放在右侧，以身体保护球；右脚落地后，左脚再前跨一步，用力向上起跳，右腿自然提起，身体尽量向上伸展，右手顺势向前方伸出，至最高点时用手腕手指上挑拨球，使球从示指和中指指端向前旋转，拨球入篮，如图 10-1-15 所示。

图 10-1-15 行进间低手上篮示意图

4．投篮的练习方法

（1）10个队员分为两组，相对站立距离为4~5 m，原地做双、单手投篮动作练习；体会投篮时的手法和身体协调配合。如果练习跳投，先做徒手起跳动作。

（2）原地站立投篮练习。学生分两组排成两路纵队，排头一人各持一球，投篮后抢篮板球，各自传给本队第二人，依次轮流进行；要求手法正确，提高命中率（图10-1-16）。

（3）队员在三分线外站成一队，跑动中接篮下队友A的传球，完成上篮，上篮后回到队尾（图10-1-17）。

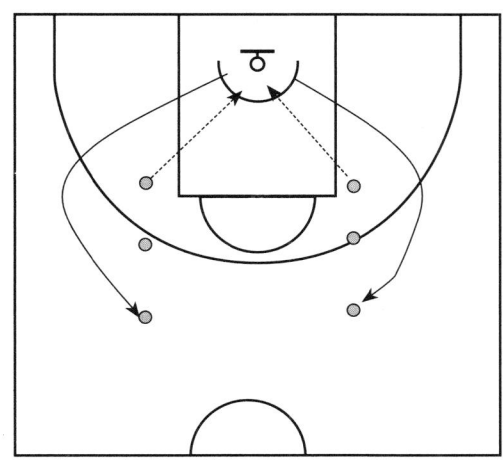

图10-1-16　原地站立投篮示意图

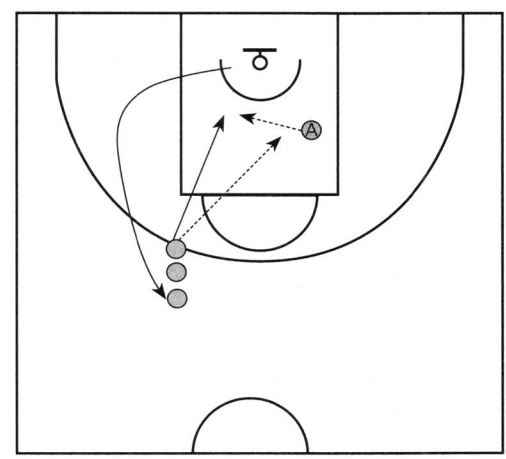

图10-1-17　行进间上篮练习示意图

（五）持球突破技术

持球突破技术是持球队员利用快速的脚步动作和良好的运球技术超越防守者的一项进攻技术。

1．交叉步持球突破技术

（1）动作要领：从左面过人时即以左脚为轴，用右脚前脚掌蹬地向防守者右脚外侧跨出第一步（步子要大些）；同时向左侧身探肩，用右肩前冲的动作保护球，用左手将球拍至右脚前侧方，再蹬左脚跨第二步随即运球。

（2）练习方法

1）做右晃左过或左晃右过假动作，移动重心及探肩练习。

2）在消极防守下结合假动做突破练习。

3）两人一组，一攻一守，互相练习徒手突破、持球突破，防守时由消极到积极。

4）行进间接球突破练习，队员奔跑中接同伴传球后，摆脱防守，运球过人上篮。

（3）练习要点：第一步要快，步幅要适中，重心前移，转体探肩护球动作要连贯。

2．同侧步持球突破

（1）动作要领：以左脚为轴从防守左侧突破为例，左脚前脚掌蹬地，右脚向防守左侧迈出，中枢脚左脚离地前用右手推拍球于迈出脚侧前方，同时左脚蹬离地，加速超越防守者；同时上体右转身，将左肩压到防守者的左肩，利用上体保护球。

（2）练习方法：同交叉步持球突破。

（3）要求：第一步要快而小，重心前移，转体探肩护球。

四、篮球基本战术

篮球的基本战术是篮球比赛中队员和队员之间有组织、有意识地协同运用技术来进行进攻对抗的布阵行动，是以篮球技术为基础，在一定的战术指导思想和战术意识支配下的集体攻守方法。

（一）进攻战术基础配合

进攻战术基础配合是由两三名队员之间的协同动作组成的简单配合。

1. 传切配合

传切配合是两三名队员利用传球和切入组成的简单配合。进攻方⑤号队员传球给同伴，摆脱防守队员后迅速切入篮下，接同伴④号的传球完成上篮（图10-1-18）。

传切配合要点：

（1）合理选择进攻位置，队形要拉开，按战术路线跑动。

（2）持球队员运用投篮和突破等假动作，吸引对手，以便及时把球传给切入的同伴。

（3）切入的队员要先靠近对手，然后突然快速侧身跑，摆脱对手向篮下切入，随时注意接球进攻。

2. 掩护配合

掩护配合是采用合理的行动，用自己的身体挡住同伴的防守者的移动路线，使同伴借以摆脱防守的一种配合方法。根据掩护者与被掩护者的身体位置和方向的不同，可采用三种形式的掩护：前掩护、侧掩护和后掩护。

掩护配合方法：无球队员给无球队员做侧掩护时，⑤传给④后，去给⑥做侧掩护，⑥摆脱防守切入篮下，接④的传球投篮（图10-1-19）。④传球前要用假动作吸引住自己的对手和调整配合时间，⑤掩护后要及时转身跟进。

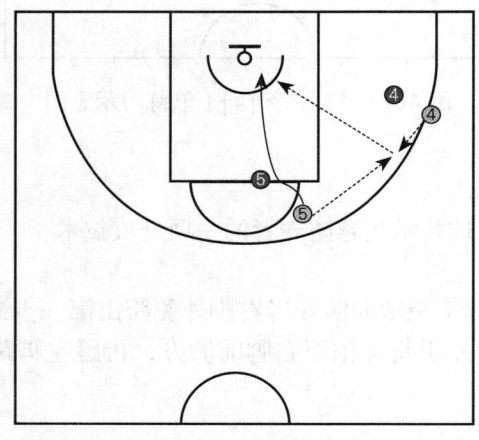

图10-1-18 传切配合示意图

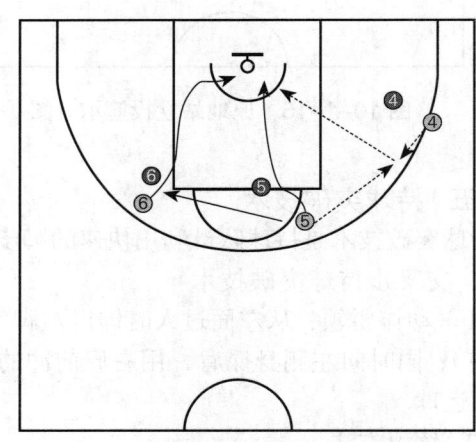

图10-1-19 掩护配合示意图

掩护配合的要点：

（1）掩护队员要站在同伴的防守队员的移动路线上。

（2）掩护配合行动要突然、快速，运用假动作给防守队员造成错觉，完成掩护配合。

（3）同伴之间必须掌握好配合动作的时间。

（4）当防守队员交换防守时，掩护队员运用掩护后的第二个动作，突然转身切入篮下或寻找其他的进攻机会。

（5）进行掩护的过程中，掩护队员和同伴都要做一些进攻动作，吸引住对手，达到隐蔽、掩护、配合的意图。

3. 突分配合

突分配合是持球队员通过突破对手，打乱对方防守部署，给同伴创造无人防守的有利时机，并及时传球给同伴上篮的简单配合。

突分配合的方法：进攻队员⑤从防守者的右侧突破，并吸引右侧防守队员上来和左侧防守队员"关门"防守，进攻队员④及时切入篮下抢占有利位置接⑤的球投篮或做其他进攻配合（图10-1-20）。

突分配合的要点：突破队员的动作要突然、快速。在突破过程中，既要有传球的准备，又要有投篮的准备。

突破队员在突破过程中，要始终注意观察场上攻、守队员的位置变化，及时分球或投篮。

（二）防守战术配合

防守战术基础配合包括"关门"、穿过、挤过、绕过、交换防守配合，以及夹击、补防配合等。

1. "关门"配合

"关门"配合方法是邻近的两个防守队员协同防守突破的配合方法。当进攻队员运球突破时，防守突破的队员向侧后方移动，挡住其移动路线。邻近突破一侧的防守队员，应及时快速向突破队员的前进方向移动，向防守突破的队员靠拢，像两扇门一样地关起来，堵住突破者的前进路线。例如，攻方从右侧突破时，④和⑤进行"关门"配合；如从左侧突破，则⑤与⑥进行"关门"配合（图10-1-21）。

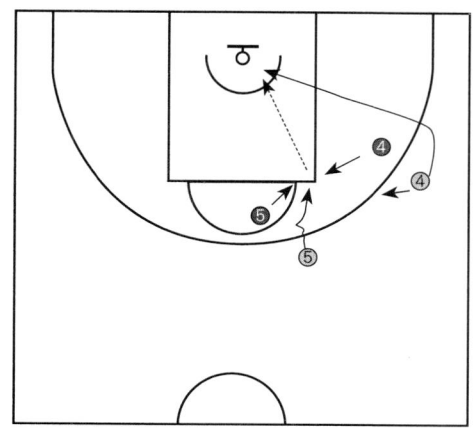

图 10-1-20　突分配合示意图

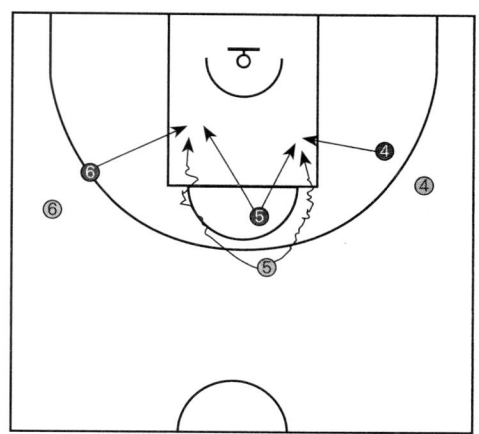

图 10-1-21　防守"关门"配合示意图

2. 穿过配合

一般在对方采用掩护配合时使用。为了避开对方掩护，防守队员从另一同伴之间穿过，继续防住自己的对手。这种方法多为进攻队员无球掩护时使用。

3. 挤过配合

挤过配合方法是一种积极的带有攻击性、打乱对方掩护的防守方法。当对手企图进行掩护时，防守队员上步挤过去，继续防住对手。此法一般在对手接近篮下和投篮较准的情况下使用。

4. 绕过配合

绕过配合方法是一种破坏对方掩护的防守方法。当对手进行掩护时，防守队员从同伴的身后绕过去，继续防住自己的对手。这种防守方法主要在不便于运用挤过和穿过，而进攻者远离篮下或无球状态下使用，或者在对手的进攻威胁性不大的情况下运用。

5. 交换防守

交换防守又叫换人防守或换防，是防守中最常用的防守配合。在进攻队员采用掩护配合，已经挡住了继续防守的路线，运用挤过、穿过、绕过都来不及的情况下，就要采用与同伴交换防守对象的配合，交换防守后，在适当时候再换回来。一般不轻易交换防守，以免在个人防守力量上的差异和不适应导致失利。

五、篮球竞赛规则

（一）队员人数和号码

每队一般由12名队员组成。上场比赛为5人。每队队员号码应是4~15号，目的主要是避免队员得分（1~3分）、3秒违例与队员犯规后罚球次数等在判罚手势中的混淆不清。

（二）比赛时间

每场比赛分为4小节，第1节和第2节、第3节和第4节分别为上半时、下半时。每节比赛为10 min。第1节和第2节、第3节和第4节之间休息时间为2 min，上、下半时中间正常的休息时间为15 min。在头3节的每节中，每队可准予1次要登记的暂停；第4节中准予2次要登记的暂停；每一决胜期准予1次要登记的暂停。每次暂停时间为1 min；决胜期比赛时间为5 min。

（三）违例

掷界外球违例：5 s内未将球掷出；从裁判员指定地点沿边线移动超过正常的一步；掷界外球球离手后，在球触及场内队员之前掷球队员首先触及球；掷界外球在球触及场上队员前，球触及界线或界外等。

3 s违例：当球进入前场、并且记时钟开启时，进攻队员在对方限制区内停留超过持续3 s时。

8 s违例：进攻队在后场控制球未能在8 s内使球进入前场。

24 s违例：进攻队未能在24 s内完成投篮并使球触及篮圈；出现防守队员犯规重新计算24 s。

球回后场违例：位于前场的进攻队队员，不得再控球回到后场。

运球走步违例：持球队员在投、传、拍或滚球之前，移动了中枢脚。

二次运球违例：持球队员运球开始后，该队员用双手同时触球或使球在手中停留的瞬间，运球完毕，若再运球即为违例。出现下列几种情况不判二次运球违例：同一人连续投篮，但投出的球必须触及篮筐、篮板或其他队员；与其他队员抢球中用挑、拍等手法得到球后运球；抢断得球后运球。

脚踢球违例：故意踢球或用脚的任何部位拦阻球。

跳球时违例：当球在上升阶段时，跳球队员触及球；跳球队员未触及球时，其他队员进入中圈或移动位置；跳球队员直接接住球。

干扰投篮违例：投篮的球在飞行中下落，并完全在篮圈水平面上时，防守队员触球即为违例，判给投篮得分。

（四）跳球（争球）

比赛开始，由双方各1名队员在中圈跳球。比赛中，双方队员抢球相持不下，或球由双方队员同时拍出界外，或球卡在篮腰与篮板之间，则执行交替拥有。

（五）犯规

1. 侵人犯规

场上队员通过手、臂、肩、髋、膝、脚、弯曲身体成不正常姿势或使用粗野动作以拍、阻挡、拉、推、撞、绊等动作来阻碍对方队员，即为侵人犯规。

侵人犯规的罚则：如被侵犯的队员未做投篮动作，应由被侵犯的队员在犯规的最近点掷边线球或端线球；如犯规队在一节内已累计达4次犯规，则判给被侵犯队员2次罚球。如被侵犯的队员正在做投篮动作，则投中有效，再判给1次罚球；如果未投中，应判2次罚球，如果是三分投篮未成功，则应判给3次罚球。如进攻队员犯规，则由对方队员在犯规的就近处掷边线球或端线球。

2. 违反体育道德的犯规

裁判员认为队员蓄意地对对方队员造成侵人犯规，为违反体育道德的犯规，2次违反体育道德犯规将被取消比赛资格。

违反体育道德的犯规罚则：登记犯规队员1次违反体育道德的犯规，判给对方2次罚球，再追加1次中场掷界外球权。如果被犯规队员正在做投篮动作。投中有效，再判给1次罚球和1次掷界外球权；如果投篮不中，则应判给罚球（投三分球时罚3次）和1次掷界外球权。罚球时双方队员都应站在罚球线的延长线之后，罚球结束后，掷中场界外球的队员必须两脚骑跨中线，可以将球传给场上任何位置上的队员。

3. 取消比赛资格的犯规

凡属十分恶劣的不道德行为，可判为取消比赛资格的犯规。

取消比赛资格的犯规罚则：登记犯规队员1次取消比赛资格的犯规，并令其离开比赛场地，余下判罚同违反体育道德的犯规罚则。

4. 技术犯规

运动员出现场上骂人、不服从裁判判决、故意拖延比赛时间等现象要被判技术犯规；教练员技术犯规主要是指不服从裁判员、随意走出球队席区域或在场外干扰比赛正常进行等。

技术犯规罚则：要进行登记，判给对方队员 2 次罚球和随后的掷界外球权，对方队长可以指定罚球队员。罚球时，双方队员都应站在罚球线延长线后。罚球后，由对方队员在中场处掷界外球，比赛正常开始。若在比赛开始前或休息期间，判队员或教练员技术犯规，都应在比赛开始前由对方队员罚球 2 次后，再由跳球开始比赛。队员的该次技术犯规累计带入下一节全队的犯规累计之中。

第二节　排　球

一、排球基础理论

（一）排球运动的起源

排球（volleyball）运动起源于美国。是在 1895 年美国马萨诸塞州霍利约克市，由一位叫摩根（威廉·G·摩根）的体育工作人员发明的。当时是篮球运动发明的第四年，摩根认为篮球运动的强度过于激烈，对于久坐办公室和年龄较大的人较为吃力，他们需要一种既可以得到身心放松又不至于太累的运动，根据人们的这种需要，摩根在体育馆内挂上了网球网，使用篮球的内胆在球网上空击打，规则上使用手球和网球的一些技术，摩根给这个运动起了一个有趣的名字"Mintonette"，意即"小网子"。

"小网子"满足了中年人的娱乐和体育需要，渐渐地受到人们的欢迎。于是，排球运动就这样从嬉戏篮球胆的球戏中发展起来了。

1896 年，美国马萨诸塞州斯普林菲尔德青年会体育指导大会在霍利奥克城举行。大会期间举行了历史上最早的"小网子"比赛，两队各出 5 人，双方队长分别是霍利奥克市市长库兰和消防队长林奇。兴致勃勃观看表演的 A·T·哈尔斯博士觉得"小网子"一词意犹未尽，提议把"Mintonette"改为"Volleyball"，取"空中飞球"之意。这一提议形象地概括了排球运动的性质，得到与会者一致同意。从此，排球——"空中飞球"开始起飞。

最初在排球场上用的是篮球。但篮球打起来太重、太沉，打得人们手腕发疼，且易伤手指。篮球不行，摩根又试用足球。但足球也有同样的缺陷。于是，摩根将篮球胆从篮球中取出，球胆充气后既轻又飘，打起来比篮球、足球好多了。但球胆又太轻，难以控制方向。摩根找到当时美国较大的司保丁体育用品公司，要求他们设计一种用软牛皮包制的球，这种球既不伤手指，又不会一打就跑。就这样，司保丁公司按摩根的设计要求做出了第一批排球。球重 255~340 g，圆周 63.5~68.6 cm，橡皮胆外包皮套或帆布套，制成了类似现在的排球。今天排球的重量和大小就是据此演变而来的。1897 年，美国首次公布的 10 条排球比赛规则中规定，球是一个外面包有皮套或帆布套的橡皮胆，球的圆周为 63.5~68.6 cm，重 340 g。1947 年，国际排联成立时颁布的第一版国际排球规则规定：排球重量 250~300 g，圆周 65~68.5 cm，气压 0.52~0.58 kg/cm^2。此后，块皮缝合代替了皮套或布套，胶合技术代替了缝合技术，终于形成了现在的排球：由柔软皮革制成外壳，内装橡皮或类似质料制成的球胆。

（二）排球运动的特点

1. 广泛的群众性

排球场地设备简单，比赛规则容易掌握。既可在球场上比赛和训练，也可在一般空地上活动，运动负荷可大可小，适合于不同年龄、不同性别、不同体质、不同训练程度的人。

2. 技术的全面性

规则规定，每个队员都要进行位置轮转，既要到前排扣球与拦网，又要轮到后排防守与接应，这就要求每个队员都要全面地掌握各项技术。

3. 高度的技巧性

规则规定，比赛中球不能落地，不得持球、连击。击球时间的短暂和击球空间的多变决定了排球的高度技巧性。

4. 攻防技术的两重性

排球是多种技术都可以得分，也能失分的项目，这种情况在决胜局比赛中更加突出，所以说每项技术都具有攻防的两重性。因此，要求技术既要有攻击性，又要有准确性。

5. 严密的集体性

排球比赛是集体比赛项目，除发球外，都是在集体配合中进行的。没有严密的集体配合，再好的个人技术也难以发挥，更无法发挥战术的作用。水平越高的队，集体配合就越严密。

（三）排球场地和基础规则

排球比赛场地长为 18 m，宽为 9 m，以一条中线把球场分为两个半场，在中线上空设长 9.50 m、宽 1 m 的球网将两个场区分开。正式比赛的男子网高为 2.43 m，女子为 2.24 m。比赛前，场上 6 个队员分别按照场上 6 个区域站位，由双方队长抽签确定谁先发球。球发出前，双方队员按 6 个区站好位，不得越位。发球时，由站在 1 号位的队员发球，如果失误，则对方得分，由对方按顺时针方向轮转一个位置后再进行发球。每一方只允许击球 3 次（拦网除外）。比赛满 25 分为一局。如果遇双方比分均为 24 分时，必须有一方多得 2 分时才算胜局（决胜局第 5 局除外）。正式比赛一般采用 5 局 3 胜制。如果 2 比 2 平时，第 5 局打至 15 分并领先对方 2 分获胜。

（四）世界排球运动的发展

最早的排球比赛是双方各 16 人出场，分成 4 排。随着技术的发展和提高，逐步演变为"12 人制"和"9 人制"，最后为"6 人制"。排球运动首先在美国军队中开展，随后排球在各国也普遍开展起来，1900 年首先传入加拿大，1905 年传入古巴，1912 年传入乌拉圭，1914 年传入墨西哥。美洲各国使用的排球规则，大多是直接引用美国的排球规则，进行 6 人制的排球。在亚洲，排球于 1900 年左右最早传入印度，1905 年由传教士将排球传入我国，然后传入日本、菲律宾等国。排球传入亚洲虽然较早，但很长时间都未开展 6 人制的排球。因此，6 人制的排球技术、战术较为落后。美国虽然是排球的发源地，但长期以来并没有将其作为竞技项目，而是作为休闲、娱乐项目来开展。第二次世界大战结束后，在许多国家的共同努力下，1947 年在法国巴黎由 14 个国家发起成立了国际排球联合会，从此，排球成为世界性竞技体育运动。目前，世界性最高层次的排球比赛有世界锦标赛、奥运会排球赛、世界杯排球赛等。

（五）我国排球的发展概况

1949 年以前，我国的排球比赛采用 9 人制比赛。新中国成立后，决定采用 6 人制排球，并继承和发展 9 人制排球的各项技术，特别是我国的快球和快攻战术，成为我国排球技术、战术打法的主要特点。1953 年我国成立排球协会。1954 年国际排联正式接纳我国为正式会员国。同年 8 月，中国男女排球队首次参加在巴黎举行的男子第 3 届、女子第 2 届世界排球锦标赛，在男子 24 支参赛队中夺得第 9 名，女子 17 支参赛队中获得第 6 名的成绩。1979 年，中国男、女排双双获得亚洲冠军，结束了日本女排蝉联 20 年冠军的历史，并获得了参加 1980 年奥运会的资格，由于当时抵制这届奥运会而没有参加。而后从 1981—1986 年在世界排球锦标赛、排球世界杯、奥运会中，中国女排先后 5 次获得世界冠军，大大振奋了中华民族精神，开创了现代排球的新纪元。此后，中国男子排球出现了滑坡，女排也逐渐走向低谷。为了重新振奋排球精神，1994 年原国家体委召开了"国家男女排球队工作汇报及重振排球雄风研讨会"。1995 年以赛制改革为先导，开创了排球改革的步伐，中国女排先于 1995 年重夺亚洲排球锦标赛冠军，世界排球锦标赛第 3 名。1997 年男排夺得了阔别 10 年的亚洲排球锦标赛冠军，并获得了世界锦标赛的参赛资格。2004 年雅典奥运会，中国女排获得冠军。2008 年北京奥运会中国女排获得季军。2015 年获得女排世界杯冠军，2016 年获得里约热内卢奥运会冠军，2017 年获得女排大冠军杯赛冠军，2019 年获得女排世界杯冠军。

二、排球运动基本技术

排球技术是在规则允许的条件下所采取的各种合理的击球动作。常用的基本技术有准备姿势、移动、发球、垫球、传球、扣球和拦网。

（一）准备姿势

根据腿部的弯曲程度和重心高低，准备姿势可以分为稍蹲、半蹲及低蹲三种。其中半蹲姿势是最基本、最常用的一种。

半蹲准备姿势要求两脚开立稍宽于肩，两脚尖适当内收，脚跟稍提起，膝关节保持一定的弯曲程度，上体稍前倾，重心在两脚之间稍偏前；两臂自然弯曲，双手放在腹前，身体成半蹲姿势；全身肌肉适当放松，两眼注视来球，两脚保持微动。

（二）移动

移动是接好来球的重要条件。移动身体与球保持合理位置，是有效地完成垫、传、扣球及拦网等各项技术的关键，常用的移动步法有以下几种。

1. 并步移动

当来球距身体 1 m 左右时，可采取并步移动。用并步移动时，移动方向的同侧脚先向移动方向跨出一步，当跨出脚落地时，另一只脚迅速并上成击球前的准备姿势。并步移动可向前、后、左、右各个方向移动，主要用于传球、垫球、拦网等技术。

2. 跨步移动

当来球较低，离身体 1 m 左右距离时，可采用跨步移动。跨步移动时，一脚用力蹬地，脚向来球方向跨出一大步。跨出腿膝部弯曲，上体前倾，臀部下降，身体重心移至跨出腿上，后腿在蹬地后膝部也要微屈。

3. 交叉步移动

当来球在体侧或体前侧距离身体 3 m 左右时，可采用交叉步移动去接近球。若向右移动，启动时身体应向右转，同时右脚自然地向右先移动一小步，使脚尖指向右前方；左脚在右脚前面向右交叉迈出一步；然后右脚再向右跨出一步，落在左脚的右侧；同时身体转动对准来球方向，保持击球前的准备姿势。向左移动时，动作方向相反。

4. 跑步移动

当来球距身体较远，不适宜采取其他步法去接近球时可采用跑步移动。跑步时，启动的步子要小，然后再逐渐加大步幅、加快步频，两臂要用力摆动；在准备接近球时再减速制动，逐渐降低重心做好击球前的准备姿势。

5. 准备姿势和移动的练习方法

（1）在慢跑的过程中，听到或看到信号立即做好准备姿势。

（2）做好准备姿势后，看到向前、后、左、右的不同信号做各种步法移动的练习。

（3）看或听不同信号做准备姿势及各种步法移动的练习。

（4）在排球场边线、端线做各种不同步法移动触线练习。

（三）发球

发球是指队员在发球区内将球抛起后，用一只手将球击出，直接从网上两标志杆内进入对方场区内的一种击球方法。发球主要有正面下手发球、侧面下手发球、正面上手发球、勾手发球、正面上手和勾手发飘球等。

1. 正面下手发球

面对球网两脚前后开立，左脚在前（以右手发球为例），两膝微屈，上体稍前倾，左手持球于腹前；左手将球上抛在右肩前约 40 cm，离左手约 20 cm 的高度；同时右臂伸直后摆，身体重心适当后移；以肩为轴，手臂由后经下方向前摆动；身体重心也随之前移，在右肩的前下方腹前用全掌、掌根或虎口击球的后下部；击球后，随着身体重心前移之势迅速跨步入场，如图 10-2-1 所示。

2. 正面上手发球

面对球网两脚前后开立，左脚在前（以右手发球为例），左手持球于腹前；左手托球上送，将球平稳上抛于右肩前上方约 1.2 m 处；同时身体稍右转，右臂抬起，屈肘后引，肘部与肩平齐，手掌自然张开；上

图 10-2-1　正面下手发球

体稍向右侧转动，抬头、挺胸、展腹、身体重心移至后脚；击球时，利用蹬地转体和快速收腹的动作，带动手臂迅速而猛烈地向前上方挥动；手臂挥直在右肩前上方最高点，以全手掌击球的后中下部；身体重心随着前移至左脚；手掌触球时，手腕继续有一个向前推压的动作，使球向前旋转飞行；击球后，右脚随着上体前压动作自然前移，并迅速入场，如图 10-2-2 所示。

图 10-2-2　正面上手发球

3．发球的练习方法

（1）不隔网或对墙发球练习。两人相距 10 m 左右，互相发球。

（2）在 3 m 线后做发球过网练习。两人一组分别站在 3 m 线后互相做对发球练习。

（3）在端线做发球练习。两人一组在各自半场端线后做发球练习，规定区域落点，互相经对方规定的区域中发球。

（4）发球比赛。分组进行发球比赛，看哪一组成功率高、哪一组准确性高。

（四）垫球

垫球是接发球、接扣球和接拦回球的主要方法，有时也可用来组织进攻，因而是排球运动中运用最多的主要技术之一。垫球分为正面双手垫球、体侧双手垫球、单手垫球、鱼跃垫球、滚翻垫球和挡球等。

1．正面双手垫球

正面双手垫球是各种垫球的基础。它是在准备姿势的基础上，判断来球的路线与落点，迅速移动取位，把来球保持在腹部的正前方，两臂插入球下并对准来球；垫球时，利用蹬腿抬体和提肩抬臂的协调动作，以两前臂所组成的平面击球的后下方，同时身体重心伴随击球动作向前移，将球向前上方垫出，如图 10-2-3 所示。

图 10-2-3　正面双手垫球

2．垫球手型

（1）叠指法：叠指法是指两手手指上下相叠，两拇指对齐平行相靠压在上面一手的中指第二指节上，掌根紧靠，两臂伸直相夹，注意手掌部分不能相叠。

（2）抱拳法：抱拳法是指两手抱拳互握，两拇指平行放于上面，两掌根和两前臂外旋紧靠，手腕下压，使前臂形成一个垫击平面。

3．击球点、击球部位

正面双手垫球的击球点，一般应尽量保持在腹前约一臂距离的位置，用腕上 10 cm 左右的两前臂桡骨内侧构成的平面击球。为了便于体会正确的动作方法，可以把垫球动作按连贯的顺序概括为插、夹、提 3 个动作要领。

（1）插：及时移动取位，降低重心，两臂前伸插至球下，使两前臂的垫击面对准来球，并初步取好手臂的角度。

（2）夹：夹是指两手掌根紧靠，手臂夹紧，手腕下压，用平整而稳定的击球面去迎击球。

（3）提：由下肢蹬地、提肩、顶肘、压腕的动作去迎击来球，身体重心要随球前移，两臂在全身协调动作的配合下送球。

4．垫球的练习方法

（1）徒手模仿练习。模仿垫球手型及垫球的完整动作。

（2）垫击固定球。两人一组，一人持球在小腹高度，另一人做垫球动作。

（3）垫抛来的球。两人一组，一人抛球一人垫，可以从一个方向开始至不同方向抛球。

（4）对垫。两人一组或多人一组练习垫球。多人一组成纵队练习垫球，每人垫一次后交换。

（5）接发球、接吊球、接扣球组合在一起练习。

（五）挡球

当来球速度快且较高，用垫球、传球动作有困难时，可采用挡球。挡球分为双手挡球和单手挡球两种。

1．双手挡球

双手挡球的手形有并掌法和抱拳法两种。并掌法是由两肘弯曲，两手虎口交叉，用手掌外侧向前组成勺形的击球面击球；抱拳法是指两肘弯曲，一手半握拳，另一手外包，用两手掌外侧所组成的击球面击球。双手挡球的击球点应保持在额前上方或左、右肩的上方。如图 10-2-4，图 10-2-5 所示。

2．单手挡球

单手挡球时手半握拳，手腕放松，触球瞬间后仰并保持一定的紧张度，用拳心和掌根部位击球的后下部。

（六）传球

传球是排球运动中的一项重要技术，比赛中由防守到进攻，主要靠二传衔接。因此，传球是组织各种进攻战术的基础。传球的方法主要有正面传球、背面传球、侧面传球和跳起传球等。

图 10-2-4　抱拳法挡球

图 10-2-5　并掌法挡球

1. 正面双手传球

传球前及时判断来球方向，迅速移动到球的落点上，对准来球，准备姿势稍蹲。双手自然抬起，放松置于脸前。当来球接近额前时，开始蹬地、伸膝、伸臂，两手微张从脸前向上方迎球；球来到额前上方约一球距离处，利用伸臂和手指手腕的反弹力、配合蹬地的力量将球击出；当手触球时，两手指自然张开成半球形，两拇指相对成"一"字形和两示指成"八"字形；手腕稍后仰，以拇指、示指和中指托住球的后下部，手指手腕保持适当的紧张，以承担球的压力；环指和小指在球两侧辅助控制传球方向；传球时要根据来球力量的大小和传出的远近而适当地控制伸臂速度和手指手腕的紧张程度，并有意识地运用手指手腕适度的紧张，缓冲来球的压力。通过这个缓冲过程，加强对球的控制，使之柔和而准确地将球传到所需要的位置，如图 10-2-6 所示。

2. 背面传球

传球前身体背面要对正传球目标，上体保持正直或稍后仰，击球点比正面传球要稍高。迎球时，微微仰头挺胸，在下肢蹬地的同时，上体向后上方伸展；击球时，手腕适当后仰，使掌心向后上方，手指击球的底部，利用抬臂、送肘的动作和手指、手腕主动向后上方用力及两拇指主动上挑的力量将球向后上方传出。

3. 传球的练习方法

（1）模仿动作练习，着重学习传球前的准备姿势、协调的伸展动作、传球前的手形。

（2）持球模仿练习，着重学习击球时的手形、击球点的位置、身体协调的迎送动作。

（3）原地传抛来的球，着重练习传球的完整动作和手指、手腕的击球动作。

图 10-2-6　正面双手传球

（4）两人一组对传练习，做各种移动后的传球练习。

（七）扣球

扣球是最积极有效的一种进攻手段，是完成战术配合的最后一击，是得分和得发球权的主要途径，在比赛中有很重要的地位。扣球分为正面扣球、勾手扣球、快球、调整扣球等。

1．正面扣球

身体放松略前倾，成稍蹲姿势；左脚先向前迈一步，紧接着跨出右脚（步幅要大些），并以脚跟先着地，左脚迅速并上，落在右脚之前，两脚尖稍向右转；两臂由后下方主动有力地向前上方摆动，抬头挺胸，两臂举起高于肩，上体向击球臂一侧稍转，击球臂屈肘后引，身体成反弓形；击球时，利用迅速转体收腹动作带动肩、肘、腕等各关节成鞭打动作向前上方挥动，用全掌击球的后中上部，腕跟着用力前推下甩；落地时，脚前掌先着地并屈膝，稍收腹，以缓冲下落的力量，如图 10-2-7 所示。

图 10-2-7　正面扣球

2．快球

快球是我国的传统打法。快球是扣球者在二传队员传球前或传球时同时起跳，并迅速把二传队员传来的球击入对方场区。这种扣球速度快、时间短、突然性强、牵制性大。

3．扣球的练习方法

（1）徒手练习挥臂动作，利用吊球做原地手臂挥摆击球的动作。

(2)利用网前抛球进行助跑起跳接球和扣球的练习。

(3)结合二传,做扣球的练习;结合比赛,做扣球练习;连续扣球练习;在拦网情况下做扣球练习;扣一定区域球的练习等。

(八)拦网

拦网是排球运动中的基本技术之一,是进攻和防守的重要手段,在比赛中成功的拦网既可拦住对方的扣球、减轻后排防守的压力,又可直接得分,给对方心理造成威胁。拦网水平的高低直接影响到比赛的胜负。拦网技术分为单人拦网和集体(两人或三人)拦网。单人拦网是拦网的基本形式,是集体拦网的基础。

1. 单人拦网

两脚左右开立与肩同宽,两膝微屈,上体稍前倾,重心落在两脚之间和前脚掌上,两臂自然弯曲放于胸前,眼睛注视球;两脚用力蹬地,两臂经体侧向前上方摆动,借助两臂上摆迅速起跳;身体腾空后,两臂从额前平行球网向上缘的前方伸出,两手自然张开,两手距离以不漏球为宜,在拦击球时向上提肩使两臂尽量上伸;触球时手腕用力下压,盖住球的上方;拦击后要含胸制动,手臂不能放松随意下拖;落地时应以前脚掌先着地,顺势屈膝下蹲,及时做好下一动作的准备姿势,如图10-2-8所示。

图 10-2-8 单人拦网

2. 集体拦网

集体拦网又分为双人拦网和三人拦网两种。具体应根据对方采用的进攻战术和扣球队员的特点,采取相应的拦网方法。集体拦网时应注重相互配合。

3. 拦网的练习方法

(1)徒手练习,每人一球做自抛自拦练习;利用低网进行练习。

(2)二人一组隔网对面站立,抛球人距网1m向网口抛球,另一人原地起跳拦网。

(3)原地起跳拦扣固定球、拦扣抛球、拦扣传球。

三、排球运动常用战术

排球战术是队员在比赛中,根据临场竞赛情况的发展变化,以及排球运动规律,采用合理技术,互相之间有意识、有目的、有组织的个人和集体配合行动。

(一)个人战术

个人战术是指运动员根据临场情况有目的地应用技术动作,以达到有效地进攻和防守的目标,包括发球、一传、二传、三击、拦网及后排防守的个人战术。

(二)集体战术

集体战术是指运动员为了突破对方防守或抑制对方进攻所采用的有意识、有目的、有组织的集体配合行动。

1.阵容配备

根据队员的特长及本队的战术思想，安排队员在场上的位置，以便最大限度地发挥该队技术和战术水平。

2.阵容配备的主要形式

（1）"四二配备"：场上有2个二传手、2个主攻手、2个副攻手。

（2）"五一配备"：场上有1个二传手，其余全是主攻手。

（3）"三三配备"：场上有3个二传手、3个主攻手。

（三）进攻战术

进攻战术由一传、二传和扣球3个环节组成，主要有"中一二""边一二""插上"3种形式。

1."中一二"进攻阵形

由3号位队员担任二传，将球传给2号、4号位进攻。这种进攻形式简单、便于组织，但战术变化较少，如图10-2-9所示。

2."边一二"进攻阵形

由2号位将球传给3号、4号位进攻，这种阵形战术配合较复杂，除组织3号、4号位定位扣球外，还可组织"快球""掩护""拉开""交叉"等战术变化，如图10-2-10所示。

3."插上"进攻阵形

后排一队员在对方发球后跑到网前作二传，将球传给2号、3号、4号位进攻，如图10-2-11所示。

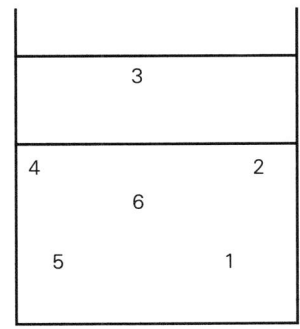
图10-2-9 "中一二"进攻阵形

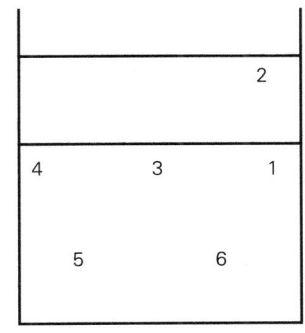
图10-2-10 "边一二"进攻阵形

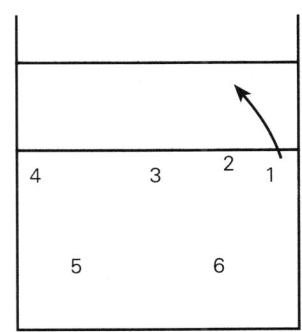
图10-2-11 "插上"进攻阵形

（四）防守战术

防守战术是指接对方扣、传、垫、拦网或处理过来的球所组织的进攻，包括后排防守、拦网、调整二传、反击扣球和保护等环节。

通常采用5人接发球（如图10-2-12所示）和4人接发球（如图10-2-13所示）站位阵形。

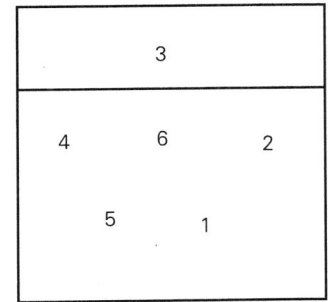
图10-2-12 五人接发球示意图

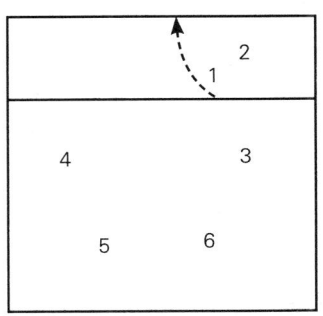
图10-2-13 四人接发球示意图

接扣球防守阵形：主要有无人拦网的防守阵形（站位方法与5人接发球的站位基本相同）、单人拦的防守阵形（图10-2-14），以及双人拦网的"心跟进"（图10-2-15）、"边跟进"防守阵形等（图10-2-16）。

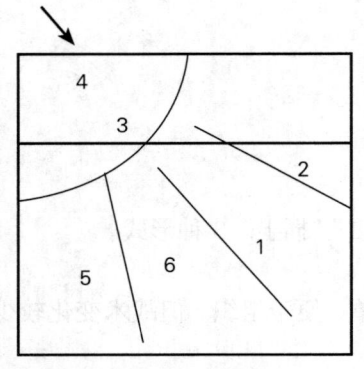

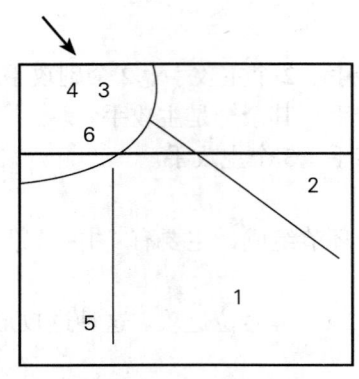

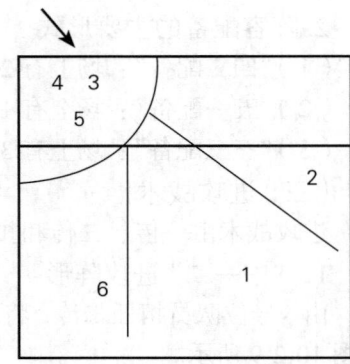

图10-2-14　4号位单人拦网示意图　　图10-2-15　4号位双人拦网"心跟进"示意图　　图10-2-16　4号位拦网"边跟进"示意图

第三节　足　球

足球是一种两队互相进攻防守、相互对抗的球类运动，具有强烈的"战斗性"。足球比赛的特点在于场地宽阔、参与人数多、比赛时间长、技术成分复杂、战术非常多样化，足球比赛对于参赛者的体力、速度、意志都有着较高的要求。因此，足球有着"世界第一运动"的美誉，深受世界各国人民喜爱。

一、足球的起源

据有关史料记载和大量文物考证，我国古代就有了足球游戏。从殷墟出土的文物中，可以考查到殷代就创造了"足球舞"，这是古代足球游戏的前身。据《战国策》和《史记》记载，古代足球游戏称为"蹴鞠"或"踢鞠"。"蹴"和"踢"都是用脚踢的意思，"鞠"是指球名。早在两千年前的战国时代，我们祖先就用皮革制球，里面装满毛发一类有弹性的东西。西汉刘邦曾在宫廷内大规模修建"鞠城"，专供竞赛使用，并开始被封建统治阶级作为训练士兵的手段。唐代又创造了气球，还设立了球门。由此可见，唐代不仅在球的性质和器材上又有了改进，而且当时已具备了较高的古代游戏技术和方法。那时我国的古代足球游戏被传入了日本和欧洲。到了宋、元、明三个朝代，足球组织也相继建立起来了，如劳动人民的球会"香云会"。进入清朝时期，统治者一贯采取民族压迫政策，只重视训练。在乾隆年初，他们把民间的足球变为冰上游戏，并把它作为专门训练王室军队的军事体育活动项目。

二、足球的传播和发展

根据史料记载，唐代的"蹴鞠"游戏通过国际交往传到了日本，并在远东一带盛行起来。当时这种在远东流行的足球游戏，由古希腊马其顿国王亚力山大发动的战争带入了中东，在罗马发展成"哈马斯托姆"游戏。到公元1066年，征服者威廉发动哈斯汀战役侵入英国，又将足球游戏传入了英国，并广泛开展起来。

现代足球运动的发展随着各国政治、文化的飞速发展而发展。由于国家间足球运动交往的增多和足球运动发展的需要，1904年5月21日在法国巴黎，由法国、瑞士、瑞典、比利时、西班牙、荷兰、丹麦等7国发起成立了国际足球联合会。1896年第1届奥运会上，足球被列为表演赛。从第2届奥运会起，足球成为正式比赛项目。现代足球运动的诞生起源于英国。1848年，足球运动第一个文字形式的规则——《剑桥规则》诞生。1857年，英国成立了世界上第一个足球俱乐部。1863年10月26日，在英国伦敦成立了世界上第一个足球协会——英格兰足球协会，并制订了统一的足球规则。英格兰足球协会的成立，标志着世界足球运动进入了一个崭新的历史阶段。1863年10月26日是现代足球运动的诞生日。目前由国际足联举办的比赛有世界杯足球赛、世界青年足球锦标赛、世界少年足球锦标赛、世界女子足球锦标赛和国际足联5人制世界足球锦标赛。

三、现代足球发展趋势

从1930年第一届世界杯足球赛起，现代足球运动已有近百年历史。在此期间，现代足球经历了3次革命。20世纪50年代，匈牙利人浓缩了现代足球思想创造了"WM"阵式，被称为第一次革命；20世纪60年代初，巴西足球界发明了"四二四"阵式，被称为第二次革命；20世纪70年代，荷兰足球又采用巴西队先进的思想首创"全攻全守"的战术打法，被称为第三次革命。80年代至今"欧洲派"和"南美派"相互交融、取长补短，推动了足球运动不断进步发展。现代足球运动发展与足球的阵形和足球的历史一样，都在不断地向前发展。并且，足球的各种战术思想创造了崭新的打法，塑造了许多个性鲜明的球星。在未来足球运动发展的长河中，足球运动的攻守矛盾与各种流派的交融与互补，将继续推动足球运动的发展。现代足球运动的"对抗"越来越激烈，比赛节奏和速度越来越快，前锋、后卫、前卫在职责上的分工正在逐步消失，全攻全守全面型打法是未来现代足球发展的趋势。

四、足球运动的价值

（一）提高身体素质，增进身体健康

经常参加足球运动能增强人体的肌肉、骨骼和提高血液循环系统、呼吸系统、内脏器官和神经系统的功能，能发展速度、力量、灵敏性、柔韧性、耐力等身体素质，尤其能更好地发展速度和耐力素质。

（二）促进精神文明，培养优良品质

开展足球运动能丰富人们的业余文化生活，提高人们工作、学习的积极性和工作效率。长期参加足球运动还有助于培养勇敢顽强、机智果断、坚韧不拔、勇于进取和团结互助、热爱集体、遵守纪律等优良品质。

（三）振奋民族精神，促进国际交流

各国足球队参加国际性重大比赛并取得胜利，都能激励人们的爱国热忱，振奋民族精神，鼓舞人民斗志。通过国际比赛能增进国家间的了解和友谊，其影响可以渗透到国家的各个领域。因此，足球运动已被广泛地用于国际交往，成为国际交往的一种工具。从一定意义上讲，足球运动所具有的价值已远远超出体育运动的范畴。

（四）活跃市场经济，创造物质财富

在现代市场经济中，足球运动具有很高的商业价值。可以利用足球运动本身的魅力，大力发展足球产业，通过足球彩票、门票，运动员转会费、广告费，电视转播费等获得丰厚利润。同时，足球运动的广泛开展还促进了运动器材、服装、饮食、旅游等行业的发展。

五、足球常用技术

常用的足球技术包括踢球、接球、顶球、运球、抢截球、假动作、掷界外球和守门8大技术。

（一）踢球

踢球是指运动员有目的地运用脚的不同部位将球击向预定的目标。踢球是足球技术中最基本的技术动作之一，主要运用于传球和射门，如图10-3-1所示。

1. 脚内侧踢球

脚内侧踢球方法主要运用于短传，其特点是脚与球的接触面积大，出球比较平稳、准确，但出球力量小，因此多用于短距离传球、射门和罚点球等。

（1）动作要领：直线助跑，最后一步稍大，支撑脚踏在球的侧方

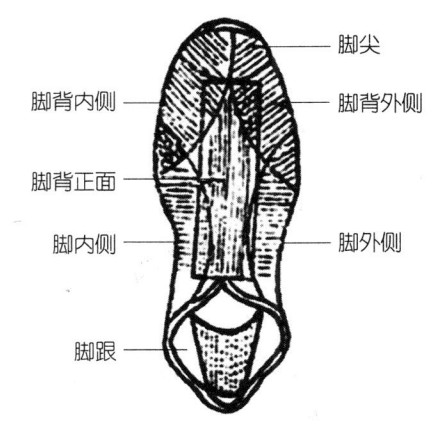

图 10-3-1　脚法部位示意图

15 cm 左右处，膝关节微屈，两臂自然张开，踢球腿在前摆过程中，屈膝外展，腿加速前摆，脚的内侧正对出球方向，脚尖稍翘起，脚掌与地面平行，用脚内侧部位击球的后中部；踢球后，腿随球前摆，但不宜过大，如图 10-3-2 所示。

图 10-3-2　脚内侧踢球

（2）技术要点：屈膝外展——小腿前摆——脚尖上翘——内侧击球——随前动作。
（3）技术难点：髋、膝、踝 3 大关节充分外展。
（4）练习方法：两人一组，相距 10 m 进行练习；两人一组，行进间传接球。

2. 脚背内侧踢球

这种踢球方法适用于长传、罚角球、射门、踢任意球和发球门球。

（1）动作要领：踢定位球时，斜线助跑，助跑方向与出球方向约成 45°角；支撑脚踏在球的侧后方 12~15 cm 处，支撑脚脚尖指向出球方向；膝弯曲，身体稍向支撑脚一侧倾斜；在支撑脚着地的同时，踢球腿以髋关节为轴，大腿带动小腿迅速前摆；当膝关节摆至接近球的内侧垂直上方时，加速摆小腿；击球刹那脚背绷直，脚趾扣紧，脚尖指向斜下方，以脚背内侧击球的后中部（踢过顶球时，击球的后中下部）；踢球后，踢球腿随球摆出，如图 10-3-3 所示。

图 10-3-3　脚背内侧踢球

（2）技术要点：大腿后摆——小腿前摆——脚趾扣紧——脚背绷直。
（3）技术难点：加速小腿前摆的时机与脚背内侧击球的配合。
（4）练习方法：两人相距 10 m 进行练习，一人踩球，另一人击球。

3. 脚背正面踢球

（1）动作要领：这种踢球方法适用于长传和射门。踢定位球时，直线助跑，最后一步稍大并要积极着地，支撑脚踏在球的侧方 10~12 cm 处，脚尖对正出球方向，膝关节微屈，维持身体平衡；同时踢球腿后摆，小腿尽力后屈；在支撑脚着地的同时，以髋关节为轴，大腿带动小腿前摆；当膝盖摆至接近球的垂直上方的刹那，小腿做爆发式前摆，脚背绷直，脚趾扣紧，以脚背正面击球的后中部；踢球后，踢球腿随球继续前摆，如图 10-3-4 所示。

图 10-3-4　脚背正面踢球

（2）技术要点：小腿爆发用力——脚背绷直脚趾紧扣——脚背正面击球。
（3）技术难点：小腿爆发式前摆与脚背正面踢球的配合。
（4）练习方法：一人踩球，另一人击球，体会发力部位；两人相距 15 m 进行练习。

（二）接球

接球是控制来球的一类技术。比赛中，可用除手和手臂以外的任何部位接球，通常以脚为主，尤以脚弓和脚外侧使用最多。接球时，运用推压、撤引等动作方法，将来球调整到有利于进行下一步动作如传球、射门或运球等的位置上。

接球技术动作方法很多，但每一种动作过程都由移动、支撑脚站位、接球动作和随移动作 4 个环节组成。接球的主要方法有脚底接球、脚内侧接球、脚背正面接球、脚背外侧接球、腹部接球和大腿接球及胸部停球等。

1．脚内侧接地滚球

（1）动作要领：支撑脚正对来球，膝关节微屈，停球腿屈膝外转并前迎，脚尖翘起；当脚与球接触前的刹那开始后撤，在后撤过程中用脚内侧接触球，把球控制在所需要的位置上。
（2）技术要点：屈膝外转前迎——脚尖上翘后撤——脚内侧接触球。
（3）技术难点：后撤时机及触球部位。
（4）练习方法：两人一组相距 5 m 进行踢、接练习。

2．脚内侧接反弹球

（1）动作要领：支撑脚踏在球的落点的侧方，膝关节弯曲、上体稍前倾并向接球方向微转；同时接球脚提起，踝关节放松，用脚内侧对准球的反弹方向；当球落地反弹刚离地面时，用脚内侧压球的后中上部，如图 10-3-5 所示。

图 10-3-5　脚内侧接反弹球

（2）技术要点：上体前倾并微转——膝盖弯曲脚提起———脚内侧接反弹球。
（3）技术难点：接球的时机。
（4）练习方法：一人抛球，另一人接球，反复练习。

3. 脚底接地滚球

（1）动作要领：支撑脚站在球的侧后方，膝关节微屈，脚尖正对来球；同时接球脚提起，膝关节自然弯曲，脚尖翘起高于脚跟，脚跟离地面稍低于球，踝关节放松，用脚前掌触球的前上部，触球刹那脚腕轻轻下压。

（2）技术要点：脚尖上翘高于脚跟——脚跟离地低于球——脚掌触球脚腕下压。

（3）技术难点：脚掌触球时机。

4. 脚底接反弹球

（1）动作要领：身体对正来球，支撑脚踏在球的落点的侧后方，接球脚的前掌对准球的反弹方向，触球的后中上部，当球刚反弹的一刹那，脚腕轻轻下压。

（2）技术要点：对准反弹球——轻压反弹球。

（3）技术难点：接球时机。

5. 收胸接球

（1）动作要领：准备接球时，面对来球，两脚前后开立，两臂自然张开，重心前移，挺胸迎球；当球来到与胸部接触前的一刹那，重心迅速后移，收胸、收腹挡压球，以缓冲来球的力量，把球接在身前。

（2）技术要点：挺胸近球——重心后移。

（3）技术难点：收胸压球时机。

6. 挺胸接球收胸压球

（1）动作要领：一般高于胸部的下落球，可采用挺胸接球方法。准备接球时，面对来球，收下颚，两臂自然张开，两脚前后开立，重心落在两脚之间，两膝微屈；当球来到与胸部接触前的一刹那，两脚稍蹬地，同时展腹，上体稍后仰和挺胸动作把球接在自己控制范围之内，如图10-3-6所示。

（2）技术要点：上体后仰——蹬地挺胸——胸部接球。

（3）技术难点：判断来球的方向和力量，以及接球的时机。

（4）练习方法：一人抛球，另一人胸部接球，反复练习。

图10-3-6 挺胸接球收胸压球

（三）头顶球

头顶球是争取时间和空间的优势和主动，需不待球落地即将球传出，常用于抢截、传球或射门。头顶球分为前额正面顶球和前额侧面顶球。这两个部位都可以做原地顶球、跑动中顶球、跳起顶球。

1. 前额正面顶球

（1）动作要领：身体正对来球，两膝前后开立，膝关节微屈，上体稍后倾，重心放在后脚，两臂自然张开，眼睛注视来球；当球运行到身体垂直部位前的一刹那，后脚用力蹬地，身体重心由后脚移向前脚的同时，迅速向前摆体，颈部紧张，快速用头，用前额正面顶球的后中部，触球后上体随球继续前摆。

（2）技术要点：后脚蹬地——重心前移——快速甩头——前额触球。

（3）技术难点：顶球时机及部位。

（4）练习方法：一人抛球，另一人顶球，相互头顶球练习。

2. 跳起顶球

（1）动作要领：原地双脚起跳时，两腿先屈膝，重心下降，然后两脚用力蹬地跳起，同时两臂屈肘上摆，向上跳起，在跳起上升过程中，挺胸展腹，两臂自然张开，眼睛注视来球。在跳到接近最高点准备顶球时，身体成背弓。当球来到身体的垂直部位前的一刹那，快速收腹，折体前屈并甩头，用前额正面将球顶出。顶球后，两腿同时自然屈膝、屈踝落地，如图10-3-7所示。

图 10-3-7　跳起顶球

（2）技术要点：蹬地跳起——挺胸展腹——收腹折体——甩头触球。
（3）技术难点：收腹折体与甩头的连贯性和顶球时机。
（4）练习方法：用一网袋装球，高度适宜，学生依次跳起顶球；一人抛球，反复练习。

（四）运球及运球过人

1. 运球

运球是运动员在跑动中用脚向跑动前方推击球，使球始终处在身体周围的控制范围之内，是完成个人突破与战术配合必不可少的技术。运球方法有脚背正面运球、脚背外侧运球、脚背内侧运球、脚内侧运球等。

（1）脚背正面运球多在越过对手之后、前方纵深距离较长、仍需快速前进的情况下使用。运球时，身体自然放松，上体稍前倾，两臂自然摆动，步幅不要过大；运球脚提起时，膝关节弯曲，脚跟提起，脚尖下指，在迈步前伸着地前，用脚背正面推拨球前进。

（2）脚背外侧运球多在快速奔跑和向外改变方向时使用。运球时，身体自然放松，上体稍前倾，两臂自然摆动，步幅要小些；运球脚提起时，膝关节弯曲，脚跟提起，脚尖内转。在迈步前伸着地前，用脚背外侧推拨球，如图 10-3-8 所示。

图 10-3-8　脚背外侧运球

（3）脚背内侧运球多在改变方向并需要用身体掩护球的情况下运用。运球时，身体自然放松，步幅要小些，上体前倾并稍向运球方向转动；运球脚提起时，膝关节稍弯曲，脚跟提起，脚尖稍向外转动，在迈步前伸着地前，用脚背内侧推拨球。

（4）脚内侧运球是运球技术中速度最慢的一种运球方法。但是，当运球接近对方需要用身体掩护球时，多采用脚内侧运球。运球时，支撑脚稍向前跨，踏在球的前侧方，膝关节稍弯曲，上体前倾向里转；随着身体向前移动，运球脚提起，用脚内侧推球的后中部，如图 10-3-9 所示。

图 10-3-9　脚内侧运球

2. 运球过人

运球过人的常用方法有拨球过人、拉球过人、扣球过人和挑球过人等。

（1）拨球过人，是指当对手从正面来抢球时，先运球逼近对手，诱使对手伸脚抢球，然后运用脚和踝关节抖拨的动作，用脚背外侧或内侧触球，将球向侧方或前方突然拨动，以此摆脱对手。

（2）拉球过人，是指当对手正面或侧面来抢球时，先将球停住或减速运球，诱使对手伸脚抢球，然后运用脚掌将球由前向后，或由一侧向另一侧做拖拉动作，紧接着用脚内侧或其他部位向侧前方推球摆脱对手。

（3）扣球过人，是指当对手正面或侧面来抢球时，突然转身，用脚背内侧或外侧扣球，将球向对手抢断球的另一侧急停或改变方向摆脱对手。

（4）挑球过人，是指当接近对手或对手上来抢截时，用脚尖上翘或脚背上撩动作，使球向上改变方向，从对手的身侧或头上越过。

（五）抢截球

抢截球是将对方控制或传出的球占为己有，或破坏对方对球的控制的一类技术，也是比赛中由守转攻的主要手段。抢截球包括抢球和截球两个内容。抢截球技术一般由判断、选位、抢截、合理冲撞、衔接动作等环节组成。抢球的主要方法有正面跨步抢球、侧面合理冲撞抢球和其他抢球方法。抢球时应不怕冲撞，要求动作凶猛果断。能否正确地判断和时机选择是抢截球成功与否的关键。

1. 正面跨步抢球

两脚前后开立，两膝微屈，身体重心下降并放在两脚间，面向对手；在对手运球脚触球后即将着地或刚着地时，支撑脚立即用力后蹬，抢球脚以脚内侧对着球跨出，膝关节弯曲，上体前倾，身体重心移至抢球脚上，另一脚立即前跨。如果双方的脚同时触球，则要顺势向上提拉，使球从对方脚背滚过；同时身体重心要迅速跟上，把球控制好。如果离球稍远抢不到球，则可用脚尖插抢，如图10-3-10所示。

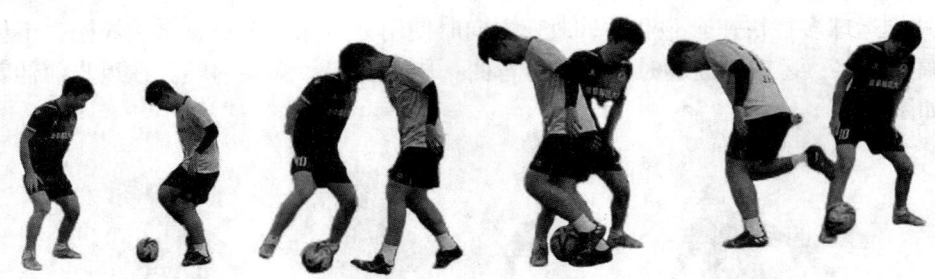

图10-3-10　正面跨步抢球

2. 侧面合理冲撞抢球

当与对手并肩跑动时，身体重心稍下降，与对手接触一侧的手臂要紧贴身体。当对手靠近自己一侧的脚离地时，用肘关节以上部位，撞其相同部位，使其失去平衡而离开球，趁机将球抢过来，如图10-3-11所示。

图10-3-11　侧面合理冲撞抢球

（六）假动作

假动作是为了诱使对方做出错误判断，达到取胜目的。

1. 传球前的踢球假动作

准备传球时，如果对手迎面跑来抢球，可先做假动作，诱使对手堵截传球路线，然后改变方向传球。例如，先摆动右腿向右假踢，诱使对手向右前方堵截，然后再突然变换脚法将球向左前传出或运球。

2. 过人时的虚晃假动作

运球时，若对手在背后紧逼，可先向左（右）侧做虚晃动作，诱使对手也向左（右）移动；接着用右脚脚背外侧把球向右（左）轻拨并转身越过，如图 10-3-12 所示。

3. 运球过人假动作

用右（左）脚脚背外侧假做向右（左）踢球，趁对方伸腿堵截时，改用左（右）脚脚内侧推球，使球从对手胯下穿过；接着快速绕过对手，运球继续前进，如图 10-3-13 所示。

图 10-3-12　过人虚晃假动作

图 10-3-13　运球过人假动作

（七）掷界外球

掷界外球是在场外把球远、准、快地掷向同伴，给本队创造良好的进攻机会。投界外球时要充分发挥蹬地、腰腹和手腕的力量，整个动作过程要连贯。原地掷界外球时，面对出球方向，两脚前后或左右开立，膝关节弯曲，上体后仰成背弓，重心移到后脚上（左右开立时，重心放在两脚间），两手自然张开，拇指相对，持球的侧后部，屈肘将球置于头后；掷球时，后脚用力蹬地，两腿迅速伸直，快速摆体，身体重心由后脚移到前脚，同时两臂急速前摆；当球摆到头上时，用力甩腕将球掷入场内。掷球时，后脚可沿地面向前滑动，两脚均不得离地或踏入场内；但允许踏在线上，如图 10-3-14 所示。

图 10-3-14　掷界外球

（八）守门员技术

守门员技术的好坏，对比赛效果有着直接的影响。守门员是足球队的最后一道防线，主要任务是守卫球门不让球进入；同时，起到指挥全队进行有序攻防的作用。守门员技术包括位置选择、准备姿势、移动接球扑球、拳击球、托球、掷球和踢球等。其中最主要的是接球技术。接球包括接地滚球、接平直球、接高球等。

1. 直腿式接地滚球

两腿自然并立，脚尖正对来球，上体前屈，两臂并肘前迎，两手小指靠近，手掌对球；在手触球的刹那，随球后引，并屈肘、屈腕，两臂靠近将球抱于胸前，如图 10-3-15 所示。

2. 单腿跪式接地滚球

身体对正来球，两腿左右开立，一腿弯曲支撑身体重心，另一腿内转跪撑，膝盖接近地面并靠近前脚脚踵；上体前屈，手臂下垂，两手小指靠近，手掌对准来球，稍向前迎；在手触球的刹那，两手随球后引并屈肘、屈腕、两臂靠近，将球抱于胸前，然后起立。

图 10-3-15　直腿式接地滚球

3. 接低于胸部的平直球

身体对正来球，两脚左右开立，上体稍前倾，两臂下垂并屈肘前迎，两手小指相靠，手掌对球；当手触球的刹那，两臂后引并屈肘，顺势将球抱于胸前。

4. 接齐胸高的平直球

身体对正来球，两臂屈肘并稍上举，两拇指靠近，五指微屈，手掌对球；当手触球时，手指和手腕适当用力，顺势屈臂后引，转腕将球抱于胸前。

5. 接高球

当确定接球点后，迅速移动起跳，两臂上伸迎球，两手拇指成八字，手指微屈，手掌对球；当手触球时，手腕和手指适当用力将球接住，倾势屈肘，回缩下引，并转腕将球抱于胸前。

六、足球常用战术

足球战术分为进攻战术和防守战术。进攻和防守战术都包含着个人和集体战术。个人战术和2～3人的协同配合是集体战术的基础战术。

（一）比赛阵形

比赛阵形是指在比赛中对人员的布局和位置排列。比赛阵形的确定不是凭空想象而来，更不要随意模仿，必须根据本队打法特点、队员的能力和比赛对方的相应情况等，有选择地采用。

目前，世界上普遍采用的"4-3-3""4-4-2""4-1-2-3""3-5-2"等阵形。在以上阵形中，除"4-4-2"阵形是以防守为主、反击为辅外，其他阵形均以进攻为主，尤以"3-5-2"阵形更为突出。

比赛阵形在比赛中也不是一成不变的，针对具体情况或需要，比赛阵形也可以灵活机动地进行变换。例如，防守时采用"5-3-2"阵形，由守转攻又可以变成"3-5-2"阵形。

当今，在整体、快速的全攻全守战术思想指导下，世界各国采用较多的大体有4种阵形，即目前的"4-4-2""5-3-2""3-5-2"阵形和欧洲较为流行的"1-3-3-3"阵形。

（二）进攻战术

1. 个人战术

个人战术包括运动员控球时有目的、合理地运用各种技术，以及无球时具有战略意义的行动。个人战术的集合必将体现整体战术水平的高低。因此，提高个人战术水平对比赛的成效有着重要意义。个人战术有队员无球时的摆脱、跑位和有球时的传球、射门、运球过人等内容。

（1）摆脱与跑位是指每当队员得球、就要发动进攻时，同队队员要迅速摆脱对手，或制造宽度，造成空当，给有球同伴创造多条传球路线，以便更好地进攻。在对手紧逼的情况下，多数队员的跑位都要采取摆脱的动作。摆脱对手紧逼的方法有多种，可采用突然启动、冲刺跑、急停、突然变向、变速和假动作等。摆脱的方向可以向左、右侧或向前、向后。摆脱的目的是拉出空当，制造有利的传球位置。

（2）跑位就是有目的地跑向有利位置或空当，能使自己在短时间内摆脱对手接球，推进进攻。

（3）传球是配合的基础，是完成战术配合、创造射门机会的主要手段。选择目标、把握时机、控制力量与方向是传好球的重要环节。传球有短传（15m以内）、中传（15~25m）、长传（25m以上）。高传一般是指高过人体；低传一般是指低于膝盖的空中球和地滚球。长传的推进速度快，短传准确性高；长传一般用高球，短传一般用低球。

（4）射门是战术配合的最终目的。射门要准确、突然、有力，其中准确是关键。突然有力的射门，往往使守门员猝不及防而失球。在运球中快速起脚射门，有时虽然球速不快，也有效果。当守门员向前冲出或后退还未站稳时，也可利用这一有利时机射门。

（5）运球过人是进攻战术中一种重要的个人战术。运球过人是调动、扰乱对方防线造成以多打少、寻求传球空当、突破密集防守、获得射门机会的有效手段。在没有传球配合的可能或运球过人后能有更好的传球、射门机会时，则应大胆运球过人突破。运球者不断改变方向、变化速度和身体动作，使对手判断错误，从而失去平衡或向相反方向移动，以达到过人的目的。这就要求不断提高控制球的能力和应变能力。

2. 两人配合的进攻战术

两人的传球配合是集体配合的基础。比赛中，一般情况下防守队都是1个防守1个，而进攻队员要利用摆脱或运球过人等动作，常出现2对2或2对1的局面。因此，两人配合进攻成为组织进攻战术的重要部分。

（三）防守战术

1. 选位与盯人

选位与盯人是防守战术中重要的个人战术。防守队员位置一般应处于对手与本方球门中心所构成的一条直线上。盯人的目的在于阻止对手接球，并且在对手接球前或接球的刹那紧逼。一般情况下，对有球的队员及其附近的队员（有可能是接球的队员），采取紧逼的战术。但对离球远的对手可采用松动盯人的战术，但对方队员接近球门时一般要紧盯。盯人防守中，首先力争断球，因为这是最积极的防守，但不能盲目出击；在不能断球时，则要靠近对手，不让其转身，因为这样对手看不到防守者的动作，易于抢堵；若对手已转过身来面对防守者时，则要防直线空当球。防守企图运球过人的对手，关键在于防守队员要不受运球队员假动作的诱骗而失去身体平衡，因此防守队员采用正确的步法是很重要的。

2. 保护与补位

保护与补位是局部地区集体防守的基础，保护是补位的前提，没有保护也不可能有效地补位。队员间距离适当的斜线站位是保护时选位的基本要求，也是后卫线防守站位的基本原则。斜线站位可避免对方突破一点全线崩溃的局面。后卫斜线站位时互相间的纵深距离不能太大，大了就为对方在纵深范围内穿插跑位时提供方便条件，不会受到越位的限制。补位是防守队员之间协同配合、相互帮助的一种方法。补位的队员一般都是比被补位的队员更接近本方的球门，这样当同伴被对手突破时就能及时补位。补位有两种：一种是队员去补空当，如边后卫插上进攻时，由其他一个同伴暂时补他的位置，以防插上进攻失误时对方利用这一空当进行反击；另一种是防守队员的相互补位，即交换防守。相互补位一般都是邻近的两个同伴之间互相交换防守，因为这样出现漏洞的可能性小。

第四节 乒 乓 球

一、乒乓球运动的起源与发展

乒乓球运动最早出现于英国，主要供皇室贵族休闲娱乐，乒乓球是由草地网球发展而来的。乒乓球竞赛项目分为团体赛和单项比赛两大类。团体赛有男子团体和女子团体两项。单项比赛有男子单打、女子单打、男子双打、女子双打和男女混合双打五项。乒乓球运动1913年传入中国，20世纪60年代中国乒乓球运动迅速崛起，创造了直板快攻打法，先后有 100 多人登上世界乒坛最高奖台，创造了国际乒坛历史上的奇迹，因而乒乓球也被誉为中国的"国球"。乒乓球运动在中国开展得非常广泛，深得广大青少年的喜爱，各级学校普遍将乒乓球运动列为体育课的教学内容之一。

乒乓球运动适合于不同人群，可发展机体的灵敏性、协调及快速反应能力，对内脏器官功能以及自主神经有良好的调节作用，其特点是球小、速度快、变化多、趣味性强、设备比较简单，而且不受年龄、性别和身体条件的限制，室内、室外都可以进行，运动量可大可小，具有广泛的适应性和较高的锻炼价值。

二、乒乓球运动的健身价值

（一）强健人体骨骼

体育运动的强度会直接作用到人体的骨骼上，使骨骼在合理的范围内发生生理性弯曲，随着这种刺激的增加，骨骼产生适应性的变化，骨质量将处于增长的趋势，为骨骼后期的发展打下良好的基础。乒乓球运动通过动作重复，给骨骺带来不断的刺激，促进其生长。运动负荷会促进骨蛋白合成，逐渐增加骨质总量，使骨盐沉淀保留、骨质增厚、骨骺融合；使维生素 D 增加，从而促进钙质吸收，减少骨质丢失，促进其生成。生物学的研究表明，合理范围内乒乓球运动强度的增加，可使某些与骨代谢有关的激素或物质发生变化，影响某些局部调节因子，使骨质得以增加，骨骺更为坚固、健康。

（二）提高心血管系统和呼吸系统功能

长期的乒乓球运动有助于提高心肺功能，改善心肌张力，增加心容量和每搏输出量，同时，使安静状态下的心率减慢，血压降低，提高心脏的工作效率，加速人体的新陈代谢。在乒乓球练习过程中，心率一般在 145~155 次 / 分钟，在这一强度坚持较长时间运动，能够提高呼吸系统的换氧功能，增加肺的容量和通气量，提高肺功能，促进体质增强。此外乒乓球的运动可以提高呼吸肌的力量和耐力，促使胸廓扩大，肺泡增多，使气体交换更轻松，肺活量随之增加。肺活量的增加反映了肺储备的增加。

（三）改善神经系统的灵活性

这主要依赖于乒乓球运动的特殊性，即球的个体小、球速快、球台小等原因，给人的反应时间短，需要时刻保持精力的集中和兴奋性。在这短暂的时间内，要求运动员对高速运动的来球方向、落点、旋转、力量等因素进行全面观察并进行判断，及时采取对策，调整击球方向与拍面角度，进行合理还击。乒乓球是以重复练习为主的运动，击球次数的增加能使中枢及周围神经系统得到刺激锻炼，提高神经工作过程的强度、灵活性和神经细胞工作的持久性，使神经细胞得到充足的能量物质和氧气供应，从而使神经系统在紧张工作过程中获得充分的能量物质保证。

（四）提高心理素质

乒乓球的赛场形势瞬息万变，在得与失、胜与负中保持稳定的心理状态很重要，同时赛场中要不断地揣摩对方的意图和战术，判断球的落点方向以及还击战术，这些都对心理素质起到了良好的锻炼作用。

三、乒乓球的基本技术

乒乓球基本技术主要包括五项内容，即准备姿势、握拍、站位与身体姿势、单项技术（发球、推挡、攻球、弧圈球、削球、搓球）和步法。

（一）准备姿势

准备姿势主要指运动员等待击球或还击球前的各种身体姿势，为了击出更高质量的球所采用的能够迅速启动、有利于身体各部位协调配合的稳定和合理的姿态。

动作要领：（以右手持拍手为例）两脚开立与肩膀同宽，手臂屈肘放松，身体稍向右侧，面向球台，两膝自然弯曲稍向内收并内旋，用前脚掌内侧着地，重心置于两脚中间，随时准备移动。上体略前倾，两眼目视前方，注视来球，两臂自然弯曲置于体侧前方，肘关节略外张，执拍手自然握拍，使拍面稍前倾呈半横状，置于腹前的右侧前方。

（二）握拍法

握拍法是指运动员手握乒乓球拍的方法，有直拍握法和横拍握法两种。选用何种握法，因人而异。

可根据个人身体条件、兴趣爱好、技术特点选择一种适合的握拍法。

1. 直拍握拍法

拇指和示指的第一、第二指关节自然弯曲平均地钳住拍柄，拍柄贴住虎口，其他三指自然弯曲重叠，中指第一指关节顶在拍背 1/3 处，如图 10-4-1 所示。直握球拍的特点是手腕灵活，处理台内球容易。

2. 横拍握拍法

横拍握法因个人习惯、特点不同，分深握和浅握两种。因手指动作相似，均称"八字"式握法。其方法是：虎口压住球拍右上肩，拇指和示指自然弯曲分别握在拍身前、后两面，中指、环指、小指弯曲握住拍柄，如图 10-4-2 所示。横拍握拍法适用于快攻型、弧圈型或削攻型打法。

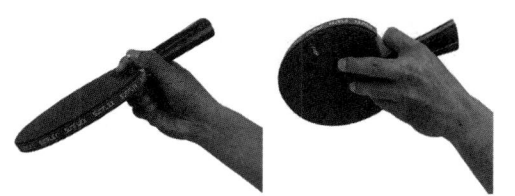

图 10-4-1　直拍握拍方法图

图 10-4-2　横拍握拍方法图

（三）步法

主要总结了乒乓球运动中最为常见的步法在此进行详解：包括单步、跨步、跳步、交叉步、侧身步。

1. 单步

以一只脚为轴，另一只脚向前或向后、左、右移动。单步常在打定点球、还击追身球或近网球时采用。

2. 跨步

以一只脚向前、后、左、右的不同方向跨出一大步，身体重心随即移到摆动腿上；而另一脚再迅速跟着移动。跨步常在扑救险球时，或正手打回头球时采用。

3. 跳步

以来球方向的异侧脚蹬地为主，两脚发力同时离地，异侧脚先落地；另一脚随即着地即挥拍击球。跳步一般在来球离身体较远较急时采用。

4. 交叉步

双脚同时向来球方向侧蹬，以来球方向的异侧脚发力为主，迅速向来球方向提摆跨出一大步，两脚交叉；然后同侧脚迅速跟上还原成准备姿势，挥拍球。

5. 侧身步

这是左推右攻运动员常用的步法。击球时以左脚为轴，右脚向左后方移动，微收腹，侧身让出空隙来击球；在来球追身时，侧身就较大；开始右脚蹬地发力，左脚向球台外跨出一步，然后右脚靠腰部扭动后跟上。

（四）发球与接发球技术

1. 正手平击发球

平击发球是一种几乎不带旋转、速度一般的发球，是掌握其他复杂发球的基础。发球时身体约离球台 40 cm，两脚开立，左脚稍前，抛球的同时挥拍手向后引拍，击球时向前挥拍，击球的中部稍偏上，第一落点在球台中间；击球后挥拍继续向前而后还原。

2. 正（反）手发急球

抛球同时持拍手向右（左）后方引抽，拍形稍前倾，持拍手以肘关节为轴内旋向左（右）前方挥拍用力，触球后拍面前倾，快速摩擦球的中上部；球的第一落点应在本方台面端线附近，执拍手迅速放松，立即还原。

3. 正手发下旋球

球由高点下落至约与网同高时，前臂加速向左前下方切削，用球拍左侧偏下部位击球的后中下部并向底部快速摩擦。在发近网下旋球时用力下切动作要快，落点距网较近；发远网下旋球时除用力下切外还应略加向前的力量，正手发下旋球如图 10-4-3 所示。

图 10-4-3　正手发下旋球图解

4．发左、右侧旋球

发左侧旋球时，将持拍手稍向左倾斜，用力向身体左方发力，摩擦球的中部；发右侧旋球时，与之相反。

5．正手发左侧上、下旋球

（1）正手发左侧上旋球

站位左半台，左脚稍前，身体略向右偏，左手掌心托球位于身体右前方；球从高点下落时持拍手从右上方向左下方挥拍；当球落至网高时，持拍前臂加速挥摆，手腕发力使球拍加速向左下方挥动，击球的中部并向左侧上方摩擦，如图 10-4-4 所示。可根据发球长短调整第一落点的远近。

图 10-4-4　正手发左侧上旋球和左侧下旋球图解

（2）正手发左侧下旋球

挥拍击球时，沉腕，拇指压拍，击球中下部并向左侧下方摩擦，如图 10-4-4 所示。

6．反手发右侧上、下旋球

（1）反手发右侧上旋球

站位左半台，右脚稍前或平站，身体略向左偏；上抛球时，右臂内旋，持拍手向左后方引拍，腰部略微向左转；球从高点下落时，持拍手从身体左后方向前挥拍，当球落至网高时，前臂和手腕同时发力挥拍击球，击拍中略偏下部；在触球的瞬间，手腕快速向上方抖动摩擦球，如图 10-4-5 所示。

（2）反手发右侧下旋球

发球动作与右侧上旋球大致相同，区别在于，引拍向左上方，右臂向右前下方挥摆，击球中下部向右侧下方摩擦，触球高度略高于网。

7．接发球

发过来的球速度快，带有一定的上旋力，应用侧身回接；如果侧身有困难，可运用反手推挡或反手攻球回击；如果采用削球回接，则必须移动步法向后退一步，待来球力量有所减弱时再回接。

图 10-4-5　反手发右侧上旋球图解

（1）接下旋球

用搓球回接下旋球时，注意拍面放平后应以增加向前上方的发力；用拉攻或弧圈回接时，一定要增加向上提拉的力量。

（2）接左侧上旋球

接左侧上旋球一般采用推挡、攻球为宜；回接时，拍面角度要稍向前倾、拍面向左倾斜，以抵消来球的左侧旋；用搓、削回接，除注意拍面角度和朝向外，还要加大向下摩擦球的力量；用弧圈球回接应加大拍面前倾角度，多向前发力，少向上提拉。

（3）接右侧上旋球

接右侧上旋球时与接左侧上旋球时的方法基本相同，只是方向相反。

（4）接短球

回接短球时要注意判断，步法移动及时向前，以获得最适合的击球位置；同时，注意到位，后脚步制动，控制身体的前冲力量，以便接球后快速回蹬还原，准备下一拍来球。

（五）推挡球

推挡球的技术特点是站位近、动作小、速度快、变化多，是我国左推右攻类型打法的主要技术之一。在比赛中主动调动和压制对方，为正手的进攻创造机会。推挡包括：挡球、快推、加力推、减力推、推下旋、推挤等技术。高校学生主要学习挡球和快推技术。

1. 挡球

两脚平行站立，身体靠近球台；击球前，上臂贴近身体，前臂约与台面平行，球拍置于腹前；击球时，调整好拍形，在送球上升期触球的中部或中下部，借来球的反弹力将球挡回，击球后迅速还原。

2. 快推球

（1）快推的特点：借力还击，球速快，力量较轻，落点变化好，能迷惑对方，起助攻作用。

（2）快推动作方法：站位近台偏左，两脚平行或右脚稍后站立；击球时，前臂向前推击的同时前臂外旋，在球上引时击球的上部，把球快推过去。

3. 加力推球

（1）加力推球的特点：动作幅度较大，力量重，球速快。若结合落点变化，能增加一定的攻击力。

（2）加力推球的动作方法：击球前，前臂上提，球拍后引，肘部贴近身体，球拍位置高于击球点，拍面稍前倾；击球时，中指顶住拍背，拍形较为固定，持拍手上升后向前推压，在来球上升后期或最高点击球中上部；击球后，手臂随势前送。

4. 推下旋球

（1）推下旋球的特点：回球下旋且速度较快、弧线较低、落点远、球下沉，对方回击时不能借力，并容易落网，故能遏制对方进攻，创造进攻机会，是威力很大的一种推挡技术。但当对方来球力量较大、旋转较强时，使用推下旋球方法将有一定困难。

（2）推下旋球的动作方法：两脚平站或右脚稍前，身体离台约 40 cm；手臂内旋，拍面角度稍后倾，上臂后引，前臂上提；击球时，持拍手向前下方挥动，拍面稍后仰，击球的中部向前下方摩擦推切；击球后，手臂随势前送，如图 10-4-6 所示。

（六）攻球

攻球分为正手攻球和反手攻球，按站位不同又可以为近台、中台、远台攻球，按击球点和击球的时间不同又可分为拉、打、拨、扣、杀等方法。特点是站位近，动作小，球速快，若配合落点变化则可创造更好的扣杀机会。

图 10-4-6　推下旋球动作分解图

1. 正手近台快攻

击球之前引拍至身体右侧，当球由台面弹起时，手臂向左前上方迅速回击来球；击球时示指稍抬，拇指压住球拍，使拍面前倾，形成合理的击球角度，然后结合手腕内旋动作，在球的上升期击球的后上部，如图 10-4-7 所示。

图 10-4-7　正手近台快攻动作分解图

2. 正手拉球

（1）动作特点：正手拉球站位近、速度快、动作小、线路活和稳健性好。

（2）动作方法：提拉球时，在球的下降期，上臂和前臂由右后方向左前上方挥击；击球时前臂迅速内收，配合手腕内旋动作，视来球旋转强弱击球的中下部或中部，如图 10-4-8 所示。

图 10-4-8　正手拉球动作分解图

3. 正手扣杀

（1）动作特点：动作较大、力量重、球速快、攻击性强，遇半高球时适用，是得分的重要手段。

（2）动作方法：两脚开立，左脚在前，重心落在右脚上，站位近台；引拍时，手臂自然弯曲并内旋使拍面前倾，拍引至右后上方。当球跳至最高点时，上臂带动前臂加速向左前下方发力挥拍，重心前移时腰要向左转配合发力，拍面前倾击球的中上部。

（七）搓球

搓球是近台还击下旋球的一种基本技术。由于回球线路较短（多在台内），因此可造成对方回球困难。另一方面，搓球比较稳健，旋转和落点变化比较多，所以可以作为过渡技术，为进攻寻找机会。搓球可分为反手搓球和正手搓球、慢搓和快搓、加转搓和搓不转球等。高校学生主要学习反手慢搓和搓转与不转。

1. 正（反）手慢搓

左（右）脚稍前，身体离台 40~50 cm，双膝微屈，球拍向后上方引拍，拍面后仰；当球弹起时，向前下方挥拍，在球的下降前期击球的中下部。

2. 正（反）手快搓

身体离台 40 cm，两脚平行站立，或左（右）脚稍向前，球拍引向后方偏上些，引拍动作不宜过大，拍面稍后仰，拍面向前下方挥动；在球的上升期击球的中下部；触击球时，手腕明显地发力摩擦。

3. 搓转与不转球

搓转球时，除拍面后仰角度要加大外，还要在球拍切击球时切薄一些，使其作用力远离球心，形成较为旋转的下旋球；搓不转球时，减小拍面后仰角度，击球中下部并向前上推托，使击球力量接近或通过球心，这样就形成不转球，如图 10-4-9 所示。

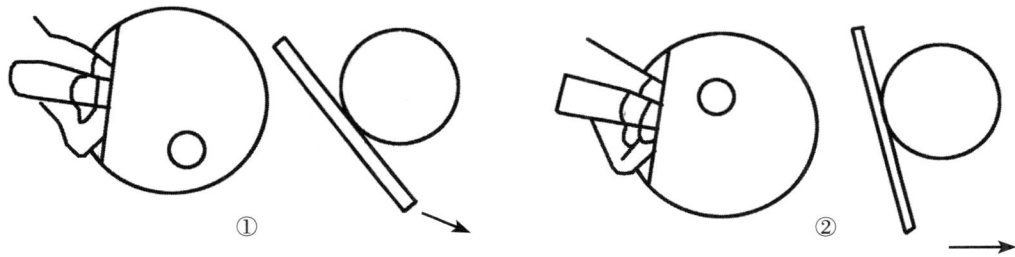

图 10-4-9　搓转与不搓转球的动作分解示意图

（八）削球

削球技术的特点概括起来就是有两个：一是稳健性，二是积极性。运用削球技术时，站位离球台较远，一般在下降期击球，因而运动员可以有比较充裕的时间来准备还击来球。此外，由于来球的速度和旋转力度在飞行较远的距离后已经相对减弱，因此回击的难度也相应下降了，削球是通过旋转和落点变化来控制对方、扰乱调动对方，为进攻创造机会。

1. 正手近削球技术

身体离球台 1 m 左右，左脚稍前，重心较低，手臂向后斜侧引拍，身体向右稍斜；挥拍时，球拍向前下方挥拍，与此同时，腰、髋向左转动，在球的高点期至下降前期，击球的中下部，击球瞬间，手腕加力摩擦球；击球后，自然向前下方送出去，如图 10-4-10 所示。

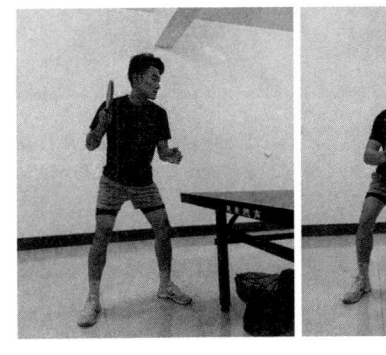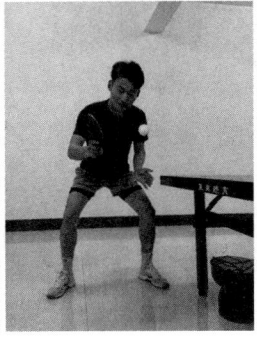

图 10-4-10　正手近削球动作图解

2. 反手近削球技术

身体离球台 1 m 左右，右脚在前，身体向左侧转动，肘关节稍离开身体；球拍向前下方挥拍，与此同时，髋、腰向右转动，在球的高点期至下降期击球的中下部；以前臂发力为主，手腕加力摩擦球，如图 10-4-11 所示。

图 10-4-11 反手近削球技术

（九）弧圈球

弧圈球是一种以旋转为主的进攻技术。它的特点是旋转强、速度快而又富于变化。可用来抑制快攻打法的速度发挥，也可先发制人赢得主动。弧圈球发力有五个重要环节，或者说发力技巧，包括蹬地、扭腰、摆臂、收前臂、手腕内收。

1. 正手拉加转弧圈球

（1）动作特点：正手加转弧圈球飞行弧线高、上旋很强、速度较慢，但着台后向下滑落较快，对方回击容易出高球，甚至出界，可以直接得分或为扣杀争取机会。它是对付削球、接出台发球的重要技术。

（2）动作方法：两脚左右开立，稍大于攻球时的距离，右脚在后，两膝稍弯曲，身体重心较低，持拍手沉肩垂臂，引拍至身体后下方，拍面稍前倾，身体重心移至右脚；上臂带动前臂向前上方挥拍，逐渐加快挥拍速度，身体重心左移；球拍触球时，右脚蹬地，身体向左侧转动，迅速收缩前臂，在摩擦球的瞬间，通过手腕手指加速发力，在来球下降期击球的中部或中上部；拉球后，球拍随势挥至头部高度，身体重心移至左脚，如图 10-4-12 所示。

图 10-4-12 正手拉加转弧圈球动作分解图

2. 正手拉前冲弧圈球

（1）动作特点：正手前冲弧圈球飞行弧线低、速度快、前冲力强，落点后弹起不高，但急向前冲并向下滑落，能起到与扣杀同样的作用。常用于对付发球、推挡球、搓球以及中等力量的攻球，离台相持时，也可以利用它进行反攻。

（2）动作方法：两脚左右开立，右脚在后，两膝微曲；引拍手向右后方引拍，引拍的位置比拉加转弧圈球稍高、比攻球稍低，身体重心移至右脚，眼看来球的方向和落点长短，持拍手向前上方挥拍，挥拍的速度逐渐加快，根据来球的旋转控制好拍面角度；在球的高点期或下降前期擦击球，身体重心逐步转移至左脚；右脚蹬地，转体加力，上臂带动前臂收缩，球拍前倾，触球瞬间通过手腕发力加速摩擦击球，如图10-4-13所示。正手拉前冲弧圈球的发力方向是向前为主略带向上，击球时，拍面前倾的角度比拉加转弧圈球大。

图10-4-13　正手拉前冲弧圈球动作分解图

（十）乒乓球技术的学习与运用

乒乓球技术的学习与其他运动技能动作学习具有相似的动作形成过程，都需要经历泛化阶段、分化阶段、巩固阶段和自动化阶段。

1. 泛化阶段

在这个阶段一般对技术动作只能通过视觉听觉等系统对动作获得一定的感性认识，这个时候做动作主要表现为动作迟缓、不协调、多余动作较多等。这时候要求也不要太高，主要学习理论，构建动作的大体框架。

2. 分化阶段

随着短期（短时）的练习，随着我们对动作熟练程度提高以及理论知识的加深，慢慢地发现动作会做得有模有样，但是还是不能十分流畅地完成动作。特别是在外界环境变化时错误动作还会出现。比如在特定的场地没有人的条件下能比较流畅地完成，但是换了场地或者有观众在身旁就有可能引起紧张情绪导致出现错误动作。这个阶段要注重细节发展，发现错误并积极改正。

3. 巩固阶段

一般这个过程就是我们在理论知识和基础动作没有太大问题的基础上反复进行训练的过程。这个过程一般比较枯燥，需要在一个相对比较长的阶段内重复练习相同的动作。通过训练会发现动作协调性进一步提高，在一般场合下都能顺利完成动作。这个阶段要求要有较强的毅力和恒心。

4. 自动化阶段

这也是最后一个阶段。这个阶段一般来说对某一个或者某一套动作已经达到了非常巩固的程度，形成稳定的条件反射，几乎在任何合理的情况下都能顺利完成动作。这个阶段要求精益求精，在完成特定动作的同时思考能不能进行进阶训练。

综上所述，乒乓球的学习应该由易到难，由表及里；由台下到台上，由单个技术到结合技术，由单线到复线，由先上旋后下旋的练习途径；在练习时养成眼睛盯球、耳朵听声、手法正确、步法灵活、手法与步法相结合的练习习惯。

四、乒乓球基本战术

乒乓球战术是根据自己和对手的具体情况，正确而有目的地把自己所掌握的各种技术有意识地组合起来，从而充分发挥自己的技术风格特点，抓住对方的弱点，采用合理的方法和手段战胜对手。

（一）发球抢攻（抢冲）战术

1. 正手发转与不转短球，配合发长球抢攻

正手发转与不转至对方近网或中路，一般先发加转球，后发不转球，伺机抢攻，落点以近网为主，配合底线似出台未出台的长球，使对方难以接发球抢拉或抢攻，如图10-4-14所示。

2. 正手发急球，配合发近网短球抢攻

正手发右侧上旋急球（奔球）至对方中路或右侧，迫使对方打对攻或后退削球，伺机抢攻、抢拉；如果对方有所准备时，突然减力发近网短球以创造机会抢攻，如图10-4-15所示。

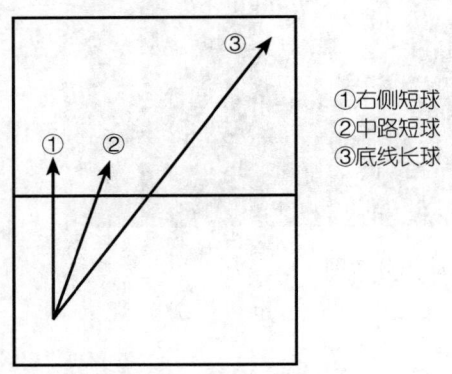

图 10-4-14　正手发转与不转短球，配合发长球抢攻战术示意图

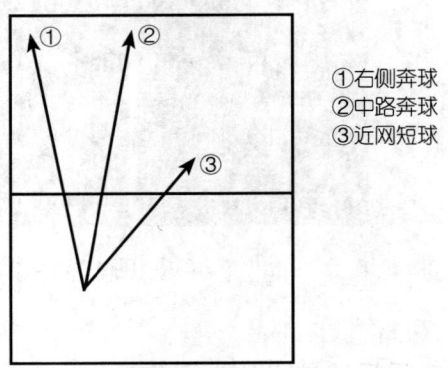

图 10-4-15　正手发急球，配合发近网短球抢攻战术示意图

3. 反手发上、下旋急球，配合发近网短球抢攻

反手发上、下旋急球至对方反手或中路，迫使对方打对攻或反手搓回，再伺机抢攻或抢拉；待对方站位远离球台时，突发近网短球，以创造机会抢攻、抢拉。

（二）对攻战术

1. 压反手，伺机侧身正手攻球

用快推、加力推、推下旋或反手攻压对方反手，伺机侧身正手进攻。或推开角度，逼对方后退，侧身进攻后，要力争连续进攻，专攻两角，如图10-4-16（a）所示。

2. 压左调右，专攻两角

用推挡或反手攻、拉压住对方反手位，迫使对方站位偏左，突变正手，伺机正手进攻两角，如图10-4-16（b）所示。

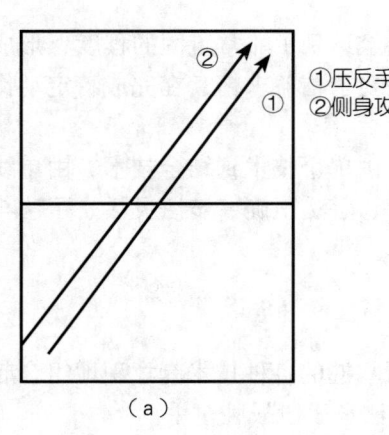

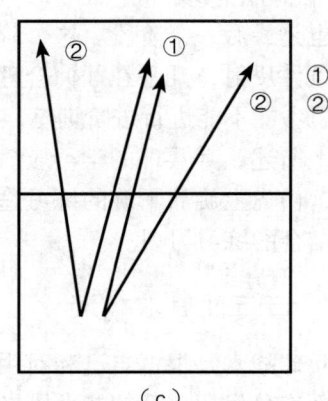

图 10-4-16　对攻战术几种类型图

3. 连压中路，突变攻两角

用推、拉、攻紧压对方中路，找机会突变两大角，压中路球应快速退身，如图10-4-16（c）所示。

（三）搓攻

1. 搓反手大角，突变直线，伺机进攻

先用下旋搓球逼住对方反手大角，视其准备侧身攻或将注意力集中在反手时，突变直线伺机进攻。

2. 搓转与不转球，创造机会、伺机进攻

一般先搓转球为主，然后用相似的动作搓不转球，伺机进行抢攻或拉弧圈球。在运用旋转变化时，最好能与落点相结合。

五、乒乓球战术的学习与运用

1. 知己知彼，有的放矢

在摸清对手球拍的性能、基本打法、技术、战术运用特点、特长技术等情况的基础上，制订出切实可行的战术方案。

2. 机动灵活，随机应变

自己的某种打法或某种战术一旦被对方适应后，就需要采用旋转、节奏、落点等变化，给对方制造新的困难，以达到取胜的目的。

3. 以己之长，制彼之短

每个人都有自己的打法和风格，有的发球好，有的善于快攻等。在比赛时要充分发挥自己的长处、抓住对方弱点，掌握比赛的主动，争取胜利。

4. 勤于观察，善于分析

乒乓球比赛时随场上战局的变化，特别要注意分析对方的心态，及时调整和改变自己的战术，破坏对方的作战意图，从心理上给对方施以一定的压力，争取战而胜之。

六、乒乓球竞赛规则简介

（一）定义

1. 重发球

不予判分的回合。

2. 击球

用握在手中的球拍或持拍手手腕以下部分触球。

3. 端线

球台的端线，包括端线两端的无限延长线。

4. 阻挡

对方击球后，处于比赛状态的球尚未触及本方台区，也未超过比赛台面或其端线。

（二）合法发球

1. 发球时，手掌张开伸平，球应是静止状态；在发球方的端线之后和比赛台面的水平面之上。

2. 发球员须用手将球几乎垂直地向上抛起，不得使球旋转，并使球离开手掌之后上升不少于16 cm。

3. 当球从抛起的最高点下降时，发球员方可击球。合法还击对方发球或击球后，本方必须使球直接越过或绕过球网装置，或触及球网装置后再触及对方台区。

（三）发球、接发球和方位的选择

1. 选择发球、接发球和这一方、那一方的权利应由抽签来决定。中签者可以选择先发球或选择先在某一方。

2. 当一方运动员选择了先发球或选择了先在某一方后，另一方运动员应有另一个选择的权利。

（四）一局和一场比赛

1. 比赛中先得11分的一方为胜一局。如打到10分平后，先得2分的一方在此局为胜。

2. 团体赛一般采用五局三胜制，单项比赛常采用七局四胜或九局五胜制。

（五）乒乓球比赛场地及器材

1. 赛区空间应不少于 14 m 长、7 m 宽、4 m 高，地面应平坦、坚硬、不滑。

2. 标准乒乓球台由两块台桌组成，每块长为 1.37 m，总长为 2.74 m，台面的宽度为 1.525 m，厚度为 0.035 m，台面与地面相距 0.76 m，乒乓球台四周是宽为 0.02 m 的白线，分别称为端线和边线，台面中间 0.003 m 宽的白线为中线；桌上架长为 1.83 m、高为 0.153 m 的球网。

> **知识拓展**
>
> 乒乓球比赛观赛礼仪，乒乓球运动是一项很细致的运动。在比赛过程中，运动员的心理和精神都处于一种高度集中的状态，运动员需要用眼睛仔细观察球拍撞击球时的动作、时间、部位、拍形和来球的运行情况及对手的表情等，还要用耳朵听出对手球拍撞击球的声音，从而判断出来球的旋转、速度、力量、落点、节奏情况以及对手的心理状态、可能采取的战术等方面的情况；同时，还要考虑自己如何回球。运动员对这些情况的正确判断和有威胁的回球，除了依赖自身的能力以外，还需要一个很好的赛场环境。因此，观众在观看乒乓球比赛应该注意以下几点：
>
> ①从运动员准备发球开始到这个球成为死球的这一段时间内，整个赛场要保持安静，不要鼓掌、跺地板、大声讲话、呐喊助威、随意走动、展示旗帜和标语等。
>
> ②不要使用闪光灯拍照，因为闪光灯对乒乓球比赛的影响是非常大的，由于因为乒乓球球拍和球的碰撞是在瞬间完成的，而闪光灯会闪花运动员的眼睛，使运动员无法判断来球的方向，从而影响到回球的质量和命中率。
>
> ③呐喊助威时要含蓄一些，不要将锣鼓和喇叭带进体育馆内，因为过大的声音、过激的语言会影响到运动员的心情和注意力。
>
> ④场馆内禁止吸烟，手机应关闭或调整到震动、静音状态。

思考题

1. 乒乓球运动的价值是什么？
2. 正手近台快攻的技术要领是什么？
3. 结合乒乓球技术简要说明乒乓球战术运用的原则。

第五节 羽 毛 球

一、羽毛球运动概述

（一）羽毛球运动起源与发展

羽毛球运动是在规定的场地上，两名或两对球员隔网相对，用球拍往来击球过网，以球触对方场区或使对方击球失误得分（或得发球权）的运动项目。羽毛球比赛分男子单打、男子双打、女子单打、女子双打、男女混合双打、男子团体、女子团体等。相传，最早出现于十四五世纪的日本球拍是木制的，球用樱桃插上羽毛制成，玩法是两人相对站立，手持木板来回击球。现代羽毛球运动起源于英国，大约在 1800 年由网球派生而来。1870 年，出现了用羽毛、软木制成的球和穿弦的球拍。1893 年，世界成立最早的羽毛球协会——英国羽毛球协会，并于 1899 年举办了全英羽毛球锦标赛。1934 年，由英国等十几个国家发起成立了国际羽毛球联合会。1939 年，国际羽联通过了《羽毛球规则》，从此羽毛球国际比赛日渐增多，有汤姆斯杯赛（男子团体锦标赛）、尤伯杯赛（女子团体锦标赛）、世锦赛、亚洲杯赛等。目前，中国羽毛球国家队一直处于世界领先地位，在世界大赛中曾多次获得男子单打、男子双打、男子团体、女子单打、女子双打、女子团体冠军称号。

（二）羽毛球运动价值

羽毛球运动是一种全身运动项目，普通大众形式的羽毛球运动，易于开展，容易上手，有场地、规则要求的正规羽毛球比赛对练习者提出的身体能力、技术要求较高，需要在场地上不停地进行脚步移动、跳跃、转体、挥拍，合理地运用各种击球技术和步法将球在场上往返对击，从而增大了上肢、下肢和腰部肌肉的力量。羽毛球运动游戏性较强，运动量可大可小，不受场地、年龄、性别的限制，运动量可根据个人年龄、体质、运动水平和场地环境的特点而定。

羽毛球作为一种娱乐活动，参与者在球的对击过程中，通过不停地奔跑和身体的变化，努力地去把球击到对方的场地。同时球的飞翔又有快慢、轻重、高低、远近、狠巧、飘转等变化，需要练习者有较好的力量素质、速度素质、耐力素质、灵敏素质、柔韧素质以及快速的反应能力。经常从事该项体育活动可以发展人体的灵活性、协调性，可以提高人们上下肢及躯干的活动能力，改善呼吸系统和心血管系统的功能，提高有氧供能和无氧供能的能力，调节神经系统并提高其抗乳酸的能力，而且能起到增进健康、抗病防衰、调节精神、培养顽强的意志品质和坚定的信念的作用。由于羽毛球技术的千变万化，羽毛球运动又具有很高的观赏价值。

二、羽毛球技术

羽毛球技术是指运动员在比赛中所采用的动作、方法的总称。羽毛球的主要基本技术包括手法和步法两大类：手法有握拍法、发球法和击球法；步法有基本步法和前后左右移动的综合步法。

（一）握拍

羽毛球技术中握拍的方法是多种多样的，但是基本的握拍法有两种，即正手握拍法和反手握拍法。以下各技术均以右手持拍为例介绍。

1. 正手握拍法

握拍手虎口对着拍柄窄面内侧小棱边，拇指和示指贴在拍柄的两个宽面上，示指和中指稍分开，中指、环指和小指并拢握住拍柄，掌心部要紧贴，拍柄端与手腕部的小鱼际肌外齐平，拍面与地面垂直，如图10-5-1所示。

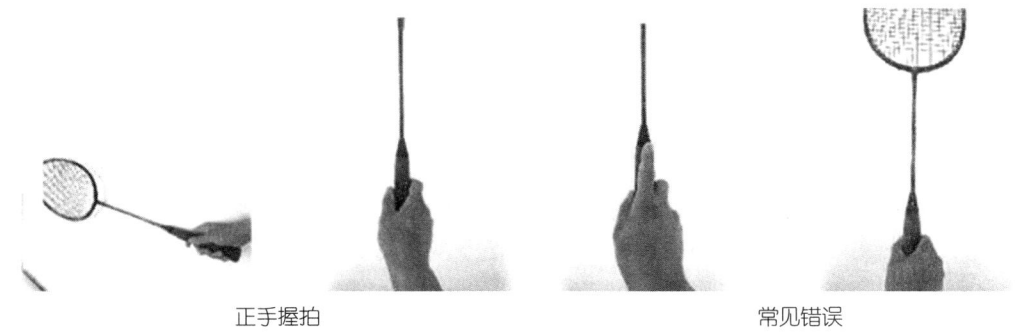

正手握拍　　　　　　　　　　　　　　常见错误

图 10-5-1　正手握拍法

2. 反手握拍法

用握拍手手背一侧的拍面击球是指反手击球，反手击球时的握拍方法为反手握拍法（见图10-5-2）。反手握拍有下述两种形式：

（1）在正手握拍的基础上，把球拍稍微外旋，拇指上提，示指收拢，拇指压住拍框的宽面，示指、中指、环指和小拇指并拢。

（2）在正手握拍的基础上，把球拍稍微外旋，拇指上提，示指收拢，形成拇指压住拍框的内侧小棱边上，示指、中指、环指和小拇指并拢。

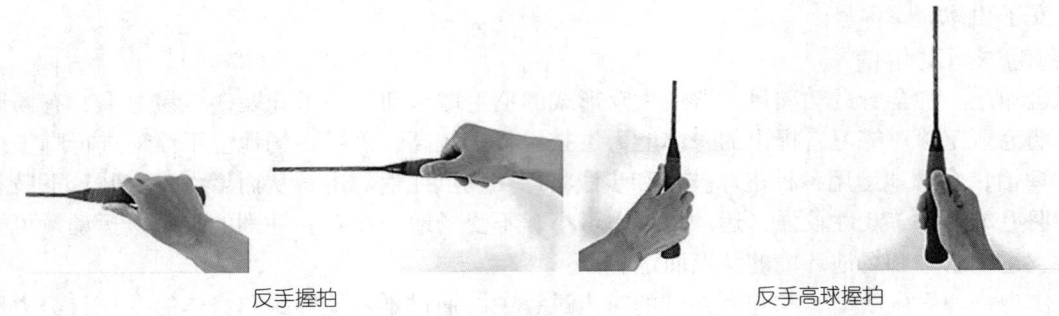

图 10-5-2　反手握拍法

（二）发球技术

发球是羽毛球运动的一项重要技术，发球质量高低往往直接影响到运动员在一个回合中是否处于主动优势。

1. 正手发球

（1）正手发高远球（见图 10-5-3）

图 10-5-3　正手发高远球技术图解

1）发球站位：站在靠中线，距离前发球线 1 m 之内。有时也可站在靠近前发球线的地方，发球后迅速移动位置至中场位置，随时做好迎接回球准备。

2）准备姿势：左脚在前，左脚尖朝向球网，右脚在后，右脚尖朝向右斜前方，两脚间距与肩同宽，重心在两脚之间，自然放松站立，身体稍侧向球网。右手正手握拍，自然屈肘举于身体右侧；左手以拇指、示指和中指轻持球，举在胸前，两眼注视对手的站位、姿势、表情。

3）引拍动作：身体稍向右转，左肩向球网，两脚重心转移至右脚，右臂向右后上方摆起，完成引拍动作。

4）挥拍击球动作：完成引拍动作之后，紧接着两脚重心随着上体由侧面转向正面，前移至左脚，右脚跟提起，上体微微前倾，右前臂向侧下方挥动至上体由侧面转向正面时，左手开始发球，此时腕部尽量伸展，做最后击球动作，右前臂完成向侧下方挥动后，紧接着往上方挥动，此时右前臂内旋，使腕部动作由伸展至微屈。击球瞬间，手指紧握球拍，完成闪腕动作。

5）随前动作：完成击球动作之后，右前臂继续内旋，并随着挥拍的惯性，自然向左肩上方挥动，然后回收动作至胸前。

（2）正手发平高球：发球站位可比发高远球、平高球稍后一些，这样有利于发出球的弧度平一些。其他准备姿势、引拍动作、挥拍击球动作与发高远球基本一致，只是在挥拍至击球一瞬间右前臂内旋不明显，挥拍线路不是向上方而是向前方，腕部动作也由伸展至微曲，单方向不是向上微曲，而是向左侧前微曲的快而小的闪腕动作。

（3）正手发网前小球（见图 10-5-4）

动作要领：正手发网前小球是用正手握拍以正拍面击球，使球轻轻擦网而过，落在对方前发球线附近的一种发球。由于它的飞行弧度低，距离短，可以有效地限制对方直接进行强有力的进攻，是单、双打中较常见的一种发球。

准备姿势：同发高远球基本一致，但站位稍靠前。引拍时，不必向右转太多。挥拍时上臂动作要小，主要靠前臂带动手腕向前切送，用力要轻。击球时握拍保持放松，靠手指控制力量，手腕收腕发力，用斜拍面往前推送击球，使球轻轻擦网而过，落入对方前发球区。控制好球过网的弧度及落点。

图 10-5-4　正手发网前小球技术图解

（4）正手发球练习方法

1）正手向上颠球练习：先要求保持展髋，握拍放松，用前臂内旋，中指、环指和小指由松到紧发力击球，加上手腕的回环动作击球。

2）用吊线球进行正手发球练习：将球系在 5 m 以上吊线的下端，球的高度调至与练习者膝关节平齐或稍低些；用球拍向前上方击球，模仿正手发高球的动作。要求以完整的发球动作击吊线球。

3）对墙发球练习：对墙发球练习是为了体会球下落时间和挥拍速度之间的时空关系。首先要注意技术动作的准确性，然后再强调击球的准确性。

4）场地内有球练习：始终强调注意动作的正确性，然后才是飞行弧度和落点的质量要求。

5）上肢力量练习：羽毛球掷远或掷垒球练习；绕腕练习：手持哑铃于体前或体侧绕"8"字练习；挥拍练习：挥网球拍，重点进行前臂、腕、指的各种击球动作以发展击球爆发力；转臂练习：手持哑铃于体侧做旋内、旋外练习。

（5）反手发网前小球（见图 10-5-5）：在反手发球中，发网前小球较为常用，经常用于男子单打及男、女双打比赛中，与发高球相比，不容易给对方直接下压进攻的机会。以右手持拍为例，发球时，右脚在前、左脚在后，反手握拍，左手持球，将球置于身体左前方，球头对准拍面，击球时前臂发力，手腕外旋，拇

图 10-5-5　反手发网前小球技术图解

指顶压将球击出。击球时，可以根据对手站位，选择发现对方场区的不同位置。

（三）接发球

1. 单打接发球

单打时，站位离前发球线约 1.5 m 处；站在右发球区则靠近中线，左脚在前，右脚在后，重心稍前倾，正手握拍架于体前（见图 10-5-6）。

2. 双打接发球

双打时，发球线比单打短 0.75 m，发高远球易被扣杀，因此双方多发网前球。接发球时可站在离前发球线较近处，球拍要举得高些，利用网前击球的点高争取主动（见图 10-5-7）。

图 10-5-6　单打接发球姿势　　图 10-5-7　双打接发球姿势

3. 接发回击球路

对方发来高远球或平高球时，可用平高球、吊球或杀球还击。一般来说，接发高远球是一次进攻的机会，还击得好，就掌握了主动。一些初学者常因后场技术没掌握好，还击球的质量较差，以致遭到对方的攻击（图 10-5-8）。

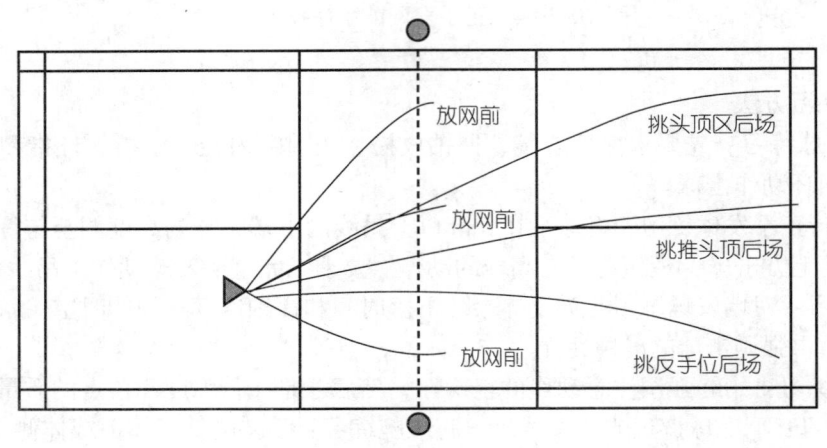

图 10-5-8　接发回击路球示意图

（四）羽毛球回击球技术

1. 高球技术

（1）回击正手高远球：首先判断来球方向和落点，侧身后退，使球在自己右肩稍前上方的位置，左肩对网，左脚在前，右脚在后，重心在右脚上；左臂屈肘，左手自然高举，右手持拍，前臂、上臂自然弯曲，将球拍举在右肩上方，两眼注视来球。击球时，由准备动作开始，上臂后引，随之肘关节上提明显高于肩部，将球拍后引至头后，自然伸腕（拳心朝上），然后在后脚蹬地、转体和腰腹的协调用力下，以肩为轴，上臂带动前臂快速向前上方甩动手腕，在手臂伸直的最高点击球。击球后，持拍手臂顺惯性往前下方挥动，并收拍至体侧。与此同时，左脚后撤，右脚向前迈出，身体重心由后脚移到前脚（见图 10-5-9）。

（2）回击正手平高球：同击高远球一样，只是在击球的一刹那，用力主要是向前方、使击出的球的弧线较低。平高球也可以用正手、反手或头顶击球技术来完成。其动作要领与正手、反手或头顶击高远球一样，所不同的是最后用力主要向前方，而不是向前上方。由于平高球弧线不高，如果使用不当，易被对方拦截。所以，在实战中不管用哪种方法击平高球都应注意：如果是打直线平高球，则弧线可低些；若打斜线，则要高些；当对方在网前被动挑高球后，由于回场步法调整一般较慢，这时，可用较低弧线的平高球去袭击其后场，往往可以获得很好的效果。

图 10-5-9　高球技术动作架构图解

（3）正手吊球：劈吊（快吊）击球前期动作同正手击高远球：击球时，拍面正面向内倾斜，手腕作快速切削下压动作。若劈吊斜线球，则球拍切削球托的右侧，并向左下方发力；若劈吊直线球，则拍面正对前方，向前下方切削。

轻吊（拦截吊）击球前期动作同正手击高远球：击球时，一种轻吊时的拍面变化同劈吊基本一致，但用力要更轻些；另一种是击球时，拍面正击球托或借助于来球的反弹力用球拍轻挡，使球过网后贴网而下。后者多用于拦截对方击来的平高球和半场高球。

（4）正手杀球：杀球击球前的准备姿势和击球动作与正手击高远球基本一样。身体后仰成反弓后收腹用力，靠腰腹带动胸、胸带动上臂、上臂带动前臂、前臂带动手腕，形成向下鞭打的用力，球拍正面击球托的后部，无切击，使球沿直线向前下方快速飞行。击球的一刹那要紧握球拍。击球后立即还原成准备姿势（图 10-5-10，图 10-5-11）。

（5）反手高远球：反手高远球由于受到转体、球速等影响，在实际比赛中较少使用，大部分情况下用正手头顶区击球来代替反手高球使用。我们在击反手高远球时，反手握拍，右脚前交叉跨到左侧底线，背向网，身体重心在右脚，球拍举左胸，拍面朝上，双膝微屈，利用腿和腰腹协调力，上臂带动前臂，肘部

图 10-5-10　正手位杀球动作图解

图 10-5-11　头顶区杀球动作图解

上抬与肩并行时,前臂带动腕部的"闪"动,在右侧上方伸直手臂向后击球,如图 10-5-12 所示。

2. 网前球技术

(1)正手搓球:侧对球网,右腿跨成弓箭步,重心放在右脚,正手握拍,做好放网前球准备,球拍随着前臂向右前上方斜举,当球拍举至与肩部同高的位置时,前臂开始外旋转动,手腕稍后伸,左臂自然后伸,起平衡作用。击球前,前臂稍外旋,手腕由后伸,而后内收闪动,击球时利用手腕旋转、手指捻动的力量,拍面击球头后下部,让球翻滚过网(见图 10-5-13)。

(2)正手网前勾对角:准备姿势同前。前臂前伸的同时稍外旋,手腕稍后伸,这时的握拍法稍有变化,将拍把稍向外捻动,使拇指贴在拍柄的宽面上,而示指的第二指关节贴在拍柄的背面宽面上,拍柄不触掌心。球拍随着向右侧前挥动,拍面朝向对方右网前。击球时,靠前臂稍有内旋往左拉收、手腕由稍后伸至内收闪腕,挥拍拨击球托的右侧下部,使球沿网的对角线飞行。拨击球时,手腕要控制拍面角度。击球后,还原到击球前的准备姿势。

(3)正手推、扑球:羽毛球正手推球、扑球的上步动作及引拍、挥拍、击球、随挥基本的动作架构是

图 10-5-12　反手高远球图解

图 10-5-13　正手搓球动作图解

一致的。击球时，正手握拍举于网前，球拍向右侧前上举。在肘关节微屈回收时，前臂稍外旋，手腕稍后伸，球拍也随着往右稍下后摆，拍面正对来球。这时，小指和环指稍松开，使拍柄稍离开鱼际肌。在推击球时，便于发挥指力的作用。拇指和示指稍向外捻动拍柄，拍面更为后仰。推球时，身体稍往前移，右前臂往前伸，并带内旋，手腕和手指控制拍面角度，手腕由后伸直并闪腕，示指向前压和小指、环指突然握紧拍柄，拍子急速地由右经前上至左地挥动推球，使球沿边线飞向对方后场底角（见图10-5-14）。

图 10-5-14　正手网前上步动作

（4）反手网前搓球：侧对球网，右腿跨成弓箭步，重心放在右脚，正手握拍，做好反手网前球准备，球拍随着前臂向左前上方斜举，击球前主要靠前臂的前伸外旋和手腕由内收至外展的合力，搓击球的右侧后底部，使球侧旋滚动过网。另外还可以前臂伸直，手腕由外展到内收，带动球拍向前切送，击球托的后底部，使球下旋滚动过网（见图10-5-15）。

（5）反手网前勾对角线球：准备姿势同前，采用反手握拍法，随着前臂前伸拍子平举。在身体前移的过程中，球拍随手臂下沉，由反手握拍变成反手勾球的握拍法，这时拍面正对来球。当来球过网时，肘部突然下沉，同时前臂稍外旋，手腕由微屈至后伸闪腕，拇指内侧和中指把拍柄往右侧一拉，其他手指突然握紧拍柄，拨击球托的左侧后部，使球沿对角线过网。

（6）反手网前推球：从中场小跳启动步开始，并步或交叉步移动至网前，击球时，反手握拍举于网前，球拍随着前臂往前上方伸举，前臂稍向左胸前收引，肘关节微屈，手腕外展，这时由反手握拍变成反手推球的握拍法，球拍松握，反拍面迎球。当前臂往前伸的同时稍外旋，手腕由外展到伸闪腕，中指、环指、小指突然紧握拍柄，拇指顶压，往左边线方向挥拍，击球时，推击球托的后部，使球沿边线方向飞行。击球后，还原到击球前的准备姿势（见图10-5-16）。

图 10-5-15　反手网前搓球动作图解

图 10-5-16　反手网前上步动作图解

3. 中场技术

中场平击球技术主要是对付对方击来的弧线平于或稍低于网，且落点在中场附近的低平球时所采取的回击技术。在双方比赛中多采用这种技术。它的击球点在与肩同高处或在肩腰之间。因为来球的速度较快、弧线较平，所以击出的球速也较快、较平，因而中场平击球也是一种对攻技术。它有正、反手高位中场平抽球和低位中场平击球两种。

（1）正手平抽球：两脚平行站立，稍宽于肩，右脚稍向右侧迈出一小步，同时上体稍往右侧倾，右臂向右侧上摆，球拍随着上举，肘关节保持一定角度，击球前肘关节前摆，前臂稍往后带外旋，手腕稍外展至后伸，引拍至体后。击球时前臂内旋，手腕伸直闪动，手指抓紧拍柄，球拍由右后往右前方高速平扫来球（见图 10-5-17）。

图 10-5-17　正手低位抽球图解

（2）反手平抽球：反手抽球主要应对反手位较低的来球。击球时，右脚前交叉在左侧前，重心在右脚上，右手反手握拍在左侧前。击球前肘部稍上抬，前臂内旋，手腕外展，引拍至左侧。击球时，在髋的右转带动下，前臂外旋，手腕由外展到伸直闪动，挥拍击球托的底部。击球后，球拍随身体的回动收回到右侧前。此外，不论是正手还是反手中场平抽球，其击球点都应争取在身体侧前方，这更便于手臂的发力（见图10-5-18）。

图 10-5-18　反手平抽球动作图解

三、羽毛球战术

（一）单打战术

单打的打法可根据运动员的个人技术特点、身体素质、心理素质等条件，形成自己的技术打法和风格，常见的有以下几种。

1. 控制后场，高球压底线

从发球开始就运用打高远球或进攻性的平高球压对方后场底线，迫使对方后退，当对方回球质量不高时，以杀球制胜；或当对方疏于前场防守时，就可以以轻吊、搓球等技术在网前吊球轻取。轻吊必须在多次高远球大力压住后场、对方又不能及时回到前场的基础上进行。此打法主要是以力量型运动员运用为主，是后场的高、吊、杀技术的较量。对初学者，这是一种必须首先学习的基础打法，但身体素质要求较高。

2. 打四方球，前后左右相结合

在后场，以高远球、平高球和吊球为主，在前场则以放网前球、推球和挑球准确地攻击对方场区前后左右四个角落为主，调动对方前后左右奔跑，顾此失彼，待对方来不及回中心位置或回球质量差时，向其薄弱部位发动进攻制胜。这种打法要求进攻队员具有较强的控制球落点的能力和灵活快速的步法，有速度、有耐心才可成功。

3. 下压为主，控制网前

主要通过后场的高远球，扣杀、劈杀、吊球等技术，先发制人，然后快速上网以搓、推、扑、挑、勾等技术，高点控制网前，导致对方直接失误，或失去重心被动击球过网，被进攻队员一举击败的一种打法，通常也称"杀上网"的打法。这种打法是进攻型的打法，能够快速上网高点控制网前，速度耐力要求较高。这种打法，体力消耗很大，如果碰上防守技术好的对手，体力好坏就直接关系到成败。

4. 快拉快吊，前后结合

以平高球快速压对方后场两底角、配合快吊网前两角（或运用劈杀）引对方上网，当对方被动回击网前球时，即迅速上网控制网前，以网前搓、勾球结合推后场底线两角，迫使对方疲于应付，为前场扑杀和中、后场大力扣杀创造机会。这也是一种积极主动、快速进攻的打法。此打法，要求运动员反应迅速、判断准确，特别是速度耐力要好，技术全面熟练，应具备突击进攻的能力。

5. 守中反攻，攻守兼备

以平高球和快吊球击向对方前后左右四个角落，以调动对方。让对方先进攻，针对进攻方打过来的各种球，以快速灵活的步法、多变的球路和刁钻准确的落点，诱使对方在进攻中匆忙移动，勉强扣杀，造成击球失误，或当对方回球质量较差时，抓住有利战机，突击进攻。这种打法要求队员具有攻中有守、守中有攻的控球和反控球能力，不仅应具备优良的速度耐力、灵活的步法、准确快速的反应和判断应变能力，更应具有顽强的拼搏精神和极高的心理素质，才能在比赛中取得胜利。这种打法主要针对对方体能差或有伤病的情况。

（二）双打战术

双打法是根据双方的技术水平特点、身体素质、心理素质，以及伙伴之间配合默契的程度磨合而形成的。常见的大致有以下几种。

1．前后站位打法

此打法基本上是本方处于发球时所采用。发球的队员站位较前。当发球员发球后立即举拍封堵前场区，另一名球员则负责中场或后场的各种来球。前后站位法可充分运用快攻压网前搓、吊、推、扑技术，寻找空隙，一举打乱对方站位或通过后攻前扑，后场连续大力扣杀，前场积极封堵。当回球在网附近时，用凶狠扑杀给以致命打击。

2．左右站位打法

本打法基本上为本方处于接发球状态和受到下压进攻时所采用。对方发球或打来的平高球处于后场，接球方可从原来的前后站位立刻转换为左右站位，两人各负责左右半场区的防守，以平抽、平打压住对方后场底线两角，在对方扣杀球时也能以平抽反击或挑高远球至两底角，造成对方回球无力，一举扣杀或吊球成功。

3．轮转站位打法

在比赛中，攻守双方总是根据比赛的情况而不断地在前后站位和左右站位间相互变换。对于站位的变换通常具有的特点是：

（1）发球或接发球时前后站位：当对方回击高球至后场偏一侧进攻时，位于前面的队员要直线后退，后方的队员看情况向侧移动，改换成左右站位。

（2）发球或接发球时处于左右平行站位。在发球后或在对击球过程中，一旦有机会进行下压进攻时，一名球员便快速上网封堵，另一人则快速移动到后场进行大力扣、吊、杀球，导致对方处于被动地位。

四、羽毛球竞赛规则

比赛规则

1．比赛场地

单打场地长为 13.40 m，宽为 5.18 m；球场中间挂一张网，其两端高为 1.55 m，网中央离地面高为 1.524 m；双方各占网的一边，每边的场区前有前发球线，此线中点与端线中点连成的一条中线，把场区分成左、右发球区（只在发球和接发球时起作用）。双打场地与单打场地的不同处是场地宽为 6.10 m，且离端线前 0.76 m 处有一条横线叫后发球线。竞赛场地的划分如图 10-5-19 所示。

2．规则

一场比赛采用三局两胜制，一方先胜两局即结束比赛。比赛不受时间限制，先得 21 分即结束一局的比赛，然后交换场区，继续比赛。如在第三局（决胜局）中，某方先得 11 分时，也应交换场区。

（1）挑边。比赛开始前，裁判员召集双方运动员入场，问好，掷硬币挑边，先猜中者优先选择发球权或者场地。

（2）发球次序与轮换。

1）单打：发球者得分是零或双数时，双方都站在右发球区内，得分成单数时，双方都站在左发球区。单打出现平分后的发球方位同双打。

2）双打：每局先由右发球区第一发球员发到对方右发球区内，由对方第一发球员接球。每局开始，先发球队只有一次发球权，以后每队都有两次发球权。每次换发球时，都由右发球区队员开始。发球队每得一分，同队两队员互换左右发球区，由原发球员继续发球，对方站位不动。发球队分数是零或双数时，第一发球员应在右区，分数成单数时，第一发球员应在左区。

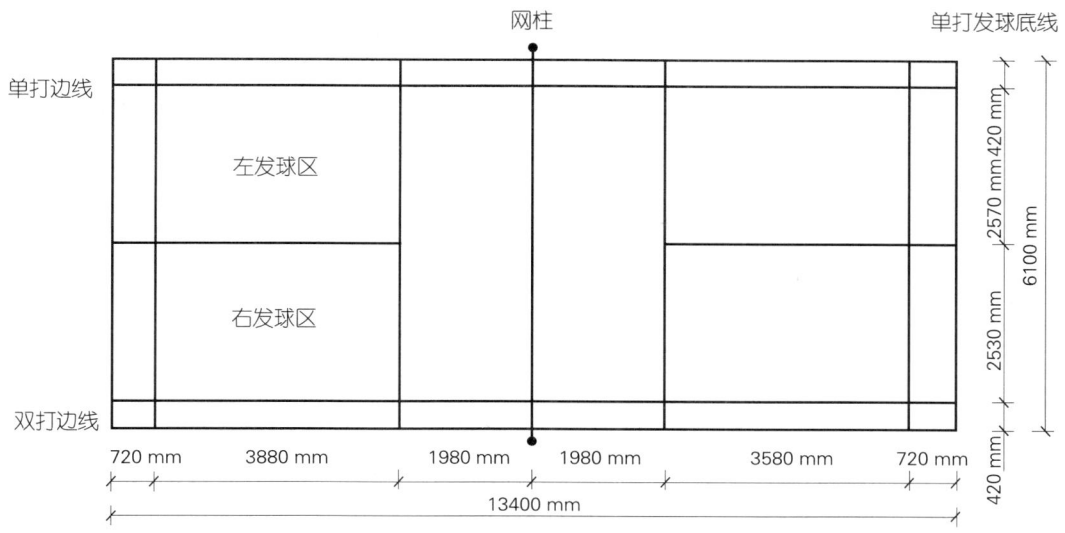

图 10-5-19 羽毛球场地图示

（3）违例与犯规

1）发球时双脚不能触线，必须有一部分与地面接触，不能移动；球与球拍的接触点不能超过腰部；同时球拍框必须明显低于握拍；不能做晃动球拍的假动作。

2）接球员在接发球时也不能移动；不能做影响对方发球的行动；发球时任何一方都不允许无故延误发球。

3）击球时不能连续两次击球，双打时不能连续两人各击一次；不能持球或有拖带动作。

4）比赛进行中任何人不得触及网或网柱；不能过网击球；身体任何部位不能侵犯对方场区。

5）在网前不许高举球拍（超过网高）企图把球拦击过去。但可以在低于网高时用球拍保护脸部，以免被球击中。

6）发球擦网后，若球落在合法区内即为好球，落在界外即为失误，但挥拍没有击中球，可以重发。

第六节 网 球

一、网球运动的起源和发展

网球运动的起源及演变可以用四句话来概括：网球孕育在法国，诞生在英国，开始普及和形成高潮在美国，现盛行全世界。

近代网球运动起源于19世纪。1873年，英国人温菲尔德少校最先对草地网球的玩法做了几条简单的规定，成为网球运动最早的规则。1877年在英国温布尔顿举行了第一届草地网球锦标赛。温布尔顿网球赛是历史最悠久的世界网球比赛，已经有一百余年的历史。1881年，美国全国草地网球协会宣告成立，并制订了系列的规定，使网球运动成为一项正式的比赛项目。目前，世界上举办了许多国际性的公开赛，其中最有影响的赛事有英国温布尔顿网球赛、美国公开赛、法国公开赛、澳大利亚公开赛、戴维斯杯男子团体赛、联合会杯女子团体赛以及年终的大满贯网球赛。

二、网球运动的健身价值

经常参加网球运动，能培养人准确的判断能力、快速的反应能力，并能提高人的速度、耐力、灵敏度等素质。由于网球是通过脚的跑动移位、通过手臂的击球来完成技术战术动作，因此对调节肌肉用力的感觉和发展协调性有积极作用。同时，网球运动是一项老少皆宜的运动，长期坚持网球运动，能使青年人保持青春活力和健美形态；能使老年人保持旺盛精力、延缓衰老。

每当坐在电视机前欣赏着激动人心的世界网球大赛，看到各国网坛群英精湛的球技和出色的表演，或当看到我国网坛健儿忘我的拼搏厮杀，工作一天的疲劳会消逝，紧张一天的精神会放松，遇到的一切烦恼会忘却……尤其是运动员生龙活虎的矫健身姿和机智灵活的战略战术，会令观众全神贯注、神采飞扬，尽情地领略网球给人们带来沁人心脾的温馨和愉悦。此时，观众会身心完全地投入，忘记了时间、忘记了烦恼，甚至忘记了自我，眼随绒球走，心随比分飞。这是一种消遣，是一种娱乐，是一种休息，是一种观摩，是一项智力的开发，又是一次情操的陶冶。

三、网球基本技术

（一）握拍法

握拍动作是网球动作学习的关键，也是技术进阶发展的核心一环。在网球运动中球拍被认为是手臂的延伸和手掌的扩大，因此作为初学者必须掌握正确的握拍动作，刚开始正确的握拍会产生一定的不适应，感觉到手臂和手腕的不舒服、不习惯，坚持一段时间的练习就会体会到正确握拍的好处了。

（二）握拍的术语表达

握拍法如果仅用虎口位置的"V"字表达握拍的方式，那是不完全准确的，应该以示指关节下端（即示指掌指关节腹面所在部位）与手掌小鱼肌的下方（手掌根）的连接线，共同作为握拍正确与否的检查标准（图10-6-1）。

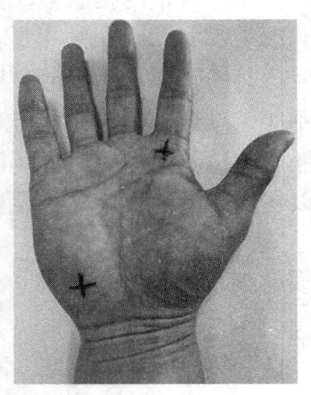
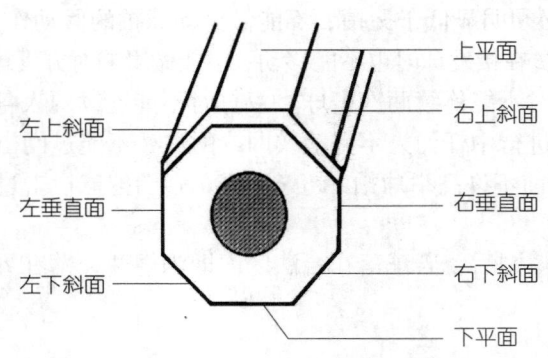

图 10-6-1　握拍手掌位置与球拍各面位置名称图

（三）东方式握拍

东方式握拍分为正手握拍和反手握拍。

东方式正拍握拍法：左手先握住拍颈，使拍子与地面垂直，然后手掌也垂直于地面，手握拍柄好像与人握手，故亦称"握手式"握拍法。准确地说，用右手掌根与拍柄右上斜面贴紧，拇指垫握住拍柄的左垂直面，示指微离中指，示指下关节压住拍柄右垂直面。由此拇指与示指成"V"形，对准拍板的右上斜面和左上斜面的上端中间（图10-6-2）。

东方式反手握拍：从正拍握法把手向左转动（即把拍子向右转动），使拇指与示指成"V"形，对准拍柄左上斜面与左垂直面的中间条线。用手掌根压住拍柄的左上斜面，拇指贴在左垂直面上，示指下关节压在右上斜面上（图10-6-3）。

（四）大陆式握拍

虎口对准拍柄上面棱面正中间，手掌根抵住拍柄上部的小平面，拇指直伸围住拍柄，示指紧贴拍柄右上斜面，环指和小指都紧贴拍柄。大陆式握拍法在正、反手击球时都无需变换握（图10-6-4）。

（五）西方式握拍

西方式握拍法是在美国西部加利福尼亚州的水泥硬地球场上发展起来的。这种握法的正反手击球都使用网拍同一个面。用这种握法在打反弹球时，正手能打出强劲的上旋球，反手多打斜球。特别适合打跳球和齐腰高球，但对截击球和低球，特别是反手近网球，极不方便。

将球拍放在地面上，用手抓起来（俗称"一把抓"），即拇指直伸压住拍柄上平面，示指下关节握住右上斜面，手掌根贴住右下斜面，与拍柄下端平齐。西方式反手握法是在正手的基础上，手腕按顺时针转动，拇指直压拍子左垂直面，示指下关节压住上平面，手掌根部贴住左上斜面，与拍柄下端齐（图10-6-5）。

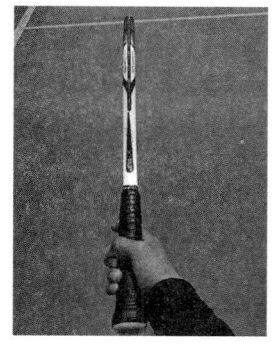  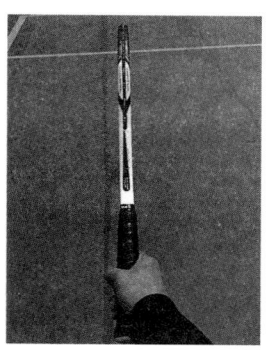 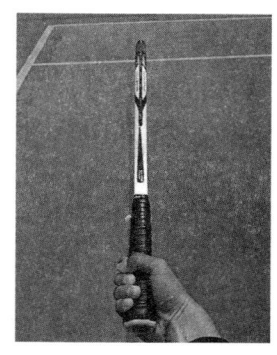

图 10-6-2　东方式握拍图片　　图 10-6-3　东方式反手握拍图　　图 10-6-4　大陆式握拍图　　图 10-6-5　西方式握拍图

（六）准备姿势

准备姿势的动作要领是：面对对方场区站立，两脚开立略宽于肩，两膝微屈，上体略前倾，脚跟稍抬起，重心置于两脚前脚掌间；右手握拍柄，左手握着拍颈部位，持拍于体前；两眼注视对手或来球（图10-6-6）。

（七）正手击球方法

正手击球技术是网球运动中最基本、最重要的技术，也是初学者最先接触的技术，再者拥有良好的正手技术可以作为强大的进攻性武器，亦可为其他技术的学习奠定良好的基础。

图 10-6-6　准备姿势正面与侧面图

1. 动作要领

在准备姿势中判断来球后，即开始转动上体和肩，同时球拍后拉，重心移到靠后的脚上；向后拉拍时，球拍不要下垂，拍头应高于手腕；击球时，踏出前脚，重心前移，腰部转动带动手臂和球拍，向前挥拍击球，注意绷紧手腕、紧握球拍；击球后，球拍继续向前挥动至左肩前上方，完成挥拍跟球运动（图10-6-7）。

图 10-6-7　正手击球动作分解图

2. 训练方法

（1）挥拍练习，体会动作要领。
（2）自己抛球，待球落地弹起后击球练习。
（3）对墙击球练习。
（4）两人一组，一人送球，一人正手击球练习。
（5）两人正手击球对练，可进行斜线、直线练习。
（6）正手击球斜、直线结合练习。

（八）反手击球方法

1. 反拍上旋球

反拍上旋球的动作要领是：击球前将拍改为东方式反手握法；身体向左侧转，重心在后脚上；球拍后摆，拍头略低，击球时右脚向前跨，转腰带动上臂、前臂向前上方挥拍，手腕绷紧，握紧球拍，击球后继续向上做随挥动作，至右肩前上方。

2. 反抽下旋球

反抽下旋球的动作要领是：反抽下旋球时采用中国式握法；球拍后摆时拍头上翘起，击球时向前向下挥拍，拍面略仰，手腕绷紧，重心自后向前移；击球后手臂继续向前做随球动作（图10-6-8）。

图 10-6-8　单手反抽下旋球分解图

3. 双手反拍击球

双手反拍击球的动作要领是：双手反拍击球时右手用反拍握法，左手用正拍握法，转动身体向左后拉拍，拍略低于来球；击球时右脚跨步向前，重心前移，转腰带动双手挥拍向前向上，在腰部高度、膝部前击球；击球后随势挥拍至左肩前上方结束，如图10-6-9所示。

图 10-6-9　双手反拍击球

4. 训练方法

（1）挥拍练习，体会动作要领。
（2）自己抛球落地弹起后击出。

（3）对墙击球。
（4）一人送球，另一人反拍击球。
（5）两人一组，反拍击球对练。
（6）各种线路的结合练习。

（九）发球

发球是网球运动的一种主要技术，好的发球可直接得分或为争取主动创造条件。

1. 发球的基本要求

（1）正确的站位：在端线后两脚开立与肩同宽，前脚与端线成45°，身体侧对球网，重心在后脚上。

（2）持球与抛球：持球时，可手持两个球或一个球，用拇指和另外两三个手指的顶部拿着将要发的球；抛球时手臂向身体的右前上方直臂抬起，到肩部与头部之间位置时撒手将球推向空中，尽量使球垂直上抛，球落下时在身体前脚的右前方，不要在头顶上。

（3）引拍和击球：当抛球手向上时，握拍手也应该向后上方运动，为击球做好准备，如两手配合不协调时，可采用"计数"法。先把球和球拍都放在齐胸处，数"一"时双手往下放，数"二"时两手往上，但抛球手在前，持拍手放身后，数"三"时击球。击球的高度在身体和握拍手臂充分伸展时球拍的上部。

2. 切削发球

切削发球的动作要领是：采用反手握拍法，站在端线后7~10 cm处，身体侧对球网；发球时将球和球拍置于与胸同高，抛球时球拍后引在背后，肘关节抬起，身体向后屈；当球拍从后向前上方挥动时，要加快手臂挥拍速度，同时身体充分伸展，并在最高点击球；击球瞬间手腕向前扣击，拍面从球的后部向前上擦击，使球产生旋转；击球后，球拍向前下左侧落下，重心前移，向前上步。

3. 平击发球

平击发球的动作要领是：平击发球时要尽可能地用力击球，其动作方法基本同切削发球，只是在击球的一刹那，拍面不绕球切削，而是正对球的后部用力击打；要充分利用身体、手臂的力量以及身体重心向前的力量（图10-6-10）。

图10-6-10　平击发球技术分解图

4. 发球的训练方法

（1）原地徒手做抛球、挥拍练习。
（2）持球手向上抛球练习。
（3）多球练习发球。
（4）不同落点的发球练习。
（5）不同力量和旋转的发球练习。

（十）截击球

截击技术是单、双打比赛中网前取得成功的关键，是一项不可缺少的技术。

1. 正拍网前截击球

正拍截击球的动作要领是：准备时膝盖要弯曲，重心稍前，球拍在身前；采用大陆式握拍法；击球前必须转动上体和肩部，带动球拍向后；击球时握紧球拍，绷紧手腕，在身体前面 15~50 cm 处迎击球；拍头上翘，拍面稍向后仰，向前向下挥拍击球，如图 10-6-11 所示。

图 10-6-11　正拍网前截击图解

2．反拍网前截击球

反拍截击球的动作要领是：击球前要转肩使上身和球飞来的路线成平行方向，同时球拍后摆至肩部，拍头向上；击球时拍向前做简短的撞击动作，在身体前面击球；拍触球时，手腕绷紧，握紧球拍，如图 10-6-12 所示。

图 10-6-12　反拍网前截击图解

3．截击球训练方法

（1）正、反拍截击球挥拍练习。

（2）对墙近距离击空中球。

（3）两人一组，在网前练截击球。

（4）两人一组，一人发球，一人在网前练习截击。

（十一）高压球

高压球是将对方挑出的防御性的高球凌空或落点弹起后向前下打出，绝大多数高压球可用正拍击球。

1．动作要领

侧身对网，移动到球下落的稍后方；准备击球时在身前举起球拍，然后球拍后引至肩后；击球时前臂将拍向下挥动，整个手臂伸直，触球时手腕用力下压，拍面向下。

2．训练方法

（1）徒手挥拍练习。

（2）一人抛高球，另一人练习高压球。

（3）一人在底线挑高球，另一人练习高压球。

（4）不同落点的高压球练习。

（十二）挑高球

挑高球分防守性和进攻性两种。防守性挑高球是为了在双方胶着时摆脱困境；进攻性挑高球是在对方上网时将球挑到对方后场较深处，使之被动或失误。

1．动作要领

准备时将球拍做好充分的后摆；击球时向前上挥拍，打球的下部，手腕绷紧，挥拍动作要尽可能向前向上送出。

2．训练方法

（1）徒手挥拍练习。

（2）自抛球挑高球练习。

（3）两人挑高球练习。

（4）一人挑高球，另一人高压球或抽球练习。

四、网球基本战术

（一）战术的指导思想

1．"稳"字当头

比赛中要有耐心，击球要稳，不要滥用自己还不熟悉的打法或想一下把对方置于死地，因为这样打球所付出的比收获的多；一般击球落点在距边线 60 cm 以内的区域。

2．打底线球

无论进攻型或防守型的选手，都应遵循一个原则，即把球打深，使球的落点在离端线 60~90 cm 处，以便自己有充裕的时间对回击做出反应，并能阻止对方上网，以及缩减对方回球的角度。

3．争取上网截击

上网截击可以使自己的击球范围增大，让对方疲于应付或失误，同时提高了球速，使对方来不及调整位置接球。

（二）单打战术

1．发球上网

发球时发出质量较高的球，使对方的回球不至于力量太凶猛或落点太刁钻；同时，自己应果断地上网，移动到发球线与网之间，利于发挥速度和角度造成对方失误。如果机会不是很好，第一次截击可将球打深，落点为对方的弱侧，然后利用第二次截击得分。

2．底线打法

底线打法首先要将球打深，使球落在端线前而不是发球线附近；同时，利用落点调动对方或抓住对方的弱点作为突破。在有机会的情况下即可上网截击。

3．综合打法

根据对手的情况，采用不同的打法。如果对方频频上网，可采用挑高球迫使他退回去；如对方底线技术很好，可适当放一些小球诱使他上前，然后再用力将球打深来调动他。

（三）双打战术

双打是业余网球比赛的主要项目。由于双打对体力要求较低，适合各种年龄层次的人参加。

1．双打的站位

双打比赛一般是控制网前的队赢分。发球员和接球员都应做好击球后上网的准备。双打时一般让技术水平较高的选手站在左区，或者由正拍技术较好的选手站在右区，反拍技术较好的选手站在左区。发球和接发球时的站位一般是发球员站在中点与单打线的中间，发球员的同伴站在发球线和球网之间，可稍偏向单打边线些；接球员站在右区端线靠近单打线处，接球员的同伴站在发球线前边，略靠近中线。

2．双打的配合

双打要求两名队员配合得像一个人，才能发挥出最高水平。比赛中，两人相互间的距离不能拉开

3.5 m 以上，以利于并肩战斗。当同伴移动到自己区域截击时，自己应迅速补位；当同伴退到底线接高球时，自己也不应继续留在网前，而应后退，使两人处于最佳防守位置；当对方上网时，自己可以挑进攻性高球，迫使对方退回后场。

五、网球竞赛规则

（一）选择权

1. 第一局比赛开始前以掷钱币的方法来决定选择权。
2. 选择发球或接发球，对方选择场区。
3. 选择场区，对方选择发球或接发球。

（二）发球

发球员在发球前，应先站在端线后、中点和边线的假定延长线之间的区域里，然后用手将球向空中抛起，在球接触地面以前用球拍击球，为合法发球。若抛球后又决定不击球而将球用手接住，不算失误。

（三）脚误

1. 发球员在整个发球过程中，不得通过行走或跑动改变原来的位置，否则为脚误。发球员如两脚轻微移动而未变更原位，不算行走和跑动。
2. 两脚只准站在端线后、中点和边线的假定延长线之间，不能触及其他区域。

（四）发球员的位置

每局开始时，发球员应先从右区端线后发球，得一分后，应换到左区发球（双分时在右区，单分时在左区）。发出的球，应落在对角的对方发球区内或其周围的线上。

（五）发球失误

1. 发出的球，在落地前触及固定物（球网、中心带、网边白布除外）。
2. 未击中球。

（六）第二次发球

发球员第一次发球失误后应在原发球位置上进行第二次发球。

（七）重发球

合法的发球触及球网、中心带、网边白布后仍落在对方发球区内，或发球触及球网、中心带、网边白布后，在落地前触及接球员身体或其穿戴物上时，则须重发球。

（八）发球次序

一局比赛结束，接球员成为发球员，发球员成为接球员。以后每局结束，均依次交换。

（九）交换场地

双方在每盘的单数局结束后，以及每盘结束双方局数之和为单数时交换场地。

（十）发球员得分

发出的球在落地前触及接球员的身体或穿戴物。

（十一）接球员失分

下列任何一种情况，均判失分：

1. 在球第二次着地前未能还击过网。
2. 还击的球触及对方场区界线以外的地面、固定物或其他物件。
3. 还击空中球失败（场外空中球也算）。
4. 比赛中故意用球拍拖带或接住球，或故意用球拍触球超过一次。
5. "活球"期间，运动员的身体、球拍及其他任何物件触及球网、网柱等或对方场区。
6. 来球尚未过网即在空中还击。
7. 运动员球拍以外的任何部位触球。
8. 抛拍击球。

(十二)胜一局

运动员每胜1球得1分,先得4分胜一局,双方各得3分时为"平分";"平分"后,一方先得1分时为该运动员占先;"占先"后再得1分,就胜一局,即净胜2分才算该局结束。

(十三)胜一盘

1. 一方先胜六局为胜一盘。如果双方各胜五局时,一方必须净胜两局为胜一盘。
2. 当双方各胜六局时,可用平局决胜制来决定,即先得7分者胜该局。

第十一章 艺术体育运动

第一节 健美操

一、健美操概述

（一）健美操的概念与分类

1. 健美操的概念

健美操是一项以有氧运动为基础，以健、力、美为特征，融体操、舞蹈、音乐为一体的身体练习，它既是健身美体、陶冶情操的大众健身方式，又是竞技运动的一个项目。

2. 健美操的分类

目前，世界健美操和我国健美操种类繁多，分类方法也各不相同。因此，根据健美操的目的和任务，可以将其分为竞技健美操、健身健美操和表演健美操三大类（图11-1-1）。

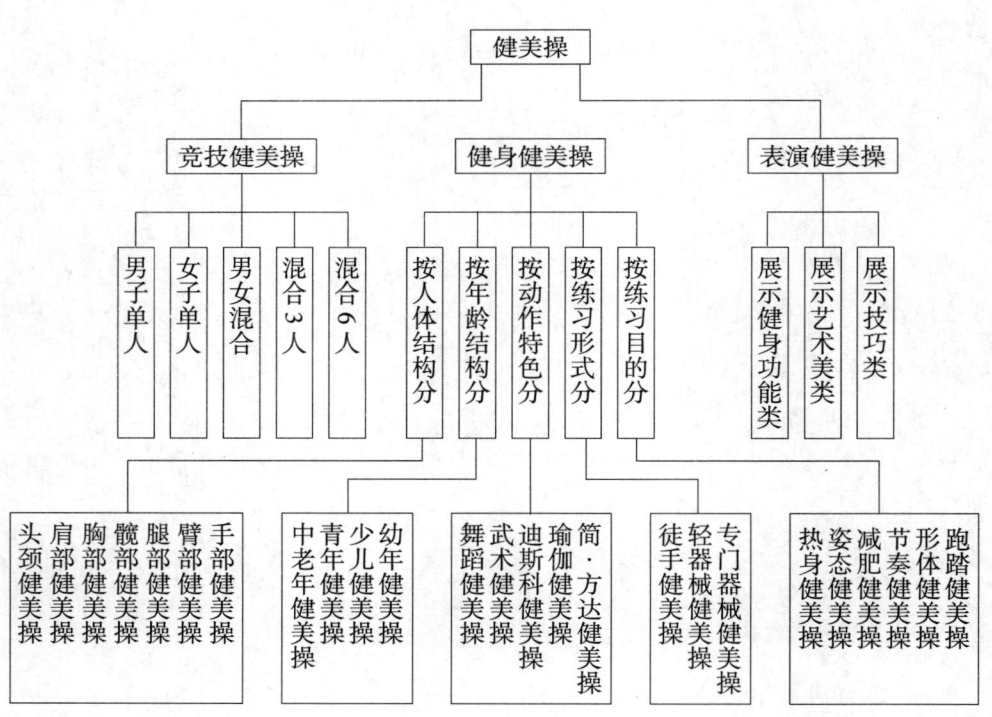

图 11-1-1　健美操分类

(二)健美操的特点与功能

1. 健美操的特点

(1)集健美和健身于一体:健美操是以健身为基础,根据人体解剖学、运动生理学、体育美学等多学科理论,为使人体健康健美地发展而编排的。健美操动作讲究健美大方,强调力度和弹性,练习内容讲究针对性和实效性,不仅能使身体各部位的关节、韧带、肌肉得到充分锻炼,使人体匀称和谐地发展,而且还能增强体质,塑造健美的体形并培养风度。因此,健美操是一项既注重外在美的锻炼,又强调内在美的培养的人体运动方式,对人的身心影响较为全面。

(2)鲜明的节奏感和韵律感:健美操是一种必须在音乐伴奏下进行的身体练习,音乐是健美操的灵魂。与艺术体操相比,健美操更强调动作的力度。因此,健美操的音乐节奏更趋于鲜明强劲,风格更趋于热烈奔放。健美操音乐多取材于迪斯科、爵士、摇滚等现代音乐和具有上述特点的民族乐曲,而正是音乐中的高低、长短、强弱、快慢等有节奏的变化,使健美操更富有一种鲜明的现代韵律感。此外,旋律清晰、活泼轻快、情绪激奋的音乐,不仅能振奋练习者的精神,使人产生跃跃欲试的动感,而且还能使人在练习过程中,忘却疲劳,产生一种轻松愉快的心情。

(3)动作的多变性和协调性:健美操成套动作的多变性,不仅表现在动作的节奏和力度上,而且还表现在动作的复杂性方面。其每节操很少是单个关节的局部动作,大多为多关节的同步运动。如在完成大幅度的上肢动作时,常伴有腰、膝、胯、踝和头部等的动作。这不仅可使身体各关节的活动次数成倍增加,而且还能有效地改善和提高人们身体的协调性。

(4)广泛的群众性:健美操是一项富有趣味性的运动,它能给人们带来热情奔放的情感体验,满足现代人追求健美、自娱自乐的需要,因此深受广大群众的喜爱。同时由于健美操,尤其是健身健美操,其练习形式多样,运动负荷和难度可以自我调节,不同年龄、性别、形体、素质、个性、气质的练习者都可酌情择项参加锻炼,各种人群都能从健美操练习中找到适合自己的练习方式,并通过训练增强体质,弥补自身的某些不足,还可从中获得乐趣。因而,健美操是受男女老幼所青睐的一项运动。此外,由于健美操不受气候的影响,对场地、器材条件的要求不高,练习起来简便安全,适合不同地区、不同条件的单位和个人练习,且具有很大的适应性。

2. 健美操的功能

健美操是一种有氧运动,通过较大密度和强度的身体练习,对身体各关节、韧带、各主要肌群和内脏器官施加合理的运动负荷,从而有效地改变体重、体脂等身体成分,提高心血管、呼吸系统等内脏器官的功能,发展力量、耐力、速度、灵敏性、柔韧性等运动素质,增强体质,促进大学生身体生长发育日益完美,使身体健康,充满活力和创造力,从而呈现出美的魅力。健美操是在生理学、解剖学、人体造型学、体育美学等多学科的理论指导下进行创编的,其动作和程序具有明确地对整体和局部目标的针对性。实践证明它是塑造形体美、增进健康美、缓解精神压力、娱乐身心及医疗保健等功能的有效手段。大学生正处于生长发育期,这是塑造形体的最佳阶段。因此,健美操对大学生的方方面面都发挥着巨大的作用。

二、健美操的基本动作和动作特点与作用

(一)健美操基本动作

1. 基本手型

以下为健美操的四种基本手型。

(1)五指并拢型(并指型):五指伸直并拢(图11-1-2)。

(2)五指分开型(开指型):五指用力伸直张开(图11-1-3)。

(3)拳型:握拳,拇指在外,压在示指弯曲部位(图11-1-4)。

(4)花指型:小指向掌心逆时针旋转,其余四指用力张开(图11-1-5)。

 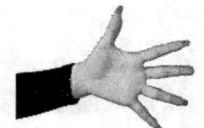  

图11-1-2 并指型　　图11-1-3 开指型　　图11-1-4 拳型　　图11-1-5 花指型

2. 基本步伐

基本步伐可按冲击力分为3种：无冲击力动作、低冲击力动作、高冲击力动作。许多低冲击力动作同时也可做成高冲击力动作。

（1）低冲击力动作

1）踏步：两腿依次抬起，依次落地。技术要点：在下落时，膝、踝关节有弹性缓冲。动作变化：踏步移动，转体、踏步分腿与并腿（图11-1-6）。

2）一字步：向前一步，后脚并前脚，然后向后一步，前脚并后脚。技术要点：前后均要有并腿过程；两膝始终有弹性地缓冲。动作变化：向前、后的一字步，转体的一字步（图11-1-7，图11-1-8）。

图11-1-6 踏步　　图11-1-7 向前、后的一字步　　图11-1-8 转体的一字步

3）V字步：一只脚向斜前方迈一步，另一只脚随之向另一方迈一步，两脚开立，然后再依次退回原位。技术要点：两脚之间的距离略比肩宽，身体重心在两脚之间。动作变化：正V字步和倒V字步（前、后）、转体V字步、跳的V字步（图11-1-9，图11-1-10，图11-1-11，图11-1-12）。

图11-1-9 V字步，斜向前迈步　　图11-1-10 V字步，两脚开立　　图11-1-11 V字步，后退　　图11-1-12 V字步，退回原位

4）漫步：一只脚向前迈出，重心随之前移，另一只脚稍抬起，然后落下、重心后移，前脚随之后撤落地，重心移至后脚。技术要点：身体和重心随动作前后灵活移动；动作有弹性。动作变化：身体的漫步、跳起的漫步（图11-1-13，图11-1-14）。

5）点地：一脚伸出，脚尖或脚跟点地。技术要点：两脚有弹性地屈伸；点地时，身体重心始终在主力腿。动作变化：脚尖点地，脚跟点地，迈步点地，向前、后点地，向侧点地（图11-1-15，图11-1-16）。

图11-1-13　漫步，迈步向前　　图11-1-14　漫步，前腿后撤　　图11-1-15　点步（脚尖）　　图11-1-16　点步（脚跟）

6）并步：一只脚迈出移重心，另一只脚随之在主力腿内侧并腿点地，同时屈腿。技术要点：两膝自然屈伸，并有一定的弹性，身体重心随之移动。动作变化：左右并步、前后并步、转体并步（图11-1-17，图11-1-18）。

7）交叉步：一脚向侧迈出一步，另一脚在其后交叉，随之再向侧一步，另一脚跟并。技术要点：脚落地时同时屈膝缓冲；身体重心随着脚的迈出而移动改变（图11-1-19，图11-1-20，图11-1-21，图11-1-22）。

图11-1-17　并步，向侧迈步　　图11-1-18　并步　　图11-1-19　交叉步，向前迈步

图11-1-20　交叉步，另一脚在后交叉　　图11-1-21　交叉步，向侧一步　　图11-1-22　交叉步，跟并

（2）高冲击力动作

1）跑跳步：两腿依次经过腾空后，一腿落地缓冲，另一腿后屈或抬膝，两臂前后自然摆动。技术要点：落地屈膝缓冲，脚后跟要落地。动作变化：原地跑、向前后跑、弧线跑、转体跑（图11-1-23）。

2）双腿跳：双腿有弹性地跳起。技术要点：落地屈膝缓冲，脚后跟要落地。动作变化：原地双腿跳、前后双腿跳、左右双腿跳、转动双腿跳。

3）开合跳：由并腿跳成左右分腿落地，再由分腿跳起成并腿落地。技术要点：分腿时，两脚自然外开，膝关节沿脚尖方向屈；落地时，屈膝缓冲，脚后跟要落地。动作变化：原地开合跳、转体开合跳（图11-1-24，图11-1-25）。

4）并步跳：一脚迈出，随之蹬地跳起，后腿并于前腿。技术要点：脚迈出后，身体重心随之移动，空中有并腿过程，落地时屈膝缓冲。动作变化：原地并步跳，向前、后、侧并步跳，转体并步跳（图11-1-26，图11-1-27）。

5）单腿跳：一脚跳起，一脚离地。技术要点：落地时屈膝缓冲；保持上体正直。动作变化：原地单脚跳、移动单脚跳、转体单脚跳。

6）弹踢腿跳：一脚跳起，另一脚经屈膝伸直。技术要点：无双脚落地的过程；弹踢腿不用很高，但要有控制。动作变化：原地弹踢腿跳，移动弹踢腿跳，转体弹踢腿跳，向前、后弹踢腿，向侧弹踢腿（图11-1-28，图11-1-29）。

图 11-1-23　跑跳步

图 11-1-24　开合跳，分腿落地

图 11-1-25　开合跳，并腿落地

图 11-1-26　并步跳，一只脚迈出

图 11-1-27　并步跳，后腿并于前腿

图 11-1-28　弹踢腿跳，一只脚跳起

图 11-1-29　弹踢腿跳，另一脚屈膝伸直

7）点跳：一脚小跳一次、垫步一次，另一腿随之并于主力腿，并点跳一次。技术要点：两腿轻快落地，身体重心随之平稳移动。动作变化：原地点跳、左右点跳、前后点跳、转体点跳。

（3）无冲击力动作

1）半蹲：两腿左右分开稍大于肩（或与肩同宽），脚尖稍外开，两腿同时屈膝和伸直。技术要点：屈膝不得超过90°；屈膝时，膝关节与脚尖在同一方向，膝部向后，上体稍前倾，膝关节不应超过脚尖。动作变化：并腿半蹲、迈步半蹲、迈步转体半蹲（图11-1-30）。

2）弓步：一种做法是两脚前后站立、左右脚与髋同宽平行站立，脚尖向前，两腿同时屈膝和伸直，常用于力量练习。另一种做法是一腿屈膝，另一腿伸直，常用于有氧练习。技术要点：身体重心在两腿之间，膝踝关节在一条线上，前腿膝关节弯曲不能超过90°，其位置也不能超过脚尖。动作变化：原地前后弓步、左右弓步、向前一步交换腿弓步、向后撤一步交换腿弓步、转体弓步、跳弓步（图11-1-31）。

图 11-1-30　半蹲　　　　图 11-1-31　弓步

3. 常用上肢动作

上肢动作在健美操项目中是影响最大的表现形式，也最具有活力感。它主要的表演动作体现在各种举、屈、伸、绕等环节上。

（1）举：臂伸直向某方向抬起。

（2）屈、伸：前臂与上臂角度不断减少或增大。

（3）绕、绕环：以肩关节为轴，手臂在180~360°的运动为绕；大于360°以上的圆周运动为绕环。

（二）健美操基本动作的特点与作用

1. 健美操基本动作的特点

（1）健美操基本动作是健美操的核心，各种动作都是在此基础上产生和发展的。

（2）健美操任何组合动作都是以健美操基本动作为基本元素进行编排的，其内容丰富，动作相对比较简练，练习者易于练习和掌握。

2. 健美操基本动作的作用

（1）通过基本动作练习可掌握正确的动作规格，使练习者尽快建立正确的动作技术概念。

（2）它是培养良好基本姿态的有效方法。

（3）它是进行动作韵律"开法儿"的较好手段。

三、健美操的基本技术

（一）落地技术

健美操的落地技术主要指的是落地缓冲技术。落地缓冲的主要目的是使身体尽可能地保持稳定，同时减少地面对关节、肌肉的冲击力，以避免造成运动损伤。健美操的落地技术为：落地时，由脚跟过渡到全脚掌或由前脚掌过渡到全脚掌，然后迅速屈膝、屈髋缓冲。

（二）弹动技术

健美操的弹动主要是依靠踝关节、膝关节、髋关节的屈伸来完成的，它的主要作用是减少运动对关节的冲击力，从而减少运动对人体造成的损伤。值得注意的是在屈伸的过程之中，腿部的肌肉要协调用力才能有效地防止损伤，并产生流畅的弹动动作。

（三）半蹲技术

半蹲时，身体重心下降，臀部向后下45°方向用力，膝关节不应超过脚尖，腰腹、臀部和大腿肌肉收缩，上体保持正直，重心在两腿之间，起落要有控制。分腿半蹲时，脚尖自然外开，应特别注意膝关节弯曲的方向要与脚尖的方向一致，避免脚尖或膝关节内扣或过度外开，避免膝关节角度小于90°。

162 | 新编大学体育

（四）身体控制技术

在整个非特殊条件下的运动过程中，身体应该保持自然挺拔、头部稍稍昂起的姿态，颈椎、胸椎、腰椎处于正常生理曲线的位置，并始终保持腰腹和背部肌肉收缩，避免因腰腹部位的摆动和无控制而可能引起的腰部损伤。四肢的位置避免过伸。健美操练习过程中的身体姿态取决于肌肉用力的感觉和程度，总的动作感觉应是有控制但不僵硬，松弛而不松懈。

四、健身类健美操的动作组合

健美操项目学习最终要以一段或一套动作组合来表达一种文化含义，一段或一套动作应将上下肢动作、躯干动作及头颈动作按照一定规律，加上艺术创编组合起来进行操练表演，现将一套组合示范如下：

组合一：动作说明（图 11-1-32）

图 11-1-32　组合一

第1拍：左脚迈步，双手并掌下压，肘关节弯曲，指尖朝下。

第2拍：右脚并脚，双手胸前击掌。

第3、第4拍：动作与第1、第2拍相同，方向相反。

第5拍：提左腿，双手并掌，两臂侧平举。

第6拍：身体还原到基本站姿。（两臂自然下垂，大腿臀部收紧，两脚并拢）。

第7拍：提右腿，双手右腿下方击掌。

第8拍：身体还原到基本站姿。（两臂自然下垂，大腿臀部收紧，两脚并拢）。

组合二：动作说明（图 11-1-33）

图 11-1-33　组合二

第1拍：左脚向右脚前交叉上步，右臂握拳侧平举，左臂自然下垂。
第2拍：右脚向左脚前交叉上步，左臂握拳侧平举，右臂自然下垂。
第3拍：左脚向正后方撤步，双手开指，掌心朝前，两臂上举。
第4拍：并右脚，双手放下成基本站位姿态。
第5拍：两腿马步，两臂头顶击掌。
第6拍：两腿并脚，双臂侧平举。
第7拍：右腿踢旁腿（45°），双臂头顶击掌。
第8拍：还原到基本站姿。

组合三：动作说明（图 11-1-34）

图 11-1-34　组合三

第 1 拍：左腿屈膝旁抬，左手拍左脚外侧脚背，右臂顺势侧上举。
第 2 拍：还原至基本站姿。
第 3、第 4 拍：动作与第 1 拍、第 2 拍动作相同，方向相反。
第 5 拍：抬左腿，左大腿与地面平行，右手屈臂拍左大腿，左臂侧平举。
第 6 拍：还原至基本站姿。
第 7 拍、第 8 拍：动作与第 5 拍、第 6 拍动作相同，方向相反。

组合四：动作说明（图 11-1-35）

图 11-1-35　组合四

第 1 拍：两腿马步，双臂握拳屈臂胸前交叉。
第 2 拍：两手从腰间顺势向后拉，右腿屈膝绷脚向右后方背腿。
第 3 拍、第 4 拍：动作与第 1 拍、第 2 拍相同，方向相反。
第 5 拍：放左腿，顶左胯，左手叉腰，右手并掌，右臂直臂贴右耳向左胯方向送。
第 6 拍：顶右胯，右手顺势握拳下拉。
第 7 拍：放左腿，顶左胯，左手叉腰，右手并掌，右臂直臂贴右耳向左胯方向送。
第 8 拍：收左脚，还原至基本站姿。

五、健美操比赛规则

（一）健身健美操比赛

健身健美操分规定动作比赛与自选动作比赛。规定动作比赛主要强调动作的准确性、熟练性以及精神面貌、动作整齐一致性的团队精神。自选动作比赛除了在完成方面与规定的要求相仿，不同之处在于编排及其创意。成套编排突出艺术性与安全性。其中艺术性包括主题健康，充满活力，富有激情；编排新颖，有创意；动作类型丰富，动作的转换自然流畅；充分利用场地和空间；队形变化新颖。安全性主要指成套动作中没有对身体造成伤害的因素（不安全的动作）；不鼓励在成套动作中出现竞技健美操的难度动作，如果出现，将不予加分，并对出现的错误进行扣分。可见健身健美操比赛强调的是"健身性"。

（二）竞技健美操比赛

如果说健身健美操是健美操的"普及"，那么竞技健美操就是健美操的"提高"，观看高水平的竞技健美操比赛是一种力与美较量的欣赏。国际体操联合会正规的健美操比赛分为男子单人、女子单人、混合双人、三人、六人共计五个比赛项目,其中三人与六人没有性别的规定。按照规则的要求,每套比赛动作必须包括难度动作、操化动作组合与过渡连接动作三部分,每部分都有具体的规定。例如选择的难度必须含有四组难度类型,即动力性力量组(俯卧撑、旋腿等)、静力性力量组(支撑与水平)、跳跃组、平衡与柔韧组,每缺一组动作就要扣去1分。操化动作组合是指多种步伐和手臂动作演绎的多元化、复杂化的配合形式,这些遍布在成套中的操化动作组合能充分显示运动员高水准的身体协调能力。过渡连接动作在难度与难度之间、难度与操化动作之间具有连接与过渡的作用,这些动作虽然没有价值,但是在丰富成套内容中起到了画龙点睛、不可或缺的作用。一套好的编排动作,离不开与之相匹配的音乐,这能体现出动作效果的高质量完成情况。裁判员则对运动员的场上表现分别给予评分或减分。可见,竞技健美操比赛强调的是"竞技性"。

(三)竞技健美操比赛打分规则

健美操规则的部分数字化体现了评分的量化标准,量化标准保证了裁判评分的客观性与公正性。

(1)场地大小:单人、双人和三人操为 7 m×7 m;六人操为 10 m×10 m;健身健美操场地是 12 m×12 m;出界按人次扣分。

(2)成套时间:竞技健美操 1 min 45 s,并有加减 5 s 的范围;健身健美操比较灵活,一般在 3~5 min。时间不足或超过均酌情扣分。

(3)难度规定:成套最多 12 个难度,其中最多 6 个地面难度、2 个俯卧撑落地难度。违反该规定,每次扣 1 分。有 4 组难度类型,每类难度级别从 0.1~1.0 分。国际比赛难度级别至少在 0.3 分以上。

(4)拖延出场:运动员被叫后 20 s 内未出场,被扣 0.5 分;60 s 内未出场被视为弃权。

(5)总分值等于艺术分(最高 10 分)加完成分(最高 10 分),再加难度总分减去 2。

(6)其他:除单人操外,其他项目要有 3 次托举动作,多于或少于 3 次托举动作每次扣 1.0 分。

第二节 体育舞蹈

一、体育舞蹈概述

体育舞蹈又称国际标准舞,是集体育、舞蹈、艺术和音乐为一体,以优美的舞姿为表现形式的一种步行式舞蹈。由于体育舞蹈的强度、力度和速度与其体育运动等同,所以将其划入体育运动类。

体育舞蹈来源于非洲黑人的民间土风舞,起初流行于乡间。它先后经历了原始舞、公众舞、民间舞、宫廷舞、社交舞(即交际舞、交谊舞)和新旧国际标准舞等几个发展阶段。19 世纪 20 年代后,英国皇家舞蹈教师协会对原舞种、舞步、舞姿等进行规范整理,制订相应的比赛方法,形成国际标准交谊舞,并于 1947 年在德国柏林举行了第 1 届世界标准交谊舞锦标赛。在第 25 届奥运会上已将体育舞蹈列为表演项目。我国自 1986 年正式引进体育舞蹈后,至今仅有 30 多年的历史,但发展很快,已为国际所关注。目前,国内正规的体育舞蹈协会有中国体育舞蹈运动协会、中国国际标准舞学会和中国国际标准舞协会。中国体育舞蹈运动协会于 1991 年成立;中国国际标准舞学会于 1993 年成立,成立的同时文化部举办了第 1 届全国国际标准舞汇演,从此每年举办一届。从 1998 年开始,国标舞被列入中国文化部"荷花奖"的评奖单项。1999 年 11 月,世界舞蹈与舞蹈运动总会(WD & DSC)分别接纳了中国体育舞蹈运动协会、中国国际标准舞学会、中国国际标准舞协会为世界舞蹈总会的"提名会员"。

体育舞蹈作为一项高贵优雅的运动,不但可以调节现代人的生活节奏、愉悦身心和具有良好的社交功能外,还代表着一个国家和地区的文化和经济发展水平,为世界各国竞相提倡,风靡全球。在我国,一些大中城市的体育舞蹈事业发展迅猛,而且参加的人群也日趋年轻化。

二、体育舞蹈的基本知识

(一)体育舞蹈的分类

体育舞蹈按舞蹈风格和技术结构,分为现代舞(摩登舞)和拉丁舞两大类。摩登舞起源于欧洲,包括华尔兹、探戈、狐步舞、快步舞、维也纳华尔兹5种；拉丁舞起源于非洲和拉丁美洲，包括桑巴、恰恰、伦巴、斗牛舞、牛仔舞5种。体育舞蹈按竞赛项目可分成3类，即摩登舞、拉丁舞和团体舞。团体舞是现代舞和拉丁舞的混合舞，由8对选手组成，将10种舞姿编排在一支舞中，通过群体的动作配合和队形的变化来表现舞蹈特点。

（二）体育舞蹈的基本术语

1. 舞程线

舞程线简称L.O.D，指在同一舞池中，为了避免舞者相互碰撞而规定必须按顺时针方向行进的路线。在舞程线中，长的两条称为A线，短的两条称为B线。

2. 舞姿

舞姿泛指舞者跳舞的姿势，主要有以下6种。

（1）闭握式舞姿：泛指男女舞伴面对双手持握的身体位置。

（2）侧行位舞姿：简称P.P，是指男伴的右侧与女伴左侧身体紧密贴靠，身体的另一侧向外展开成"V"形站立或行进的身体位置。

（3）外侧位舞姿：简称O.P，是指在摩登舞中，男女舞伴的一方向另一方的右外侧（常见）或左外侧（较少见）前进所形成的身体位置。

（4）并肩位舞姿：是指在拉丁舞中，男女舞伴面对同一方向肩臂相并的身体位置。以男伴为基准，男伴左肩与女伴右肩相并叫"左并肩位"；男伴右肩与女伴左肩相并叫"右并肩位"。

（5）影子位舞姿：是指男女舞伴面向同一方向重叠而立、形影相随的身体位置。女伴居前偏右的是右影位；居前偏左的是左影位。可以成单手握持的舞姿，也可以成双手环绕相拉的舞姿。

（6）扇形位舞姿：是指在伦巴和恰恰舞中，女伴在男伴的左侧与男伴成扇形、女伴的右手在男伴的左手中的身体位置。

3. 角度与方位

（1）旋转的角度：旋转角度在方向上分为左转和右转，在角度上由小到大分为45°（1/8周）、90°（1/4周）、135°（3/8周）、180°（1/2周）、225°（5/8周）、270°（3/4周）、315°（7/8周）、360°（1周），如图11-2-1所示。

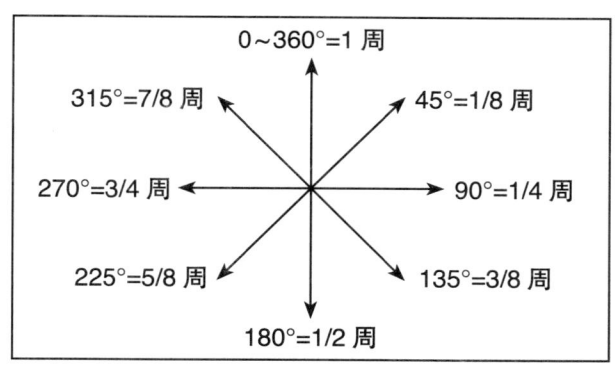

图11-2-1　旋转角度图

（2）方位：方位的规定，大多假定男伴站立舞池中央，面向乐队，而以乐队演奏台中心为基准，定为"1点"，然后将男伴每右转45°所向的一点，依次定为"2点""3点""4点""5点""6点""7点""8点"，如图11-2-2所示。

跳国标舞时，舞者按舞程线行进或旋转，其角度和方位的变化与舞程线发生联系。因此，国标舞男伴面对舞程线方向为基准，对舞步的行进方向规定了8条线（图11-2-3）。

这8条线与舞程线的关系分别为：①面对舞程线；②面斜壁线；③面对壁线；④背斜中央线；⑤背对舞程线；⑥背斜壁线；⑦面对中央线；⑧面斜中央线。

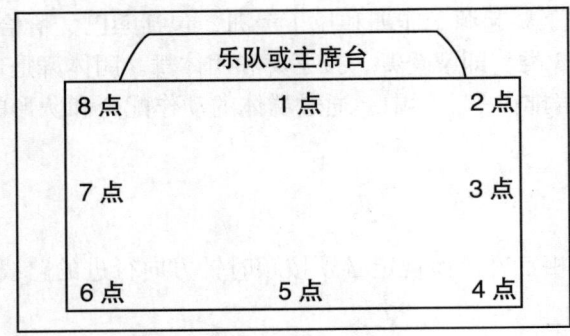

图 11-2-2　方位图

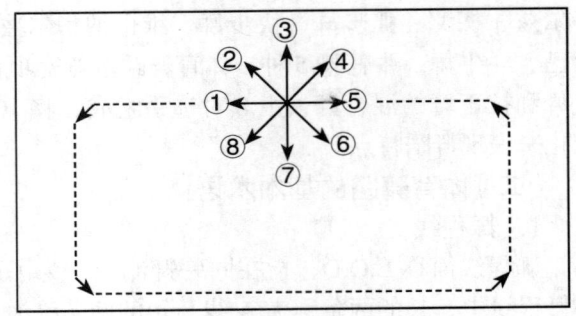

图 11-2-3　舞步行进方向示意图

（3）舞步的方位如图 11-2-4 所示，舞步的方位分为以下 8 种：①面向舞程线；②背向舞程线；③面向中央；④面向墙壁；⑤面向斜中央；⑥背向斜墙壁；⑦面向斜墙壁；⑧背向斜中央。

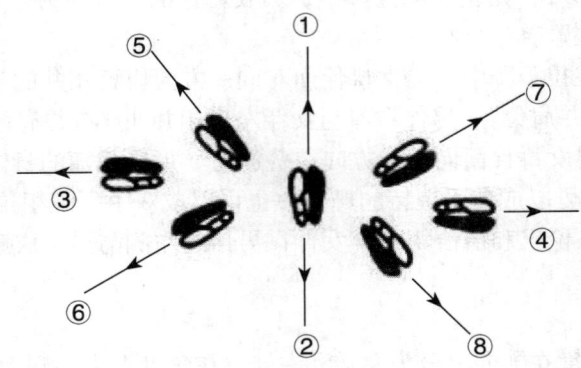

图 11-2-4　舞步的方位

三、体育舞蹈的基本技术

在本段中，将要介绍伦巴、恰恰两个舞种的单人舞基本技术。舞蹈和音乐是不可分割的关系，因为音乐和舞蹈都在表达同一个进程。音乐的时间单位是音调和节奏，舞蹈则是姿势和动作，它们都属于"动"的艺术，都靠节奏和节拍来组织，又都受不可停止的进程所制约。音乐是舞蹈的声音，舞蹈是音乐的形象，它们是一对互补的艺术，因此学习体育舞蹈，必须了解体育舞蹈的音乐特点，掌握其持握姿势及基本舞步。

（一）伦巴的基本技术

1. 伦巴音乐特点

（1）音节：4/4 拍。4 拍走 3 步，第 2 拍和第 3 拍各走 1 步，第 4 拍和第 1 拍共走一步。其动作强拍落在每小节音乐的第 4 拍，音乐重拍是第 1 拍，舞步要从音乐第 2 拍起跳。

（2）速度：27~29 小节/分。

2. 伦巴舞姿要求

头正，身体自然站立，双肩下沉，双手向身旁打开呈芭蕾七位手，上身始终保持挺拔，膝盖伸直，时刻保持绷足。

3. 伦巴基本舞步

（1）伦巴基本步。准备舞姿：右脚主力腿，左脚动力腿。左脚绷脚外开，上身保持挺拔，双手七位手打开。该舞步共 6 步，音乐 2 小节；数拍：2, 3, 4 & 1；2, 3, 4&1，如图 11-2-5、图 11-2-6 所示。

图 11-2-5 准备舞姿（左脚主力腿）

图 11-2-6 准备舞姿（左脚主力腿）

1）第 1 小节

第 2 拍：收左脚，左脚向前上步，转胯重心由主力腿推至左腿，右脚绷脚，脚背外开。

第 3 拍：重心回右脚，左脚绷脚，脚背外开。

第 4&1 拍：收左脚，左脚经由右脚脚跟向左旁打开，转胯重心回左脚，右脚脚背外开。

2）第 2 小节

第 2 拍：收右脚，右脚经由左脚脚跟后退一步，重心退至右脚，左脚绷脚外开。

第 3 拍：左脚落跟，重心推至左脚，右脚绷脚，脚背外开。

第 4&1 拍：收右脚，右脚经由左脚脚跟向右旁打开，重心快速推至右脚，左脚绷脚外开。

（2）纽约步（1 小节）

准备舞姿：右脚主力腿，左脚动力腿。左脚绷脚外开，上身保持挺拔，双手七位手打开。

该舞步共 3 步，音乐 1 小节；数拍：2，3，4&1，如图 11-2-7 所示。

图 11-2-7 纽约步

第2拍：收左脚，右转1/4，左脚经由右脚脚跟向正前方上步，重心推至左脚，右脚脚跟抬起，绷脚外开。

第3拍：右脚落跟，重心推至右脚，左脚绷脚，脚背外开。

第4&1拍：收左脚，身体左转1/4，左脚经由右脚脚跟左旁打开。

（3）定点转（1小节）

准备舞姿：右脚主力腿，左脚动力腿。左脚绷脚外开，上身保持挺拔，双手七位手打开。

该舞步共3步，音乐1小节；数拍：2，3，4&1，如图11-2-8所示。

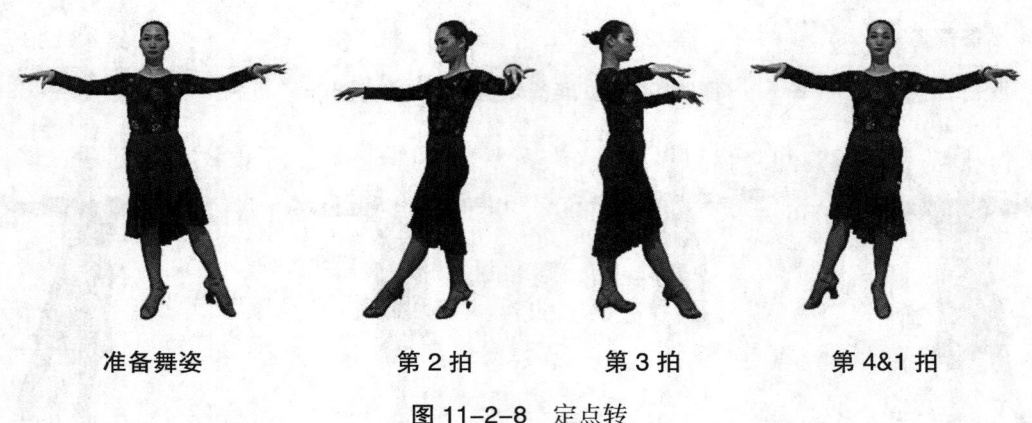

图 11-2-8　定点转

第2拍：收左脚，右转1/4，左脚向前进。

第3拍：右转1/2，左脚重心。

第4&1拍：右转1/4，右脚重心，左脚向侧。

（4）时间步旁移

准备舞姿：右脚主力腿，左脚动力腿。左脚绷脚外开，上身保持挺拔，双手七位手打开。

该舞步共3步，音乐1小节；数拍：2，3，4&1，如图11-2-9所示。

图 11-2-9　时间步旁移

第2拍：收左脚，双脚成小八位，左脚落跟，膝盖伸直，左脚重心，胯部拧转。

第3拍：右脚落跟，膝盖伸直，右脚重心，胯部拧转。

第4&1拍：胯部拧转，左脚向侧一步打开，右脚绷脚外开延伸。

（5）手对手

准备舞姿：右脚主力腿，左脚动力腿。左脚绷脚外开，上身保持挺拔，双手七位手打开。

该舞步共3步，音乐1小节；数拍：2，3，4&1，如图11-2-10所示。

| 准备舞姿 | 第 2 拍 | 第 3 拍 | 第 4&1 拍 |

图 11-2-10　手对手

第 2 拍：左转 1/4，退左脚，左脚重心，右脚立脚跟绷脚外开。
第 3 拍：右脚重心，左脚绷脚外开。
第 4&1 拍：右转 1/4，胯部拧转，左脚重心，右脚绷脚外开延伸。

4．伦巴单人组合

单人舞：右脚主力腿，左脚起步（共 16 小节）；时间步（2 小节）——时间步旁移（2 小节）——基本步（2 小节）——纽约步（2 小节）——定点转（2 小节）——手对手（2 小节）——1/4 左转基本步（4 小节）。

（二）恰恰的基本技术

1．恰恰音乐特点

（1）音节 4/4 拍，4 拍走 5 步，第 2，3 拍各走 1 步，第 4 拍走 2 步；强拍落在每小节音乐的第 1 拍，舞步要从音乐第 2 拍起跳。

（2）速度。速度大约 30~32 小节 / 分。

2．恰恰舞姿要求

恰恰的舞姿同伦巴的舞姿基本相同。

3．恰恰基本舞步

（1）基本步。准备舞姿：右脚主力腿，左脚动力腿。左脚绷脚外开，上身保持挺拔，双手七位手打开。该舞步共 11 步，音乐 2 小节；数拍：2，3，恰恰，1，第 4 拍走 2 步（恰恰），如图 11-2-11，图 11-2-12 所示。

1）第 1 小节

第 2 拍：收左脚，左脚向前上步，左脚重心，右膝弯曲，右膝膝盖挺住左膝膝盖窝。
第 3 拍：右脚重心，左脚绷脚，脚背外开，双膝分开。
第 4 拍：收左脚，左脚经由右脚脚跟向左旁打开，胯部前后转动，左脚旁移一步，右脚快速收回。
第 1 拍：胯部右后转动，左脚旁移右脚绷脚打开。

| 第 2 拍 | 第 3 拍 | 恰 | 恰 | 第 1 拍 |

图 11-2-11　基本步（右脚主力腿）

第 2 拍　　　第 3 拍　　　恰　　　恰　　　第 1 拍

图 11-2-12　基本步（左脚主力腿）

2）第 2 小节

第 2 拍：收右脚，右脚经由左脚脚跟后退一步，右脚重心，左脚绷脚外开。

第 3 拍：左脚落跟，重心快速推至左脚，右脚绷脚，脚背外开。

第 4 拍：收右脚，右脚经由左脚脚跟向右旁打开，重心快速推至右脚旁移一步，收左脚。

第 1 拍：胯部左后转动，右脚旁移左脚绷脚打开。

（2）纽约步（1 小节）

准备舞姿：右脚主力腿，左脚动力腿。左脚绷脚外开，上身保持挺拔，双手七位手打开。

该舞步共 5 步，音乐 1 小节；数拍：2，3，恰恰，1，如图 11-2-13 所示。

第 2 拍：收左脚，右转 1/4，左脚经由右脚脚跟向正前方上步，重心快速推至左脚，右脚膝盖挺住左脚膝盖窝。

第 3 拍：右脚落跟，右脚重心，左脚绷脚，脚背外开。

第 4 拍：收左脚，身体左转 1/4，左脚旁移一步，收右脚。

第 1 拍：胯部右后转动，左脚旁移右脚绷脚打开。

第 2 拍　　　第 3 拍　　　恰　　　恰　　　第 1 拍

图 11-2-13　纽约步

（3）定点转（1 小节）

准备舞姿：右脚主力腿，左脚动力腿。左脚绷脚外开，上身保持挺拔，双手七位手打开。

该舞步共 3 步，音乐 1 小节；数拍：2，3，恰恰，1；如图 11-2-14 所示。

第 2 拍：收左脚，右转 1/4，左脚向前进。

第 3 拍：右转 1/2，左脚重心。

第 4 拍：右脚重心，右转 1/4，左脚旁移一步，收右脚。

第 1 拍：胯部右后转动，左脚旁移，右脚绷脚打开。

第 2 拍　　　　第 3 拍　　　　恰　　　　恰　　　　第 1 拍

图 11-2-14　定点转

（4）时间步

准备舞姿：右脚主力腿，左脚动力腿。左脚绷脚外开，上身保持挺拔，双手七位手打开。该舞步共 5 步，音乐 1 小节；数拍：2，3，恰恰，1，如图 11-2-15 所示。

第 2 拍：收左脚，双脚小八位，左膝弯曲，右脚重心，左胯向前拧转。

第 3 拍：右脚重心，右膝弯曲，右胯向前拧转。

第 4 拍：胯部拧转，左脚向侧一步打开，右脚绷脚外开延伸，收右脚。

第 1 拍：胯部右后转动，左脚旁移，右脚绷脚打开。

2 拍　　　　3 拍　　　　恰　　　　恰　　　　1 拍

图 11-2-15　时间步

（5）手对手

准备舞姿：右脚主力腿，左脚动力腿。左脚绷脚外开，上身保持挺拔，双手七位手打开。

该舞步共 5 步，音乐 1 小节；数拍：2，3，恰恰 1，如图 11-2-16 所示。

第 2 拍：左转 1/4，退左脚，左脚重心，右脚立脚跟绷脚外开。

2 拍　　　　3 拍　　　　恰　　　　恰　　　　1 拍

图 11-2-16　手对手

第3拍：重心推至右脚，右脚重心，左脚绷脚外开。
第4拍：胯部拧转，左脚向侧一步打开，右脚绷脚外开延伸，收右脚。
第1拍：胯部右后转动，左脚旁移右脚绷脚打开。

四、体育舞蹈比赛规则

（一）基础规则

1. 比赛分组

一般的体育舞蹈比赛分为职业组和业余组两大组别。在中国，因为有很多体育舞蹈专业院校学生参加比赛，所以在两大组别之外还分出专业院校组。职业组分为职业A、职业B组和职业新星组；专业院校组按年龄分组；业余组包括少年组、青年组、壮年组和常青组等，其中少年组也是以年龄来划分组别的。

2. 比赛场地

国际标准舞比赛是在室内进行的。比赛场地是有一定规格的，比赛赛场地面应平整光滑，场地的面积为 15 m×23 m。A 线长为 23 m，B 线长为 15 m，如图 11-2-17 所示。跳完 A 线再跳 B 线，再依次转入 A 线和 B 线一周，在比赛规定的曲目中跳完比赛舞蹈。拉丁舞没有 A，B 线的规定。

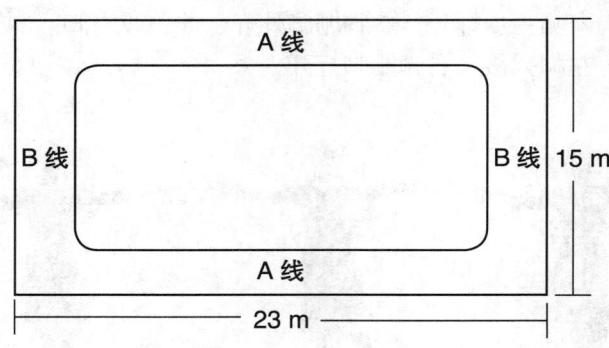

图 11-2-17　比赛场地图

3. 比赛服装要求

（1）拉丁舞比赛服装：样式为臀部和胸部须完全被盖住，上述区域不得使用透明面料，内裤不得使用透明材料；站立时，裙子应完全盖住内裤；跳舞时，不得只穿胸罩；胸罩颜色可使用除纯肉色外的任何颜色，内裤必须是黑色或者与服装同色；鞋应是女式拉丁舞鞋；在发型与化妆方面，不希望选手化妆夸张或做过于复杂的发型；珠宝首饰方面，评判长有权要求选手去掉任何对其他选手产生危险的饰物。

（2）标准舞比赛服装：比赛服配以饰物。不允许着上下身两截式的服装；领口不可开得过低；胸部应完全盖住；胸部和腰线至内裤下沿部分不得使用透明材料；开叉裙只能开至膝盖，不能再高；颜色可使用除纯肉色外的任何颜色；鞋应是女式标准舞鞋；发型和化妆方面，要求化妆不得太夸张，发型不得过于复杂；珠宝首饰方面，评判长有权要求选手去掉对其他选手造成危险的饰物。

（3）不允许使用宗教符号作为装饰。除非发生服装不能使用的意外情况，比赛中不允许更换服装。

4. 比赛音乐时间要求

比赛中每支舞的时间通常是 1 min 1 s 至 2 min，每一支舞的比赛都会准备 5 首舞曲，比赛时随机进行选择，每一个组别用的都是相同的舞曲。

5. 比赛其他要求

（1）选手双脚不能离地 2 s，即不允许做托举动作。

（2）如果音乐尚未结束而选手停止表演，则其该项舞蹈的所得数到最低。

（3）选手不得向裁判询问评分结果。

6. 赛制与评分制度

比赛分为预赛、初赛、复赛、半决赛和决赛。从预赛到半决赛采取的是淘汰法，而决赛采取的是顺位法。淘汰法是根据竞赛编排，从参赛人数中按规定录取定量选手进入下一轮比赛，淘汰其余选手。顺位法是指评委依据评比标准对进入决赛的N个选手排名次，用名次作为得分，也就是说得分越少，成绩越好。例如在大型的比赛中一般有9个裁判，每个裁判都要在6对选手中评出1~6名，9个裁判的名次打出来后，获得累积分数越少的选手名次越靠前。

（二）比赛评判标准

1. 时值和基本节奏

裁判必须确定选手是否按时值和基本节奏进行表演。时值是指每一舞步的时间正好与音乐合拍。基本节奏是指舞步在规定时间内完成并且保持舞步之间正确的时间关系。选手的时值和基本节奏错误时，其该项舞蹈的所得分数是最低的。这种错误不能因舞步步法技巧的良好表现来弥补。

2. 身体线条

身体线条是指两位选手作为一个整体，在运动中身体各部位构成的整体效果。这包括手臂线条、背部线条、肩部线条、胯部线条（骨盆姿势）、腿部线条、颈部和头部线条、左侧和右侧线条。

3. 整体动作

裁判必须确定选手是否正确掌握该舞蹈的风格特点，并且评估选手动作起伏、倾斜和平衡是否标准。只有在控制和平衡掌握良好的情况下，动作幅度越大，则评分越高。在拉丁舞中，还需评估每种舞蹈典型的胯部动作。

4. 节奏表现力

裁判必须评估选手的舞蹈节奏表现力。这揭示出选手对舞蹈节奏的感受与适应能力和在舞蹈中对音乐的理解与肢体表现。但若表演与节奏不合，该项舞蹈的所得分数最低。

5. 步法技巧

裁判必须评估选手正确表现舞步的脚法，如每一步足着地点是脚掌、脚跟或脚趾等，以及脚步移动的控制和表达力。

（三）比赛特殊情况

特殊情况一经出现场上，比赛选手应立即停止比赛动作，经评判长现场处理完毕之后，重新开始比赛。特殊情况包括：

1. 音乐突然停止和错放。
2. 由于设备问题引起的干扰，如灯光、赛场、摄像机、照相机等。
3. 场内有非比赛人员进入。
4. 场内有异物干扰，影响比赛进行。
5. 选手责任外的特殊情况引起的延误进场。

第三节 啦啦操

一、啦啦操概述

（一）啦啦操的起源、发展

啦啦操是一项新兴的体育运动项目，最早源于为美式足球呐喊助威的活动，并借助美国职业篮球赛（NBA）逐渐在全球范围内广泛传播，至今已有一百多年的历史。啦啦操原名cheer leading，其中cheer一词有振奋精神、提振士气的意思。啦啦操源于早期部落社会的仪式，族人为激励外出打仗或打猎的战士而举行的一种仪式，以欢呼、手舞足蹈的表演来鼓励战士，并寄予他们凯旋的期望。

中国通过美国的NBA认识和了解了啦啦操运动。在美国的啦啦操发展度过百岁"寿辰"后，中国较正式的啦啦操比赛也悄然兴起。啦啦操在我国还是一项新兴的体育运动项目，但自传入后就很快受到了广大青少年的喜爱，而且在全国的很多赛事中都可见到啦啦操的表演，尤其是1998年CUBA诞生以来，当代大学生的精神风貌和竞技水平得到了充分的展示，激情四射和富有情感的各高校啦啦操表演，给观众留下了深刻印象，也成为篮球场上一道独特的风景线，揭开了啦啦操的中国发展之路。

2001年，首届全国大学生啦啦操大赛在广州举办，获得圆满成功，使中国亿万青少年也可以享受啦啦操运动带来的无限乐趣，从此，啦啦操运动在中国全面开展。2001年9月28—30日，在广州举行了"统一红茶迎九运全国首届高校动感啦啦操挑战赛"，这是国内首次举办啦啦操比赛，充分展现了大学生青春、动感、健康的精神风貌，标志着啦啦操文化在中国体育史上写下了第一页。

（二）啦啦操的概念

啦啦操，英文cheer leading，是指在音乐伴奏下，通过运动员集体参与完成复杂、高难度的基本手位与舞蹈动作。该项目特有难度动作、过渡配合等动作内容，充分展示团队高超的运动技巧，体现青春活力、积极向上的团队精神，是一项追求最高团队荣誉感的体育运动。

二、啦啦操的分类

我国啦啦操的分类方式繁多，分类方法也各不相同（图11-3-1）。按活动的目的分为竞技性啦啦操、表演性啦啦操；按实施的场所分为看台啦啦操、场地啦啦操；按表演形式分为轻器械啦啦操、徒手啦啦操；按动作性质分为舞蹈啦啦操、技巧啦啦操；按发展形势分为公益性啦啦操、非公益性啦啦操；按竞赛种类分为全国锦标赛、冠军赛、系列赛、大奖赛、全国体育大会啦啦操比赛等各种赛事活动。目前，我国通常以按目的分类的方法最为常用。

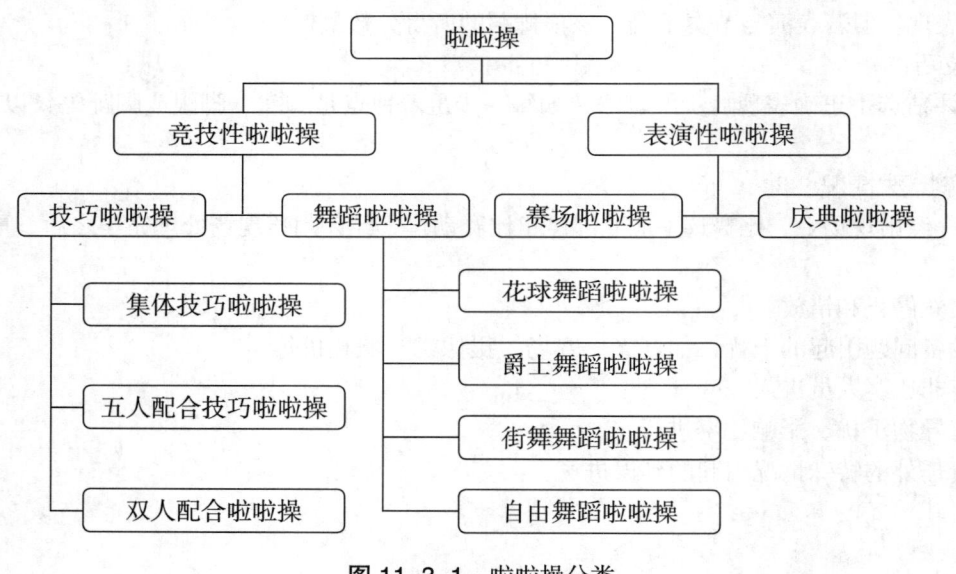

图11-3-1 啦啦操分类

（一）竞技性啦啦操

竞技性啦啦操作为体育活动的主体，是以参加竞技比赛为目的，在音乐的衬托下，通过队员完成高超的啦啦操难度动作，结合各种舞蹈元素，体现青春活力、健康向上的团队精神，追求最高团队荣誉感而进行的体育运动。竞技性啦啦操分为舞蹈啦啦操和技巧啦啦操两大类别。

1. 舞蹈啦啦操

舞蹈啦啦操是一项在音乐伴奏下，运用多种舞蹈元素的动作组合，结合转体、跳步、平衡与柔韧等难度动作以及舞蹈的过渡连接技巧，通过空间、方向与队形的变化表现出不同的舞蹈风格特点，强调速度、力度与运动负荷，展示运动舞蹈技能以及团队风采的体育项目。舞蹈啦啦操包括花球舞蹈啦啦操、爵士舞蹈啦啦操、街舞舞蹈啦啦操和自由舞蹈啦啦操。

（1）花球舞蹈啦啦操：成套动作由手持花球（团队手持花球动作应占成套动作的80%以上）结合啦啦操基本手位、个性舞蹈、难度动作、舞蹈技巧等动作元素，展现干净、精准的运动舞蹈特征以及良好的花球技术运用技术，呈现整齐一致，层次、队形不断变换等集体动作视觉效果。花球舞蹈啦啦操的技术特征主要体现为肢体动作通过短暂加速、制动定位来实现啦啦操特有的力度感；动作完成干净利落；在运动过程中重心稳定、移动平稳，身体控制精确、位置准确，并通过动作的强度和快速发力突出运动舞蹈的特征。

（2）爵士舞蹈啦啦操：成套动作由爵士风格的舞蹈动作、难度动作以及过渡连接动作等内容组成，通过队形、空间、方向的变换，同时附加一定的运动负荷，表现参赛运动员的激情以及团队良好运动舞蹈能力。动作技术特征主要体现为肢体动作由内向外的延伸感；通过延伸制动实现爵士舞蹈啦啦操特有的力度感；通过动作的松弛有度的强度突出运动舞蹈的特征。

（3）街舞舞蹈啦啦操：成套动作由街舞风格的舞蹈动作为主，强调街头舞蹈形式，注重动作的风格特征以及身体各部位的律动与控制，要求动作的节奏、一致性与音乐和谐一致，同时也可附加一定的强度动作，如包括不同跳步的变换及组合或其他配合练习。街舞啦啦操的技术特征主要体现为肢体多关节动作短暂加速、制动定位来实现特有的力度感；动作完成干净利落、身体控制精确、位置准备准确并通过动作的松弛有度的强度突出运动舞蹈的特征。

（4）自由舞蹈啦啦操：以某种区别于爵士、花球、街舞的形式出现，同时具有啦啦操舞蹈特征的其他风格特点、形式的运动舞蹈，是具有一定的民族或地域特色的啦啦操。如各种具有民族舞风格特点的运动舞蹈。

2. 技巧啦啦操

技巧啦啦操是指在音乐的伴奏下，以跳跃、托举、叠罗汉、翻筋斗、抛接和跳跃等技巧性难度动作为主要内容，配合口号、啦啦操基本手位、舞蹈动作及过渡连接等，充分展示运动以及高超的技能技巧的团队竞赛项目。包含有翻腾、托举、抛接、金字塔等难度动作。其动作比较随意，用力方向向下，音乐节奏要求明快、热情、动感、奔放，并富于震撼力和感染力。技巧啦啦操竞赛项目包括集体技巧啦啦操自选套路、五人配合技巧啦啦操自选套路和双人配合啦啦操自选套路。

（1）集体技巧啦啦操：在音乐的伴奏下，以跳跃、翻腾、托举、抛接、金字塔组合等技巧性难度动作为主要内容，配合口号、啦啦操基本手位及舞蹈动作，充分展示运动员高超的技能技巧，参加队员在五人以上的团队竞赛项目。

（2）五人配合技巧啦啦操：在音乐的伴奏下，成套动作中由托举、抛接两类难度动作为主要内容，充分利用多种上架、下架动作以及过渡链接动作进行空间转换、方向与造型的变化，展示五人组团队高超的技能技巧。

（3）双人配合啦啦操：在音乐的伴奏下，由两人在规定时间一分钟内完成托举的动作。

（二）表演性啦啦操

表演性啦啦操作为活动的客体，是以提升士气、激励人心、活跃赛场气氛、鼓舞双方士气、振奋观众情绪，让整个比赛更加精彩和激烈为目的的集体活动。可分为赛场啦啦操和庆典啦啦操两类。

1. 赛场啦啦操

赛场啦啦操即人们常说的"场间啦啦操"，源于橄榄球比赛场边的呼喊，并伴随着橄榄球运动的流行而发展。赛场啦啦操主要在比赛中间休息时进行，目的是活跃赛场气氛、鼓舞双方士气、振奋观众情绪，让整个比赛更加精彩和激烈。随着啦啦操的影响的扩大，它已不局限于为某项运动表演助兴，而是广泛地为多项运动服务。高水平的啦啦队表演能够提高体育赛事的精彩性，其自身也具有较强的观赏性，是赛场文化的一个组成部分。

2. 庆典啦啦操

庆典啦啦操是在各种庆祝活动、社区活动、开幕典礼、游行宣传以及慈善活动中进行的啦啦操表演，其目的是为各种庆典活动进行预热及烘托庆典气氛。

三、啦啦操的基本技术

啦啦操至今已有一百多年的历史。因其独特的技术风格和热情奔放的表演，受到了世界各国人民的青睐。与其他体育项目相比，啦啦操具有以下特点：

（一）啦啦操的技术特点

1. 啦啦操上肢的发力点在前臂，手臂的36个基本手位均在肩关节前制动，发力速度快，制动时间短，制动之后没有延伸，身体控制精确，位置准确。
2. 啦啦操动作内容丰富，所有的手臂动作都必须严格按照36个基本手位的标准来完成，没有固定的基本步伐。
3. 啦啦操动作重心较低，在做动作的过程中膝关节不完全伸直，保持微微弯曲的状态，重心稳定，移动平稳。
4. 啦啦操动作完成干净利落，具有清晰的开始和结束，肢体运动中直线动作曲直分明，弧线动作蜿蜒流畅，具有更高的欣赏价值和艺术价值。
5. 啦啦操三维空间高低起伏突出，队形变化多样，能够充分利用场地空间。
6. 啦啦操音乐风格多样，旋律优美，气氛热烈，节奏快慢有致，强弱有别。
7. 啦啦操服装款式各异，绚丽多姿。

（二）啦啦操基本技术特征

1. 基本手位动作及规格

啦啦操手臂动作是有着特殊规定和要求的，运动员必须按照规定的36个手位进行动作。要求所有啦啦操基本手位动作都制动于体前。

（1）下H（low touch down）：两臂前下举，拳心相对，大拳眼朝外（图11-3-2）。

（2）上A（up A）：两臂上举，拳心相对，小拳眼朝外（图11-3-3）。

（3）下A（down A）：两臂胸前下举，拳心相对，大拳眼朝外（图11-3-4）。

（4）上V（high V）：两臂侧上举握拳，拳心朝下，大拳眼朝前（图11-3-5）。

（5）下V（low V）：两臂侧下举握拳，拳心朝内，大拳眼朝前（图11-3-6）。

（6）加油（applauding）：两手握式击掌于胸前，大拳眼对准锁骨位置，小拳眼朝前（图11-3-7）。

（7）T：两臂侧平举，握拳，拳心朝下，大拳眼朝前（图11-3-8）。

（8）短T（half T）：两臂胸前平屈握拳，拳心朝下，小拳眼朝外（图11-3-9）。

（9）上L（high L）：一臂握拳上举，拳心朝外，另外一臂侧平举握拳，拳心朝下，大拳眼朝外（图11-3-10）。

（10）下L（low L）：一臂侧平举，拳心朝下，大拳眼朝外，另一臂胸前下举握拳，拳心朝内（图11-3-11）。

（11）斜线（diagonal）：一臂侧上举，一臂侧下举，握拳，举成一斜线，双手大拳眼朝前（图11-3-12）。

（12）K：一臂侧上举，另一臂侧下举，握拳，双手拳心朝下（图11-3-13）。

（13）侧K（side K）：一臂侧上举，握拳，大拳眼朝前，一臂胸前侧下举，握拳，小拳眼朝前（图11-3-14）。

（14）弓箭（bow and arrow）：一臂胸前平屈，握拳，小拳眼朝前，另一臂侧平举，握拳，拳心朝下，大拳眼朝前（图11-3-15）。

（15）小弓箭（bow）：一臂侧平举，拳心朝下，大拳眼朝前，另一臂胸前屈，上臂夹胸，小拳眼朝外（图11-3-16）。

（16）短剑（half dagger）：左手叉腰为例，左手小拳眼朝前，右臂胸前屈，上臂夹胸，小拳眼朝外（图11-3-17）。

图 11-3-2　下 H　　图 11-3-3　上 A　　图 11-3-4　下 A　　图 11-3-5　上 V

图 11-3-6　下 V　　图 11-3-7　加油　　图 11-3-8　T　　图 11-3-9　短 T

图 11-3-10　上 L　　图 11-3-11　下 L　　图 11-3-12　斜线　　图 11-3-13　K

图 11-3-14　侧 K　　图 11-3-15　弓箭　　图 11-3-16　小弓箭　　图 11-3-17　短剑

（17）侧上冲拳（high side punch）：左手叉腰为例，右臂侧上冲拳，拳心朝下，大拳眼朝外（图11-3-18）。

（18）侧下冲拳（low side punch）：左手叉腰为例，右臂侧下冲拳，大拳眼朝外（图11-3-19）。

（19）斜下冲拳（low cross punch）：左手叉腰为例，右臂左前下冲拳，拳心朝下，小拳眼朝外（图11-3-20）。

（20）斜上冲拳（up cross punch）：左手叉腰为例，右臂左前上冲拳，拳心朝下，小拳眼朝外（图11-3-21）。

（21）高冲拳（high punch）：一臂侧上举，拳心朝内，小拳眼朝外。一手叉腰，拳心朝下，小拳眼朝前（图11-3-22）。

（22）R：一臂头后屈，拳心朝内，另一臂向前下冲拳，拳心朝下，小拳眼朝外（图11-3-23）。

（23）上M（up M）：两臂肩上屈，拳面触肩窝，可压腕，肘关节朝外（图11-3-24）。

（24）下M（hands on hip）：两手叉腰于髋部上，握拳，拳心朝下，小拳眼朝前（图11-3-25）。

（25）屈臂X（bend X）：前臂交叉于胸前，大拳眼朝内，小拳眼朝前（图11-3-26）。

（26）上X（high X）：两臂交叉于头前上方，拳心朝前（图11-3-27）。

（27）下X（low X）：两臂交叉于体前下方，拳心朝内（图11-3-28）。

（28）前X（front X）：两臂交叉于体前，拳心朝下（图11-3-29）。

（29）X：两臂头后平屈，拳心贴头，肘关节朝外（图11-3-30）。

（30）上H（touch down）：两臂上举，上臂夹耳，拳心相对，小拳眼朝前（图11-3-31）。

（31）小H（little H）：一臂上举，另一臂胸前屈，握拳，大拳眼朝内，小拳眼朝外（图11-3-32）。

（32）屈臂H：两臂胸前屈，双臂上臂夹胸，小拳眼朝前，拳心相对（11-3-33）。

（33）后M：双臂屈臂向体侧，肘关节朝后，两拳拳心朝上，小拳眼贴腰（图11-3-34）。

（34）O：双臂屈臂在头顶正上方，两拳拳面相贴，拳心朝下（11-3-35）。

（35）W（muscle man）：两臂肩上屈，上臂与前臂成90°，拳心相对，小拳眼朝前（图11-3-36）。

（36）前H（持烛式）：双臂胸前平举，大拳眼朝上，拳心相对（图11-3-37）。

图11-3-18 侧上冲拳　　图11-3-19 侧下冲拳　　图11-3-20 斜下冲拳　　图11-3-21 斜上冲拳

图11-3-22 高冲拳　　图11-3-23 R　　图11-3-24 上M　　图11-3-25 下M

图 11-3-26 屈臂 X　　图 11-3-27 上 X　　图 11-3-28 下 X　　图 11-3-29 前 X

图 11-3-30 X　　图 11-3-31 上 H　　图 11-3-32 小 H　　图 11-3-33 屈臂 H

图 11-3-34 后 M　　图 11-3-35 O　　图 11-3-36 W　　图 11-3-37 前 H（持烛式）

(37) 前 H（提桶式）：双臂胸前平举，大拳眼相对，拳心朝下（图 11-3-38）。

2. 常用下肢动作基本技术及规格

啦啦操常用下肢基本动作包括：

(1) 立正站：直立，两腿并拢，手臂贴于体侧（图 11-3-39）。

(2) 军姿站：直立，脚跟并拢脚尖外开，两手背于体后（图 11-3-40）。

(3) 弓步站：前腿弯曲，后腿伸直，重心在两腿之间，两手背于体后（也有后腿弯曲的弓步站）（图 11-3-41）。

(4) 侧弓步站：一腿弯曲支撑，另一腿伸直侧点地，重心在支撑腿上（图 11-3-42）。

(5) 锁步站：两腿弯曲，一腿交叉于另一腿前（图 11-3-43）。

(6) 吸腿站：一腿直立，另一腿屈膝抬起，大小腿保持 90°（图 11-3-44）。

图 11-3-38　前 H（提桶式）　　图 11-3-39　立正站　　图 11-3-40　军姿站　　图 11-3-41　弓步站

图 11-3-42　侧弓步站　　图 11-3-43　锁步站　　图 11-3-44　吸腿站

3. 啦啦操基本动作组合

组合一：动作说明（图 11-3-45）

第 1 拍：双脚开立，比肩稍宽，左手叉腰，右臂从左肩直臂划向右侧。

第 2 拍：右臂侧平举，左手叉腰。

第 3 拍、第 4 拍：左臂高冲拳。

第 5 拍～第 8 拍：右臂高冲拳，右脚旁点侧弓步站。

第 1 拍　　　　　第 2 拍　　　　　第 3.4 拍　　　　　第 5~8 拍

图 11-3-45　啦啦操动作说明

组合二:动作说明(图 11-3-46)

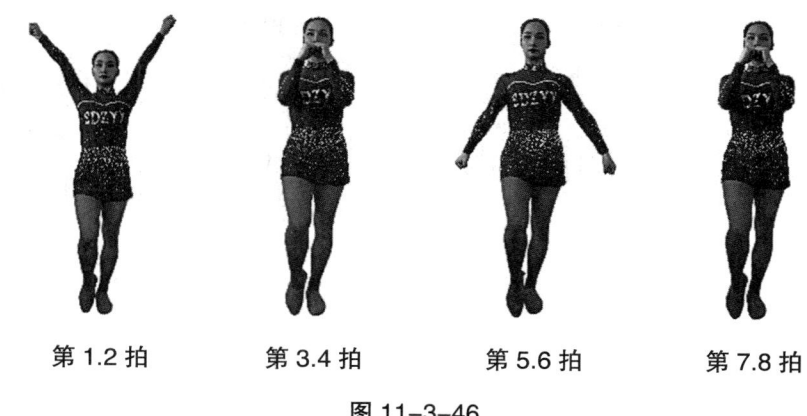

第 1.2 拍　　　　第 3.4 拍　　　　第 5.6 拍　　　　第 7.8 拍

图 11-3-46

第 1 拍、第 2 拍双臂上 V，原地踏步两次。
第 3 拍、第 4 拍、第 7 拍、第 8 拍双臂加油位，原地踏步两次。
第 5 拍、第 6 拍双臂下 V，原地踏步两次。

组合三:动作说明(图 11-3-47)

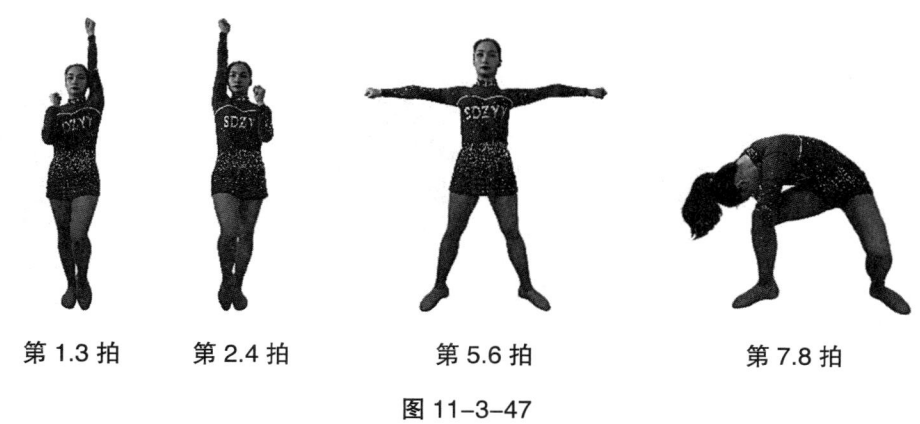

第 1.3 拍　　　　第 2.4 拍　　　　第 5.6 拍　　　　第 7.8 拍

图 11-3-47

第 1 拍、第 3 拍左臂小 H，原地踏步两次。
第 2 拍、第 4 拍右臂小 H，原地踏步两次。
第 5 拍、第 6 拍双臂 T，两脚打开，稍比肩宽。
第 7 拍、第 8 拍身体重心下压，双臂胸前屈，低头扶右膝。

组合四：动作说明（图 11-3-48）

第 1 拍　　　　第 2 拍　　　　第 3.4 拍　　　　第 5~8 拍

图 11-3-48

第 1 拍、第 3 拍、第 4 拍双臂屈臂 X，左脚在前，双腿锁步。
第 2 拍踢右腿，双臂上 V。
第 5 拍 ~ 第 8 拍双腿弯曲弓步，双手 K。

组合五：动作说明（图 11-3-49）

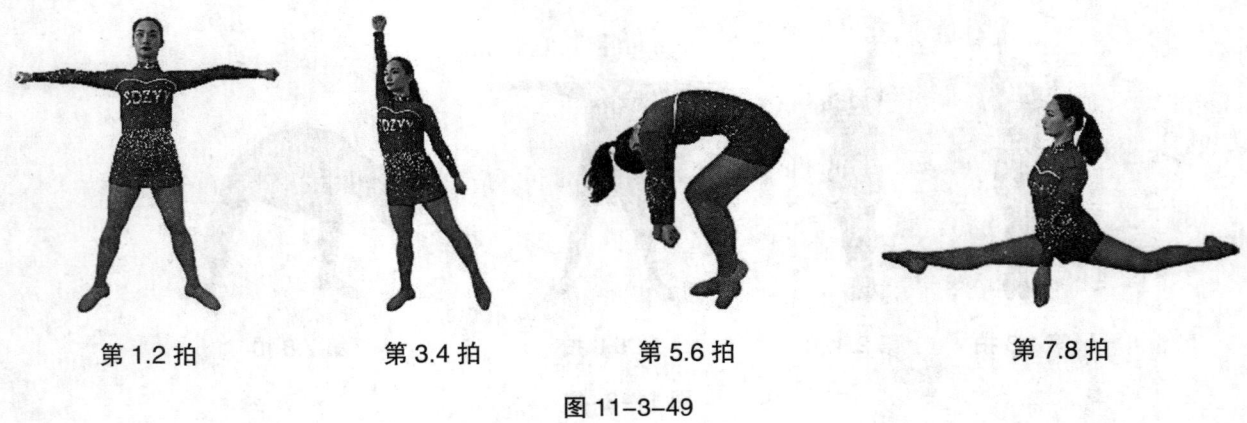

第 1.2 拍　　　　第 3.4 拍　　　　第 5.6 拍　　　　第 7.8 拍

图 11-3-49

第 1 拍、第 2 拍双臂 T，双脚打开，比肩稍宽。
第 3 拍、第 4 拍右臂高冲拳，左臂自然下垂，身体重心右移，左脚脚尖点地。
第 5 拍、第 6 拍右臂顺势下划，左臂从下往上顺时针划动一圈盖过来与右臂交叉于体前，身体重心下降。
第 7 拍、第 8 拍双臂放至体侧，右腿在前，左腿在后竖叉造型结束。

第四节 瑜伽

一、瑜伽概述

瑜伽（yoga）来自梵文，意为"结合""统一""联系"。它的含义是把精神和肉体结合到最佳状态，把生命和大自然结合到最完美的境界。可以说，瑜伽是一种身心兼修的练习方法。瑜伽起源于5000年前的古印度，最早由苦修者模仿动物的姿势并加以修正而成，其核心是让人调整自己身体的姿势、呼吸专注于某一点，从而达到摒弃小我与杂念的目的，进入入定的状态，并且因此而超脱了感官意识和冥想意识，体验到最终极的意识状态。瑜伽以其独特的、温和的运动方法达到显著的、极佳的健身效果。它在宁静的心境下，排除杂念，放松肌肉，舒展肢体，安静神经，塑身美体，给予练习者以长远的身心影响。

二、瑜伽的基本练习技巧

（一）呼吸练习技巧

瑜伽的呼吸又称为调息。完全的瑜伽式呼吸能使肺部更加强健，增加对身体的氧气供应量，洁净血液，规律性地按摩内脏器官。

1. 腹式呼吸

将双手轻轻放在腹部，首先呼气，让腹部凹下，缓慢地将内部废气全部呼出；接着，用鼻子缓慢地吸气，同时让肚子凸起。

2. 胸式呼吸

仰卧或坐正，吸气时腹部不要凸起，直接将空气吸入胸部，并使胸部向外扩张；吸气越深，胸部向外扩张越明显，腹部越是向脊柱方向缩进，肋骨越是向外、向上扩张；呼气时肋骨向下、向内收缩。

3. 完全式呼吸

完全式呼吸是将以上两种呼吸结合起来的呼吸法。吸气时先吸向腹部，在腹部向外膨胀时，感受气体开始充满胸部的下半部分，然后又充满胸部的上半部分，让胸腔内充满空气而扩张到最大程度；接着，按相反的顺序呼气，先放松胸部，再放松腹部，腹部肌肉向内收紧，并结束呼气；这样循环练习。完全式呼吸应是轻柔、畅顺的，呼气时，应是稳定、渐进的，不得急促、匆忙。让这种呼吸方式在日常的练习和生活中自如地进行，以至于最后达到习以为常。

（二）部分体式练习技巧

1. 顶峰式（图 11-4-1）

顶峰式练习的功效主要是消除疲劳，消除脚跟疼痛，强壮坐骨神经。

图 11-4-1　顶峰式

（1）跪坐，脊柱挺直；
（2）两手两膝着地，抬高臀部；
（3）双臂和背部形成一条直线；
（4）将脚跟放在地面上，如果脚跟不能着地，就让脚跟上下蹦跳；
（5）正常呼吸，保持这个姿势 1 min；
（6）呼气，恢复两手两膝着地跪姿；
（7）重复 6 次。

2. 直角式（图 11-4-2）

直角式练习的功效主要是有助于纠正驼背和双肩下垂，也能消除紧张。

图 11-4-2　直角式

（1）身子挺直站立；
（2）双手合十上举过头，抬头；
（3）呼气，以脊柱基座为支点向前弯身，两眼始终注视双手；
（4）呼吸正常，保持 6~12 s；
（5）重复 12 次。

3. 眼镜蛇式（图 11-4-3）

眼镜蛇式是缓解压力练习动作，眼镜蛇式练习的功效主要是扩展胸腔，增强后背部力量。

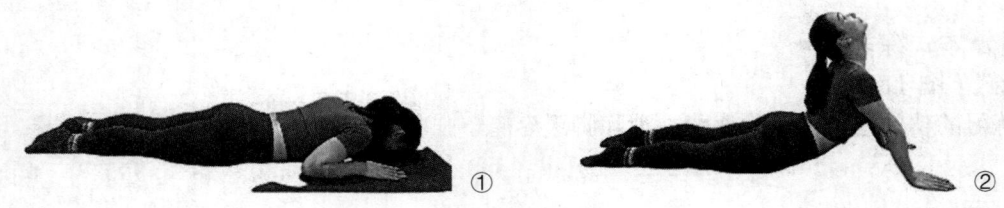

图 11-4-3　眼镜蛇式

（1）俯卧，脸贴地面，手放头两侧；
（2）吸气，保持两臂慢慢伸直同时抬起上体，头向后方仰起；
（3）正常呼吸，保持 15~20 s；
（4）呼气，慢慢回复到地上。

4．双角式（图 11-4-4）

双角式练习的功效主要是伸展小腿，增强上背部和肩膀肌肉，镇定神经系统，缓解压力，使人放松。

图 11-4-4　双角式

（1）挺身直立，两脚微微分开；
（2）吸气，两手放在下背部，十指相交；
（3）呼气，上身前弯，两臂尽量向头的后上方伸展；
（4）一边保持这个姿势，一边垂下头，保持 20 s；
（5）恢复到站立式；
（6）重复 3~5 次。

5．风吹树式（图 11-4-5）

增强灵活性，提高平衡感，扩张胸部，放松肩关节。

图 11-4-5　风吹树式

（1）挺身直立，两脚并拢，两手放在身体两侧；
（2）十指交叉，两臂高举过头，转动手腕，使手腕向上；
（3）脚尖着地，以腰为轴，向右弯曲；
（4）保持数秒，然后向左弯曲；
（5）左右至少 12 次。

6. 美胸式（图 11-4-6）

美胸式胸部练习的功效主要是扩展胸部，美化胸部曲线，灵活肩关节。

图 11-4-6 美胸式

（1）跪坐；
（2）吸气，双手于头后拉住双肘，双手向后伸直；
（3）呼气，双手十指交叉；
（4）吸气，掌心向上，伸直两臂，保持自然呼吸；
（5）呼气，手臂还原，放至体侧；
（6）重复4次。

7. 罐头开启器和炮弹式（图 11-4-7）

罐头开启器和炮弹式腹部练习的功效主要是补养和加强腹部，有助于减轻便秘，释放腹中积气。

图 11-4-7 罐头开启器和炮弹式

（1）仰卧，吸气；
（2）呼气，两手在右膝处交握，尽量吐出肺部废气；
（3）闭气不吸，并把头靠近膝部，下巴接触膝部；
（4）吸气，把头放回地面上；
（5）呼气，把右腿放回原处；
（6）左右腿各做6次。

8. 上伸腿式（图 11-4-8）

上伸腿式腹部练习的功效主要是增强下背部力量，补养和加强两腿，消除便秘，刺激消化过程。

图 11-4-8　上伸腿式

（1）仰卧，呼气，慢慢伸起双腿离地面约 1 尺，持续 10 s；
（2）呼气，慢慢伸起双腿离地面约 3 尺，持续 10 s；
（3）慢慢伸起双腿离地面 90°，持续 30 s；
（4）呼气，慢慢将腿放回地面。

9. 腿旋转式（图 11-4-9）

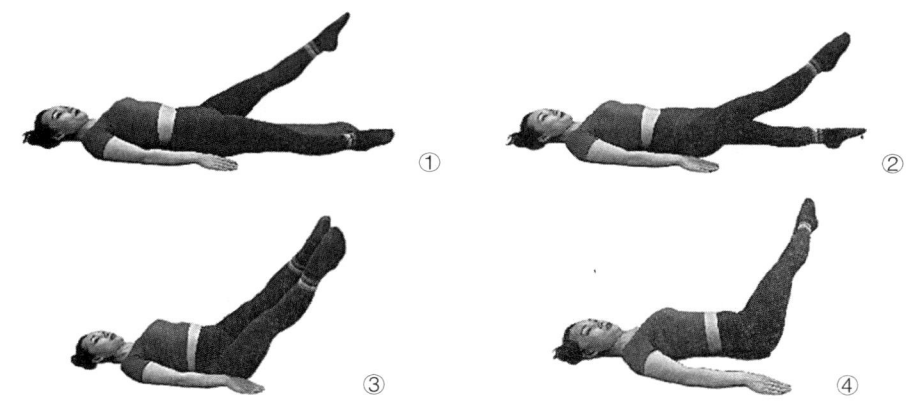

图 11-4-9　腿旋转式腹部练习动作

注：腿旋转式腹部练习的功效主要是消除腹部赘肉，增强腰腹肌力量。

（1）仰卧，腿伸直，两臂放在体侧；
（2）右腿直腿伸离地面，顺时针方向旋转 8~10 次后换方向练习；
（3）左腿做同样练习；
（4）两腿一同升起做顺时针和逆时针方向 8~10 次。

10. 船式（图 11-4-10）

船式腹部练习的功效主要是锻炼腹部的器官和肌肉，这是极好的姿势，同时也能改善消化功能。

图 11-4-10　船式

（1）仰卧，腿伸直，两臂放在体侧，掌心向下；
（2）吸气，同时将头、上身躯干、两腿和双臂全都抬起来，离开地面；
（3）双臂应向前伸直平行；
（4）一边蓄气不呼，尽量长久保持这个姿势，一边慢慢把腿和躯干放回地面，呼气；
（5）重复做6次。

三、瑜伽冥想

瑜伽中的冥想可以帮助人们达到内心更为平静、祥和的状态，对机体和内心具有全面、健康的积极影响。冥想可以预防由于长期紧张、压抑、忧虑引起的各种疾病，增强免疫系统的功能。

常用的冥想坐姿

瑜伽所有冥想坐姿都具有减少下肢的血流量，减缓血液流速；消除下肢的僵硬和疲劳；给予脊柱下半部分补养的作用，对腹脏器官有益。

1. 简易坐（图11-4-11）

坐于地面，双腿自然弯曲盘起；双手轻放于膝盖上。

作用：可以减轻风湿疼痛，消除关节炎。

2. 雷电坐（图11-4-12）

跪立，双膝并拢，大脚趾交叠，足跟、脚踝像括号一样，向左右两边分开；背部垂直于地面，臀部坐于两脚内侧。

作用：适合于患有坐骨神经疼、尾骨感染及胃病的人练习。

3. 达仁坐（图11-4-13）

直角坐姿准备，背部自然伸直，将右脚跟顶住会阴部，右脚脚底紧贴大腿；将左脚置于右脚下，左脚脚跟靠近骶骨，前脚掌和脚趾插进右大腿和小腿之间。

作用：患有坐骨神经痛、尾骨感染的人避免做这个姿势，可镇静神经，保持并提高心灵的敏锐与清晰。

4. 莲花坐（图11-4-14）

直角坐姿准备，将右脚脚背置于左大腿根上；再将左脚脚背置于右大腿根上，两只脚的脚心朝上；两膝向下，贴近地面；伸直背部，端正头部。

作用：有益于呼吸系统和消化系统的健康，使神经系统也充满活力，消除紧张情绪；使下肢的肌肉富有弹性，各个关节柔韧、年轻，虽然久坐，也不会出现充血。

图11-4-11 简易坐　　图11-4-12 雷电坐　　图11-4-13 达仁坐　　图11-4-14 莲花坐

四、瑜伽休息术

（一）休息术

瑜伽休息术，是一帖简单而有效地放松身心的良方，任何人都可以做。

休息术包括：瑜伽语音冥想、放松身体各部位、瑜伽场景冥想、精力充沛后起身。我们在日间进行休息术时，最好保持清醒状态，注意力集中到放松和场景冥想上，以达到放松的最佳效果。瑜伽休息术在夜间进行时，目的在于帮助身心尽快放松，消除失眠的痛苦。临睡前躺在床上，进行全套的瑜伽休息术，不必从头至尾保持警醒状态，自然而然地做着休息术直到睡着。如果能做到放松全身各部位后，再睡着就更好了，这样次日早晨醒来会感觉轻松、舒畅、神采奕奕。

准备好瑜伽垫，开始瑜伽休息术。仰躺于垫子上，端正全身，使脊柱伸直、放平。伸直双臂，置于体侧15°的位置，双手手心向上，两脚分开约一尺的距离，全身以最舒适的状态保持不动，闭上眼睛。

1. 语音冥想休息术

静心关注自己的一呼一吸。开始瑜伽语音冥想：

选择好任意一个自己喜爱的语音，如：Madana-Mohana（马丹那 - 末汉那）。

每次吸气时，心里默念 Madana-Mohana（马丹那 - 末汉那）。

每次呼气时，轻轻地出声念 Madana-Mohana（马丹那 - 末汉那）。

让这柔和、宁静的声音发自肺腑，由气息带出，感觉这声音飘得很远很远，每一个音节之间可以加大间隔，根据自己气息的长短合理安排，吸气与呼气的时间一样长。进行语音冥想反复10次左右，不要着急。

放松意识力，不要思考，开始单纯地放松身体各部位。

意识力在每一个需要放松的部位注意一会儿，再转到下一个需要放松的位置。

2. 场景冥想休息术

随后，开始瑜伽场景冥想：用自己的心灵观看每一个场景，这些场景都是自己最想看的简单而美好的场景。它们在眼前一一展现：

举例：

湛蓝的天空，白云飘过。

白色的浪花，金色的海岸。

椰树在风中幸福地摆动着枝叶。

和风煦日，让全身暖洋洋的，舒服极了。

山上奇松被雪覆盖着，毅然挺立。

优雅的白天鹅和高贵的黑天鹅在绿色湖面上舞蹈。

嫩绿、柔软的草地。晨雾霭霭的森林，透进缕缕晨曦……

3. 瑜伽休息术注意事项

（1）放松身体各部位，可以按照不同的顺序，反复进行，直到彻底放松。

（2）注意保暖，不要躺在冰凉的地面上；寒冷处休息时需要盖上保暖的毯子。

（3）不习惯平躺的人，可以在后脑勺处放个小枕头或别的柔软的东西，甚至可以坐着进行。

（4）不要饱餐后做休息术，尤其是在晚上。

（二）休息术结束起身

1. 动一动脚趾、手指，捏一捏拳，感觉到身体慢慢地变暖了。
2. 用力搓热双手，掌心轻轻覆盖在面颊、前额、太阳穴上轻轻地按摩，按摩鼻子的两侧。
3. 用手掌向上推送下颌，用手指尖轻轻敲击眼眶四周，搓揉耳廓、耳垂。
4. 将身体向右侧卧，右手支撑头部，左手轻轻按摩并敲打百会穴，使头脑警醒。
5. 闭着眼睛，盘腿坐起，调息三次后，睁开眼睛，感觉到明亮的视线。
6. 缓缓起身，直立，完成整套瑜伽休息术。

第五节 健美运动

一、概述

(一) 健美运动的起源和发展

2000多年前，古奥林匹克竞技会上，古希腊人全身涂上橄榄油，进行裸体角逐，显示身体的健美。近代健美运动是在19世纪末在欧洲兴起的，是由德国的体育家尤金·山道首创，并于1901年9月4日在英国举办了世界上第1次健美比赛。山道对健美运动起到了很大的推动作用，被人称为"健美运动的鼻祖"。1946年加拿大人本·韦德兄弟创建了国际健美协会，现已有176个会员协会，是国际体育联合会排名第六位的单项运动协会。国际健美协会每年定期举办洲际、世界业余和职业健美比赛。

健美运动是一项融人体健康和艺术表现为一体的运动。是属于体育与艺术完美结合的高层次的竞赛项目。健美运动主要采用杠铃、哑铃、壶铃、拉力器等体育器材以及一些特殊的健美操来锻炼身体、发展体力、发达肌肉、改善体形、陶冶情操的体育健身方法。随着我国人民生活水平的不断提高，健与美已成为亿万人民，特别是对生活和未来充满美好憧憬的青年一代的一种向往和追求。身体健美的方法很多，可以从中选择适合自身特点的健美锻炼法进行健身。

(二) 健美运动的锻炼价值

健美运动简单易行、适用性强，是大学生提高自身身体素质，美化体形的体育运动，对提高大学生身心健康的作用体现在以下几个方面：

1. 增强体质，增进健康

经常进行健美锻炼，能有效地改善和提高心血管系统、呼吸系统和消化系统等的生理功能，从而提高身体的抵抗能力和适应能力。

2. 使肌肉纤维增粗，力量增大

在健美训练过程中，能够使肌肉得到强烈的刺激，而使肌肉纤维增粗、肌肉的横断面增大、肌肉变得丰满结实。同时，在力量练习的影响下，肌肉内供能物质含量增加，贮氧的肌红蛋白、肌肉代谢场所线粒体数量及体积、毛细血管网等均有增加，肌肉结缔组织增厚。这样肌肉收缩更有力，力量增大。

3. 矫正体形体态

体形主要是指全身各部位的比例是否匀称、协调、平衡、和谐，以及主要肌肉群是否具有优美的线条。体态主要是指整个身体及各主要部位的姿态是否端庄优美。我国自古以来就十分强调人的体态，要站有站相、坐有坐相、走有走相。当代的大学生在日常生活中如果长时间不注意自己的仪表姿态，就会影响某些骨骼的正常生长和发育而形成一些不良姿态，如含胸弓背、脊柱侧弯等。通过健美训练，能给予身体某些部位以良好的影响，促使肌肉发达。科学的健美训练甚至有助于某一部位畸形的矫正。

4. 培养顽强意志，陶冶情操

健美训练是很艰苦、很有挑战性的，只有达到一定的训练量和强度，才能收到良好的效果。所以，训练后往往会腰背疼痛、肌肉酸痛。如果坚持长期的训练，就能培养自己不怕苦、不怕累的顽强意志。同时，通过健美训练和观看健美比赛，可以满足人们对美的追求，培养健康的审美情趣和积极进取的人生态度。所以健美运动不仅给人们的生活创造了一个美的意境，同时还陶冶人的美好情操。

(三) 衡量健美体型的标准

人体美是健、力和美三者的有机结合，它包含了肌肉和骨骼的发育情况、外部姿态以及人的精神气质等。人体体形健美应具备以下10个条件：

1. 骨骼发育正常，身体各部位比例适度、匀称。
2. 男子肌肉均衡发达，女子体态丰满而无肥胖臃肿感，男女皮下脂肪适度。
3. 五官端正，头部与五官位置比例协调，男子眼睛有神，女子眉清目秀。

4. 双肩对称，男宽女圆，微呈下削，无耸肩或垂肩之感。
5. 脊柱背视成直线，侧视呈正常的生理曲线，肩胛骨无翼状隆起和上翻之感。
6. 胸廓宽阔厚实，比例协调无含胸驼背之感。男子胸肌圆隆，背视腰以上躯干呈"V"字型；女子乳房丰满、坚挺而不下垂，侧视有女性特有的曲线美感。
7. 腰微呈圆柱形，腹部扁平，男子在处于放松时仍有腹肌垒块隐现，女子腰围比臀围约细 1/3。
8. 臀部圆满结实，男子鼓实且稍上翘，女子不显下坠。
9. 下肢修长且不纤细，线条柔和，小腿腓肠肌位置较高并稍突出，足弓高，两腿并拢时正视和侧视均无屈曲感。
10. 整体外观给人以肌肉发达、健壮有力、体形匀称、线条鲜明、精神饱满和坚韧不拔之感。

以上 10 条标准是"十全十美"的人体健美体形。是否符合人体体形健美的条件，很大的因素取决于先天遗传，我们每个人不一定能对号入座，但其先天的不足可以通过后天的锻炼、塑造来进行克服和弥补。为了方便我们在锻炼中进行自我评价，以下附男女一般健美体围参照表（表 11-5-1，表 11-5-2）和健美体形评分标准（表 11-5-3）供参考。

表 11-5-1 男子一般健美体围标准

身高（cm）	体重（kg）	胸围（cm）	扩展胸围（cm）	上臂围（cm）	大腿围（cm）	腰围（cm）
153~155	50	94	97	32	48	65
155~157	52	94	98	32	49	65
157~160	54	95	99	33	50	66
160~163	56	95	101	33	51	66
163~166	59	98	102	34	52	68
166~169	61	100	102	34	53	69
169~171	63	100	104	35	53	69
171~174	65	102	105	35	54	70
174~177	67	103	107	36	55	71
177~180	70	103	108	36	55	72
180~1×3	72	104	109	37	56	72

表 11-5-2 女子一般健美体围标准

身高（cm）	体重（kg）	扩展胸围（cm）	臀围（cm）	腰围（cm）
152~154	47.5	88	88	58
154~158	48.5	88	88	58
158~161	50	89	89	59
161~163	51.5	89	89	60
163~166	53	90	90	60
166~169	54.5	90	90	61
169~171	56	92	92	61
171~174	58	92	92	62
17"~176	60	94	94	64
176~178	62.5	96	96	66

表 11-5-3　健美体形评分标准

得分	胸围（cm）减去腰围（cm）		身高（cm）减去体重（kg）	
	男	女	男	女
优秀	30	26	95	100
良好	20	18	100	105
及格	15	14	105	110
不及格	15 以下	14 以下	90 以下、105 以上	95 以下、110 以上

二、健美运动的锻炼原则与方法

（一）健美运动的锻炼原则

1. 合理的阻力负荷

健美锻炼，主要是采用对抗阻力负荷量来刺激身体，能引起体内的生理反应，促进新陈代谢，使肌肉中的能量物质超额恢复，使肌肉的体积增大、肌力增强，达到强健身体和健美体形的锻炼效果。阻力负荷通常有大中小 3 种。这 3 种负荷是根据阻力同体力的关系来划分的。一般是最大力气只完成 1~5 次动作的负荷量，称为大负荷；只能完成 6~10 次的称为中负荷；能够完成 11 次以上的称为小负荷。

2. 合理的锻炼节奏

就一年来说，冬春两季身体生理惰性较大，适宜进行中小负荷锻炼，锻炼时间和间歇时间都可适当长一些，负荷强度应小些，夏、秋两季身体功能较强，可侧重做大中负荷锻炼，锻炼时间和间歇时间可短些，负荷强度应大些。一般来讲，周锻炼节奏最好为三次（隔天锻炼一次）。并且，大、中、小强度合理地搭配，遵循循序渐进的锻炼原则。

3. 专一的内外结合

健美锻炼十分强调集中注意力，因为肌肉收缩时，参与肌肉收缩的肌纤维组数量越多，肌肉的收缩力量越大，所以大脑皮质相应运动中枢必须产生强而集中的兴奋，才能动员更多数量的肌纤维参与肌肉收缩。通过内在意识与外在锻炼相结合，会提高对体内信息反馈的感知能力。通过反馈调节，改善交感神经活动，提高肌肉组织对营养物质的利用率，提高锻炼效果，有助于发达肌肉。

（二）健美运动的锻炼方法

1. PNF 伸展运动法

PNF 伸展法（又称本体感受神经肌肉伸展法）是当代国外流行的最佳肌肉锻炼法。这种方法是由霍文·贾帕于 1940 年发明的，现已成为肌肉锻炼广泛采用的方法。"PNF"是指被伸展肌肉在进行伸展前先做等长收缩（对抗不能移动的重量或阻力的肌肉收缩）。程度是：等长收缩放松静态伸展。用 PNF 伸展法锻炼，不但可以防止运动损伤，而且可以更好地发展肌肉力量，使肌肉变得强壮，伸展性好。经过最大限度地等长收缩后，放松更充分，再伸展时阻力变小。另外，某部位肌肉对抗肌等长收缩后会变得更健壮，反过来可以加强该部肌肉伸展效果。如背部肌肉群练习：坐在椅子上双手抓座，上体用力后仰 6~10 s，放松 2~3 s，然后上体前倾，胸部紧贴双腿 6~10 s。

PNF 伸展运动法步骤如下：

（1）伸展大腿后部肌群（如图 11-5-4-①所示）。

（2）伸展股四头肌（如图 11-5-4-②所示）。

（3）伸展背部肌群（如图 11-5-4-③所示）。

（4）伸展背部肌群（如图 11-5-4-④所示）。

（5）伸展胸部和腹部肌群（如图 11-5-4-⑤所示）。

（6）伸展腹股沟部肌群（如图 11-5-4-⑥所示）。

（7）伸展髋部肌群及缝匠肌（如图 11-5-4-⑦所示）。

（8）伸展肩部肌群（如图 11-5-4-⑧所示）。

图 11-5-4　PNF 伸展运动法

（9）伸展小腿肌群（如图 11-5-4-⑨所示）。
（10）再伸展大腿后部肌群（如图 11-5-4-⑩所示）。
（11）再伸展股四头肌（如图 11-5-4-⑪所示）。
（12）再伸展小腿肌群（如图 11-5-4-⑫所示）。
（13）第三次伸展大腿后部肌群（如图 11-5-4-⑬所示）。
（14）再伸展腹部及胸部肌群（如图 11-5-4-⑭所示）。
（15）再伸展腹股沟部肌群（如图 11-5-4-⑮所示）。
（16）再伸展髋部肌群和缝匠肌（如图 11-5-4-⑯所示）。

2．哑铃组合练习法
（1）臂屈伸。锻炼上臂肱三头肌（如图 11-5-5-①所示）。
（2）屈体侧举。锻炼肩带肌群（如图 11-5-5-②所示）。
（3）臂上举。锻炼肩带肌群（如图 11-5-5-③所示）。
（4）上体前屈。锻炼背部伸肌（如图 11-5-5-④所示）。
（5）体前屈向前向后举。锻炼背阔肌（如图 11-5-5-⑤所示）。
（6）上体侧屈。锻炼腹外斜肌（如图 11-5-5-⑥所示）。
（7）上体后屈。锻炼背部伸肌（如图 11-5-5-⑦所示）。
（8）仰卧起上体。锻炼腹直肌（如图 11-5-5-⑧所示）。
（9）举哑铃下蹲。锻炼大腿伸肌（如图 11-5-5-⑨所示）。

图 11-5-5 哑铃组合练习

（10）前弓步举哑铃。锻炼大腿内侧伸肌（如图 11-5-5-⑩所示）。

（11）跳跃举哑铃。锻炼髋膝踝屈伸肌（如图 11-5-5-⑪所示）。

哑铃健美是练习者进行健美锻炼的一种较好手段。坚持练习，可使身体结实，体形健美。初期练习，选用的哑铃应与练习者的力量大小相适应。确定初举哑铃重量的方法是：以两手握哑铃，直臂侧上举连续做5~6次不感到困难时，为适宜重量。

做哑铃练习操，应该在通风良好的地方。每天做1~2次，早晚均可。锻炼前适当做一些类似哑铃操的徒手动作，拉伸肌肉，以免使锻炼部位受伤。每做一节操，应休息半分钟；休息时放下哑铃，来回走动，放松肌肉，呼吸恢复正常后，再做下一节。

做操时切忌屏住呼吸。吸气总是在上体伸直、两臂上举或扩展胸部等情况下进行；呼气应在上体弯屈、两臂下放、收缩胸部时进行。每个动作要有节奏，不要过快太猛。每节动作重复的次数，要根据自己的体力而定，最初练习时应减少到最低限度，以能承担二十节练习感到不太困难为宜。每节动作能重复12~16次时，哑铃的重量可稍增加。如做某一个动作感到很吃力，就不要再坚持去做了，避免肌肉疲劳导致拉伤。

第十二章

武术运动

第一节 武术基础知识

一、概念

进入21世纪以来，随着武术文化属性的进一步凸显，以及武术功法运动的蓬勃开展，1988年所界定的武术定义已经不能适应武术发展的实践需求。为了推动武术在新的历史条件下更好地发展，2009年7月9日至11日，国家体育总局，武术研究院召集国内有关学者，在河南登封再次召开了有关武术概念的专题研讨会。与会人员经过反复讨论与推敲，将武术的概念界定为：以中华文化为理论基础、以技击方法为基本内容，以套路、格斗、功法为运动形式的传统体育。这一界定体现了以下三个方面的内涵。

（一）技击是武术的本质属性

武术格斗是技击动作的直接运用，技击属性不言而喻。但对于武术套路的技击属性，一些人士提出质疑，认为套路是"舞"不是"武"。事实上，内容浩繁的武术套路都以打、踢、拿、靠、摔、击、刺等攻防实战动作为素材，都是技击动作的集合。由此可见，套路是攻防技术的提炼，是武术实战经验的总结。在套路演练过程中，习练者如置身于战斗的场合，通过套路练习不仅可以提高攻防技能，还可将实战格斗中的技击动作运用艺术化的手段予以表达。为了提高观赏水平，套路在转换过渡之处会有一些"花法"内容，但这些"花法"动作也以攻防技术为素材，是武术攻防动作的艺术化表现，也具有技击的属性。因此，武术套路是表现武术技击的方法，技击是其本质属性。

对于武术功法而言，其锻炼的宗旨也是为了提高技击能力。柔功锻炼提高了肢体关节活动范围及肌肉舒缩性能，有助于在套路运动中增加动作的幅度，以便更有效地表现技击方法。硬功锻炼增强了人体的攻击力度和抗击能力，在格斗中达到"无一处惧打，亦无一处不打人"的境界。"不怕千招会，就怕一招熟"，武术技术以熟练为要。关于这一点，黄百家在《内家拳法》中叙述了王征南的话："拳不在多，惟在熟，练之纯熟，即六路亦用之不穷。"为此，很多习武人士在广学千招的基础上，精练数招，乃至一招成"绝活"，在实战中出奇制胜，这也属于武术功法的练习形式。以格斗招法或套路中的某些动作为专练内容，其目的是提高武术技能。通过发展体能，提高套路演练或格斗的技能，这类功法锻炼的最终目的也是提高技击能力。由此可见，无论是通过发展体能间接服务于套路或格斗的功法，还是通过提高技能直接服务于套路或格斗的功法，都是为了运用或表现攻防格斗方法，其根本目的在于提高技击能力。

综上所述，从技击的角度来考察武术概念的内涵，可发现武术格斗是运用武术技击方法，武术套路是表现武术技击方法，武术功法则是为了运用或表现武术技击方法，三者均以技击作为共同的属性。因此，技击是武术本身所固有的，决定其发展的根本属性，即本质属性。尽管随着冷兵器时代的结束，武术已经告别了军阵厮杀的历史，实现了由技击术向体育运动的转变，但在中华民族传统体育这一领域之下，技击属性仍然是武术区别于其他体育项目的本质属性。

（二）中华文化是武术的理论基础

从更为广阔的领域来讨论武术与其他国家体育项目的不同，可发现中华文化是武术的根基所在。中华文化对武术的影响，不仅在于武术受到中华文化的环境影响，还在于拳家们自觉地运用中华文化来规范拳技，阐述拳理，乃至文武合交融为一体。探寻武术理论可发现，不论是武术技法原理，还是教学、训练原则，以及具体的拳械技法和教学训练法，都显现出中华文化与武术运动规律的融合。如中华文化强调"天人合一"的宇宙观，并以此处理内与外的关系。武术技法原理强调"内外合一"，武术教学原则强调"内外兼修"，武术训练原则强调"内外互导"；在具体的拳械动作标准中，强调"三尖相照""内外六合""五合三催"等，使动作体现出外形和谐、内意充实、形神兼备的特点。由于武术以中华文化为基础，其技术和技法都受到中国传统文化的严格规范，促成了武术与其他国家体育项目既相通、又相异的运动特征。

（三）套路、格斗和功法是武术的运动形式

提及传统武术，人们往往会想到名目众多的武术拳种和流派，不同的拳种和流派还拥有丰富的武术套路、格斗和功法内容，以上这些内容构成了传统武术的基本体系，也形成了人们对传统武术认识的基本概念。自武术经体育化转型之后，人们更多地从运动形式的角度来认识和发展武术，由此，武术套路、格斗和功法成为活跃在当今武术舞台上的主要运动表现形式。其实，出现以上两种不同的认识是因为从纵向与横向两个不同的维度来划分武术所致。对于传统武术而言，从纵向的角度来看，内容繁多的武术套路、格斗和功法都可归属于不同的武术拳种和流派，这样的划分更符合传统武术的特点与实际。对于现代武术而言，从横向的角度来看，不同类型的武术都包括套路、格斗和功法三种运动形式。我们对武术概念的界定与认识，要依据武术发展实践。因此，新的武术概念界定在内涵中突出了武术的三种运动形式，这既符合现代武术的发展实践，也便于人们更直观地认识现代武术。

二、武术的内容和分类

我国历史悠久，地域辽阔，伴随着这个特点产生发展的武术运动可谓根深叶茂，内容丰富，而且分类方式繁多，一般按运动形式将武术分为三大类。

（一）功法运动

功法运动是以单个武术动作作为主体进行练习，以达到健体或增强某方面体能的运动。例如，专习浑元桩可以调心、调身、调息，长时间站马步桩可以增强腿力等。

传统功法运动的内容丰富多彩，按其形式与内容可分为内养功、外壮功、轻功、硬功4种。其中前人根据实践经验总结出来的一些功法一直沿用至今，如"拍打功""沙包功"等仍是提高武术专项技能的有效训练方法与手段。

（二）套路运动

套路运动是指以技击动作为主要内容，以攻守进退、动静疾徐、刚柔虚实等矛盾运动的变化规律编成的整套练习形式。一般按练习形式分为单练、对练、集体表演。

1. 单练

是指单人练习的套路运动。其中包括拳术与器械两种形式。

（1）拳术：指徒手练习的套路运动。拳术的种类很多，如长拳、太极拳、南拳、形意拳、八卦拳、通背拳、像形拳等。

（2）器械：指手持武术兵器进行练习的套路运动。器械又可分为长器械、短器械、双器械、软器械等。目前最常见的器械是刀、剑、枪、棍，它们也是武术竞赛的主要项目。

2. 对练

指在单练基础上，由两人或两人以上，在预定条件下进行的假设性攻防练习套路。其中包括徒手对练、器械对练、徒手与器械的对练等。

3. 集体表演

指6人以上徒手或手持器械同时进行练习的演练形式。练习时可变换队形，也可采用音乐伴奏，要求队形整齐，动作协调一致。

（三）格斗运动

格斗运动是两人在一定条件下，按照一定的规则，根据双方的攻防实际情况，运用相应的攻防技法进行的实战练习形式。目前武术竞赛中正在开展的有散打、太极推手等。

1. 散打又称散手，古称手搏、白打等，由于徒手相搏相角的运动形式在台子上进行，又称"打擂台"。现在的散打是两人按照一定的规则使用踢、打、快摔等方法制胜对方的竞赛项目。

2. 太极推手是两人遵照一定的规则，使用太极拳技法的掤、捋、挤、按、采、挒、肘、靠等方法，双方粘连黏随，寻机借劲发力将对方推出，以此决定胜负的竞赛项目。

三、武德与武术礼仪

中华民族有着悠久的伦理道德传统。受这一文化传统的浸润与滋养，武术在长期的历史发展中逐步形成了具有自身文化特色的重要内容——武德。尽管"武德"一词由来已久，但对其界定却是见仁见智。2011年3月，国家体育总局武术研究院专家委员会在太原举行的工作会议上对《武德歌》进行了认定。

武德歌
勤习武，爱祖国。
春夏秋冬，励志练功。
贵和谐，礼为先。
自卫强身，武以德显。
扬国粹，重传承。
尊师重道，文武全能。

以《武德歌》所确定的基本思想为依据，经过反复研讨，将武德界定为：以中国伦理文化为基础，以尚武崇德为核心而构成的习武、用武、传武的言行准则。它包括社会公德和武坛约定俗成的道德规范。这一界定体现着以下三个方面的内涵。

（一）以中国伦理文化为基础

中国伦理文化以儒家思想为核心内容。"伦理"一词最早见于《礼记·乐记》中的"乐者，通伦理者也。"意为：乐与事物的伦理相同。由此管窥伦理所指乃事物间的普遍道理。孔子儒学《礼记》在血缘的、宗法的人伦关系之外又摄入非血缘的人伦关系和超社会的人与自然的关系，构筑了一个更为宽广的"礼"的伦理关系范围。《礼记》拓宽了"君君、臣臣、父父、子子"的主要以血缘和宗法为基础的人伦关系范围，非血缘的"师"与超社会的"天""地"也进入人们的伦理生活之中，成为需要人对其承担如同对君、父一样的道德义务和责任的伦理对象。所以《礼记》说："师无当于五服，五服弗得不亲"。由此，儒家天地君亲师的伦理范围至此就完全确定了。《礼记》所确定的伦理范围使儒家的以伦理道德实践为主要内容的社会生活也具有某种向人自身以外开放、发展的内在因素。

儒家传统伦理是一种形式为"礼"、内容为"仁"的礼法伦理。它与社会组织、教育教化方式、政治秩序、社会惩罚方式构成在一起，形成对社会成员的道德知识、道德实践的社会性控制和规导。可以说，儒家伦理规范是典型的道德教条，在社会政治伦理、日常生活道德，个人生命理想中提出了"礼"与"仁"的宏伟道德志向的修炼。这是与政治权威、社会秩序、个人进阶整合在一起的道德规范与道德教化系统，不仅具有社会身份与资格的约束力，而且具有日常生活个性与行为的约束力。

植根于中国传统伦理道德文化土壤的武德，不仅与伦理道德的研究对象和研究内容有着密切关系，且在具体的伦理道德关系中，武德的道德理念和行为规范彰显着中国传统伦理道德的终极理想。综上所述可知，武德不仅深受中国伦理文化的影响，并将中国伦理文化作为其形成与发展的基础。

（二）以尚武崇德为核心

一个没有脊梁的民族将会被世界所淘汰，一个没有民族精神的脊梁将被外力所折断。民族精神是中华民族屹立世界之林不倒的脊梁，尚武精神更是其中的突出代表。民主革命先驱孙中山先生于1919年应精武体育会之邀，题下"尚武精神"四个铿锵大字，意在以尚武之精神唤醒蒙昧之民众。自先秦时期起，尚武之事便蔚然成风，至汉唐达至鼎盛，国泰民安之时却悄然隐匿。而每当民族危亡之际，尚武精神便会引领民众破除偏见、团结一致、共御外敌。历史发展到今天，尚武精神的内涵也更加丰富，爱国、强身、保民、自强、抗争向上的精神内核成为民族复兴、祖国强盛的强大推力，塑造着中华民族的文化品格，成为众志成城、自强不息的民族精神的文化基石。

德是立人之本，习武之根，"崇德"是中国尚武群体的又一精神信仰。武谚云：未曾学艺先学礼，未曾习武先习德。"德为艺先"是习武者所奉行的金科玉律，"德艺双馨"是习武者"衣带渐宽终不悔"的孜孜追求。它引导习武者达到自身与外在的通明透达，武艺与道德的和谐统一，实现人与人的和谐共处。文以评心，武以观德。没有武德对武力的约束，便会出现"侠以武乱禁"的严重后果。深受中华传统文化熏陶与浸润的武术，以严格的门规戒律、通俗易懂的谚语格言、道德启示的传闻故事，引导习武者形成正确的世界观、价值观、人生观。在武德的感召下，尚武的中华民族执着地追求着智者不惑，仁者不忧、勇者不惧的价值取向，践行着为天地立心、为生民立命、止戈禁暴、厚德载物的生命理想。

尚武是武者对武技的不懈追求，崇德是艺与德的和谐统一，随着历史的演变而逐渐成为习武者共同的精神追求与行为准则，体现着对"内圣外王"的至高追求。整体而言，尚武崇德作为中华民族伦理文化的一部分，与武德的核心价值一起，正影响着一代代中国人趋同归一的文化与心理走向，在新的文化观念引导下，为今天所继承和传扬。其对于加强社会主义精神文明建设、构建和谐社会，实现民族复兴具有不可替代的积极价值。

（三）习武、用武、传武的言行准则

武德作为一种被广大习武者自觉认同的言行规范，从本质上讲，就是从独特的文化角度提出的一个武者如何做人的价值尺度。这个尺度不是一个笼统的概念，而是武者在习武、用武、传武的过程中都必须遵守的言行准则。

对于习武而言，武德要求习武者要有良好的意志品质。从拜师习武到学有所成，既是武技水平不断提高的过程，同时也是锻炼自己意志品质，逐步深化对武德理解的过程。良好的意志品质是习武者能够获得武技真谛的保证。武谚中的"德薄艺难高"，就有这层含义。完整反映一个习武者在习武过程中心理特征的意志品质，主要由习武者心无旁骛的专心、刻苦磨砺的苦心和坚持不懈的恒心三方面内容组成。专心、苦心和恒心三个方面互为作用，是习武者意志品质的有机构成，也是对每一位希冀在武功上登堂入室者的要求与考验，其中透射出了中华民族厚德载物的崇高品行和自强不息的进取精神。

对于用武而言，武德要求用武者要勇于承担社会责任，实现人生抱负。作为一种充满生命力的文化，武德不会停留在一般意义的自身活动范围之内，还带着强烈的入世精神，这是评价武德水平的又一种尺度。经过寒来暑往的刻苦磨炼，习武者不但将武德深深地烙入灵魂深处，而且锤炼出百折不挠的顽强意志品质和良好的言行规范，原本抽象的道德概念已转化为一种内在的价值认同和生活态度，这样就初步完成了对习武者的道德教育过程，随之而至的是习武者对侠义精神的主动选择和不懈追求。"侠"在春秋战国时期原指那些仗技行义者，又被称为"武侠"；而侠义精神是指为他人而甘心牺牲自己的精神。从中国武术的发展来看，传统侠义精神除了个人内在的人格兼性修养外，它的最终指向是一种外在的对社会的责任与使命。在当代社会，武者践行侠义精神是指在法律的框架之内，勇于承担社会责任。作为武者，一是要敢于和违法分子做斗争，见义勇为，维护社会稳定；二是要为国家富强而努力奋斗。

对于传武而言，武德要求传武者要教育学生，养成良好的伦理道德规范。在武术传承中，所有拳种莫不把种种伦理道德规范作为习武者入门后的首要教习内容。如清乾隆年间的《习武序》，在"习武规矩"第一条中就要求："凡立教之始，务要他知孝悌忠信礼义廉耻之道，异日可以入则事其父兄，出则事其长上"。在传武过程中强调的伦理道德要求，首先是孝、悌。"孝"，原指服从血亲长辈的家长权力。由于师徒传承是以模拟血缘关系为特点的，因此，血亲之孝也就自然转换成服从以"师"为代表的传统价值观与要求。"悌"，反映的是师门伦理中的横向人际关系。《说文解字》释"悌"为"善兄弟也"，即敬爱兄弟之意，反映在师门中即是师兄弟之间的敦厚和睦。其次是敬，诚。"敬""诚"原是宋明理学中为仁达圣的一个十分重要的修养功夫，传统武术理论中对此也极为注重，并赋予它自己的文化内容。第一是表现为伦理意义上的恭敬谦和；第二是在强调伦理规范的同时，还明显包含着对武术技术原理的敬畏等方面内容。清末陈鑫对此"敬"字的诠释值得我们注意:"打拳之道自始至终不外一个敬字。能敬则专心致志,自无鸿鹄之射绕乱胸中",因为这有利于"学者初上场时先洗心涤虑去其妄念,平心静气,以待其动,如此而后,可以学拳。""打拳时,执事敬,自然周中规,折中矩,而视听言动皆在规矩中矣。"通过以孝、悌、敬、诚为主体内容的道德伦理规范和多种教育灌输手段,力求使构成传统武德的这一基础,逐步转化为习武者内心的价值认同和自觉行为,进而去实现道德上的自我完善。在新的历史时期,中国传统伦理正进行着现代化转型,在转型的路上还需创新与发展。同样,以中国伦理文化为基础的中华武德也正经历着这一过程,唯有如此才能在新世纪这片沃土上焕发出新的生命力。

四、武术礼仪

武术礼仪是武德的外在表现形式,是对习武者待人接物的具体规范。长期以来,在武术界单独使用"礼仪"一词相对较少,武德与礼仪两词的连用更少,原因在于武德包含了礼仪的本意。从两者的关系来看,武德更多地作为一种精神品质,而武术礼仪则更多地体现为一种行为方式;内在品质与外在行为的有机统一成为习武者毕生的精神追求与道德归宿。

武术礼仪主要分为常用武术礼仪和武术教学礼仪,此外武术场馆的布置与武术服饰要求也属于广义的武术礼仪范畴。

(一)常用武术礼仪

图 12-1-1 抱拳礼

常用武术礼仪包括徒手礼仪和器械礼仪。徒手礼仪主要有抱拳礼、鞠躬礼、注目礼等,其中抱拳礼最具武术特点和民族特色,是习武者的必修礼节。抱拳礼的礼仪规范如下:并步站立,两臂上抬,左掌、右拳环抱于胸前,左掌掩于右拳面,掌指向上,右拳心向下,高与胸齐,手与胸之间的距离为20~30 cm,眼向前看或注视受礼者(图12-1-1)。抱拳礼的文化内涵主要有以下七个方面:并步站立,表示尊敬;左掌四指并拢表示德、智、体、美四育素质齐备;屈拇指表示谦虚谨慎不自大;握右拳表示武勇顽强;左掌掩右拳表示"武不犯禁""勇不滋事";左掌为文,右拳为武,表示尚武崇文、文武双全;两臂环抱成圆,表示以武会友,以和为贵,天下武林是一家。

武术器械礼仪主要有持器械礼仪、递器械礼仪和接器械礼仪等。在武术教学、训练、竞赛等场合,行持器械礼时一手持器械,一手成斜侧立掌,两臂环抱于胸前;也可将器械置于身体右侧地面,行徒手抱拳礼后再持器械进行演练。递器械时,需双手平托器械,凡器械带有尖刃的一头一律向右,器械的把端或把手在左手,方便将器械递交他人,以示尊重对方、没有敌意。接器械时,需双手去接,将器械平托于胸前。

(二)武术教学礼仪

武术教学除要求使用一般的课堂教学礼节之外,还有一些武术特殊的礼仪规范。武术教学应始终贯彻教学礼仪,有针对性地实施武术教学礼仪可以培养学生的精神风貌,达到以礼明德,潜移默化地培育学生良好武德的效果。

在武术课的开始部分,体育委员喊"行礼"口令后,全体学生面向教师行抱拳礼,并说:"老师好";教师回行抱拳礼,并说:"同学们好";教师礼毕后,学生礼毕。如有学生迟到,应向教师报告,然后行鞠躬礼,待教师同意后入队。

教师讲解动作要领时,全体学生面向教师成跨立或稍息。如教师发出"蹲下"口令,全体学生成蹲姿;如教师发出"坐下"口令,全体学生成坐姿。无论学生成蹲姿或坐姿,均要求昂首挺胸,注视教师。课间有学生因事需离开练习场地,应先向教师报告,行鞠躬礼后说明原因,在教师同意后方可离场。回到场地,先向教师报告,行鞠躬礼,得到教师的同意后方可归队。

在武术课即将结束之前,教师发出"下课"口令后,体育委员喊"行礼"口令,全体学生向教师行抱拳礼,并说:"老师再见。"教师回行抱拳礼,并说:"同学们再见"。

第二节　武术基本功

一、基本手形

（一）拳

1. 动作说明：四指并拢卷握，拇指紧扣示指的第二指节处（图 12-2-1）。拳眼向上为立拳，拳心向下为平拳。
2. 动作要点：手指握紧，手腕要挺直。

（二）掌

1. 动作说明：四指并拢伸直，拇指弯曲紧扣于虎口处为柳叶掌（图 12-2-2）。拇指外展呈八字掌。
2. 动作要点：掌指要紧；立掌背伸；小指侧朝前。

（三）勾

1. 动作说明：屈腕，五指尖捏拢（图 12-2-3）。
2. 动作要点：指尖捏紧；尽量屈腕。

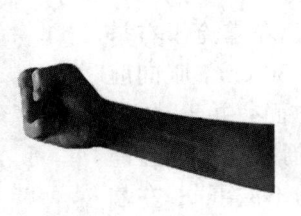  

图 12-2-1　拳　　　　　图 12-2-2　掌　　　　　图 12-2-3　勾

二、基本手法

（一）冲拳

分平拳与立拳两种。平拳拳心向下，立拳拳眼向上。

1. 预备姿势：两脚左右开立，与肩同宽，两拳抱于腰间，肘尖向后，拳心向上（图 12-2-4）。
2. 动作说明：挺胸、收腹、直腰，右拳从腰间向前猛力冲出，转腰、顺肩，在肘关节过腰后，右前臂内旋。力达拳面，臂要伸直，高与肩平。同时左肘向后牵拉（图 12-2-5）。练习时，左右可交替进行。
3. 要求与要点：出拳要快速有力，要有寸劲（即爆发力），做好拧腰、顺肩、急旋前臂的动作。

（二）架拳

1. 预备姿势：与冲拳同。
2. 动作说明：左拳向下、向左、向上经头前向左上方划弧架起，拳眼斜下（图 12-2-6）。练习时，左右可交替进行。
3. 要求与要点：耸肩，肘微屈，前臂内旋。

（三）推掌

1. 预备姿势：两脚左右开立，与肩同宽，两掌抱于腰间，肘尖向后，掌心向前（图 12-2-7）。
2. 动作说明：前臂内旋，并以掌根为力点向前猛力推击。推击时要转腰，顺肩，臂要伸直，高与肩平（图 12-2-8）。练习时，左右可交替进行。
3. 要求与要点：挺胸、收腹、直腰。出掌要快速有力，有寸劲，同时还要做好顺肩、沉腕、翘掌等动作。

（四）亮掌

1. 预备姿势：与推掌同。

2. 动作说明：左掌经体侧向左、向上划弧，至头部左前上方时，抖腕亮掌，臂成弧形（图12-2-9）。练习时，左右手交替进行。

3. 要求与要点：松肩，肘微屈。

图 12-2-4　预备姿势　　　　图 12-2-5　左肘向后牵拉　　　　图 12-2-6　架拳

图 12-2-7　推掌　　　　图 12-2-8　臂伸直，高与肩平　　　　图 12-2-9　臂成弧形

三、基本步形

（一）马步

1. 动作说明

两脚平行开立（约为本人脚长的三倍）；屈膝半蹲；大腿接近水平；身体重心放在两脚之间（图12-2-10）。

2. 动作要点

挺胸、塌腰、展髋，脚跟外蹬。

（二）弓步

1. 动作说明

两脚前后开立（约本人脚长四倍）；前腿脚尖微内扣，屈膝半蹲；后脚尖内扣（约45°），后腿挺膝伸直；后髋下沉内扣，上体正对前方（图12-2-11）。左腿在前呈左弓步，右腿在前呈右弓步。

2. 动作要点

后腿挺膝；后脚要全掌着地。

图 12-2-10 马步

图 12-2-11 弓步

（三）仆步

1. 动作说明

两脚开立，一腿全蹲，大小腿贴紧，全脚掌着地，膝关节外展；另一腿侧仆伸直，脚尖内扣，全脚掌着地；开胯、挺胸、塌腰，上体微前倾（图12-2-12）。仆左腿为左仆步，仆右腿为右仆步。

2. 动作要点

两脚全掌着地；仆步腿膝关节伸直。

（四）虚步

1. 动作说明

两脚前后开立，重心放在后腿；后腿屈蹲，脚尖外展约45°，前腿微屈膝，脚尖绷直稍内扣，虚点地面（图12-2-13）；挺胸塌腰。左脚在前为左虚步，右脚在前为右虚步。

2. 动作要点

后腿支撑身体重心；虚实分明。

（五）歇步

1. 动作说明

两腿交叉靠拢全蹲，左脚全脚着地，脚尖外展，右脚前脚掌着地，膝部贴近左腿外侧，臀部坐于右腿接近脚跟处。两手抱拳于腰间（图12-2-14）。

2. 动作要点

挺胸、塌腰、两腿靠拢并贴紧。

图 12-2-12 仆步

图 12-2-13 虚步

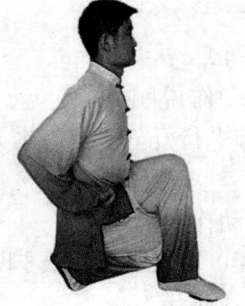
图 12-2-14 歇步

四、基本步法

攻击和防守大多是在移动中进行的，在移动中调整与对方的距离，寻找和创造进攻与防守的最佳机会。在接近对手和与对手对峙时的身体移动是"步法"。一般是在保持"实战姿势"的前提下进行各种步法。常见常用的步法主要有：

（一）上步

1．动作过程

后脚经过前脚向前上一步。

2．动作要点

上步时身体不能前后摆动，上步与两手要同时交换。

（二）进步

1．动作过程

前脚先向前进半步，后脚再跟进半步。

2．动作要点

进步步幅不宜过大，后脚跟进后的身体姿势不变，衔接进步与跟步时越快越好。

（三）退步

1．动作过程

后脚先退半步，前脚再退回半步。或前脚经过后脚向后退一步，同时左右拳前后交换。

2．动作要点

后退时上体不要前俯。

（四）闪步

1．动作过程

左脚向左侧移半步，右脚随之向左滑步，同时身体向右转动约90°。

2．动作要点

步法轻灵，转体闪躲灵活、敏捷。

（五）垫步

1．动作过程

后脚蹬地向前脚内侧并拢；同时前腿屈膝提起。

2．动作要点

后脚向前脚并拢要急速，垫步与提膝不脱节、停顿、腾空，身体要快速向前移动。

（六）插步

1．动作过程

后脚向左横移一步，脚跟离地，两脚略呈交叉。

2．动作要点

插步时身体不要移动，左侧仍与对手相对，插步后要及时还原成预备式。

第三节　初级长拳

动作名称

预备动作
1.虚步亮掌　　2.并步对拳

第一段
1.弓步冲拳1　　2.弹腿冲拳1　　3.马步冲拳　　4.弓步冲拳2
5.弹腿冲拳2　　6.大跃步前穿　　7.弓步推掌　　8.马步架掌

第二段
1. 虚步截拳　　2. 提膝穿掌　　3. 仆步撩掌　　4. 虚步挑掌
5. 马步击掌　　6. 叉步双摆掌　7. 弓步推掌　　8. 转身踢腿马步盘肘
第三段
1. 歇步抡砸拳　2. 仆步亮掌　　3. 弓步劈拳　　4. 换跳步弓步冲拳
5. 马步冲拳　　6. 弓步下冲拳　7. 叉步亮掌侧踹腿 8. 虚步挑拳
第四段
1. 弓步顶肘　　2. 转身左拍脚　3. 右拍脚　　　4. 腾空飞脚
5. 歇步下冲拳　6. 仆步抡劈拳　7. 提膝挑掌　　8. 提膝劈掌弓步冲拳
结束动作
1. 虚步亮掌　　2. 并步对拳　　3. 还原

一、预备动作

（一）预备式

两脚并步站立，两臂垂于身体两侧，五指并拢贴靠于腿外侧，眼向前平视，如图12-3-1所示。要点：头要端正，下颌微收，挺胸，塌腰，收腹。

（二）预备动作练习

1. 虚步亮掌

（1）右脚向右后方撤步成左弓步；右手向右、向上、向前画弧，掌心向上；左臂屈肘，左掌提至腰侧，掌心向上；目视右掌，如图12-3-2所示。

（2）右腿微屈，重心后移；左掌经胸前从右臂上向前穿出伸直；右臂屈肘，右掌收至腰侧，掌心向上；重心继续后移，左脚稍向右移，脚尖点地，成左虚步；左臂内旋向左、向后画弧成勾手，勾尖向上；右手继续向后、向右、向前上画弧，屈肘抖腕，在头前上方成亮掌，掌心向前，掌指向左；目视左方，如图12-3-3所示。

图12-3-1 预备式　　　图12-3-2 目视右掌　　　图12-3-3 目视左方

（3）动作要点：三个动作必须连贯，成虚步时重心落于右腿上，右大腿与地面平行，左腿微屈，脚尖点地。

2．并步对拳

（1）右腿蹬直，左腿提膝，脚尖里扣，上肢姿势不变，如图 12-3-4 所示。

（2）左脚向前落步，重心前移；左臂屈肘、左勾手变掌经左肋前伸；右臂外旋向前下落于左掌右侧，两掌同高，掌心均向上，如图 12-3-5 所示。

（3）右脚向前上一步，两臂下垂后摆，如图 12-3-6 所示。

（4）左脚向右脚并步，两臂向外向上经胸前屈肘下按，两掌变拳，拳心向下，停于小腹前，目视左侧，如图 12-3-7 所示。

（5）动作要点：并步后挺胸、塌腰，对拳、并步、转头要同时完成。

图 12-3-4 右腿蹬直

图 12-3-5 掌心向上

图 12-3-6 两臂下垂后摆

图 12-3-7 并步

二、第一段

（一）弓步冲拳 1

1．左脚向左上一步，脚尖向斜前方；右腿微屈，成半马步；左臂向上向左格打，拳眼向后，拳与肩同高；右拳收至腰侧，拳心向上；目视左拳，如图 12-3-8 所示。

2．右腿蹬直成左弓步；左拳收至腰侧，拳心向上；右拳向前冲出，高与肩平，拳眼向上；目视右拳，如图 12-3-9 所示。

3．动作要点：成弓步时，右腿充分蹬直，脚跟不要离地；冲拳时，尽量转腰顺肩。

（二）弹腿冲拳 1

1．重心前移至左腿，右腿屈膝提起，脚面绷直，猛力向前弹出伸直，高与腰平；右拳收至腰侧，左拳向前冲出；目视前方，如图 12-3-10 所示。

图 12-3-8 目视左拳

图 12-3-9 目视右拳

图 12-3-10 左拳向前冲出

2. 弹腿冲拳的动作要点是支撑腿可微屈，弹出的腿要用爆发力，力点达于脚尖。

（三）马步冲拳

1. 右脚向前落步，脚尖里扣，上体左转；左拳收至腰侧，两腿下蹲成马步；右拳向前冲出；目视右拳，如图 12-3-11 所示。

2. 动作要点：成马步时，大腿要平，两腿平行，脚跟外蹬，挺胸，塌腰。

（四）弓步冲拳 2

1. 上体右转 90°，右脚尖外撇向斜前方，成半马步；右臂屈肘向右格打，拳眼向后；目视右拳，如图 12-3-12 所示。

2. 左腿蹬直成右弓步，右拳收至腰侧；左拳向前冲出；目视左拳，如图 12-3-13 所示。

3. 动作要点：与弓步冲拳 1 同，只是左右相反。

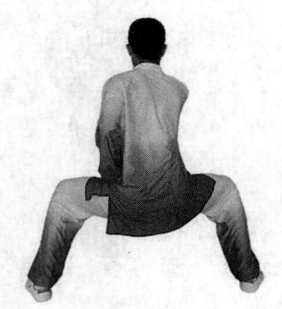  

图 12-3-11　右拳向前冲出　　　图 12-3-12　马步　　　图 12-3-13　目视左拳

（五）弹腿冲拳 2

1. 重心前移至右脚，左腿屈膝提起，脚面绷直，猛力向前弹出伸直，高与腰平；左拳收至腰侧，右拳向前冲出；目视前方，如图 12-3-14 所示。

2. 动作要点：与弹腿冲拳 1 相同。

（六）大跃步前穿

1. 左腿成提膝，右拳变掌内旋，以手背向下挂至左膝外侧；上体前倾；目视右手，如图 12-3-15 所示。

2. 左脚向前落步，两腿微屈；右掌继续向后挂，左拳变掌，向后向下伸直；目视右掌，如图 12-3-16 所示。

  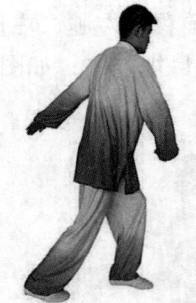

图 12-3-14　目视前方　　　图 12-3-15　目视右手　　　图 12-3-16　目视右掌

3. 右腿屈膝向前提起，左腿立即猛力蹬地向前跃出；两掌向前向上画弧摆起；目视左掌，如图 12-3-17 所示。

4. 右腿落地全蹲，左腿随即落地向前铲出成仆步；右掌变拳抱于腰侧，左掌由上向右向下画弧成立掌，停于右胸前；目视左脚，如图 12-3-18 所示。

图 12-3-17　目视左掌　　　　图 12-3-18　目视左脚

5．动作要点：跃步要远，落地要轻，落地后立即接做下一个动作。

（七）弓步推掌

右腿猛力蹬直成左弓步；左掌经左脚面向后画弧至身后成勾手，左臂伸直，勾尖向上；右拳由腰侧变掌向前推出，掌指向上，掌外侧向前；目视右掌，如图 12-3-19 所示。

（八）马步架掌

1．重心移至两腿中间，左脚脚尖里扣成马步，上体右转；右臂向左侧平摆，稍屈肘；同时左勾手变掌由后经左展侧从右臂内向前上穿出，掌心均朝上；目视左手，如图 12-3-20 所示。

2．右掌立于左胸前；左臂继续穿出并向左上屈肘抖腕亮掌于头部左上方，掌心向前；目右转视前方，如图 12-3-21 所示。

3．动作要点：同冲拳马步。

图 12-3-19　目视右掌　　　　图 12-3-20　目视左手　　　　图 12-3-2　目右转视前方

三、第二段

（一）虚步截拳

1．右脚落地，屈膝提起，左腿伸直，以前脚掌为轴向右后转体 180°；右掌由左胸前向下经由右腿外侧向后画弧成勾手；左臂随体转动并外旋，使掌心朝右；目视右手，如图 12-3-22 所示。

2．右脚向右落地，重心移至右脚上，下蹲成左虚步；左掌变拳下落于左膝上，拳眼向里，拳心向后；右勾手变拳，屈肘向上架于头右上方，掌心向前；目视左方，如图 12-3-23 所示。

（二）提膝穿掌

1．右腿稍伸直；右拳变掌收至腰侧、掌心向上；左拳变掌由下向左向上画弧压于头上方，掌心向前，如图 12-3-24 所示。

2．右腿伸直，左腿屈膝提起，脚尖内扣；右掌从腰侧经左臂内右前上方穿出，掌心向上；左掌收至右胸前成立掌；目视右掌，如图 12-3-25 所示。

 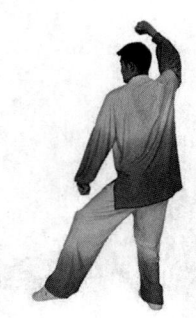  

图 12-3-22　目视右手　　图 12-3-23　目视左方　　图 12-3-24　左掌心向前　　图 12-3-25　目视右掌

3. 动作要点：支撑腿与右臂充分伸直。

（三）仆步撩掌

右腿全蹲，左腿向左后方铲出成左仆步，右臂不动；左掌中右胸前向下经左腿内侧，向左脚面穿出；目随左掌转视，如图12-3-26所示。

（四）虚步挑掌

1. 右腿蹬直，重心前移至左腿，成左弓步；右掌稍下降，左掌随重心前移向前挑起，如图12-3-27所示。

2. 右脚向左前方上步，左腿半蹲，成右虚步；身体随上步左转180°；在右脚上步的同时，左掌由前向上向后画弧成立掌，右掌由后向下向前上挑起成立掌，指尖与眼平；目视右掌，如图12-3-28所示。

图 12-3-26　仆步撩掌　　图 12-3-27　左掌向前挑起　　图 12-3-28　目视右掌

（五）马步击掌

1. 右脚落实，脚尖外撇，重心稍升高并右移，左掌变拳收至腰侧；右掌俯掌向外掳手，如图12-3-29所示。

2. 右脚向前一步，以右脚为轴向右后转体180°，两腿下蹲成马步；左掌从右臂上成立掌向左侧击出；右掌变拳收至腰侧；目视左掌，如图12-3-30所示。

3. 动作要点：右手做掳手时，先使臂稍内旋、腕伸直，手掌向下向外转，接着手臂外旋，掌心经下向上翻转，同时抓捏成掌；收拳和击掌动作要同时进行。

（六）叉步双摆掌

1. 重心稍右移，同时两掌向下向右摆；掌指头均向上；目视右掌。右脚向左腿后叉步，前脚掌着地；两臂继续由右向上向左摆，停于身体左侧，均成立掌，右掌停于左肘窝处；目随双掌转视，如图12-3-31所示。

2. 动作要点：两臂要划立圆，幅度要大；摆掌与后插步配合一致。

（七）弓步推掌

两腿不动；左掌收至腰侧，掌心向上；右掌向上向右画弧，掌心向下。左腿后撤一步，成右弓步；右掌向下向后伸直摆动，成勾手，勾尖向上，左掌成立掌向前推出；目视左掌，如图12-3-32所示。

图 12-3-29　右掌俯掌向外捋手　　图 12-3-30　目视左掌　　图 12-3-31　目随双掌转视　　图 12-3-32　目视左掌

（八）转身踢腿马步盘肘

1. 两脚以前脚掌为轴向左后转体 180°；在转体的同时，左臂向上向前画半立圆，右臂向下向后画半圆，如图 12-3-33 所示。

2. 上动不停，两脚不动，右臂由后向上向前画半立圆；左臂由前向下向后画半立圆。上动不停，右臂向下成反臂勾手，勾尖向上；左臂向上成亮掌，掌心向前上方；右腿伸直，脚尖勾起，如图 12-3-34 所示。

3. 右脚向前落地，脚尖里扣，右手不动；左臂屈肘下落至胸前，左掌心向下，目视左掌。上体左转 90°，两腿下蹲成马步；同时左掌向前向左平捋变拳收至腰侧，右勾手变拳，右臂伸直，由体后向右向前平摆，至体前时屈肘；肘尖向前，高与肩平，拳心向下；目视肘尖，如图 12-3-35 所示。

4. 动作要点：两臂抡动时要画立圆，动作连贯；盘肘要有力，右肩前顺。

图 12-3-33　右臂向下向后画半圆　　图 12-3-34　脚尖勾起　　图 12-3-35　目视肘尖

四、第三段

（一）歇步抡砸拳

1. 重心稍升高，右脚尖外撇。右臂由胸前向上向右抡直；左拳向下向左，使臂抡直。目视右拳，如图 12-3-36 所示。

2. 上动不停，两脚以前脚掌为轴，向右后转体 180°，右臂向下向后抡摆，左臂向上向前随身体转动，如图 12-3-37 所示。

3. 紧接上动，两腿全蹲成歇步。左臂随身体下蹲向下平砸，拳心向上，臂部微屈，右臂伸直向上举起。目视左拳，如图 12-3-38 所示。

4. 动作要点：抡臂动作要连贯完成，划成立圆。歇步要两腿交叉全蹲，左腿大、小腿靠紧，臀部贴于左小腿外侧，膝关节在右小腿外侧，脚跟提起，右脚尖外撇，全脚着地。

图12-3-36 目视右拳

图12-3-37 右掌向下向后抡摆

图12-3-38 目视左拳

（二）仆步亮拳

1. 左脚由右腿后抽出前上一步，左腿蹬直，右腿半蹲，成右弓步。上体微向右转。左拳收至腰侧，右拳变掌向下经胸前向右横击掌。目视右掌，如图12-3-39所示。

2. 右脚蹬地屈膝提起，上体右转。左拳变掌从右掌上向前穿出，掌心向上，右掌平收至左肘下，如图12-3-40所示。

3. 右脚向右落步，屈膝全蹲，左腿伸直，成仆步。左掌向下向后划弧成勾手，勾尖向上；右掌向右向上划弧微屈，抖腕成亮掌，掌心向前。头随右手转动，至亮掌时，目视左方，如图12-3-41所示。

4. 动作要点：仆步时，左腿充分伸直，脚尖里扣，右腿全蹲，两脚脚掌全部着地。上体挺胸塌腰，稍左转。

图12-3-39 目视右掌

图12-3-40 右掌平收至左肘下

图12-3-41 目视左方

（三）弓步劈拳

1. 右腿蹬地立起；左腿收回并向左前方上步。右掌变拳收至腰侧，左勾手变掌由下向前上经胸前向左做掳手，如图12-3-42所示。

2. 右腿经左腿前方向左绕上一步，左腿蹬直成右弓步。左手向左平掳后再向前挥摆，虎口朝前，如图12-3-43所示。

3. 在左手平掳的同时，右掌向后平摆，然后再向前向上做抡劈拳，拳高与耳平，拳心向上，左掌外旋接扶右前臂。目视右拳，如图12-3-44所示。

4. 动作要点：左右脚上步稍带弧形。

（四）换跳步弓步冲拳

1. 重心后移，右脚稍向后移动。右拳变掌，臂内旋以掌背向下划弧挂至右膝内侧，左掌背贴靠右肘外侧，掌指向前。目视右掌，如图12-3-45所示。

2. 右腿自然上抬，上体稍向左扭转。右掌挂至体左侧，左掌伸向右腋下。目随右掌转视，如图12-3-46所示。

3. 右脚以全脚掌用力向下震踩，与此同时，左脚急速离地抬起。右手由左向上向前捋盖而后变拳收至腰侧；左掌伸直向下、向上、向前屈肘下按，掌心向下。上体右转，目视左掌，如图 12-3-47 所示。

4. 左脚向前落步，右腿蹬直成左弓步。右拳向前冲出，拳高与肩平，左掌藏于右腋下，掌背贴靠腋窝。目视右拳，如图 12-3-48 所示。

5. 动作要点：换跳步动作要连贯，协调。震脚时腿要弯曲，全脚掌着地，左脚离地不要高。

图 12-3-42　右掌变拳收至腰侧　　图 12-3-43　虎口朝前　　图 12-3-44　目视右拳

图 12-3-45　目视右掌　　图 12-3-46　目随右掌转视　　图 12-3-47　目视左掌　　图 12-3-48　目视右拳

（五）马步冲拳

上体右转90°，重心移至两腿中间，成马步，右拳收至腰侧，左掌变拳向左冲出，拳眼向上。目视左拳，如图 12-3-49 所示。

（六）弓步下冲拳

右脚蹬直，左腿弯曲，上体稍向左转，成左弓步。左拳变掌向下经体前向上架于头左上方，掌心向上，右拳自腰侧向左前斜下方冲出。目视右拳，如图 12-3-50 所示。

图 12-3-49　目视左拳　　图 12-3-50　目视右拳

（七）叉步亮掌侧踹腿

1. 上体稍右转。左掌由头上下落于右手腕上，右拳变掌，两手交叉成十字。目视双手，如图 12-3-51 所示。

2. 右脚蹬地并向左腿后插步，以前脚掌着地。左掌由体前向下向后划弧成勾手，勾尖向上；右掌由前向右向上划弧抖腕亮掌，掌心向前。目视左侧，如图 12-3-52 所示。

3. 重心移至右腿，左腿屈膝提起，向左上方猛力蹬出。上肢姿势不变，目视左侧，如图 12-3-53 所示。

4. 动作要点：插步时上体稍向右倾斜，腿、臂的动作要一致。侧端高度不能低于腰，大腿内旋，着力点在脚跟。

图 12-3-51　目视双手　　图 12-3-52　目视左侧　　图 12-3-53　左腿蹬出

（八）虚步挑拳

1. 左脚在左侧落地。右掌变拳稍后移，左勾手变拳由体后向左上挑，拳背向上，如图 12-3-54 所示。

2. 上体左转 180°，微含胸前俯。左拳继续向前向上划弧上挑，右拳向下向前划弧挂至右膝外侧，同时右膝提起。右脚向左前方上步，脚尖点地，重心落于左脚，左腿下蹲成右虚步。左拳向后划弧收至腰侧，拳心向上，右拳向前屈臂挑出，拳眼斜向上，拳与肩同高。目视右拳，如图 12-3-55 所示。

图 12-3-54　拳背向上　　图 12-3-55　目视右拳

五、第四段

（一）弓步顶肘

1. 重心升高，右脚踏实。右臂内旋向下直臂划弧以拳背下挂至右膝内侧，左拳不变。左腿蹬直，右腿屈膝上抬。左拳变掌，右拳不变，两臂向前向上划弧摆起。目随右拳转视，如图 12-3-56 所示。

2. 左脚蹬地起跳，身体腾空，两臂继续划弧至头上方。右脚先落地，右腿屈膝，左脚向前落步，以前脚掌着地。同时两臂向右向下屈肘停于右胸前，右拳变掌，左掌变拳。右掌心贴靠左拳面，如图 12-3-57 所示。

3. 左脚向左上一步，左腿屈膝，右腿蹬直成左弓步。右掌推左拳，以左肘尖向左顶出，高与肩平。目视前方，如图 12-3-58 所示。

4. 动作要点：交换步时不要过高，但要快。两臂抡摆时要成圆弧。

图 12-3-56　目随右掌向转视

图 12-3-57　右掌心贴靠左拳面

图 12-3-58　目视前方

（二）转身左拍脚

1. 以两脚前脚掌为轴向右后转体 180°。随着转体，右臂向上、向右向下划弧抡摆，同时左拳变掌向下向后向前上抡摆，如图 12-3-59 所示。

2. 左腿伸直向前上踢起，脚面绷平。左掌变拳收至腰侧，右掌由体后向上向前拍击左脚面，如图 12-3-60 所示。

3. 动作要点：右掌拍脚时手掌稍横过来，拍脚要准而响亮。

图 12-3-59　左拳变掌向下向后前上抡摆

图 12-3-60　右掌由体后向上向前拍击左脚面

（三）右拍脚

1. 左脚向前落地，左拳变掌向下向后摆，右掌变拳收至腰侧，如图 12-3-61 所示。

2. 右腿伸直向前上踢起，脚面绷平。左拳变掌由后向上向前拍击右脚面，如图 12-3-62 所示。

3. 动作要点：与本段的转身左拍脚相同。

图 12-3-61　右掌变拳向下向后摆

图 12-3-62　左拳变掌由后向上向前拍击右脚面

（四）腾空飞脚

1. 右脚落地，如图 12-3-63 所示。
2. 左脚向前摆起，右脚猛力蹬地跳起，左腿屈膝继续前上摆。同时右拳变掌向前向上摆起，左掌先上摆而后下降拍击右掌背，如图 12-3-64 所示。
3. 右腿继续上摆，脚面绷平。右手拍击右脚面，左掌由体前向后上举，如图 12-3-65 所示。
4. 动作要点：蹬地要向上，不要太向前冲，左膝尽量上提。击响要在腾空时完成，右臂伸直成水平。

图 12-3-63　右脚落地　　　图 12-3-64　右拳变掌向前向上摆起　　　图 12-3-65　左掌上举

（五）歇步下冲拳

1. 左、右脚先后相继落地，左掌变拳收至腰侧，如图 12-3-66 所示。
2. 身体右转 90°，两腿全蹲成歇步。右掌抓握、外旋变拳收至腰侧，左拳由腰侧向前下方冲出，拳心向下。目视左拳，如图 12-3-67 所示。

（六）仆步抡劈拳

1. 重心升高，右臂由腰侧向体后伸直，左臂随身体重心升高向上摆起，如图 12-3-68 所示。
2. 以右脚前脚掌为轴，左腿屈膝提起，上体左转 270°。左拳由前向后下划立圆一周，右拳由后向下向前上划立圆一周。左腿向后落一步，屈膝全蹲，右腿伸直，脚尖里扣成右仆步。右拳由上向下抡劈，拳眼向上；左拳后上举，拳眼向上。目视右拳，如图 12-3-69 所示。
3. 动作要点：抡臂时一定要划立圆。

图 12-3-66　左掌变拳　　　图 12-3-67　目视左拳　　　图 12-3-68　左臂升高　　　图 12-3-69　目视右拳

（七）提膝挑掌

1. 重心前移成右弓步。同时右拳变掌由下向上抡摆，左拳变掌稍下落，右掌心向左，左掌心向右，如图 12-3-70 所示。
2. 左、右臂在垂直面上由前向后各划立圆一周。右臂伸直停于头上，掌心向左，掌指向上，左臂伸直停于身后成反勾手。同时右腿屈膝提起，左腿挺膝伸直独立。目视前方，如图 12-3-71 所示。
3. 动作要点：抡臂时要划立圆。

（八）提膝劈掌弓步冲拳

1. 下肢不动。右掌由上向下猛劈伸直，停于右小腿内侧，用力点在小指一侧；左勾手变掌，屈臂向前停于右上臂内侧，掌心向左。目视右掌，如图 12-3-72 所示。

2. 右脚向右后落地，身体右转 90°。同时左掌变拳收至腰侧，右臂内旋向右划弧做劈掌。上动不停，左腿蹬直成右弓步。右手抓握变拳收至腰侧，左拳由腰侧向左前方冲出。目视左拳，如图 12-3-73 所示。

图 12-3-70　左掌心向右　　图 12-3-71　目视前方　　图 12-3-72　目视右掌　　图 12-3-73　目视左拳

六、结束动作

（一）虚步亮掌

1. 右脚扣于左膝后，两拳变掌，两臂右上左下屈肘交叉于体左前。目视右掌，如图 12-3-74 所示。

2. 右脚向右后落步，重心后移，右腿半蹲，上体稍右转。同时右掌向上、向右、向下划弧停于左腋下，左掌向左、向上划弧停于右臂上与左胸前，两掌心左下右上。左脚尖稍向右移，右腿下蹲成左虚步。左臂伸直向左、向后划弧成反勾手，右臂伸直向下、向右、向上划弧抖腕亮掌，掌心向前。目视左方，如图 12-3-75 所示。

图 12-3-74　目视右掌　　　　　　图 12-3-75　目视左方

（二）并步对拳

1. 左腿后撤一步，同时两掌从两腰侧向前穿出伸直，掌心向上，如图 12-3-76 所示。

2. 右腿后撤一步，同时两臂分别向体后下摆，如图 12-3-77 所示。

3. 左脚后退半步向右脚并拢。两臂由后向上经体前屈臂下按，两掌变拳，停于腹前，拳心向下，拳面相对。目视左方，如图 12-3-78 所示。

（三）还原

两臂自然下垂，目视正前方，如图 12-3-79 所示。

图 12-3-76　掌心向上　　图 12-3-77　两臂向体后下摆　　图 12-3-78　目视左方　　图 12-3-79　目视正前方

第四节　24 式太极拳

动作名称

第一组：1. 起势 2. 左右野马分鬃 3. 白鹤亮翅
第二组：4. 左右搂膝拗步 5. 手挥琵琶 6. 左右倒卷肱
第三组：7. 左揽雀尾 8. 右揽雀尾
第四组：9. 单鞭 10. 云手 11. 单鞭
第五组：12. 高探马 13. 右蹬脚
第六组：14. 双峰贯耳 15. 转身左蹬脚 16. 左下势独立 17. 右下势独立
第七组：18. 左右穿梭 19. 海底针 20. 闪通背
第八组：21. 转身搬拦捶 22. 如封似闭 23. 十字手 24. 收势

一、第一组

（一）起势

1. 身体自然直立，两脚开立。与肩同宽，脚尖向前；两臂自然下垂，两手放在大腿外侧；眼向前平看，如图 12-4-1 所示。要点是头颈正直，下颌微向后收，不要故意挺胸或收腹；精神要集中。

2. 两臂慢慢向前抬起，两手高与肩平，与肩同宽，手心向下，如图 12-4-2 所示。

3. 上体保持正直，两腿屈膝下蹲；同时两掌轻轻下按，两肘下垂与两膝相对；眼平看前方，如图 12-4-3 所示。

图 12-4-1　眼向前平看　　图 12-4-2　手心向下　　图 12-4-3　眼平看前方

4. 动作要点，两肩下沉，两肘松垂，手指自然微曲；屈膝松腰，臀部不可凸出，身体重心落于两腿中间；两臂下落和身体下蹲的动作要协调一致。

（二）左右野马分鬃

1. 上体微向右转，身体重心移至右腿上；同时右臂收在胸前平屈，手心向下，左手经体前向右下画弧放在右手下，手心向上，两手心相对成抱球状；左脚随即收到右脚内侧，脚尖点地，如图12-4-4所示。

2. 上体微向左转，左脚向左前方迈出，右脚跟后蹬，右腿自然伸直，成左弓步；同时上体继续向左转，左右手随转体慢慢分别向左上右下分开，左手高与眼平（手心斜向上），肘微屈；右手落在右胯旁，肘也微屈，手心向下，指尖向前；眼看左手，如图12-4-5和图12-4-6所示。

3. 上体慢慢后坐，身体重心移至右腿，左脚尖翘起，微向外撇（大约45°~60°），随后脚掌慢慢踏实，左腿慢慢前弓，身体左转，身体重心再移至左腿；同时左手翻转向下，左臂收在胸前平屈，右手向左上画弧放在左手下，两手心相对成抱球状；右脚随即收到左脚内侧，脚尖点地，如图12-4-7、图12-4-8和图12-4-9所示。

4. 右腿向右前方迈出。左腿自然伸直，成右弓步；同时上体右转，左右手随转体分别慢慢向左下右上分开，右手高与眼平（手心斜向上），肘微屈；左手落在左胯旁，肘也微屈，手心向下，指尖向前；眼看右手，如图12-4-10和图12-4-11所示。

图12-4-4　脚尖点地　　图12-4-5　左右手分开　　图12-4-6　右手落在右胯旁　　图12-4-7　眼看左手

图12-4-8　右手画弧　　图12-4-9　脚尖点地　　图12-4-10　左手心向下　　图12-4-11　眼看右手

5. 与3同，只是左右相反，图12-4-12、图12-4-13和图12-4-14所示。

6. 与4同，只是左右相反，如图12-4-15和图12-4-16所示。

7. 动作要点：上体不可前俯后仰，胸部必须宽松舒展；两臂分开时要保持弧形，身体转动时要以腰为轴；弓步动作与分手的速度要均匀一致；做弓步时，迈出的脚先是脚跟着地，然后脚掌慢慢踏实，脚尖向前，膝盖不要超过脚尖，后腿自然伸直；前后脚夹角约成45°~60°；野马分鬃式的弓步，前后脚的脚跟要分在中轴线两侧，它们之间的横向距离（即以动作行进的中线为纵轴，其两侧的垂直距离为横向）应该保持在10~30 cm左右。

图 12-4-12　眼看右手　　图 12-4-13　左手画弧　　图 12-4-14　脚尖点地　　图 12-4-15　右手心向下　　图 12-4-16　眼看左手

（三）白鹤亮翅

1. 上体微向左转；左手翻掌向下，左臂平屈胸前，右手向左上画弧，手心转向上，与左手成抱球状；右脚跟进半步，上体后坐，身体重心移至右腿，上体向后右转，面向右前方，眼看右手；然后左脚稍向前移，脚尖点地，成左虚步，同时上体再微向左转，面向前方，两手随转体慢慢向右上左下分开，右手上提停于右额前，手心向左后方。左手落于左胯前，手心向下，指尖向前，眼平看前方，如图12-4-17、图12-4-18和图12-4-19所示。

2. 动作要点：完成姿势胸部不要挺出，两臂上下都要保持半圆形，左膝要微屈；身体重心后移和右手上提、左手下按要协调一致。

图 12-4-17　左手翻掌向下　　　　图 12-4-18　右手上提　　　　图 12-4-19　眼平看前方

二、第二组

（一）左右搂膝拗步

1. 右手从体前下落，由下向后上方画弧至右肩外侧，肘微屈，手与耳同高，手心斜向上；左手由左下向上、向右下方画弧至右胸前，手心斜向下；同时上体先向左再向右转；左脚收至右脚内侧，脚尖点地；眼看右手，如图12-4-20和图12-4-21所示。

2. 上体左转，左脚向前（偏左）迈出成左弓步；同时右手屈回右耳侧向前推出，高与鼻尖平，左手向下由左膝前搂过落于左胯旁，指尖向前；眼看右手手指，如图12-4-22和图12-4-23所示。

3. 右腿慢慢屈膝，上体后坐，身体重心移至右腿；左脚尖翘起微向外缘，随后脚掌慢慢踏实，左腿前弓，身体左转，身体重心移至左腿，右脚收到左脚内侧，脚尖点地；同时左手向外翻掌由左后向上画弧至左肩外侧，肘微屈，手心斜向上，右手随转体向上、向左下画弧落于左胸前，手心斜向上；眼看左手，如图12-4-24和图12-4-25所示。

4. 与2同，只是左右相反，如图12-4-26和图12-4-27所示。

5. 与3同，只是左右相反，如图12-4-28和图12-4-29所示。

6. 与2同，如图12-4-30和图12-4-31所示。

 图 12-4-20　右手画弧
 图 12-4-21　眼看右手
 图 12-4-22　左手下落
 图 12-4-23　右手推出

 图 12-4-24　手心斜向上
 图 12-4-25　眼看左手
 图 12-4-26　右手下落
 图 12-4-27　左手推出

 图 12-4-28　手心斜向上
 图 12-4-29　眼看右手
 图 12-4-30　左手下落
 图 12-4-31　右手推出

7. 动作要点：前手推出时，身体不可前俯后仰，要松腰松胯；推掌时要沉肩垂肘、左腕舒掌，同时须与松腰、弓腿上下协调一致；搂膝拗步成弓步时，两脚跟的横向距离保持约 30 cm 左右。

（二）手挥琵琶

1. 右脚跟进半步，上体后坐，身体重心转至右腿上，上体半面向右转，左脚略提起稍向前移，变成左虚步，脚跟着地，脚尖翘起，膝部微屈；同时左手由左下向上挑举，高与鼻尖平，掌心向右，臂微屈；右手收回放在左臂肘部里侧，掌心向左；眼看左手示指，如图 12-4-32、图 12-4-33 和图 12-4-34 所示。

 图 12-4-32　右脚跟进半步
 图 12-4-33　上体后坐
 图 12-4-34　眼看左手示指

2. 动作要点：身体要平稳自然，沉肩垂肘、胸部放松；左手上起时不要直向上挑，要由左向上、向前，微带弧形；右脚跟进时，脚掌先着地，再全脚踏实；身体重心后移和左手上起、右手回收要协调一致。

（三）左右倒卷肱

1. 上体右转，右手翻掌（手心向上）经腹前由下向后上方画弧，臂微屈，左手随即翻掌向上；眼的视线随着向右转体先向右看，再转向前方看左手，如图12-4-35和图12-4-36所示。

2. 右臂屈肘折向前，右手由耳侧向前推出，手心向前，左臂屈肘后撤，手心向上，撤至左肋外侧；同时左腿轻轻提起向后（偏左）退一步，脚掌先着地，然后全脚慢慢踏实，身体重心移到左腿上，成右虚步，右脚随转体以脚掌为轴扭正；眼看右手，如图12-4-37和图12-4-38所示。

3. 上体微向左转，同时左手随转体向后上方画弧平举，手心向上，右手随即翻掌，掌心向上；眼随转体先向左看，再转向前方看右手，如图12-4-39所示。

4. 与2同，只是左右相反，如图12-4-40和图12-4-41所示。

5. 与3同，只是左右相反，如图12-4-42所示。

6. 与2同，如图12-4-43和图12-4-44所示。

7. 与3同，如图12-4-45所示。

图12-4-35 右手翻掌向上　　图12-4-36 左手翻掌向上　　图12-4-37 右臂曲肘　　图12-4-38 眼看右手

图12-4-39 左手画弧平举　　图12-4-40 左臂曲肘　　图12-4-41 眼看左手

图12-4-42 右手画弧平举　　图12-4-43 右臂曲肘　　图12-4-44 眼看右手

8. 与2同，只是左右相反，如图12-4-46和图12-4-47所示。

9. 动作要点：前推的手不要伸直，后撤手也不可直向回抽，随转体仍走弧线；前推时，要转腰松胯；两手的速度要一致，避免僵硬；退步时，脚掌先着地，再慢慢全脚踏实，同时前脚随转体以脚掌为轴扭正；退左脚略向左后斜，退右脚略向右后斜，避免使两脚落在一条直线上；后退时，眼神随转体动作先向左右看，然后再转看前手；最后退右脚时，脚尖外撇的角度略大些，便于接做"左揽雀尾"的动作。

图 12-4-45　左手画弧平举　　图 12-4-46　左臂曲肘　　图 12-4-47　眼看左手

三、第三组

（一）左揽雀尾

1. 上体微向右转，同时右手随转体向后上方画弧平举，手心向上，左手放松，手心向下，身体继续向右转，左手自然下落逐渐翻掌经腹前画弧至右肋前，手心向上；右臂屈肘，手心转向下，收至右胸前，两手相对成抱球状；同时身体重心落在右腿上，左脚收到右脚内侧，脚尖点地；如图12-4-48所示。

2. 上体微向左转，左脚向左前方迈出，上体继续向左转，右腿自然蹬直，左腿屈膝，成左弓步；同时左臂向左前方送出（即左臂平屈成弓形，用前臂外侧和手背向前方推出），高与肩平，手心向后；右手向右下落放于右胯旁，手心向下，指尖向前；眼看左前臂，如图12-4-49和图12-4-50所示。要点是送出时，两臂前后均保持弧形；分手、松腰、弓腿三者必须协调一致。

图 12-4-48　脚尖点地　　图 12-4-49　两臂前后保持弧形　　图 12-4-50　眼看左前臂

3. 身体微向左转，左手随即前伸翻掌向下，右手翻掌向上，经腹前向上、向前伸至左前臂下方；然后两手下捋，即上体向右转，两手经腹前向右后上方画弧，直至右手手心向上，高与肩齐，左臂平屈于胸前；同时身体重心移至右腿；眼看右手。动作要点：下捋时，上体不可前倾，臀部不要凸出；两臂下捋须随腰旋转，仍走弧线，左脚全掌着地。上体微向左转，右臂屈肘折回，右手附于左手腕里侧（相距约5 cm），上体继续向左转，双手同时向前慢慢挤出，左手心向后，右手心向前，左前臂要保持半圆；同时身体重心逐渐前移正成左弓步；眼看左手腕部，如图12-4-51～图12-4-54所示。要点是向前挤时，上体要正直。挤的动作要与松腰、弓腿相一致。

图 12-4-51　身体向左转　　图 12-4-52　两手下捋　　图 12-4-53　重心转向右腿　　图 12-4-54　两手向前挤出

4. 左手翻掌，手心向下，右手经左腕上方向前、向右伸出，高与左手齐，手心向下，两手左右分开，宽与肩同；然后右腿屈膝，上体慢慢后坐，身体重心移至右腿上，左脚尖翘起；同时两手屈肘回收至腹前，手心均向前下方；眼向前平看。上式不停，身体重心慢慢前移，同时两手向前、向上按出，掌心向前；左腿前弓成左弓步；眼平看前方，要点是向前按时，两手须走曲线，手腕部高与肩平，两肘微屈。如图 12-4-55～图 12-4-58 所示。

图 12-4-55　左手翻掌　　图 12-4-56　双手宽与肩同　　图 12-4-57　上体后坐　　图 12-4-58　两手向前向上按出

（二）右揽雀尾

1. 上体后坐并向右转，身体重心移至右腿，左脚尖里扣；右手向右平行画弧至右侧，然后由右经腹前向左上画弧至左肋前，手心向上；左臂平屈胸前，左手掌向下与右手成抱球状；同时身体重心再移至左腿上，右脚收至左脚内侧，脚尖点地；眼看左手，如图 12-4-59、图 12-4-60 和图 12-4-61 所示。
2. 与"左揽雀尾 2"同，只是左右相反，如图 12-4-62 和图 12-4-63 所示。
3. 与"左揽雀尾 3"同，只是左右相反，如图 12-4-64～图 12-4-67 所示。
4. 与"左揽雀尾 4"同，只是左右相反，如图 12-4-68、图 12-4-69 和图 12-4-70 所示。
5. 动作要点：均与"左揽雀尾"相同，只是左右相反。

图 12-4-59　上体后坐　　　图 12-4-60　右手画弧　　　图 12-4-61　抱球状

图 12-4-62　两臂前后保持弧形　　　图 12-4-63　眼看右前臂　　　图 12-4-64　向右转

图 12-4-65　两手下捋　　　图 12-4-66　右弓步　　　图 12-4-67　眼看右手腕

图 12-4-68　右手翻掌　　　图 12-4-69　上体后坐　　　图 12-4-70　两手向前向上按出

四、第四组

（一）单鞭 1

1. 上体后坐，身体重心逐渐移至左脚上，右脚尖里扣；同时上体左转，两手（左高右低）向左弧形运转，直至左臂平举，伸于身体左侧，手心向左，右手经腹前运至左肋前，手心向后上方；眼看左手，如图 12-4-71 和图 12-4-72 所示。

2. 身体重心再渐渐移至右腿上，上体右转，左脚向右脚靠拢，脚尖点地；同时右手向右上方画弧（手心由里转向外），至右侧方时变勾手，臂与肩平；左手向下经腹前向右上画弧停于右肩前，手心向里；眼看左手，如图 12-4-73 和图 12-4-74 所示。

3. 上体微向左转，左脚向左前侧方迈出，右脚跟后蹬，成左弓步；在身体重心移向左腿的同时，左掌随上体的继续左转慢慢翻转向前推出，手心向前，手指与眼齐平，臂微屈；眼看左手，如图 12-4-75 和图 12-4-76 所示。

4. 动作要点：上体保持正直，松腰；完成式时，右臂肘部稍下垂，左肘与左膝上下相对，两肩下沉；左手向外翻掌前推时，要随转体边翻边推出，不要翻掌太快或最后突然翻掌；全部的动作，上下要协调一

图 12-4-71 上体后坐

图 12-4-72 眼看左手

图 12-4-73 右手画弧

图 12-4-74 右手变勾手

图 12-4-75 左手掌向左转

图 12-4-76 左手推出

致；如果是面向南起势，单鞭的方向（左脚尖）应向东偏北（大约为 15°）。

（二）云手

1. 身体重心移至右腿上，身体渐向右转，左脚尖里扣；左手经腹前向右上画弧至右肩前。手心斜向后，同时右手变掌，手心向右前；眼看左手，如图 12-4-77 和图 12-4-78 所示。

2. 上体慢慢左转，身体重心随之逐渐左移；左手由脸前向左侧运转，手心渐渐转向左方；右手由右下经腹前向左上画弧，至左肩前，手心抖向后；同时右脚靠近左脚，成小开立步（两脚距离约 10~20 cm）；眼看右手，如图 12-4-79 和图 12-4-80 所示。

3. 上体再向右转，同时左手经腹前向右上画弧至右肩前，手心斜向后；右手向右侧运转，手心翻转向右；随之左脚向左横跨一步；眼看左手，如图 12-4-81 所示。

4. 与 2 同，如图 12-4-82 和图 12-4-83 所示。

5. 与 3 同，如图 12-4-84 所示。

6. 与 2 同，如图 12-4-85 所示。

7. 动作要点：身体转动要以腰脊为轴，松腰、松胯，不可忽高忽低；两臂随腰的转动而运转，要自然圆活，速度要缓慢均匀；下肢移动时，身体重心要稳定，两脚掌先着地再踏实，脚尖向前；眼的视线随

图 12-4-77 左手画弧

图 12-4-78 右手变掌

图 12-4-79 重心左移

图 12-4-80　右脚靠近左脚

图 12-4-81　上体右转

图 12-4-82　重心左移

图 12-4-83　右脚靠近左脚

图 12-4-84　上体右转

图 12-4-85　右脚靠近左脚

左右手而移动；第三个"云手"，右脚最后跟步时，脚尖微向里扣，便于接"单鞭"动作。

（三）单鞭2

1. 上体向右转，右手随之向右运转，至右侧方时变成勾手；左手经腹前向右上画弧至右肩前，手心向内；身体重心落在右腿上，左脚尖点地；眼看左手，如图12-4-86和图12-4-87所示。

2. 上体微向左转，左脚向左前侧方迈出，右脚跟后蹬，成左弓步；在身体重心移向左腿的同时，上体继续左转，左掌慢慢翻转向前推出，成"单鞭"式，如图12-4-88和图12-4-89所示。

3. 动作要点：与单鞭1相同。

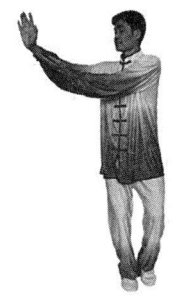
图 12-4-86　重心落在右腿上

图 12-4-87　眼看左手

图 12-4-88　重心移向左腿

图 12-4-89　左掌向前推出

五、第五组

（一）高探马

1. 右脚跟进半步，身体重心逐渐后移至右腿上；右勾手变成掌，两手心翻转向上，两肘微屈；同时身体微向右转，左脚跟渐渐离地；上体微向左转，面向前方；右掌经右耳旁向前推出，手心向前，手指与眼同高；左手收至左侧腰前，手心向上；同时左脚微向前移，脚尖点地，成左虚步；眼看右手，如图12-

4-90 和图 12-4-91 所示。

2. 动作要点：上体自然正直，双肩要下沉，右肘微下垂；跟步移换重心时，身体不要有起伏。

图 12-4-90　右手指与眼同高　　　　图 12-4-91　左手收至左侧腰前

（二）右蹬脚

1. 左手手心向上，前伸至右手腕背面。两手相互交叉，随即向两侧分开并向下画弧，手心斜向下；同时左脚提起向左前侧方进步（脚尖略外撇）；身体重心前移，右腿自然蹬直，成左弓步；眼看前方，如图 12-4-92 和图 12-4-93 所示。

2. 两手由外圈向里圈画弧，两手交叉合抱于胸前，右手在外，手心均向后；同时右脚向左脚靠拢，脚尖点地；眼平看右前方。左右两手画弧分开平举，肘部微屈，手心均向外；同时右腿屈膝提起，右脚向右前方慢慢蹬出；眼看右手，如图 12-4-94、图 12-4-95 和图 12-4-96 所示。

3. 动作要点：身体要稳定，不可前俯后仰；两手分开时，腕部与肩齐平；蹬脚时，左腿微屈，右脚尖回勾，劲使在脚跟；分手和蹬脚须协调一致；右臂和右腿上下相对；如果是面向南起势，蹬脚方向应为正东偏南（约 30°）。

图 12-4-92　左 脚　图 12-4-93　两手分开平举　图 12-4-94　屈肘　图 12-4-95　右腿提起　图 12-4-96　右脚蹬出
向左前侧方进步

（三）双峰贯耳

1. 右腿收回，屈膝平举，左手由后向上、向前下落身体前，两手心均翻转向上，两手同时向下画弧分落于右膝盖两侧；眼看前方，如图 12-4-97 所示。

2. 右脚向右前方落下，身体重心渐渐前移，成右弓步，面向右前方；同时两手下落，慢慢变拳，分别从两侧向上、向前画弧至面部前方，成钳形状，两拳相对，高与耳齐（两拳中间距离约 10~20 cm）；眼看右拳，如图 12-4-98 和图 12-4-99 所示。

3. 动作要点：完成时，头颈正直，松腰松胯，两拳松握，沉肩垂肘，两臂均保持弧形；双峰贯耳式的弓步和身体方向与右蹬脚方向相同；弓步的两脚跟横向距离同"揽雀尾"式。

图 12-4-97　眼看前方　　　图 12-4-98　两手变拳　　　图 12-4-99　眼看右拳

（四）转身左蹬脚

1. 左腿屈膝后坐，身体重心移至左腿，上体左转，右脚尖里扣；同时两拳变掌，由上向左右划弧分开平举，手心向前；身体重心再移至右腿，左脚收到右脚内侧，脚尖点地；同时两手由外围向里圈划弧合抱于胸前，左手在外，手心均向后；两臂左右划弧分开平举，肘部微屈，手心均向外；同时左腿屈膝提起，左脚向左前方慢慢蹬出；眼看左手，如图 12-4-100～图 12-4-103 所示。

2. 动作要点：与右蹬脚式相同，只是左右相反；左蹬脚方向与右蹬脚成 180°（即正西偏北，约 30°）。

图 12-4-100　上体后坐　　图 12-4-101　重心移向右腿　　图 12-4-102　双手心向前　　图 12-4-103　两掌平举

六、第六组

（一）左下势独立

1. 左腿收回平屈，上体右转；右掌变成勾手，左掌向上、向右画弧下落，立于右肩前，掌心斜向后；右腿慢慢屈膝下蹲，左腿由内向左侧（偏后）伸出，成左仆步；左手下落（掌心向外）向左下，顺左腿内侧向前穿出；眼看左手，如图 12-4-104、图 12-4-105 和图 12-4-106 所示。要点是右腿全蹲时，上体不可过于前倾，左腿伸直；左脚尖须向里扣，两脚脚掌全部着地；左脚尖与右脚跟踏在中轴线上。

图 12-4-104　右掌变成勾手　　　图 12-4-105　右腿下蹲　　　图 12-4-106　左手下落

2. 身体重心前移，左脚跟为轴，脚尖尽量向外撇，左腿前弓，右腿后蹬，右脚尖里扣，上体微向左转并向前起身；同时左臂继续向前伸出（立掌），掌心向右，右勾手下落，勾尖向后；眼看左手，如图12-4-107所示。

3. 右腿慢慢提起平屈，成左独立式；同时右勾手变掌，并由后下方顺右腿外侧向前弧行摆出，屈臂立于右腿上方，肘与膝相对，手心向左；左手落于左胯旁，手心向下，指尖向前；眼看右手，如图12-4-108所示。要点是上体要正直，独立的腿要微屈，右腿提起时脚尖自然下垂。

图 12-4-107　眼看左手

图 12-4-108　右腿自然下垂

（二）右下势独立

1. 右脚下落于左脚前，脚掌着地；然后左脚前掌为轴脚跟转动，身体随之左转；同时左手向后平举变成勾手，右掌随着转体向左侧画弧，立于左肩前，掌心斜向后；眼看左手。左腿慢慢屈膝下蹲，右腿由内向右侧（偏后）伸出，成右仆步；右手下落（掌心向外）向右下，顺右腿内侧向前穿出；眼看右手，如图12-4-109、图12-4-110和图12-4-111所示。

2. 与"左下势独立"②同，只是左右相反，如图12-4-112所示。

3. 与"左下势独立"③同，只是左右相反，如图12-4-113所示。

4. 动作要点：右脚尖触地后必须稍微提起；然后再向下仆腿；其他均与"左下势独立"相同，只是左右相反。

图 12-4-109　左手变成勾手

图 12-4-110　右掌立于左肩前

图 12-4-111　眼看右手

图 12-4-112　眼看右手

图 12-4-113　左腿自然下垂

七、第七组

（一）左右穿梭

1. 身体微向左转，左脚向前落地，脚尖外撇，右脚跟离地，两腿屈膝成半坐盘式；同时两手在左胸前成抱球状（左上右下）；然后右脚收到左脚的内侧，脚尖点地；眼看左前臂，如图12-4-114和图12-4-115所示。

2. 身体右转，右脚向右前方迈出；屈膝弓腿，成右弓步；同时右手由脸前向上举并翻掌停在右额前，手心斜向上；左手先向左下再经体前向前推出，高与鼻尖平，手心向前；眼看左手，如图12-4-116和图12-4-117所示。

3. 身体重心略向后移，右脚尖稍向外撇，随即身体重心再移至右腿，左脚跟进，停于右脚内侧，脚尖点地；同时，两手在右胸前成抱球状（右上左下）；眼看右前臂，如图12-4-118和图12-4-119所示。

4. 与2同，只是左右相反，如图12-4-120和图12-4-121所示。

5. 动作要点：完成姿势面向斜前方（如面向南起势，左右穿梭方向分别为正西偏北和正西偏南，均约30°）；手推出后，上体不可前俯；手向上举时，防止引肩上耸；一手上举，一手前推要与弓腿松腰上下协调一致，做弓步时，两脚跟的横向距离同搂膝拗步式，保持在30 cm左右。

   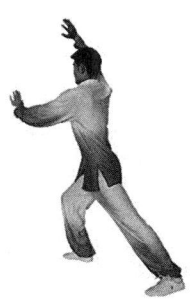

图12-4-114　左脚尖外撇　　图12-4-115　两腿屈膝　　图12-4-116　右手心斜向上　　图12-4-117　眼看左手

图12-4-118　右脚尖外撇　　图12-4-119　重心移至右腿　　图12-4-120　左手心斜向上　　图12-4-121　眼看右手

（二）海底捞针

1. 右脚向前跟进半步，身体重心移至右腿，左脚稍向前移，脚尖点地，成左虚步；同时身体稍向右转，右手下落经体前向后、向上提抽至肩上耳旁，再随身体左转，由右耳旁斜向前下方插出，掌心向左，指尖斜向下；与此同时，左手向前、向下画弧落于左胯旁，手心向下，指尖向前；眼看前下方，如图12-4-122、图12-4-123和图12-4-124所示。

2. 动作要点：身体要先向右转，再向左转；完成姿势，面向正西；上体不可太前倾；避免低头和臀部外凸；左腿要微屈。

图 12-4-122　右手下落　　　图 12-4-123　右手上提　　　图 12-4-124　眼看前下方

（三）闪通臂

1. 上体稍向右转，左脚向前迈出，屈膝弓腿成左弓步；同时右手由体前上提，屈臂上举，停于右额前上方，掌心翻转斜向上，拇指朝下；左手上起经胸前向前推出，高与鼻尖平，手心向前；眼看左手，如图 12-4-125 和图 12-4-126 所示。

2. 动作要点：完成姿势上体自然正直，松腰、松胯；左臂不要完全伸直，背部肌肉要伸展开；推掌、举掌和弓腿动作要协调一致；弓步时，两脚跟横向距离同"揽雀尾"式（不超过 10 cm）。

图 12-4-125　左腿向前迈出　　　图 12-4-126　眼看左手

八、第八组

（一）转身搬拦捶

1. 上体后坐，身体重心移至右腿上，左脚尖里扣，身体向右后转，然后身体重心再移至左腿上；与此同时，右手随着转体向右、向下（变拳）经腹前画弧至左肋旁，掌心向下；左掌上举于头前，掌心斜向上；眼看前方，如图 12-4-127 和图 12-4-128 所示。

2. 向右转体，右拳经胸前向前翻转撇出，拳心向上；左手落于左胯旁，掌心向下，指向前；同时右脚收回后（不要停顿或脚尖点地）即向前迈出，脚尖外撇；眼看右拳，如图 12-4-129 所示。

图 12-4-127　上体后坐　　　图 12-4-128　眼看前方　　　图 12-4-129　眼看右拳

3. 身体重心移至右腿上，左脚向前迈一步；左手上起经左侧向前上画弧拦出，掌心向前下方；同时右拳向右画弧收到右腰旁，拳心向上；眼看左手，如图 12-4-130 所示。

4. 左腿前弓成左弓步，同时右拳向前打出，拳眼向上，高与胸平，左手附于右前臂里侧；眼看右拳，如图 12-4-131 所示。

5. 动作要点：右拳不要握得太紧；右拳回收时，前臂要慢慢内旋画弧，然后再外旋停于右腰旁，拳心向上；向前打拳时，右肩随拳略向前伸，沉肩垂肘，右臂要微屈；弓步时，两脚横向距离同"揽雀尾"式。

图 12-4-130　右拳画弧　　　　　　图 12-4-131　右拳打出

（二）如封似闭

1. 左手由右腕下向前伸出，右拳变掌，两手手心逐渐翻转向上并慢慢分开回收；同时身体后坐，左脚尖翘起，身体重心移至右腿；眼看前方，如图 12-4-132 所示。

2. 两手在脚前翻掌，向下挺腹前再向上、向前推出，腕部与肩平；手心向前，同时左腿前弓成左弓步；眼看前方，如图 12-4-133 和图 12-4-134 所示。

3. 动作要点：身体后坐时，避免后仰，臀部不可凸出；两臂随身体回收时，肩、肘部向外松开，不要直着抽回；两手推出宽度不要超过两肩。

图 12-4-132　眼看前方　　　图 12-4-133　左腿前弓　　　图 12-4-134　双手推出

（三）十字手

1. 屈膝后坐，身体重心移向右腿，左脚尖里扣，向右转体；右手随着转体动作向右平摆画弧，与左手成两臂侧平举，掌心向前，肘部微屈；同时右脚尖随着转体稍向外撇，成右侧弓步；眼看右手，如图 12-4-135 和图 12-4-136 所示。

2. 身体重心慢慢移至左腿，右脚尖里扣，随即向左收回，两脚距离与肩同宽，两腿逐渐蹬直，成开立步；同时，两手向下经腹前向上画弧交叉合抱于胸前，两臂撑圆，腕高与肩平，右手在外，成十字手，手心均向后；眼看前方，如图 12-4-137 所示。

3. 动作要点：两手分开和合抱时，上体不要前俯；站起后，身体自然正直，头要微向上顶，下额稍向后收；两臂环抱时须圆满舒适，沉肩垂肘。

图12-4-135　屈膝后坐　　　图12-4-136　眼看右手　　　图12-4-137　眼看前方

（四）收势

1. 两手向外翻掌，手心向下，两臂慢慢下落，停于身体两侧；眼看前方，如图12-4-138、图12-4-139和图12-4-140所示。

2. 动作要点：两手左右分开下落时，要注意全身放松，同时气也徐徐下沉（呼气略加长）；呼吸平稳后，把左脚收到右脚旁，再走动休息。

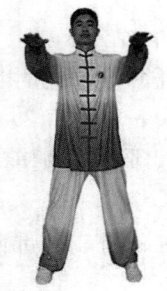  

图12-4-138　平心向下　　　图12-4-139　两臂下落　　　图12-4-140　眼看前方

第五节　散　打

一、散打运动概述

散打，又称散手。散打是两人在规则的制约下，以踢、打、摔等徒手攻防手段，通过攻、防、进、退、还击和反还击进行格斗的对抗性运动项目。

散打运动在继承传统的基础上，形成了独特的技术风格。它有别于传统的"点到为止"，也不同于"一招制敌"的实用技击技术。比赛双方没有固定的动作顺序，而是互以对方技击动作随机应变，斗智较技、以长制短。它要求运动员熟练地掌握技术、要有敏捷的应变能力。

散打运动是较技、较力、斗智、斗勇，对抗性强的运动项目。它对提高人体的速度、力量、柔韧性、耐力等身体素质，提高内脏器官的功能，改善神经系统的灵活性等方面有较大的促进作用；能有效地提高人的应变能力，发展思维的敏捷性，增强竞争意识；培养顽强果断、勇于进取的意志品质和尊师爱友、讲礼崇德的良好风尚。

二、入门与基本功

散打的基本功练习是为了增强关节、韧带的柔韧性和灵活性，提高控制能力和协调性，提高专项身体素质；规范散打技术动作，可以防止和减少伤害事故的发生，为学习散打技术、提高技击水平打下良好的基础。

（一）柔韧性练习

1. 肩臂柔韧性练习

肩臂柔韧性练习主要是增进肩关节的柔韧性，加大肩关节的活动范围，提高上肢运动的敏捷、灵活能力、环转等能力。肩臂练习的方法有压肩、握杆转肩、开肩合肩、单臂绕环、双臂前后绕环、双臂交叉绕环、仆步抡拍等。

2. 腰部柔韧性练习

腰部柔韧性练习可提高脊椎和腰部各肌肉群的柔韧性与弹性，加大腰部活动的范围。俗话说："练拳不活腰，终究艺不高。"腰部柔韧性练习的方法有俯腰、甩腰、晃腰、翻腰、涮腰、下腰等。

3. 腿部柔韧性练习

腿部柔韧性练习主要是拉长腿部的肌肉和韧带，加大髋关节的活动范围。

（1）压腿：压腿的方法主要有正压、侧压、后压、仆步压等。

（2）劈腿：劈腿可结合压腿和搬腿进行练习。劈腿的方法有竖叉、横叉两种。

（3）踢腿：主要是通过腿部的动力性练习。提高腿部的柔韧性、灵敏性、速度等素质。踢腿的方法有正踢、侧踢、后踢、斜踢、里合、外摆等。

（二）力量性练习

1. 上肢力量练习

（1）俯卧撑：掌式、拳式、指式、单臂式等。

（2）杠铃练习：握杠铃屈伸、站立推举、坐姿推举、仰卧推举、提拉杠铃等。

（3）其他：引体向上、双杠臂屈伸、爬杠、爬绳、靠墙倒立推手、手握哑铃冲拳、推小车等。

2. 下肢力量练习

下肢力量练习主要有负重深蹲、负重登台阶、负重半蹲跳、负重全蹲跳、负重马步跳、负重跳换腿、跳绳、腿绑沙袋的各种练习、蛙跳、矮子步走等。

3. 躯干力量练习

躯干力量练习主要有负重转腰、（负重）仰卧起坐、（负重）俯卧体后屈、两头起、立卧撑、悬垂举腿等。

（三）抗击打练习

抗击打能力，就是人的机体各组织对外界击打的承受能力。

1. 肩、臂、背的靠撞练习

（1）单人练习：可对着沙袋、木桩、墙等物体进行身体各部位的靠撞练习。

（2）双人练习：有臂对臂、肩对肩、胸对胸、背对背等的靠撞练习。

2. 排打练习

排打主要是采用一定的器具对身体各部位进行击打，增强身体各部位抗击打能力的练习。

（四）跌扑滚翻练习

跌扑滚翻练习可改善身体内脏器官的承受能力，起到自我保护的作用，提高身体的协调、灵敏、力量等素质。其主要内容有前滚翻、后滚翻、栽碑、后倒、扑虎、盘腿跌、抢背、鲤鱼打挺等。

三、基本技术与战术

（一）基本技术

基本技术是指在实战中完成进攻与防守动作的方法，是竞技水平的重要体现。其主要内容有基本姿势、步法、拳法、腿法、摔法和防守技术等。

1. 基本姿势

两脚前后开立。距离稍大于肩；两脚尖微内扣，后脚跟稍离地；两膝微屈，身体重心落在两腿之间；两臂弯曲，左臂屈肘约成90°，肘尖下垂，左拳置于体前，拳眼斜朝上，高与鼻平；右臂屈肘小于90°，右拳置于右肋前，略高于下颌部，上臂内侧紧贴右侧肋部，肘自然下垂。胸、背保持自然，下颌微收，两眼平视前方。左脚在前称"正架"，右脚在前称"反架"。

2. 基本步法

（1）前进步：基本姿势站立（以下均同），前脚先向前进半步，后脚紧接着跟进半步。

动作要点：步幅不宜过大，上体姿势不变，跟步要快速、紧凑。

（2）后退步：后脚先向后退半步，前脚紧接着向后回收半步。

动作要点：同前进步。

（3）上步：后脚向前上一步，左右拳前后交换成右脚在前的反架实战姿势，两眼平视前方。

动作要点：身体重心平稳，移动迅速，前后脚保持适当距离。

（4）撤步：左脚向后撤一步，成右脚在前、左脚在后，左脚跟离地，右脚尖外展，重心偏右脚。

动作要点：与上步相同。

（5）垫步：后脚蹬地向前脚内侧并拢，同时前腿屈膝提起。

动作要点：后脚向前脚并拢要迅速，垫步与提膝不可脱节、停顿；身体向前移动时，不能向上腾空。

（6）插步：重心前移，同时后脚经前脚后面前插，两脚成交叉状，随之前脚向前上步。

动作要点：插步时上体略右转，插步后前脚上步要快，迅速还原成基本姿势。

（7）闪步：左脚向左侧移半步，右脚随之向左滑步；同时身体向右转动约90°。右侧与左侧相同，只是方向相反。

动作要点：步法灵活，躲闪快速、敏捷。

（8）纵步：主要有单腿纵步和双腿纵步两种。

①单腿纵步：前腿屈膝上提，后腿连续蹬地向前移动。

②双腿纵步：两脚同时蹬地，使身体向上或向前、后、左、右跳跃移动。

动作要点：腰胯紧收，上体正直，腾空不宜过高。

（9）环绕步右（左）脚蹬地，左（右）脚向左（右）斜前（后）方滑移，着地后左（右）脚也向左（右）斜前（后）方滑移。

动作要点：连续滑移，移步时应成弧形环绕，后脚步幅稍大于前脚，上体和上肢姿势不变。

3. 基本拳法

（1）直拳

①左直拳基本姿势站立，右脚蹬地，上体微右转同时左拳内旋，直线向前冲出，力达拳面，右拳收至下颌处。

②直冲拳右脚蹬地，并以前脚掌向内转，转腰送肩，上体左转同时右拳内旋，直线向前冲出，力达拳面。左拳收至右肩前。

动作要点：上体不可过分后仰、屈膝高抬、爆发用力、快速连贯。

（2）掼拳

①左掼拳：上体微右转，同时左臂内旋，抬肘至水平，使拳向外、向前、向内成平面弧形横击，臂微屈，拳心朝下，力达拳面。

②右掼拳：右脚蹬地，上体左转，同时右臂内旋，抬肘至水平，使右拳向外、向前、向内成平面弧形横击，拳心朝下，力达拳面。

动作要点：击打要借助转体的力量，转腰、发力协调一致；上体保持正直，不可掀肘，拳走弧形。

（3）勾拳

①左勾拳：上体先向左转，重心微下沉；随之左膝及上体瞬间挺伸，并向右转体；同时左臂外旋，左拳由下向前上方勾起，拳心朝里，力达拳面。

②右勾拳：右脚蹬地，扣膝合胯，腰稍右转。同时右臂外旋，右拳由下向前上方勾起，拳心朝里，力达拳面。

动作要点：发力时，上体不可后仰、挺腹；重心下沉，脚蹬地拧转，上体跟着拧转，以加大抄拳力量。

动作要连贯顺达，用力由下至上，发力短促。

4．基本腿法

（1）蹬腿

①左蹬腿：右腿直立或微屈支撑，左腿屈膝前抬，脚尖勾起，当膝高于髋关节时，膝关节快速蹬伸，力达脚跟；亦可送髋，脚掌下压，力达前脚掌。

②右蹬腿：重心前移，左腿直立或微屈支撑，右腿屈膝向前抬起，勾脚，膝关节快速蹬伸，力达脚跟；亦可送髋，脚掌下压，力达前脚掌。

（2）侧踹腿

①左侧踹腿：重心右移，右腿直立或微屈支撑；同时左腿屈膝抬起与髋同高，小腿外翻、脚尖勾起、展髋、挺膝向前踹出，上体微侧倾、力达脚底。

②右侧踹腿：身体左转180°，重心移至左腿，左腿直立或微屈支撑；同时有右腿屈膝抬起与髋同高、小腿外翻，脚尖勾起、展髋、挺膝向前踹出，上体微侧倾，力达脚底。

动作要点：上体、大腿、小腿和脚要成一条直线，大腿带动小腿直线用力。

（3）鞭腿

①左鞭腿：重心后移，右腿直立或微屈支撑，上体稍右转并侧倾，右脚跟内转；同时，左腿屈膝内扣、绷脚背向左侧提起，随即伸髋、挺膝、向前鞭甩小腿，脚面绷平，小趾外侧朝上，力达脚背。

②右鞭腿：重心移至左腿，上体向左转，左脚跟内转；同时，右腿扣膝、绷脚背向右侧摆起，随即右腿经外向斜上、向里、向前鞭甩小腿，脚面绷平，小趾外侧朝上，力达脚背。

动作要点：扣膝，绷脚背，发力时大腿带动小腿，力点准确。

（4）勾踢腿

左腿稍屈支撑、上体左转；同时，右脚尖勾紧，大腿带动小腿以踝关节与脚背接合部为力点、向前弧形勾踢，脚底内侧贴地面擦行，右手向右斜下拨搂对方颈部。

动作要点：勾踢腿不可向后预摆；勾踢时接触用力，上下肢协调配合。

5．基本摔法

（1）抱腿前顶：基本姿势，上左步、身体下潜，双手抱住对手的双腿用力回拉；同时用左肩前顶对手的大腿或腹部、将对手摔倒。

动作要点：抱腿要紧、两臂和肩向相反方向协调用力。

（2）夹颈过背：右臂夹住对手颈部，右侧髋部贴紧对手小腹，两腿屈膝；随即两腿蹬直，向下弓腰、低头，将对手背起后摔倒。

动作要点：夹颈牢固、屈膝、蹬伸、弓腰、低头协调连贯。

（3）夹颈打腿：左手夹住对手颈部，同时右脚变步与左脚平行；随即右转体，用左小腿向后横打对手左小腿外侧，将对手摔倒。

动作要点：夹颈牢固，身体贴对手，打腿与转体协调一致。

（4）抱单别腿摔：抱住对手左腿后，用左腿别住对手右腿膝窝，用胸肩贴住对手左腿向前下靠压。

动作要点：靠压有力，腿要别紧，不能让对手右腿有活动的余地。

（二）基本战术

散打战术是运动员运用攻守原则和方法的总称。战术的目的就是针对实战双方的各种具体情况，确定运用技术的方法和形式，以便能充分发挥自己的特长。抑制对方技术水平的发挥，减少自身体力的消耗和无效行为。散打战术的作用在于把已经获得的技能、体能、智能等，在实战中最优化地运用，取得"制人而不制于人"的效果，造成对自己有利的局势，掌握实战的主动权。

四、基本规则

散打分团体比赛和个人比赛两种，竞赛办法采用循环赛、单败淘汰赛和双败淘汰赛。每场比赛采用3局2胜制。每局净打2 min，局间休息1 min。散打比赛时、服装护具分为全护型和点护型两种。全护型运动员应戴拳套、护头、护齿、护胸、护裆、护腿，赤脚穿护脚背；点护型运动员只戴拳套、护齿和护裆。运动员必须穿与比赛护具颜色相同的背心和短裤，护裆必须穿在短裤内。比赛时，后脑、颈部、裆部为禁击部位。头部、躯干、大腿和小腿为得分部位。禁用头、肘、膝和反关节的动作进攻对方；禁用迫使对方头部先着地的摔法或有意砸压对方；禁用腿法攻击倒地者的头部。

胜负的评定如下。

1. 点数胜

在一场比赛结束时，被多数边裁判员判为胜方的运动员获胜。

2. 优势胜

（1）实力相差悬殊：比赛中，双方实力相差悬殊，台上裁判员征得裁判长的同意，判技术强者为该场胜方。

（2）击倒对方获胜：如果一名运动员受重击倒地，在 10 s 钟内不能重新比赛，或 10 s 钟内站起后明显丧失比赛能力，判对方为该场胜方。

（3）因对方被强制读秒获胜：一场比赛中，被重击强制读秒达 3 次，判对方为该场胜方。

（4）因对方被取消资格而获胜：一方运动员因犯规或诈伤等原因被取消资格，另一方即为该场胜方。

第十三章

定向运动

第一节 概 述

一、简介

定向运动起源于瑞典。定向运动作为一种体育项目开展是从20世纪初在北欧开始的。到20世纪20年代已在芬兰、挪威、瑞典、丹麦立足。1922年举行了第一次世界定向运动比赛;1950年,挪威人(Knut Valstad)成功地绘制出了第一张定向彩色地图并于当年使用;1961年,国际定向联合会(缩写为IOF)在丹麦哥本哈根成立,并确定了一系列的比赛规则和技术规范。国际定向联合会是世界定向运动的行政实体,是国际体育联合会总会之一,现有成员国63个。1960年,在芬兰举行了第一届世界定向锦标赛;1978年的芬兰世界定向锦标赛第一次使用国际标准的控制点说明。1995年以后,世界各国逐渐深刻认识到定向运动在现代生活中的意义,所以定向运动的举办频次和规模越来越大。目前,定向运动也发展成为国际承认的奥林匹克体育项目之一。

二、定向运动的分类

定向运动就是利用地图和指北针到访地图上所指示的各个点标,以最短时间到达所有点标者为胜者。常见的定向运动有以下几种形式。

(一)定向越野

定向越野组织方法比较简便,是开展最为广泛的一种定向运动。运动员在到达的每一个点标处使用打卡器打卡,打卡系统不仅能证实是否按顺序正确到访,还能记录到访时间。

(二)接力定向

在接力比赛中,比赛的路线分成若干段(国际比赛通常为四段),每名选手完成其中的一段,各段参赛选手的成绩相加为该队团体总成绩。为便于观众欣赏各选手之间的激烈竞争,接力定向的场地必须设置一个中心站,各段选手的交接(即换段)在中心站以触手方式进行(不使用接力棒)。

(三)记分定向

记分定向通常以个人方式进行。在比赛区域内预先设置许多检查点,并根据地形的难易程度、距离远近、点的位置的相互关系不同而赋每个检查点以不同分值。选手在规定时间内寻找若干或全部检查点,积分最高者为胜者。

(四)专线定向

专线定向与其他定向活动的最大区别是在地图上明确地标出了比赛的路线。运动员必须按这些规定的路线行进,并将途中遇到的检查点位置标绘到图上去,成绩以所用时间的长短和检查点位置标绘的准确程度来确定。

(五)五日定向

这是瑞典独有的比赛项目。比赛共进行五日,比赛路线由若干段组成,每段都单独记录个人的成绩,最后再算出总成绩。在多条比赛路线中，除设置了许多检查点之外，还设有若干营地。供运动员和观众休息和参加丰富多彩的文化娱乐活动。

（六）夜间定向

这是定向运动的一种高难度的比赛形式，在视觉不良的夜间进行，增加了比赛的难度，但同时对观众和选手来说，增加了刺激性和吸引力。

（七）滑雪定向

滑雪定向可以按个人、团体或接力比赛等形式进行。滑雪定向活动中，选手需要使用滑雪装具（非机动的）来进行。供比赛用的滑道，需要使用摩托雪橇来开辟，同一比赛路线上的滑道通常不止一条，以便于选手自行选择。

（八）山地自行车定向

山地自行车定向运动中的交通工具为山地自行车，一般在山区进行，其与定向越野的规则基本相同。

第二节　定向运动器材

定向运动是一项利用一张详细精确的地图和一个指北针，依次逐一到达地图所示各个检查点，并在最短时间到达所有点标者为胜的运动。参与者需要较强的识别、使用地图的能力，要能够熟练使用指北针、快速选择移动方向的途径、细心判别点标器序号等的能力。

一、指北针

定向运动最重要的"仪器"就是人的大脑，而指北针是定向运动可使用的唯一合法帮助。发明于中国的指南针在定向中被称为指北针。与指南针不同的是，指北针红色的指针永远指北（见图13-2-1）。

定向运动比赛中所用的指北针多由组织者提供，如果要求自备，则可能会对其性能、类型作出原则上的规定。当今世界上已出现的指北针类型主要有简单式、液池式、透明式、照准式、电子式等，如图13-2-2所示。目前，国际上的定向越野比赛常使用由透明有机玻璃材料制作的指北针（有关该指北针的使用方法详见国际定向越野图与指北针的使用）。

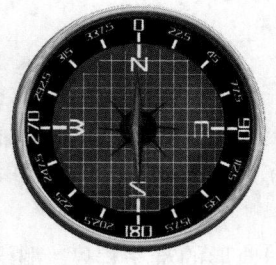

图 13-2-1　指北针

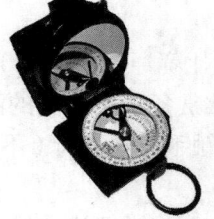

图 13-2-2　各类指北针

二、地图

地图是从空中鸟瞰的地球表面的简缩景。地图图廓，一般包括图名、指北线、比例尺注记、等高距注记和图例说明。地图是定向越野比赛中最重要的器材，其质量的好坏直接影响到运动员比赛的成绩，关系到比赛是否公正，因此国际定联专门为国际间定向越野比赛制订了《国际定向运动图制图规范》（Drawing

Specifications for International Orienteering Maps）。图 13-2-3 所示为 2008 年全国学校定向运动师资培训暨教学研讨班所用的定向越野地图。

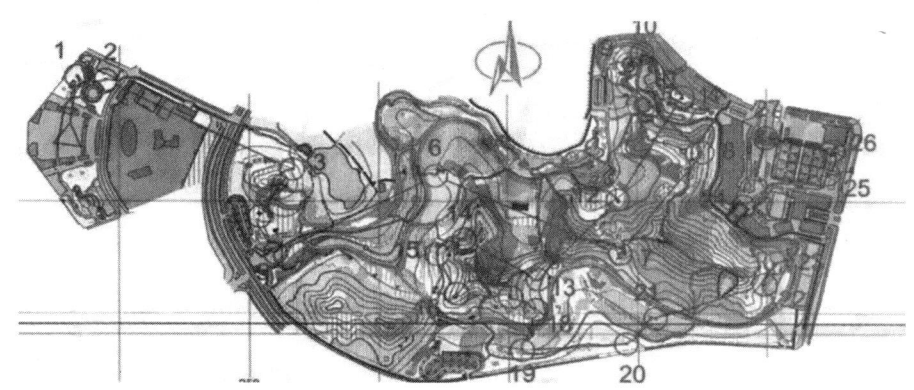

图 13-2-3　定向越野地图

国际定向越野地图

地图幅面的大小是根据比赛区域的大小而确定的，赛区以外的情况不必表示；比例尺通常为 1∶1.5 万或 1∶2 万，当需要时也可采用 1∶1 万或 1∶2.5 万；等高距通常为 5 m，当需要时也可采用 2 m 至 10 m，但在一幅图上不得使用两种等高距；精度至少要使以正常速度奔跑的运动员没有任何不准确的感觉；内容表示的重点是详细表示与定向和越野跑直接相关的地物、地貌，并要利用颜色、符号等，详细区分通行的难易程度。

1. 地图上的比例尺

比例尺是地图必须标示的符号，是显示地表实际距离与地图显示距离的比例相关性。地图上所标明的比例尺说明地图被缩小了的倍数。

比例尺 1∶1000 说明地图上的 1 cm 等于实际地形上的 1000 cm（10 m）。通常地图的比例尺还有 1∶3000，1∶4000，1∶5000，1∶10000。一般来讲，大多数森林定向图比例尺为 1∶10000，大多数公园定向图比例尺为 1∶5000 或 1∶4000；地图上表示高度的图例，左边坡陡峭，右边坡缓和。

2. 地图上的颜色

地图上的颜色及表示如下：

黑色：人造景观（建筑物，道路，小径）和岩石（大石头，悬崖峭壁）。

棕色：等高线/符号（表示山丘和小坑）；沥青/砾石路（高速公路、主干道、宽行人道、篮球场等）。

蓝色：任何有水的地方（湖泊，溪流，泥沼）。

绿色：植被、浓密而难通过的地区（绿色越深，越难通过）。

白色：普通的林区，易通过。

黄色：空旷地，易奔跑。

黄绿色：禁入私人区果园，花坛。

紫色：路线。

3. 地图上的符号

不同的颜色符号表示不同的地或物；例如三角形为起点、圆为个点标、双圆为终点、圆中三角为起点和终点重合（一般情况起点和终点离得不远），如图 13-2-4 所示。

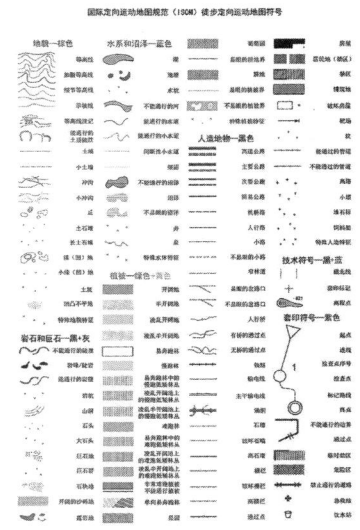

图 13-2-4　地图上的图例

三、号码布

号码布的大小一般不超过 24 cm×20 cm，其号码数字的高不小于 12 cm，而且字迹要清晰，字体要端正。正规的比赛还要求将号码布佩戴于前胸及后背两处，如图 13-2-5 所示。

四、检查卡片

检查卡片主要用于判定运动员的成绩，用厚纸片制成，分为主卡和副卡两部分。主卡由运动员在比赛中携带，并将每个检查点的点签图案印在空格中，到达终点时交裁判人员验证。副卡在出发前交工作人员留底和公布成绩时使用。检查卡片的尺寸一般为 21 cm。现在大型比赛大多不用检查卡片了，也就是备用，一般都是电脑控制显示的，小型比赛用得多（图 13-2-6）。

图 13-2-5　正规比赛号码布

图 13-2-6　检查卡片

五、检查点标

检查点用于检验运动员是否按规定跑完全程，为此应设置专门的标志。检查点均在地图上准确地表示出来。检查点标志是由三面标志旗连接组成的，每面正方形标志旗沿对角线分开，左上为白色、右下为红色，旗的尺寸为 30 cm×30 cm，可以用硬纸壳、胶合板、金属板、布等材料制作。标志旗通常要编上代号（国际上过去曾使用数字作代号，现已规定使用英文字母），以便于选手在比赛时根据旗上的代号来判断他是否找到了正确的检查点。检查点标志和标志旗如图 13-2-7 所示。

运动专用点标志旗均采用防雨布料和不锈钢支架以及高密度的织带挂绳，这样才能符合国际标准，并且不怕风吹、日晒、雨淋，不褪色、不生锈。

图 13-2-7　检查点标志旗和标志

六、点签

点签是与检查点配合使用的，即提供给运动员一个到达位置的凭据。点签的样式很多，但最常见的还是钳式和电子点标器。检查钳是用弹性材料制成，顶端装有钢针，钢针的不同排列，使检查钳可以印出不同的图案痕。现在大型比赛多用电脑控制的电子点标器与指卡配合使用，一般电子打卡器出现问题时才启用机械点签，如图 13-2-8 和图 13-2-9 所示。

定向越野比赛对运动员的服装都没有特殊的要求。根据经验，运动员对服装的选择应该注意以下两点：一是衣裤应紧身而又不影响呼吸与运动。为了防止树枝刮伤和害虫侵袭，最好穿用面料结实的长袖衣和长裤甚至使用护腿。二是鞋应轻便、柔软而又结实。为了便于上下陡坡、踩光滑的树叶或走泥泞地，鞋底的花纹最好是高凸深凹的，以加大与地面的摩擦。

图 13-2-8　机械点签

图 13-2-9　电子指卡

七、打印机

打印机如图 13-2-10 所示。

八、红外通信

控制站使用红外线与 PC 通信，把红外线收发器与 PC 串口连接，收发器窗口与控制站"CHINAHEALTH"标签侧面（控制点的红外线收发窗口就在标签的下面朝前）正对，间距在 5~30 cm，启动控制站及管理软件后，连接便自动建立。红外通信设备如图 13-2-11 所示。

图 13-2-10　全套设备和打印机

图 13-2-11　红外通信设备

红外通信设备中的 CH 软件（包括个人赛、接力赛、积分赛、无线电测向软件）主要作用如下：
1. 赛事管理（新建赛事、备份赛事等）；
2. 组织管理（选手检查等）；
3. 路线管理（设置检查点、路线分配等）；
4. 出发时刻（规划出发时刻等）；
5. CH 卡管理（清卡、鉴别 CH 卡、设置特殊功能密码）；
6. 点签器管理（设置训练和竞赛两种模式、校对点签器时间、电池电量指示）；
7. 报表（打印输出、成绩统计等）。

第三节　定向越野所需技能

一、定向越野选手的技能

定向越野选手应具备以下技能：①在野外能够迅速地辨别方向；②能熟练地使用地图和指北针；③善

于进行长距离的越野跑；④既果断又细心；⑤能够迅速选择最佳的行进路线；⑥在任何情况下，运动员的辨别方向和使用地图的能力始终都是最基本的。

二、地图的识别和定向

首先，看图上的颜色代表的区域标志和地图的图例来判别实物，查看地图的比例尺、等高距，然后在脑中勾画大概的距离，找出标明地图的指北方向标志。

其次，看自己所在地图的大概方位，如由出发点及标志，出发点边缘的明显道路、途中标志等来确定自己的位置。

最后，在地图上找出大的容易辨别的图案和标志与地球上的实物相吻合，如山体、道路、湖泊、草坪等给地图实物定位；找出自己要去的方向，选择经过的道路明显标志物；给地图定向，将地图与指北针放水平状态，转动地图直到地图上的指北线与指北针红色针平行，图即被定向，如图 13-3-1 所示。

（一）使用指北针给地图定向

将带在左手上的指北针放平，使红色的指针与地图上红色指北图标平行或重合。计算判断要去目的地的大概距离，并选择容易的路径。不断地查看主要实物和地图对照，以明确自己目前的地点。如果失去方向感，即刻再用指北针判方位。地图上连接两个点标间的直线方向就是要去的方向，再选择最佳路径。如果地图上没有连接两点间的直线，可以用指北针上的蓝色箭头指向要去的方向，转动自己，使红指针与红标志重合，蓝色箭头就是要去的方向。手表式指北针如图 13-3-2 所示。

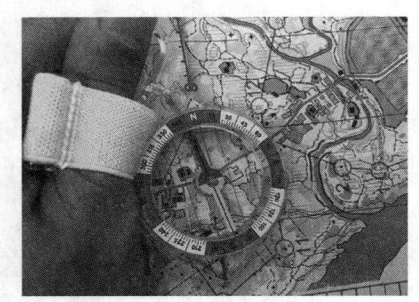

图 13-3-1　指北针与地图上的指北线平行

图 13-3-2　手表式指北针

（二）识别辅助小图标

地图上黏附的小图标是具体的点标和方位标志。因此，大方位跑到后应迅速识别具体的辅助图，以便很快找到点标器，否则会很费劲或原地打转，这能让人紧张或丧失斗志。

（三）计算和分析实际距离

根据比例尺和地图上量得的距离计算出陆地上的大概距离，因为许多人看距离太频繁而影响前进的速度，也有人只顾跑而偏离了目标，跑了冤枉距离。

（四）最佳路线的选择和节省运动体力

通常应选择体力消耗少、不容易迷失方向和位置的路线、选择不浪费时间的地段通过，虽然这样有时候耗体力，但容易通过的道路也是好的选择，因而应根据自己的体力来决定。最佳路线的选择应坚持以下几个原则：

1. 有道路、少越野，以防迷路耽误时间和艰难的道路消耗体力。
2. 选近路不选远路，如果路况地形不险恶，且容易判断方向和通过，应选择省时间和距离的路途。
3. 浏览全图，提前绕难以通行的物体，如湖、河流等。
4. 走高处不走低洼地，因为高的地方不容易迷路，看得范围较大，利于路线和方向的选择。
5. 看到点标后要迅速打点标和离开，因为这样既节省时间，也不会为其他对手指明地点。
6. 没有障碍和难度的地段要快速移动，以争取时间。

三、野外运动需要的技术

学会选择路径，地图的正上方往往是指北方，那么正下方就是指南方，且左西、右东；等高线越紧密，其坡度越陡；等高线越稀疏，其坡度越缓和，如图 13-3-3 所示。最简单的方法就是找到大而明显特征的地、物做标志，如建筑物、道路、湖泊等。另外，还需要具有顽强的心理素质和野外跑步的体能，以及认真、严谨的态度。

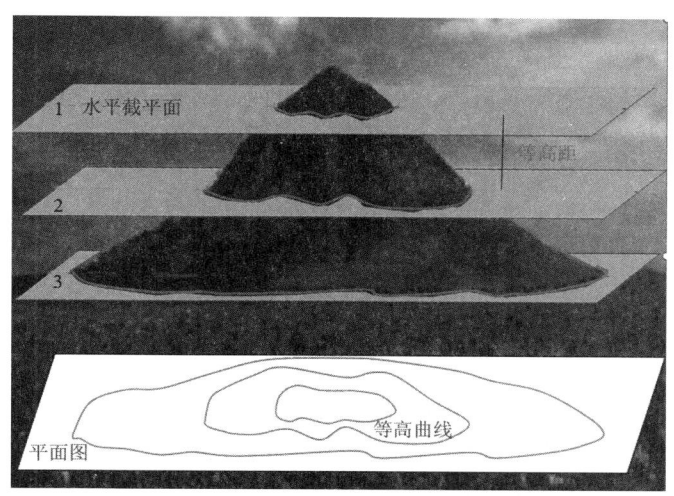

图 13-3-3　地图上的等高线

第四节　定向运动的比赛

一、大会集合处

运动员在比赛前被带到赛区的报到处，领取参赛号码布和指卡等，在会场内可查阅参赛队员的出发时间或有关该次比赛的资料。

二、指定出发区

参赛队员要在出发前十分钟到达出发区，通常出发区距离会场数分钟的路程，参赛队员须依从赛会指引，以合适时间前往，以免迟到。如因个人原因延误迟到，所损失的时间将不获补偿。

三、进行比赛

在个人赛中，各组的运动员一般每隔两分钟或若干分钟出发一队。出发后参赛队员必须离开出发方格，以免阻碍其他运动员出发；必须寻找到所需到访的控制点然后返回终点报到。

四、终点处

参赛队员通过跑道、越过计时器后，计时员会把他到达的时间记录下来，然后在地图收集处交回地图及指卡。参赛队员返抵终点后，须迅速离开，以免妨碍后来到达的运动员。

五、重返会场

参赛队员可以从布告板上查阅比赛成绩及在稍后时间取回比赛图留念。如有投诉，须于成绩公布后五分钟内提出，颁奖后，可各自离场。

第十四章

户外拓展运动

第一节 概述

一、拓展训练起源

拓展训练又称心理拓展训练、外展训练等,起源于英国,为小船离开安全的港湾,驶向波涛汹涌的大海,去迎接一次次挑战,战胜一次次困难。拓展训练通常利用崇山峻岭、瀚海大川等自然环境,通过精心设计的活动达到"磨炼意志,陶冶情操,完善人格,熔炼团队"的培训目的。拓展训练对个体是一种体验式学习,对团体是一种有效的培训。拓展训练是以体育活动为载体,以自然环境为训练场所的,因此从内容到形式、从方法到目的都与户外运动紧密地结合在一起。

拓展训练起源于第二次世界大战期间。当时盟军征集了几十条商船,成立了"大西洋商务船队"参与后勤补给的运输。德国军队却派出了"海狼"潜艇集群在大西洋上进行拦截,使得大西洋商务船队屡遭德国人袭击,许多年轻海员葬身海底。然而,每一次这样的灾难都会有人能够活下来。人们通过调查研究,从生还者身上发现,他们并不一定都是体能最好的人,但却是求生意志最顽强的人。于是,哈恩等人创办了"阿伯德威海上学校",训练年轻海员在海上的生存能力和船触礁后的生存技巧。

哈恩博士原本是一名教育工作者,曾经执教于德国和英国的私立学校。第二次世界大战前,在担任德国南方赛兰学校校长期间,哈恩博士首先实践了拓展训练的教育方法。此后,身为犹太人的哈恩从德国移居到英国继续进行他的研究。第二次世界大战结束后,"阿伯德威海上学校"的功能也随之退化。但是,一些组织行为学家和教育家却从这所学校的训练模式里得到了启发。他们认为,随着社会的进步,当人类进入工业化社会后,很多管理者在面对飞快的工作节奏和复杂的人际关系时,往往会造成思想保守、情绪焦虑、精神压抑,更为严重的是很多人承受不了压力会做出极端的举动,这种现象给企业和个人带来了很大的损失,于是在英国慢慢形成了以管理者和企业人为对象、以培训管理者的心理适应能力和管理技能为培训目的的学校。在这些学校里,拓展训练原形的独立创意和训练方式再次受到了人们的重视,并逐渐被推广开来,而且训练对象由海员扩大到军人、学生、工商人员等群体,训练目标也由单纯体能、生存训练扩展到心理训练、人格训练、管理训练等。拓展训练从此在世界范围内逐渐开展起来。

二、拓展训练发展

真正将拓展训练推广开来的却是美国的马萨诸塞州哈密尔顿维恩哈姆高中校长皮赫。皮赫对将拓展训练的方法应用到学校教育中进行了摸索,最终把拓展训练的方法与现存的学校制度结合起来,为教育开辟了新的思路和新的领域。在当时的美国,有一些学校的老师开始对学生进行短期的探险教育,包括攀爬岩石、绳类活动等拓展训练活动的实践,活动大多以野外活动俱乐部的形式进行,有时也会作为日常教学课程的一部分来进行。但是,当时的这些教育活动仅限于教师个人的尝试和教育实践,还没有被列入教学大纲中。皮赫认为仅这样是不够的,必须将拓展训练获得的方法与高中课程紧密结合起来,并开始寻找它们的结合点和结合方法。此后，皮赫获得了联邦教育局长达三年的大规模辅助经费。通过这些辅助经费，他聘请了许多拓展训练活动家作为专家，开始研究并制订新的课程大纲。此后，越来越多的老师开始对此产生兴趣并参加到这项活动中来，共同研究如何开展拓展训练的实践活动。由于教师、专门职员和学校管理人员与课程大纲的实施有着密切的关系，因此这些人员的广泛介入和支持使新的教学大纲得以更顺利地进行。拓展训练实践活动的教学大纲出台后，得到了世人的瞩目和高度的评价，而且1974年的拓展训练计划被"全美教育普及网络（NDN）"评选为优秀教育大纲。

1974年以来，在美国高中课程教学大纲中，总是一直沿用该计划的学校已达到90%。1979年，美国的拓展训练专门机构为普及拓展训练开设了拓展训练讲习班，学习拓展训练教学大纲，培养学校的拓展训练专职人员和骨干。此后，又有2000余名心理指导者和养护教师受到了专门的训练。1982年，负责专门计划普及的工作人员从哈密尔顿维恩哈姆市的学校中独立出来，成立了非营利性的团体，开始拓展训练的普及工作。他们使普通教育系统以外的团体（大学、基督青年联合会、野外教育机构、企业研修机构等）对引入专门拓展训练计划的热情大大提高，对专门拓展训练计划的申请也急剧增加。所以，1982年以来，除了高中以外，发展专门拓展训练计划最快的是养护教育和心理治疗领域。私人疗养机构、预防违禁药物使用的机构、美国各州郡的青少年康复机构以及精神病医院也对专门拓展训练表现出了极大的兴趣。从此，拓展训练活动在社会上普及起来，拓展训练机构也如雨后春笋般发展起来。拓展训练被引入我国是在20世纪90年代中期，当时只是为了团队训练的一种手段而存在。直到2002年，在教育部的倡导下，拓展训练才开始进入学校体育课程。

第二节　拓展训练内容

一、信任背摔

（一）项目任务

队员站在背摔台上背向队友，双脚后跟1/3出台面（教师做示范动作），身体向后垂直水平倒下去，下面的队员安全把他接住即为完成，如图14-2-1所示。

（二）动作要领

1. 背摔队员

双脚开立，与肩同宽，体前双臂交叉。头略含，双掌离下巴约10 cm，双臂夹紧，双脚并拢；然后大声询问队友："准备好了么？"当得到队友："准备好了"齐声响亮的回答后，自己高喊"1——2——3"后挺直，身体重心上移成垂直水平倒下去。

2. 搭人床队员

每位队员寻找与自己身高体型相仿的队友，在背摔台前相对站立，伸出同侧腿；前腿弓、后腿略绷（严禁绷直），脚心相对约10 cm距离，膝窝相抵形成轴心；上身挺直，伸出双臂，十指平伸，手心、肘心朝上，肘窝略弯，与队友手臂交错搭在队友的肩上；头向后仰并侧向背摔队友背部，利用身体上肢移动来调整承接背摔队员的倒下方向。

图14-2-1　做信任背摔

（三）注意事项

1. 背摔队员

（1）队员在背摔台中心站立做动作，要保证安全；

（2）做背摔的队员不要向后蹲跃；倒下时肘关节收紧不要打开；

（3）不要垂直向下跳；控制好双脚不要上下摇动打开。

2. 搭人床队员

（1）第一组队员的肩膀距背摔台前约 30 cm 的距离；

（2）每组队员的肩膀应该紧密相连，勿留空隙；

（3）人床形状应保持由低渐高的坡状；

（4）剩下的队员要用双掌推住最后一组队员的肩膀处，以保护人床的牢固；

（5）当听到背摔队员询问"准备好了吗？"时，头要向后仰，同时目视队友的背部，并回答"准备好了"；

（6）当队友倒下来后一定要遵守"先放脚后将身体扶正，安全第一"的拓展原则；

（7）做保护的人员不要迅速撤离，在任何时候都不可以撒手或撤退；

（8）这个项目的危险性大，所以一定要端正自己的态度，保持极高的警觉性，不得有一丝懈怠，以保证队友的安全；

（9）队长协助培训师调整人床人员的队形，以确保安全；

（10）做之前将身上的尖锐物品（如：眼镜、发卡、手表、钥匙、戒指等）取下。

（四）讨论点

1. 为什么信任？信任是如何产生并建立起来的？
2. 如果是未知的领域，怎么去面对？
3. 自控能力如何把握？
4. 责任、承诺、自信心。

二、空中断桥

（一）项目任务

队员攀爬到 7 m 高空的桥面，从自己的起点位置跳到另一个端点，然后再跳回来并安全回到地面即为完成，如图 14-2-2 所示。

（二）动作要领

每位队员跨越前要将前脚掌探出板缘 1/3，将护绳向前甩，两眼看正前方，放松身心，深呼吸后默念"1—2—3"，屈膝的同时利用前脚掌的蹬踏及腰部的力量，用力跨越。

（三）注意事项

1. 队员在板上不允许跑蹿蹦；
2. 长发队员要将头发盘在头盔里面；
3. 要将身体上容易掉落的物品取出，放在旁边安全的地方，待做完项目后再收回；
4. 在跨越前可将保护绳轻轻向前带一下，置于断桥中间即可；
5. 跨越时不要抓紧身前的保护绳；
6. 队长要检查队员的安全带穿戴是否标准，以免发生危险。

图 14-2-2 跳空中断桥

（四）讨论点

1. 面对未知、压力与恐惧，如何果断地做出决策，对没有经历的事情，挑战是自己的一个课题。
2. 调整和适应变化的能力（人对环境的四种反应：第一离开环境；第二改变环境；第三适应环境；第四抱怨环境。我们可能无法改变风向，但我们至少可以调整风帆）。
3. 如何克服恐惧心理？我们说确立目标、关注目标、分解目标。
4. 感觉是跳过去时困难还是回来时困难呢？过去时难是信心问题，回来时难是因为环境的再次改变产生了新的压力。
5. 行动是克服恐惧心理的良方。
6. 自我预言；意志力坚定；相信自己的能力，给出自己的压力底线。

三、空中单杠

（一）项目任务

每位队员顺着柱子爬到圆台上面站好，然后纵身跃出，抓到或者触到单杠，即为任务完成，如图 14-2-3 所示。

（二）注意事项

1．做项目的队员不要用手抓身后的保护绳。
2．队员要摘下戒指、手表、手机等易掉落的物品。
3．在穿安全带时，队友间要相互帮忙检查穿戴是否正确（第一步，检查腰带是否系紧；第二步，检查安全带反扣是否打上）。
4．长发队员一定要把头发盘起来再戴上头盔。
5．指甲长的队员要剪指甲以免划劈。

图 14-2-3　做空中单杠

（三）讨论点

1．信任队友，自信来自团队、实力、责任感。
2．团队的鼓励很重要，自己从负面影响的思考慢慢转化为积极影响。
3．机遇与风险并存时，我们应如何做？
4．怎样战胜心理恐惧？

四、天梯

（一）项目任务

两人协作，共同登顶，如图 14-2-4 所示。

（二）注意事项

1．每组队员在上去之前将身上易掉的物品取出。
2．介绍装备的品牌、安全性能及使用方法。
3．我们可以借助的只有队友的身体和每根横木上的绳套，不许拉胸前的保护绳和两旁的钢丝绳。在攀爬过程中只有两个部位是最安全的借助点——大腿根部和脖颈根部，严禁蹬踏膝关节和肩关节。特别要注意的是，当蹬踏到队友身体时，严禁向上跳跃，以免受伤。

图 14-2-4　登天梯

（三）讨论点

1．学会从与他人合作中获取帮助，体会合作共同登顶的喜悦。
2．队友的鼓励、支持与关注。
3．心态的调整、建立自信心。

五、海滩逃生

（一）项目任务

所有队员在指定时间内（40 min）爬上求生墙，如图 14-2-5 所示。之所以叫作求生，是源于第二次世界大战时期，当盟军的运输舰只遭到德国潜艇的攻击沉没后，所有的队员只能通过这条唯一的上下通道爬上甲板求生，45 min 后海水将整个船舱淹没。所以，要利用聪明才智，所有队员团结一致，机智勇敢的队员全部逃上了甲板即为完成。

（二）动作要领

1．腕腕相扣（备份保护）

在项目进行中，如果拉拽队友的上肢时，只允许互相抓住双方的手腕，以防止脱落时的单层保护。

图 14-2-5　爬求生墙

2. 抱石保护法

所有队员单腿向前迈步前进，前面的腿微弓，后面的腿略绷，双手掌心朝前，手肘略弯，呈满月状目视攀登队友的背部，以便发生倒坠时能及时保护。保护队员离墙较近时，可以轻轻将队友贴在墙壁上慢慢滑下；保护队员离墙较远的，可以双掌后挫卸力或者侧边转卸力将队友轻轻放在脚下的垫子上。

3. 大家在开始行动之前先观察一下垫子的摆放位置、与墙的缝隙和垫子的松软程度，以免项目进行时崴脚。

（三）注意事项

1. 任何能够延长身体的工具都不允许使用，如衣服、皮带等。
2. 这条通道是唯一通道，所有队员不得从两侧上去帮助，上去的队员也不可以下来帮忙。
3. 需要借助队友肢体时，尽量踩在肉厚的地方，如肩膀内侧、大腿根部等，而且严禁爆发使力。
4. 在需要拉拽队友时，不要仅抓衣服，要连同队友的肢体一并抓起，以防人、衣脱离。
5. 需要队友下蹲接人时，首先要保持身体正直，然后身体慢慢起来，后面最好有队员用腿、手顶住队友的臀部、腰背。
6. 人梯上攀爬的队员要站直身体，双手手心紧扣墙壁，胸部、膝盖要与墙壁保持 5 cm 的距离，以保持好向心力。
7. 上去的队员不要坐在墙上拉拽队友，只能伏在墙上进行提拉动作。
8. 当墙上的队友拉拽队友的上肢时，保持握腕的同时只能顺势抄提腋下，注意不得反关节提拽队友的身体，以免造成伤害。
9. 在下面搭人梯的队员要轮换进行，以防止时间过长支持不住，造成不必要的损伤。
10. 所有未攀爬队员在项目进行当中都要站在后面做好"抱石保护"动作，以保证攀爬队员的安全。
11. 当剩下最后一名队员时，采取什么办法一定要先报告，经培训师允许后再进行。
12. 倒挂队员一定要膝盖呈十字紧贴甲板外缘，小腿下面严禁夹杂任何物体。
13. 所有队员进行项目前都要将身上的尖锐物品取出，如眼镜、发卡、手表、钥匙、戒指等；有心脏病、习惯性脱臼、脊椎损伤等病史的队员禁做。
14. 如果发现大家的动作有危险时，培训师要立即制止，以保证安全。

（四）讨论点

1. 潜能，团队信心。
2. 牺牲精神、甘为人梯的精神。
3. 团队角色的分配。
4. 计划、组织、领导、控制。
5. 通过团队努力，才能实现个人及团队的目标。

六、穿越电网

（一）项目任务

假设这个万伏高电压电网向上及向两侧是无限延长的，大家要从四根电网绳围住的有效网洞穿过去，所有队员从电网的这一侧到达另一侧即算完成任务，如图 14-2-6 所示。

（二）注意事项

1. 下令开始后所有队员不许触网。
2. 每个网洞只能过一次，每过一个人培训师要把洞封上，不允许再次使用。
3. 穿网过程中如有触网现象，则队员退回，且此网洞作废不可使用。
4. 没有过来的队员不能从两侧过去帮忙，过去的队员也不能回来

图 14-2-6 做穿越电网

帮忙。

5. 所有队员不可以从上、下面通过。
6. 千万注意不要抛弃队友，不要跑跳穿跃。
7. 被接过来的队员要遵守"先放脚后将身体扶正"的"安全第一"拓展原则，将队友缓缓地放平稳。
8. 女队员只允许仰面通过。
9. 如果发现大家的动作有危险时，教师要立即制止，并请大家不要再进行这样的危险动作。
10. 队员进行项目前都要将身上的尖锐物品取出，如眼镜、发卡、手表、钥匙、戒指等。

（三）讨论点

1. 资源合理配置。
2. 组织、策划、分工、配合。
3. 奉献精神、敬业。
4. 监督机制。
5. 工作精细度（细节把握）。

第十五章

大学生体育俱乐部

第一节 概 述

一、概念

体育俱乐部（sport club）原意是指一种群众性体育组织，是群众体育活动的场所。体育俱乐部分单项和综合两种，设有运动场地、器材和技术人员，可进行运动员训练和开展比赛活动。随着体育俱乐部的发展，其内涵也得到了进一步的拓展，在形式上呈现出多样化的格局。体育俱乐部作为一种组织，是一种自发的由社会兴办的开展体育活动的基层组织，是"人的集合"，是以体育爱好者自发性和自立性结合为基础、为增进健康和促进相互间的协调与和睦而进行持续性体育活动的组织。同时，体育俱乐部也可作为一种组织的活动形式或活动过程。

大学生体育俱乐部是在学校的领导下，由教务部门直接领导、体育部参与管理，面向全体学生、教师、职工以及社会人士，以进行体育教学、学生课外体育锻炼、推广和开展大众体育项目、推动全民健身运动、繁荣校园体育文化生活为目的并能自我发展、自我完善的体育组织。同时，它也是一种以学校体育设施、器材为基本依托，聘请专业教师、教练，提倡学生自愿参加的一种公益性和有偿服务相结合的组织形式。

二、体育俱乐部的主要组织形式

就我国目前社会体育俱乐部的组织形式来看主要有五种类型。一是企业型俱乐部：就是将体育俱乐部作为一个经营实体，按照市场运作规律、自主经营、自负盈亏的一种俱乐部类型；二是社会型俱乐部：就是将热心于体育运动中某一个项目、某一种活动的人组织起来，缴纳一定的会费，享受一定的权利，承担一定的义务，按照章程开展活动的一种体育俱乐部形式；三是民办非企业型俱乐部：这种俱乐部的特点是其组织管理与企业相似，可以开展经营活动，但它与企业型俱乐部的根本区别就在于赢利不得分红，必须用于事业的发展；四是事业单位性质的俱乐部；五是单位内部的各种体育俱乐部：这种俱乐部主要是为本单位职工服务，属于公益福利性质。目前，国外许多国家的体育俱乐部组织形式与我国大体相似，如日本的体育俱乐部分为学校体育俱乐部、企业（或实体性单位）体育俱乐部、社区体育俱乐部和民间体育俱乐部四大类，各类体育俱乐部均有各自的特点。

为了充分贯彻"以人为本""健康第一"的教育理念，体现"以学生为主体、教师为主导"的教育思想，在我国许多高校，不同程度地进行了体育俱乐部制改革，实施了大学生体育俱乐部制。各高校开办体育俱乐部的目的虽然不完全一样，但主要目的是为高校教学服务，完善高校体育教学、训练工作，培养学生的终身体育意识，促进"自我体育"观念的形成，培养和发展学生对体育的兴趣，为全民健身服务。我国高校的体育俱乐部近几年发展较快，发展模式基本形成。我国高校体育俱乐部的模式综合为两大类，即体育教学俱乐部和课外体育锻炼俱乐部。

（一）体育教学俱乐部

体育教学俱乐部是体育教育行政或实施部门为体育教学改革、实现体育教学目标多样性所组建的体育教学俱乐部，是以大学生参加俱乐部活动形式进行体育教学的一种俱乐部形式。具体是指在设置体育课程的教学期间，将体育教学授课对象中具有共同体育锻炼爱好的大学生，基于生理、心理、社会和自我完善等需要，以素质教育、健康教育和完成教学任务为目标，从大课程观出发，在任何单元内实施以专门体育项目的教学、训练、竞赛与能力培养为主要任务的教学活动或组织形式。在教学过程中，它与课外体育锻炼、群体竞赛、运动训练有机地融为一体，并已纳入"体育大课程"之中，成为一种综合性的体育教学活动过程或组织形式。

（二）课外体育锻炼俱乐部

课外体育锻炼俱乐部是指在设置或不设置体育教学期间，利用课余时间将具有共同体育爱好的大学生，基于生理、心理、社会和自我完善等需要，以丰富业余体育文化生活、提高战术水平、振奋团队精神以及实现自我设计等需要为目标，实施以专门项目的体育锻炼、运动竞赛与能力培养为主要内容的活动过程或活动形式。这种俱乐部一般是由学生社团组织或体育爱好者自发组织成立，广大学生自主选择参加俱乐部活动。课外体育锻炼俱乐部包括一般体育健身俱乐部、竞技运动俱乐部和休闲健身俱乐部。

1. 一般体育健身俱乐部

一般体育健身俱乐部是指为配合体育教育改革、满足学生业余文化生活需要而设置的课外体育健身俱乐部，是以学生课余锻炼和体育学习为目的的课外活动的主要场所。学生凭兴趣爱好选择参与，通过俱乐部的活动来享受运动的快乐，通过学习培养运动技能，通过运动展示自我，通过锻炼健身美体。

2. 竞技运动俱乐部

为提高学生运动水平和提高学校体育竞技实力的竞技运动俱乐部，是指由运动队实施训练、以提高竞技运动水平为主的体育俱乐部。这种俱乐部通常为单项运动俱乐部，以提高学生竞赛能力和运动成绩为主要目的。这种俱乐部的训练内容较单一，训练目的明确，训练场馆设施齐全，训练方法更专业、更科学，训练的强度也要大于一般健身课与体育课的强度。

3. 休闲健身俱乐部

休闲健身俱乐部是集娱乐、休闲、健身于一体的休闲健身俱乐部，是以休闲体育活动为主要内容，以教职工或学生休闲、娱乐为主，同时也能满足一定的健身需求的体育俱乐部。这种俱乐部主要以休闲、娱乐为主要目的，同时带有一定的健身或竞赛功能。俱乐部活动内容较多，棋、牌、钓鱼、台球、飞镖等都属于活动内容，运动强度小，适合大强度的工作或学习之后进行身体放松和心理调节。

三、大学生体育俱乐部的主要特征

（一）大学生体育教学俱乐部

1. 俱乐部型体育教学模式及特征

我国的大学生体育俱乐部是一种融国外大学体育俱乐部活动与国内传统体育教学两种特色为一体的新型体育教学模式。俱乐部型体育教学模式主要体现为：①重视学生主体的选择性。在俱乐部型体育教学模式下，学生可以自由选项，教师采取集中辅导和以学生自我练习为主的方式。这种教学可以使他们的个性在"独立或自主"行为中展示出来。②满足个性发展需要。俱乐部型体育教学采用了多类型、多层次的组织形式，从根本上改变了传统型体育教学的单调、乏味的教学形式，充分发挥了整体教学功能。③课内外一体化。俱乐部型体育教学能做到课内与课外相结合、教学与训练相结合、健身与娱乐相结合。大学生体育教学俱乐部的主要特征为：将传统班级授课制改革为由学生自主选择授课时间、授课项目、授课教师的教学俱乐部形式，且一般实行学分制或学年选课教学管理制度；这种教学管理制度规定授课时数，强调以学生"会学体育"为目的，将传统的以教师为主体的班级授课制改革为"主导制"或"辅导制"，充分体现了"以学生为主体"的指导思想，实现了体育教育目标的更新。目前，在体育课程改革不断深化的前提下，其教学形式已经在全国许多高校实施并各具特色，与专项体育课或选项体育课存在许多不同点，如表15-1-1所示。

表 15-1-1　体育教学俱乐部与专项体育课的比较

课程形式	体育教学俱乐部	专项体育课
教学任务	生理、社会、心理全面发展	传授"三基",思想品德培养融入课堂中
组织特征	以学生兴趣、素质拓展和项目爱好为主要要素	以活动项目为主要要素
课程内容	学校素质教育、发展个性健康教育和学校体育教学的内容	学科内容和课程教学内容的一部分
课程特点	从大课程观出发,把体育教学、课外体育活动、群体竞赛、运动训练有机地融为一体,建立新的课程体系	教学大纲中有明确的课程教学任务要求和具体的教学目标,体育教学一般与课外体育锻炼、运动竞赛联系不太密切
教学方式	教师因材施教,教学方法灵活,注重学生个体差异;学生是主体,教师既是知识传授者,又是组织者,但更多的是辅导者及答疑者、服务者,可满足不同学生的体育学习需求	教师主导,统一安排教学内容,注重教师的教,注重教学的计划性与统一性
教学效果	注重学生个性的心理需求与情感体验,以体育为手段服务学生的身心健康	强调教学计划的完成执行情况,注重技术动作的掌握程度
其他	定期与不定期相结合,内容相对稳定,注重动态	

2. 体育俱乐部教学模式的优点

（1）将健康、娱乐、竞技和生活教育融为一体，重视学生的主体地位，注重对学生体育兴趣和能力的培养；符合当代大学生生理、心理和身心健康，适应现代生活方式和生活结构的需要，使学生的主体地位得到充分的体现。

（2）为学生提供更多的选项，充分发挥教师的特长。体育俱乐部教学是在学生选择教师的前提下进行的，学生具有较大的自由度，学习内容、指导教师可以自由选择、随机变化，使体育教学引入竞争机制，给体育教师带来挑战和压力，增强教师的责任感和紧迫感，强化教师竞争与协作意识，激发教师的主观能动性，促使教师必须自觉进行业务进修，不断更新观念，学习新知识、新技能，充分发挥自己特长和创造力，有利于培养学生自主学习、自我锻炼、独立思考和创造能力，增强学生的体育意识，使学生在自主、自练和互练互评的体育实践中养成经常锻炼身体的习惯，达到高校体育教育的目的。

（3）充分利用体育场馆设施，有利于对学生进行全程体育教育。由于学生可以自由选择上课时间，可以缓解体育场（馆）和场地器材缺少的矛盾，充分提高体育场（馆）和场地器材的利用效率；增加学生体育学习的年限，以终身体育为主线，兼顾学习体育内容的系统性和阶段性，让学生在系统学习体育的过程中了解自己，满足不同层次学生掌握富有时代感和实用性的体育项目、健身锻炼手段和保健方法的需求，懂得所学的体育技能的价值，明确自己需要掌握的运动技术和技能，发挥自己的特长，形成锻炼身体的良好习惯。

（二）学生课外体育锻炼俱乐部

学生课外体育锻炼俱乐部是一种把学生课外体育与自主锻炼两种形式融为一体的课外锻炼活动模式。其主要特征为：将学生课外体育锻炼的"计划安排制""自主锻炼制""随机组合制"改革为"有机组合制""自主参与制"，在"自觉、自愿"的基础上缔结了相对固定的活动伙伴，并实行"自主自律、自我管理、自我发展"的管理方式。通过俱乐部活动，缔结活动伙伴关系，塑造和培育团队精神，培育俱乐部活动骨干的组织与管理能力。这一活动形式或活动过程与传统的课外体育锻炼俱乐部存在许多差异，如表 15-1-2 所示。

表 15-1-2　学生课外体育俱乐部与课外锻炼的比较

组织形式	课外体育俱乐部	课外体育锻炼
组织性	有一定的组织性、纪律性和组织体系	一般为自发组织，没有组织体系
组织特征	活动有较明确的计划性和目的性，有较稳定的活动伙伴	一般没有明确的计划性和目的性，活动伙伴一般是临时性的
时间性 地点性	有相对固定的活动时间和地点	一般具有随机性，没有固定的活动时间和地点
指导性	有计划、有组织地进行指导，得到指导的机会多	得到指导的机会较少
活动效果	团队精神可得到培养，技术技能可得到较快提高，组织与裁判实践能力得到培养	提高身体素质，提高技术与技能水平，体育实践能力的培养机会较少

体育俱乐部有职业体育俱乐部和业余体育俱乐部两种形式之分。我国大学生体育俱乐部大多属于业余性质，会员由大学生组成，活动的范围主要是在学校里。俱乐部的组织机构由大学生会员民主选举产生，俱乐部的活动是由大学生会员组织进行。所以，与职业体育俱乐部相比，我国大学生体育俱乐部具有自身的特点，主要表现在以下三个方面。

（1）业余性。由于大学生体育俱乐部的会员都是利用课余时间参加体育活动，其会员参加训练和校内外比赛也是利用课余时间，如在课余、早晨、晚上和节假日。大学生们在俱乐部里的体育活动与竞技体育运动不同，都是为锻炼身体和对体育运动的兴趣和爱好进行活动，是以业余体育活动为主要内容，因此大学生体育俱乐部是业余性质的。

（2）多样性。在运动项目的选择上具有多样性，除了传统的球类、体操、健美操、武术等项目，也开设各种棋类、桥牌、软式排球等新兴的项目。这样，大学生会员选择运动项目的空间很大，有利于发挥学生的体育特长，也满足了大学生会员的不同性别和不同爱好的需要，充分尊重了大学生的个性，也体现了俱乐部的多样性和灵活性。

（3）民主性。参加大学生体育俱乐部的学生完全出于自愿，来去自由，不受约束，没有任何强迫性，并鼓励大学生积极加入俱乐部。大学生根据自己的兴趣爱好自由选择体育活动的内容、时间和频度。在俱乐部任职与否，都要根据自愿的原则。大学生体育俱乐部的大门始终向所有大学生敞开，不分年级、性别、民族、学科专业，只要承认大学生体育俱乐部的章程和定期缴纳会费，均可参加，大学生会员的民主权利可以得到充分的保障。俱乐部的领导由会员民主选举产生，俱乐部的领导和会员之间是平等的会员关系。

四、国内外大学体育俱乐部的现状与特色

（一）国外大学体育俱乐部的现状与特色

19世纪初，在美国有许多进入大学的学生将他们在家乡学到的体育活动知识带到校园，在班级之间开展比赛，随之产生了大学生体育俱乐部。1843年，耶鲁大学成立了划船俱乐部；1850年，哈佛大学成立了常青藤体育俱乐部；1857年，圣保罗学院成立了划船、板球俱乐部；1922年，美国成立了高校体育俱乐部指导者联合会。美国高校体育俱乐部的种类很多，每个俱乐部人数一般在10~45人，目前美国大学生有各类单项体育俱乐部12000~16000个，平均每10个学生就有一个体育俱乐部。这些俱乐部分为职业运动俱乐部和业余运动俱乐部两大部分，前者由各个职业俱乐部管理，后者属于美国奥委会和业余俱乐部管理。美国奥委会根据会员水平，把俱乐部成员分为A，B，C，D四组，其中B组是直接管理大学生竞技运动的全美大学生运动联合会（简称NCAA）。NCAA管辖的竞技运动分为三个等级，即甲级、乙级、丙级。其中，甲级俱乐部是最高水平的运动俱乐部，如今已成为事实上的职业运动，学校为甲级俱乐部提供奖学金；丙级俱乐部为传统的课余性体育俱乐部，旨在丰富学生的课余文化生活，学校不提供奖学金。

日本的学校体育教育包括课内必修俱乐部与课外自由俱乐部。课内必修俱乐部要求学生均须参加；课外自由俱乐部是利用课余时间以学生为主体建立起来的活动组织，它不仅让那些未能参加体育必修俱乐部的学生参加，而且也让已参加体育必修俱乐部的学生再次参加自由俱乐部的活动。日本的学校课余体育与

社会体育联系密切。近年来，日本一直在提倡学校体育设施向社会开放，使体育设施社会化程度提高，学校体育正成为社会体育的有机组成部分。

德国的高校体育俱乐部与社会体育是融为一体的，具有自由的成员资格、以成员的利益为准则、不依赖第三者、义务参加与工作、民主决策制五大特征，形成了德国学校体育的一大特色。

欧美的校内外体育大多以单项体育组织为基础，其单项体育俱乐部与单项体育协会联网，成为社会体育的一个重要组成部分。

（二）我国大学生体育俱乐部的现状

1. 我国大学生体育俱乐部的现状

我国的体育俱乐部最早出现在中国工农红军的连队。1929年古田会议研究决定，提出"在红军连队建立和充实俱乐部"的口号，促进了体育俱乐部的发展，并负责开展文体活动，后逐渐发展为群体性的文体组织。

大学生体育俱乐部教学模式是随着我国教育体制改革和体育教学改革的不断深化而产生的一种新的教学模式，既是高校体育改革的产物，也是社会发展对高等教育培养人才提出的要求。

在我国，浙江大学、深圳大学是实施体育教学俱乐部制较早的大学。目前，高校建立的体育俱乐部以单项形式出现的最多。大学生参与体育俱乐部的动机是复杂多样的，主要有生理性动机（增强体质、美容与减肥、缓解学习紧张情绪等）、交往性动机（扩大交际范围、加深友谊、提高运动技术水平等）和成就性动机（提高体育文化素养、展示健美体魄、体育乐趣等）。

2. 我国大学生体育俱乐部的特色

（1）从教育整体性出发，构建课内课外一体化的发展思路。我国高校体育俱乐部经过十几年的探索和实践，在树立新的大学体育思想和观念上具有以下几个特点：①高校体育俱乐部蕴涵丰富的教育内涵，打破了原有的高校体育管理模式，使整个高校体育教育具有教育整体性和连续性，生动地再现了现代教育理论与学校体育改革的成果。②把体育教学课堂与课外体育有机地联系在一起，充分发挥学校隐形课程的教育作用，也抓住校园体育文化的教育作用，又较好地把课内和课外，以及社会的一、二、三课堂有机地联系在一起，发挥学校教育的整体功能作用，如图15-1-1所示。

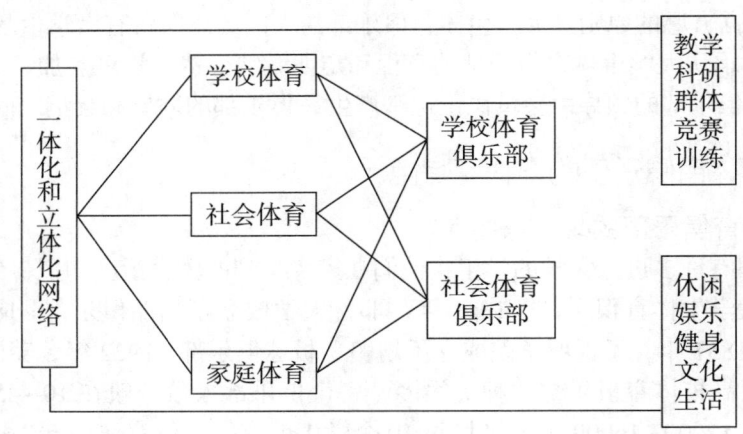

图15-1-1　大学体育教学课堂内外相结合框图

（2）突出参与自主性，构建宽松的体育学习环境。高校体育俱乐部的诱惑力就在于学生参与体育俱乐部完全是一种自愿、自主的行为，其主要特点是：①形成一个宽松的选课网络，为学生创造宽松的学习环境。由于高校体育俱乐部形式多样，可供自由选择的机会多，学生可根据自己的口味拼凑"拼盘"，大大地增加了学生主动参与体育学习的意识，使不同个性、不同爱好、不同身体条件的学生都有机会实现自己的体育目标和理想。②具有较大的自由度。一是表现在学习时间上的自由度，即什么时间上课、多长时间修完课程、怎样获得学分等，完全由自己来决定；二是学习内容的自由度，即学习什么项目可由自己选择，也可以随机进行变化，以及在什么地点上课、由哪一位教师的指导都由学生自由选择。③高校体育俱乐部从参与形式、学习方式、文化氛围、生活方式都最接近大众体育，靠近家庭和社会生活，这就给大学生无形中注入了闲暇体育、终身体育的思想，以及闲暇体育生活气息、生活方式、兴趣指向、行为的养成等，将对学生体育意识、行为、能力的培养有着积极的促进作用。

（3）管理开放性，构建娱乐化、社会化、个性化的格局。高校体育俱乐部的发展应该说是高校体育学习的一场革命，它打破了传统学校体育的格局和壁垒，建立了与现代社会相适应的学习方式，顺应了学习化社会的发展要求，扩展了高校体育学习的口径，增加了体育课程的弹性，加大了学生选择的自由度，其主要特点是：①学习方式的开放性。在体育俱乐部里，学生学什么、跟谁学、怎么学、什么时间学、达到什么目标完全由学生自我决定。②获取知识的开放性。在现代社会，学生获取体育知识的渠道越来越多，也可以说他们对学校体育的依赖性也越来越小。学生通过体育俱乐部可以扩大获取知识的更多的渠道，可以通过与不同层次的学生交往获得，可以从不同类型和知识面的教师中获得，也可以从社会体育形式中获得。③管理方式的开放性。横向构建学校体育、社会体育、家庭体育三位一体化，使学校体育向家庭和社会延伸；纵向构建学校体育俱乐部教学、科研、群体、竞赛、训练五位一体的立体化管理，而且一体和立体的网络完全成为互动的管理机制。

（4）方法灵活性。建立以学生为中心的评价激励机制。我国高校构建的体育俱乐部在教学方法和评价机制方面有以下几个特点：①由重教法向重学法转变。学法体系包括自我定向、自我设计、自我练习、自我测定、自我控制、自我调节、自我评价、自我创造。我国高校体育俱乐部形式有利于在教师的指导下，提高学生自学教材、自定学习目标、自我修订计划、自我完善评价的能力和提高观察、分析、解决问题的能力。②由约束性教学向开放式教学发展。传统的体育教学存在重形式而轻实效、重分解而轻整合、重传授而轻认知的问题，体育俱乐部教学则在这些方面给学生创造了良好的学习理念。③由粗框性变成微细性。由于开展体育俱乐部教学的针对性较强，突出因人而异、区别对待、各取所需的原则，因而对学生的评价更注重过程与结果结合性的评价，主张全面、整体、积极、有特点的评价。

（5）师资竞争性。从新的角度建设师资队伍。实施体育俱乐部在师资队伍建设方面有以下特色：①形成选课、择师、评教机制。学生选课、择师完全是一种动态的，学生对教师的评教也是随机的，学生测评满意率作为教师考核的重要依据。这种评教机制的建立，将对教师带来了职业的危机感。②师资来源的多元化。采取专职教师、兼职教师相结合的办法，逐步减缩专职教师的比例，加大兼职教师的比例。兼职教师原则上有三个来源渠道，即既有来自其他高校体育教师，也有来自社会体育俱乐部的优秀指导员，还有来自本校其他专业的教师。未来高校的体育教师将面临职业挑战。③教师角色的转变。实施体育俱乐部后，高校体育教师不仅要成为某一项目的专家和权威，而且还要掌握几种体育运动技能，成为一专多能的人才，即体育教师不仅在学校体育方面成为有一定影响的专家，还要成为社会体育方面的组织者和指导者。

（6）运作经营性。激活高校体育新的增长点。体育俱乐部收费问题一直是高校体育一个热点和敏感性问题。总体上看，南方的高校好于北方高校，经济发达地区好于经济欠发达的地区，重点大学好于地方高校，这可能与观念意识、经济状况、办学条件等方面有直接的关系。高校体育俱乐部的运作经营经费来源形式主要有：①学校承担俱乐部全部的费用；②学校与赞助单位联合承担俱乐部经费；③完全由赞助单位承担体育俱乐部经费；④学校拨款和自我创收解决俱乐部经费；⑤完全由自我创收解决俱乐部经费。也有人建议：高校体育俱乐部经费应采取体育基金运作，4年后退还本金，以此作为高校体育发展基金；其次还包括俱乐部会员费基金、社会赞助基金和创办经济实体获得的基金等。体育俱乐部收入费用的分配流向：学校按比例拨给体育部门；体育部门按比例交给学校，支付场地维修费、支付器材损耗费、支付劳务费、支付教师奖励费等。

第二节 大学生体育俱乐部的组织与管理

一、体育教学俱乐部的组织与管理

体育教学俱乐部打破了原有体育课教学的传统做法，把具有共同兴趣、爱好和需要的学生自愿地组织在一起，不受教学计划、教学大纲的束缚，形式多样，活动内容丰富多彩，为培养和造就全面发展的人才提供了可能，是一种新型的体育教学模式。

（一）俱乐部的设置

俱乐部的设置原则是顺应社会发展趋势，以培养目标为依据，根据学校现有体育场地设施条件、师资专业结构和学生体育需求等情况而设置，目前开设较普及的有篮球、排球、足球、网球、乒乓球、羽毛球、健美操、体育舞蹈、健身运动、跆拳道、野外生存等单项体育俱乐部。

（二）俱乐部的选项工作

通过宣传栏、广播、网络等多种信息平台和渠道，使广大学生在选择项目以前能基本了解体育教学俱乐部的项目设置、组织形式、活动内容及教师的基本情况，学生根据自己的兴趣和爱好，根据自己对体育课程的全面评价，自由选择和确定参加体育教学俱乐部；具体的选课工作应采取网络系统进行，教务处和体育部（室）共同研制体育俱乐部选课系统，学生通过网络进行选课。

（三）俱乐部教学形式

俱乐部采用以学生为主体的教学组织形式，即教师依据学期教学计划，根据学生的实际情况，制订以"教学模块"为单元的教学计划，灵活地实施教学进程；在教学过程中教师应采取集中辅导与个别辅导相结合的教学方式，并采用"以赛带练""以赛促练"的方式进行，以不断提高和巩固大学生对该运动项目的兴趣，促进技术和技能水平的提高。

（四）体育教学俱乐部学习效果的评定

体育学习效果的评价应采取过程评价和结果评价相结合的方法，注重学生的实际参与过程，注重学生平时参与体育教学俱乐部活动时的具体表现和态度，注重学生在运动竞赛中所取得的成绩与名次及进步情况，采用定量与定性相结合的评价手段，客观公正地评价每位大学生的体育学习，最大限度地激发每一位学生学习体育的积极性。

二、大学生课外体育俱乐部活动的组织

（一）大学生课外体育俱乐部活动的组织

大学生课外体育俱乐部的活动时间一般安排在下午，其组织形式主要有以下几种。

1. 由体育部（室）具体组织。体育部（室）根据学校现有的场地、器材、师资、经费以及可设置的体育项目等具体情况，组建相应的体育俱乐部。

2. 由大学生社团组织。大学生社团为丰富学生的业余文化生活，根据学生的爱好与要求，具体组织各类社团组织，包括大学生课外体育俱乐部。

3. 由体育教师个人组织。学校部分体育教师根据其个人的专业特长，以个人身份组织进行。此类俱乐部都是根据部分学生的需求而组建的，项目选择一般是社会上流行时尚的运动项目，如跆拳道、轮滑等项目。

4. 由体育爱好者自由组合。大学生根据各自对不同项目的爱好，以"小团体"的形式自由组织各单项体育俱乐部，如足球、篮球、网球、羽毛球俱乐部等。

（二）大学生课外体育俱乐部的指导形式

1. 学校指派教师指导。学校根据体育俱乐部的需求，指派具有一定专业技术水平的专职体育教师进行指导，此类指导工作多与学校体育工作任务相联系。

2. 体育教师组织指导。部分体育教师根据自己的专业特长，利用课余时间具体指导俱乐部的活动。

3. 大学生社团聘请具有一定专业技术水平的人员进行指导。大学生社团或学生自由组织的体育俱乐部依据学习与活动的需求，通过聘请方式来落实俱乐部技术指导工作。

4. 校内外具有一定技术水平的人员参与辅导工作。

（三）大学生课外体育俱乐部活动的组织体系

单项体育俱乐部可采取自荐、推荐、选拔和竞赛等方式产生会长人选，采取会长负责制；由会长具体进行"组阁"。俱乐部负责人一般由会长1名，副会长1~2名，干事3~5名组成，并落实1名具有一定指导能力的指导员。各负责人的职责如下：

1. 指导员职责

指导员负责体育俱乐部组织的组建工作，总体把握单项体育俱乐部的发展方向和活动计划的安排，并具体负责技术指导、组织竞赛以及组建由运动技术水平较高会员组成的运动俱乐部的训练工作等。

2. 俱乐部会长职责

具体组织单项俱乐部的各项工作，贯彻工作计划，协调各种关系。

3. 宣传干事职责

通过校园网络、专栏、墙报、广播、校报等载体对俱乐部的活动安排、赛事情况进行宣传报道。

4. 竞赛干事职责

竞赛干事具体负责单项俱乐部的竞赛组织工作，并有计划地培训裁判员队伍，为各类比赛的顺利进行打下基础。每个俱乐部每学年组织1~2次比赛，一次为校内俱乐部比赛，一次为校际比赛。

三、大学生体育俱乐部锻炼计划的制度与内容选择

（一）大学生体育俱乐部的锻炼原则

1. 明确目的，提高自觉性和积极性。"欲图体育之有效，非动其主观，促其对于体育之自觉不可"，只有使大学生认识到体育的作用、明确了锻炼的目的、树立自觉积极的态度，才能收到预想的锻炼效果。

2. 从实际出发，讲究实效。只有做到因时、因地、因人制宜，才能获得锻炼身体的效果。因时制宜，就要根据地区季节气候的变化，选择合适的内容和方法；因地制宜，就是要从实际出发，充分利用现有的体育场地、设备、器材；因人制宜，就是要根据不同性别、不同的心理素质及不同的体育基础来选择锻炼的内容，安排合适的运动负荷。

3. 全面锻炼，合理选择。通过全面锻炼，使身体的形态功能和各器官的功能得到全面的发展。另外，大学生应根据个人的具体特点，选择全面发展身体素质的内容。

4. 循序渐进，制订适宜的运动负荷。体育锻炼要遵守由浅入深、由易到难、由简到繁，运动量由小到大、循序渐进的原则。心率一般控制在110~150次/分，这是体育运动取得良好效果的有效心率范围。运动负荷过小，则作用甚微；负荷过大，则有损健康。

5. 经常锻炼，持之以恒。人体功能水平的提高、各项身体素质和运动技能的形成与巩固，不是一朝一夕就能奏效的。体育锻炼，贵在坚持，不能一曝十寒。否则，不仅不能获得锻炼效果的积累，反而会使已获得的成果逐步消退。

（二）大学生体育俱乐部锻炼计划的制订和内容的选择

1. 锻炼计划的制订

制订锻炼计划的目的在于使体育锻炼更符合系统性和科学性，同时也便于检查锻炼的效果和总结锻炼的经验。锻炼计划可分集体和个人两种，按照时间区分又可分为阶段性计划和课次计划。一般而言，大学生俱乐部的阶段计划以一个学期为宜。

（1）指定锻炼计划的原则

①选择锻炼内容和安排运动负荷要符合自己身体的特点和锻炼目的。若为了减肥，可参加有氧健身运动，采用大、中等强度运动量进行运动；若为了健身，则采用中等强度运动量进行锻炼。

②每周运动负荷的安排要大、中、小相结合，把大运动负荷安排在超量恢复阶段。一般情况下，每周

安排1~2次大运动负荷的锻炼即可,其间辅以中、小运动负荷进行调整比较合适。

③阶段计划应简单易行,每次计划要具体。对每一次锻炼要有具体目标,并选择有效的锻炼途径和锻炼方法。

④锻炼计划的执行要与医务监督相结合。最好能做锻炼日记,以便及时发现问题,及时加以调整,使锻炼计划不断完善。

(2)制订锻炼计划的方法

①根据阶段性计划、锻炼目的和内容等选择锻炼方法,进行练习时间的分配和负荷控制。

②制订计划和实施方案应包括准备活动、基本活动和调整活动三个部分。不同的项目有不同的特点,三部分的时间和分配应根据项目的特点进行合理安排。

2. 锻炼内容的选择

科学地选择锻炼内容,是达到良好锻炼效果的重要环节,其主要原则是因人制宜,方便实用。

(1)因人制宜。在选择锻炼内容时应该考虑自身性别、身体条件、健康状况和锻炼的目的,明确是为了健身还是健美、是为了娱乐还是医疗健康、是为了比赛还是消遣等。

(2)方便实用。参加体育俱乐部的锻炼活动需考虑锻炼的全面性,使身体的各个部位(上下肢、躯干),内脏器官(尤其是心脏),身体素质(力量、速度、耐力、灵敏性与柔韧性)获得全面的发展,并考虑少而精,讲求实效。

(三)大学生课外体育锻炼单项俱乐部章程

第一章　总则

第一条　大学生课外体育俱乐部是学生在课余进行的,是大学生以自己的体育兴趣选择运动项目进行锻炼的一个活动组织,是群众性的学生团体组织。

第二条　体育俱乐部的宗旨是全面贯彻全民健身计划纲要,增进健康,增强体质,培养体育素质和从事终身体育的习惯和能力,丰富和活跃校园体育文化生活,培养顽强的意志品德,增进友谊,树立良好的终身体育锻炼意识和习惯,以便更好地推进校园的两个文明建设。

第三条　推动学校群众性体育活动广泛、持久地开展,努力提高体育技能水平,积极参与日常的俱乐部活动,以促进校园体育文化建设。

第四条　加强与各兄弟院校及其他社会企事业单位的体育交流,以增进相互间的了解和友谊,使体育运动成为学校对外交流的一个窗口。

第二章　任务

第五条　单项体育俱乐部的任务:

(1)进一步推动体育运动广泛、持久性地开展。

(2)定期开展各项体育运动的竞赛,做到普及与提高相结合。

(3)举办单项体育项目的裁判员培训班,培养各单项体育骨干。

(4)组织运动俱乐部,组织参加大学生体协及其他市级的体育比赛。

(5)加强与兄弟院校的联系与往来,密切交流,增进友谊。

(6)加强各单项俱乐部的宣传工作,促进会员间的交流和合作。

第三章　会员

第六条　申请加入各单项俱乐部需具有的条件:

(1)体育选项课学习者,根据其自愿情况,可自动转为俱乐部会员。

(2)喜爱该单项体育运动项目的学生,且身体健康,思想作风良好者。

(3)自觉遵守俱乐部章程,执行会员义务,服从俱乐部管理。

第七条　会员权利:

(1)对俱乐部工作及人员有提出意见和建议的权利。

(2)有参加俱乐部举办的各项活动的权利。

(3)有优先使用学校体育场地设施的权利。

（4）有受表彰奖励的权利。

第八条 会员义务：

（1）遵守各单项俱乐部的章程，执行俱乐部的决定。

（2）每周自觉参加该俱乐部的活动不少于2次，且每次活动时间不少于半个小时。

（3）按照俱乐部的规定，在需交纳会费的情况下，必须按时交纳会费。

（4）会员如有违反俱乐部章程，且拒不执行俱乐部决定者，可作自动退出甚至开除处理。

第四章　机构

第九条　采用会长负责制，下设副会长1~2名，干事3~5名。

第五章　经费

第十条　各单项俱乐部经费由会费、学校资助及社会赞助费等组成。

第十一条　经费开支必须"专款专用"，用于日常比赛、俱乐部活动及日常管理等。

第三节　大学生体育俱乐部的经营与赞助

随着我国社会主义市场经济体制的确定，高校体育也像高等教育一样，同样面临着如何适应两种经济体制转换所带来的一系列问题，因此寻求改革和发展是高校体育的当务之急。从国外高校体育的发展来看，一些国外体育强国都很重视高校体育组织的建设工作，特别是高校体育俱乐部的建设，把培养高校学生的竞争、协作、创造、组织等能力作为俱乐部的主要目的。而在我国的一些高等学校里，对学生在业余时间里实行有偿的体育锻炼辅导也成为一种时尚，并已取得了一定的社会效益和经济效益，高校体育俱乐部，特别是课外体育俱乐部正朝着市场化、产业化、社会化的方向发展。

一、大学生体育俱乐部经营的意义

（一）能发挥学生体育锻炼的热情，丰富高校的业余文化生活

高校的公共体育课教学内容一般是按照体育教学大纲要求进行的，教学目的在于提高身体素质、增进健康，掌握一定的体育知识及技能，一般每周两课时。但是，这对于有较多空闲时间的高校学生来讲有两大弊端：其一，教学内容比较单一，缺乏一些学生乐意接受的新兴体育项目，如网球、定向运动、现代舞、体育旅游、滑旱冰等；其二，教学时间短，学生锻炼的时间少，有些项目需要一定的场地器材等，如网球通过每周两课时的体育课时间，即使每次课都打网球，对于喜欢网球运动的学生来讲，也还是远不够的。因此，可以通过成立单项的课外体育俱乐部，通过一定的形式把喜爱某一项目的学生组织起来，在业余时间对某一运动项目进行有偿的锻炼指导，提供有关的运动器材及场馆，这不仅能激发学生进行体育锻炼的热情，而且对丰富课余文化生活，掌握1~2门锻炼技能，养成良好的终身锻炼习惯具有很大的作用。

（二）能充分发挥体育教师的巨大工作潜力，推动群众体育活动的蓬勃开展

在全民健身的今天，体育锻炼已成为人们日常生活的一部分，但参加锻炼的人普遍感到锻炼的盲目及内容的贫乏，都希望能有专业的人来指导；而具有一定专业知识和技能的高校体育教师，在完成教学和科研任务后有较多的业余时间，但他们由于缺乏一定的可以联系教与学的机构，因此在很长一段时间里，体育教师的闲赋与社会迫切需要体育指导之间缺乏沟通的桥梁。通过体育俱乐部的形式，把高校体育教师组织起来，使社会上热衷锻炼却又缺乏指导的人得到体育专业指导，使业余锻炼科学化。这样不仅能推动全民健身运动的发展，而且对挖掘体育教师的工作潜力也有一定的意义。

（三）能提高场地、器材的利用率，为学校增加收入

随着"全民健身计划"的推广和市场经济体制的确立，人们对体育的健身功能意识也在不断地增强，自觉投身体育锻炼的人数也不断增多。但是，目前社会上的体育设施却远远满足不了这种需求，而高校的体育设施一般是较为完善的。因此，高校应充分利用其优越的条件，通过组建社会性的健身俱乐部，向社

会大众开放各种体育设施，鼓励社会大众进入校园健身，让更多的人花更少的钱，得到更多健康和快乐。这样既有效地利用了场地、器材，同时也能为学校和俱乐部增加收入。

（四）能充分体现高校体育科研的优势

随着奥运争光计划的实施，不少省、市运动队也积极参与到体育改革的洪流中去，他们清楚地认识到竞技体育的竞争主要是科技实力的竞争。不少省、市运动队的教练员具有丰富的实践经验，但在科研方面则因条件原因，如缺乏资金、科研仪器等，无法进行深入具体的研究；而高校的体育教师除完成教学工作外，还进行一定的体育科研工作，而且各高校都有实验室和高精密仪器，以及专业的科研人员。为此，高校体育教师可以借助俱乐部这一组织模式走向社会，为各运动队进行科研指导、承接课题，这不仅能推动竞技体育的发展，而且对发挥高校体育科研的优势将起到积极的作用。

二、大学生体育俱乐部的经营

（一）合理调整项目布局，提高师资力量

结合各校实际情况，在积极开展传统项目的基础上，对项目设置加以积极引导、统筹安排，引进部分新颖、特别的项目，以促进输送渠道的畅通和群众体育的普及。目前，高校普遍存在教师知识结构不能满足当前要求的问题。为此，需有计划地组织教师学习和深造，选派教师进行专项和研究生课程的进修学习，使体育教师的知识结构更趋合理。

（二）适当增加投资，扩充资金来源

目前，大多数高校体育俱乐部存在资金缺乏的问题。这一方面需要学校增加投资，另一方面俱乐部应实行有限的有偿服务，做好面向社会开拓市场的工作。在一些对场地器材要求较高，需要投入一定资金而对人们又有很大吸引力的体育项目，如网球、游泳、乒乓球、健身健美等，俱乐部在服务学生的同时，可拓宽服务对象，面向社会开发市场，获得部分资金，以弥补经费的不足。除了吸引社会投资以外，要与政府职能部门达成共识，充分整合、利用社会上的体育设施，或加以改造，使其能更好地发挥出作用，更好地为客户提供高质量的服务。

（三）加强俱乐部的宣传、营销工作

提高俱乐部的知名度，吸引更多的人员参与到俱乐部的体育活动中来。营造良好的舆论氛围，通过多种形式，大力宣传阳光体育运动，广泛传播健康理念，使"健康第一""达标争优、强健体魄"深入人心。

（四）完善体育俱乐部组织制度，开展阳光体育运动

各级教育、体育行政部门和共青团组织要成立相应的工作机构，制订具体的措施，依托寝室联谊会、区域联谊会、学生社区活动、校际联谊会等，拓展主题鲜明、具有地方特点和终身锻炼意义的体育项目，把俱乐部的经营管理纳入现代企业管理的道路上。现代企业制度化以"产权明晰，权责明确，政企分开，科学管理"为基础特征，这样才能提高资源的利用率，创造更大的价值，使俱乐部的发展进入良性循环的轨道。另外，要注意俱乐部管理人员的培养，建立专业化的体育管理队伍，提升俱乐部的运营效率，提高俱乐部的员工素质，提升俱乐部的服务层次，为客户提供优质、人性化的服务。

（五）俱乐部应因地制宜，提高服务水平

俱乐部的建设要结合校园建设和体育场地、设施现状，实现资源共享，从而降低投入成本，利用自然资源、社区环境，引导学生走出校门，拓宽运动空间，提高服务质量。

（六）大学生体育俱乐部组织要自主创新，训练要科学化、系统化

应对课外辅导老师、体育骨干学生给予物质和精神的激励，以利于积极开展培养优秀运动员的工作。这样既可以获得社会的认可，又可以提升俱乐部的档次和声望，还可以以此增加俱乐部的收益，应该是俱乐部的重要工作之一。

（七）体育俱乐部辅导实现多元化

通过科学健身讲座、休闲体育、学生自主、学校各部门协作、经费专用等相协调，以实现体育俱乐部辅导多元化。

（八）建立俱乐部之间的经营联盟

将点连成片，可以根据各联盟单位各自的特点和优势，互相取长补短，增大俱乐部整体的经营规模，完善俱乐部的功能。

三、关于大学生体育俱乐部运作方法的几点建议

（一）转变学生传统的体育锻炼观念

在校内倡导"自我健身投资"，建立积极的课余体育消费观，逐渐形成校内体育市场，从根本上改变把体育锻炼看成是一种社会福利的陈旧观念，让大学生课余体育活动的开展从被动中解放出来。校内体育市场机制的介入，能把大学体育俱乐部推动到相对独立的位置，使其向体育产业化方向发展，从而使体育俱乐部运作方式向市场经济的基本要求方向转变。

（二）以联赛制推动俱乐部活动的开展

成立高校体育俱乐部的目的是满足不同学生对不同体育项目的兴趣和爱好，促使学生积极地投身于体育运动中去。俱乐部有组织地开展各项体育竞赛活动，如篮球、排球、足球等，采用校内联赛制，各参赛队员必须在各单项俱乐部注册方可参加比赛；注册的运动员需缴一定的会费，俱乐部提供技术指导及有关的裁判培训；参加联赛的各队可以以班级、年级组队，并缴纳一定的参赛费，以保证联赛的顺利进行。具体运作：以一个学年为一个赛制，一周为一个轮次。一周产生一个冠军队，其余可参加第二周以下的比赛；一个月产生4个周冠军队，4个周冠军队进行一个轮次比赛产生月冠军；一个学年共产生8个月冠军队进行学年总决赛，产生年度总冠军。可以给年度前8名的球队以一定的奖励，以促进下年度的工作开展。由于激烈的竞争和不同形式的互动，能引发学生对体育运动的再认识过程，即引发一种特殊的"认知活动"，从而可以吸收大批相对固定的会员，促进俱乐部各单项的培训和指导工作。

（三）实施教师挂牌教学和学生选择教师制度，形成名师效应

对参加体育俱乐部学习、完成俱乐部锻炼活动、达到各项要求的学生，按每项计入学分。对在俱乐部活动中成绩表现优异的学生可免除学费。教师实行挂牌教学，教师的酬金与学生人数直接挂钩。这样一是可提高教师的知名度和待遇，二是学生可根据自己的兴趣以及对教师的评价自由选择教师。当然，对俱乐部的成绩考核必须统一把关。

（四）服务对象可面向学校学生、教职员工甚至社会大众

随着市场经济的发展和生活水平的提高和人们的健康观、体育观、自我健身等意识的增强，在体育锻炼项目的选择上表现出了多样性，既注重体育锻炼的健身、娱乐、消遣和社交的功能，同时也促进了高校体育俱乐部组织活动的开展。俱乐部应充分利用高校的体育教育人才及设施的优势，在双休日、节假日里以单项体育俱乐部的形式，面向一部分社会大众及高校学生、教职员工开展有偿服务，如举行健美、体育舞蹈、武术及各种球类等一些社会迫切需要而难以开展的项目的培训班，向社会开放体育场馆，并且不定期地举行一些比赛，以提高参与者的热情。我们认为高校体育俱乐部的发展，不仅要从学生观念上入手，还要确定高校体育俱乐部的模式及拓宽运作方法的思路，从而使高校体育俱乐部向市场化方向健康、良性地发展。

四、大学生体育俱乐部的赞助

（一）体育赞助

体育赞助是指向某一体育资产（体育赛事、体育场馆、公益性体育活动等）付出一定数额的现金或实物，作为与该体育资产合伙参与开发以达成各自组织目标为目的的一种特殊的商业行为。体育赞助是现代企业营销的一种行之有效的方式，是提升企业形象、扩大产品销售、提高市场竞争力的实际需要。

体育赞助作为体育和经济之间的一个平等互助的结合点，能起到促进体育和经济共同发展的双重作用，因而备受青睐。随着社会的发展，体育的号召力越来越大，在广告效应和超额利润的刺激下，体育赞助越来越受到重视，并得到了迅速的发展。据《今日美国》杂志统计，1998年北美企业花费的赞助费用达68亿美元，其中体育赞助就占46亿美元，远远超过其他赞助（娱乐赞助6.75亿美元，节庆、展览、年度

活动赞助 5.87 亿美元，公益慈善事业赞助 4.54 亿美元，艺术赞助 4.13 亿美元）。而在德国，据 1998 年的一项统计资料显示，在各商家预算中的体育赞助费用以 48% 的高比例将科学文化赞助（占 24%）、社会公益赞助（占 24%）、环保方面赞助（占 5%）远远地甩在后面；而从绝对数量上说，德国 1997 年体育赞助的金额达到了 22 亿美元，是 20 世纪 80 年代的总和。在我国，体育赞助也取得了迅速发展。仅就对中国奥运代表团的赞助而言，1984 年第一次参加奥运会时，仅有"健力宝"和"海鸥表"两家企业赞助，仅向代表团赞助了总额为 70 万元的资金和实物；而 2000 年悉尼奥运会，中国奥运代表团征集到的赞助金额则达到了 7000 万元，且这个数字中还不包含实物赞助。由此可见，16 年增长了 100 倍。

（二）体育赞助的优势

体育赞助之所以能迅速发展，并在其他商业赞助中脱颖而出，主要原因是体育赞助有自身的特点和优势。

1. 体育赞助的优势之一就在于它易于得到公众的认可。美国罗伯·恩达奇国际调查公司的一项调查显示，有 80% 的美国人认为企业赞助是体育事业资金的重要来源，有 74% 的人认为政府对哪类企业可以参加对体育的赞助不应（或少）干涉，这个认可的比重比公众对其他广告营销活动中得到的认可要高得多。

2. 体育赞助效果自然。虽然是赞助企业在做广告，却几乎让人感觉不到它在做广告，有效地避免了公众对传统广告"厌食症"式的逆反心理对广告效果的影响。

3. 由于体育具有很强的号召力，赞助体育对于那些忠实的体育迷来说是一种富有亲和力的感情投资，因而可以迅速地将体育迷对体育的忠诚换成对赞助企业产品的购买力量。据调查，在两种品牌运动服装质量接近的情况下，大多数体育迷会选择在体育场上经常见到的体育赞助商的品牌。

4. 体育赞助最明显的一个好处是企业通过与某一体育资产相联系，有效地提高企业的形象和产品品牌的知名度。例如，通过常年向国际奥委会提供相当数量的资金，支持奥运会的进行和国际奥委会的必要开支，与国际奥委会建立了"合作伙伴关系"，那么这些公司生产的产品上、包装上就都可以打上国际奥委会的五环标志，成为国际奥委会的指定产品，而且这种产品是具有排他性的唯一指定产品。这些公司从开发奥林匹克运动无形资产上获得的回报无疑是极其丰厚的：第一，由于奥运会空前的号召力和吸引力，可以使这些产品的知名度得到巩固和新的提高；第二，可以极大地提高这些产品的美誉度，因为奥运会是当今世界最高水平的竞赛，对人体素质的要求极高，一般来说，凡是为奥运选手选择的产品应该都是世界顶尖产品。因此，凡是能够被选为奥运会指定产品，意味着该产品是"世界知名产品"。而且，调查还表明，大多数人有这种看法："因为是指定产品，对该产品更有好感。"这无疑对企业形象的提升产生了良好的效果。

（三）大学生体育俱乐部获得赞助的主要途径

体育赞助是机构或个人对体育项目、体育比赛、体育组织提供的金钱或物质支持，以换取公众的认知。赞助体育已经不再是企业单纯的公关活动了，而将体育赞助和体育营销有机地结合已成为企业进行市场推广和树立企业形象的一大战略。大学生体育俱乐部在寻找赞助企业时也要考虑是否符合企业及品牌特征，在选择具体赞助对象时，还要考虑自身产品的目标顾客和这些对象的目标爱好者以及目标受众之间的一致性，以便做好营销策划，提高赞助回报率，达到"双赢"的目的。

首先，大学生体育俱乐部获得赞助要有利于企业树立品牌的健康形象，借助体育活动本身的光环效应提升品牌的知名度和美誉度。其次，大学生体育俱乐部获得赞助要有利于企业与政府、学校或社会团体建立更密切的关系，以创造出更有利于企业生存的社会环境，而这是通过一般的纯粹商业性行为所难以实现的。最后，大学生体育俱乐部获得赞助要有助于企业产品的销售，为企业产品注入一定的文化内涵及体育人文精神，在现在或将来为企业产品培养更多的消费者。

那么，大学生体育俱乐部如何为赞助企业的产品提高形象和培养更多消费者呢？

1. 大学生体育俱乐部的活动必须是有益于身心健康的运动。不同的体育项目就有不同的社会影响力，建立俱乐部之前应该考虑俱乐部的市场潜力，选择什么样的运动、建什么样的俱乐部必须满足社会需求，否则俱乐部就很难维持与发展下去。

2. 大学生体育俱乐部必须通过更多的活动来提高自身的社会影响力。大学生体育俱乐部对社会的影响力是通过俱乐部的活动体现出来的。比方说，俱乐部能组织或参加高水平的比赛，通过比赛现场、观众、电视传媒等途径将俱乐部的优势展示出来，从而达到扩大俱乐部影响力的作用。另外，俱乐部还可以通过培养优秀运动员，或聘用高水平教练员、教师，利用名人效应扩大俱乐部的影响力。

3．大学生体育俱乐部应充分利用高校资源优势，建立有文化内涵、有特色的俱乐部。大学不是工厂，也不是商场，其具有先天的教育资源优势，是高素质人才的集中地。不同的人有不同的需要，大学生体育俱乐部的主要成员和服务对象是在校大学生和教职工，因此俱乐部建设应有自己的文化内涵和特色，并通过会员将其推广出去，从而扩大俱乐部的影响力。

4．大学生体育俱乐部必须通过提高服务质量来获得更多的会员。会员的多少直接反映出社会对俱乐部认可程度的高低。更多的会员不仅可以给俱乐部带来直接的经济效益、给赞助商消费更多的产品，而且可以通过更多的人将俱乐部及赞助商的产品免费地推广出去。因此，俱乐部应通过努力提高服务质量，争取尽量多的成员加入俱乐部。

思考题
1．大学生体育俱乐部的概念及组织形式与主要特征？
2．如何组织和管理好大学生体育俱乐部？
3．如何经营大学体育俱乐部？

参考文献

[1] 陈玉丽, 郭向荣. 高等院校教材大学体育与健康 [M]. 厦门: 厦门大学出版社, 2019: 03.
[2] 刘金亮, 胡新贞. 体育与健康教育研究 [M]. 西安: 世界图书出版西安有限公司, 2018: 01.
[3] 那小波, 王勇. 大学体育与健康 [M]. 哈尔滨: 哈尔滨工业大学出版社, 2017: 05.
[4] 孙存占. 体育教学与健康教育 [M]. 南昌: 江西高校出版社, 2019: 08.
[5] 王茂利. 大学体育与健康 [M]. 西安: 西北大学出版社, 2019: 84.
[6] 杜志锋. 体育与健康 [M]. 北京: 北京理工大学出版社, 2019: 125.
[7] 赵琦. 体能训练理论与方法 [M]. 南京: 东南大学出版社, 2017: 169.
[8] 杜和平, 葛幸幸. 田径运动专项理论与实践 [M]. 合肥: 中国科学技术出版社, 2019: 234.
[9] 平安, 王锋. 小球运动实用技术教程 [M]. 天津: 天津科学技术出版社, 2019: 02.
[10] 张玉卿. 快乐乒乓球 [M]. 兰州: 甘肃科学技术出版社, 2019.06: 04.
[11] 韦俊文, 杨范昌. 运动生理学 [M]. 上海: 上海体育学院函授部, 成都体育学院成人教育部, 1984: 96.
[12] 国家体育总局武术研究院. 武术概论 [M]. 北京: 高等教育出版社, 2017.
[13] 教育部. 关于印发《国家学生体质健康标准 (2014 年修订)》的通知 [EB/OL]. [2014-07-07]. http://www.moe.gov.cn/s78/A17/twys_left/moe_938/moe_792/s3273/201407/t20140708_171692.html.